U0927301

甘肃省高等学校产业支撑计划项目（2020C-28）阶段性研究成果

张宗军　庞楷·编著

保险扶贫理论研究与路径探索
——甘肃的实践与经验

BAOXIAN FUPIN LILUN YANJIU YU LUJING TANSUO
GANSU DE SHIJIAN YU JINGYAN

中国财经出版传媒集团
经济科学出版社
Economic Science Press

图书在版编目（CIP）数据

保险扶贫理论研究与路径探索：甘肃的实践与经验/张宗军，庞楷编著．—北京：经济科学出版社，2020.4
ISBN 978-7-5218-1525-2

Ⅰ．①保… Ⅱ．①张… ②庞… Ⅲ．①保险业-作用-扶贫-研究-甘肃 Ⅳ．①F842.742 ②F127.42

中国版本图书馆CIP数据核字（2020）第069159号

责任编辑：杜 鹏 张 燕
责任校对：王苗苗
责任印制：邱 天

保险扶贫理论研究与路径探索
——甘肃的实践与经验
张宗军 庞 楷 编著
经济科学出版社出版、发行 新华书店经销
社址：北京市海淀区阜成路甲28号 邮编：100142
编辑部电话：010-88191441 发行部电话：010-88191522
网址：www.esp.com.cn
电子邮箱：esp_bj@163.com
天猫网店：经济科学出版社旗舰店
网址：http://jjkxcbs.tmall.com
固安华明印业有限公司印装
710×1000 16开 21.5印张 360000字
2020年8月第1版 2020年8月第1次印刷
ISBN 978-7-5218-1525-2 定价：98.00元
（图书出现印装问题，本社负责调换。电话：010-88191510）

编审委员会

主任： 庞　楷　重庆工商大学教授、硕士生导师

成员： 张宗军　兰州财经大学教授、硕士生导师

董彦明　中国人民财产保险股份有限公司甘肃省分公司总经理

党延嵩　中华联合财产保险股份有限公司甘肃省分公司总经理

张玉虎　甘肃省保险行业协会秘书长

许兴明　中华联合财产保险股份有限公司甘肃省分公司人力资源部总经理

协作单位

兰州财经大学甘肃金融协同创新中心

甘肃省保险行业协会（学会）

中国人民财产保险股份有限公司甘肃省分公司

中华联合财产保险股份有限公司甘肃省分公司

前 言

保险业以风险保障为“立业之本”，与扶危济困的扶贫事业具有天然内在联系，在防止贫困群体因灾因病因残致贫返贫、巩固生产生活脱贫成果，放大财政资金使用效用、促进增信融资和贫困地区产业发展等方面有着独特的优势。保险监管机构在党中央、国务院的引领下，于2016年5月出台了《关于做好保险业助推脱贫攻坚工作的意见》，2016年12月印发了《关于加快贫困地区保险市场体系建设　提升保险业保障服务能力的指导意见》，2018年3月印发了《关于保险业支持深度贫困地区脱贫攻坚的意见》，为保险业深入参与扶贫攻坚提供了政策基础。实践方面，从宁夏为58万贫困人口提供的“脱贫保”，到河北阜平创新的“金融扶贫、保险先行”模式；从云南昭通医疗费用“一站式报销”，到河南兰考的“脱贫路上零风险”，保险业正通过保险机制的精准优势，显示出防范和化解风险的重要作用。

甘肃省贫困面积大、贫困程度深，是全国贫困地区的典型。中共甘肃省委、甘肃省政府针对全面建成小康社会征程上的这一最大难题，紧抓扶贫工作需要破解的重点难点，在2015年制定实施的“1+17”精准脱贫方案、2016年5月发布的《关于加强农业保险基层服务体系建设的通知》、2017年2月印发的《关于落实和完善支农政策促进农民持续增收的实施意见》、2017年4月出台的《甘肃省保险业助推精准扶贫精准脱贫工作的指示意见》等政策文件中，均对保险参与扶贫攻坚提出了期待与厚望。尤其是，2018年7月甘肃省政府出台了《甘肃省2018~2020年农业保险助推脱贫攻坚实施方案》，将农业保险扶贫提升到全省扶贫脱贫攻坚的战略高度。随后相继制定印发了《甘肃省人民政府办公厅关于推进全省农村金融综合服务室建设运行的实施意见》和《甘肃省扶贫资金入股分红和土地流转履约保证保险实施方案》。

保险扶贫脱贫没有终点，保险业不仅是当前完成扶贫脱贫任务、实现全面小康社会的重要力量，更是2020年后防止返贫、推动乡村振兴、实现共同富裕的重要再分配工具。基于此，本书梳理了我国反贫困的历史和政策变迁，比较了西方反贫困理论与马克思主义反贫困理论和习近平总书记关于精准扶贫的重要论述，分析了我国农村居民致贫因素，探索了保险参与扶贫的理论逻辑，对建立保险扶贫的理论体系和分析框架提供了良好的理论价值。在此基础上，本书通过对甘肃省农业保险扶贫、大病保险扶贫、支农融资保险扶贫、特殊群体保险扶贫、保险资金支持重大项目建设扶贫等五个方面的实践状况进行了总结和提炼，对设计保险扶贫路径、提升保险扶贫效果、推广保险扶贫模式、探索保险助推乡村振兴战略等提供了良好的实践价值。

本书是兰州财经大学甘肃金融协同创新中心、甘肃省保险行业协会（学会）等单位合作的成果，充分体现了“高校、政府、行业、企业”协同推进、深度融合支持地方经济建设，服务重大决策方针的科研思路。在研究编写过程中，集体讨论确定研究目标、提出逻辑思路、设计框架结构、明确分工任务，甘肃省保险行业协会和学会负责部分素材与数据搜集、高校专家学者负责撰写。在此基础上编委会经过多次讨论和修改，形成了本书稿。本书也是2020年甘肃省高等学校产业支撑引导项目（乡村振兴战略背景下立体化风险保障体系建设研究）和2018年国家社科基金项目（编号：18BJY091）的阶段性研究成果。感谢甘肃省保险行业协会和学会张玉虎秘书长、郭立俊先生的帮助！感谢人保财险甘肃省分公司董彦明总经理、中华联合财险甘肃省分公司党延嵩总经理及人力资源部许兴明总经理等的大力支持！而且，本书撰写过程中也参考了部分机构和专家学者的文献资料，在此一并致以衷心的感谢！

本书撰写分工如下：张宗军（兰州财经大学教授、保险学博士、硕士生导师）负责第一章、第四章、第六章、第七章、第八章的写作以及全书的统稿修改工作；庞楷（重庆工商大学教授、保险学博士、硕士生导师）负责第二章、第三章、第五章、第九章、第十章、第十一章的写作；兰州财经大学硕士研究生田稳帅、贾敬达、李楠、王国栋等同学做了部分资料整理方面的工作。

雄关漫道真如铁，而今迈步从头越。保险业立足于扶贫攻坚和乡村振兴的历史交接时期，亟待更丰富的理论探索和思想火花，亟需更广泛的实践调研和经验总结。受部分数据可得性的限制和对整个扶贫体系的系统性把握，本书还存在一定的不足。编委会将紧紧把握新时代发展的脉搏，集思广益、深耕细作进一步完善和改进，为保险业服务中央重大政策方针、服务地方经济建设提供更多的理论支持和决策参考。

编著者

2020 年 8 月

目　录

第一章　中国扶贫开发：进展与效果

第一节　中国贫困的历史演变

一、贫困的界定

贫困不是一个国家或地区所特有的现象，而是全世界各个国家都存在和面对的一个永恒主题。世界上没有一个国家能完全消灭贫困或者是不存在贫困现象。那么到底什么是贫困呢？其实从理论上讲，任何概念都不存在完全统一的定义，不同的研究者、不同的机构、不同的角度均会得出不同的定义。贫困的定义也是如此，目前为止，在理论界和实践过程中对贫困有如下一些典型的理解。

英国的汤森在他的《英国的贫困：家庭财产和生活标准的测量》一书中将贫困界定为："所有居民中那些缺乏获得各种食物、参加社会活动及最起码的生活和社交条件与资源的个人、家庭和群体就是所谓贫困的。"① 英国的奥本海默在《贫困真相》一书中则这样认为："贫困是指物质上的、社会上的和情感上的匮乏。它意味着在食物、保暖和衣着方面的开支要少于平均水平。首先，贫困夺去了人们建立未来大厦——'你的生存机会'的工具。它悄悄地夺去了人们享受生命不受疾病侵害、有体面的教育、有安全的住宅和长时间的退休生涯的机会。"② 美国的劳埃德·雷诺兹在《微观经济学》一书

① Townsend. Poverty in the United Kingdom: A Survey of Household Resources and Standards of Living [M]. Penguin, 1979.

② Oppenheim. Poverty: the Facts [M]. London: Child Poverty Action Group, 1993.

中指出：“所谓贫困问题，是说在美国有许多家庭，没有足够的收入可以使之维持起码的生活水平。”① 欧洲共同体在1989年《向贫困开战的共同体特别行动计划的中期报告》中也给贫困下了一个定义：“贫困应该被理解为个人、家庭和人的群体的资源（物质的、文化的和社会的）如此有限，以致他们被排除在他们所在的成员国可以接受的最低限度的生活方式之外。”世界银行在以“贫困问题”为主题的《1990年世界发展报告》中，将贫困界定为“缺少达到最低生活水准的能力”。国家统计局的《中国城镇居民贫困问题研究》课题组和《中国农村贫困标准》课题组在他们的研究报告中所作的贫困界定是：“贫困一般是指物质生活困难，即一个人或一个家庭的生活水平达不到一种社会可接受的最低标准。他们缺乏某些必要的生活资料和服务，生活处于困难境地。”②③

由此可见，对贫困的理解应当是多方面的，而不仅仅是目前我们在扶贫攻坚工作中重点关注的经济贫困。综合以上认识，我们将贫困定义为在经济或精神上的贫乏窘困，是一种社会物质生活和精神生活贫乏的综合现象。贫困可以分为相对贫困与绝对贫困，其中，绝对贫困又叫生存贫困，是指在一定的社会生产方式和生活方式下，个人和家庭依靠其劳动所得和其他合法收入不能维持其基本的生存需要，这样的个人或家庭就称之为贫困人口或贫困户。相对贫困是指与社会平均水平相比其收入水平少到一定程度时维持的那种社会生活状况，属于各个社会阶层之间和各阶层内部的收入差异。通常是把人口的一定比例确定为生活在相对的贫困之中。比如，有些国家把低于平均收入40%的人口归于相对贫困组别；世界银行的标准是收入只要少于平均收入的1/3的社会成员便可以视为相对贫困。

二、中国贫困的特征

（一）绝对贫困与相对贫困共存

如上所述，贫困有两种典型的状态：一种为绝对贫困；另一种为相对贫困。绝对贫困关心基本需求的满足，这些基本需求如食品、住房和衣着的消

---

① 劳埃德·雷诺兹. 微观经济学［M］. 北京：商务印书馆，1981.

② 国家统计局课题组. 中国城镇居民贫困问题研究［J］. 统计研究，1991.

③ 国家统计局课题组. 中国农村贫困标准研究［J］. 统计研究，1990.

费构成维持生存最低需要的生活标准，因此，绝对贫困也称为生存贫困。中国最早对绝对贫困现象的描述是：食不果腹，衣不遮体，房子不挡风雨。从生产方面看，劳动力缺乏再生产的物资条件，难以维持自身的简单再生产，生产者只能进行萎缩再生产；从消费方面看，人们无法得到满足衣、食、住等人类生活基本需要的最低条件。客观上绝对贫困的标准应当是统一的，但是世界各国的贫困线还是很难做到一致，就连一些有重要影响的国际组织提出的贫困线也存在着一定的差异。如1976年国际劳工组织提出的贫困标准是西欧为年人均收入500美元、拉美为180美元、非洲为115美元、亚洲为100美元。1990年世界银行在比较研究了世界各国的贫困状况和贫困标准后，发现12个最贫困国家的贫困标准集中在年人均收入275~370美元。因而，1990年世界银行将年人均收入370美元作为衡量各国贫困状况的国际通用标准，将275美元作为衡量赤贫的通用标准。按照1985年的购买力平价计算，370美元很快被简化为“一天一美元”的贫困标准，并很快被各国所熟知并广泛接受，1993年该贫困线被上调为每天1.08美元，2005年购买力平价再次经修订，该贫困线被相应地上调至每天1.25美元，2015年该标准上调至每天1.9美元。①

以世界银行的贫困标准为参考标准，不同的国家因国情不同其标准略有差异，如我国的标准每年都有变化。这种定性描述可以使我们在直接面对各类人群时判定哪些人处于绝对贫困状态。但其局限性是明显的：一是我们不可能直接接触所有的人；二是用差异化的标准区分贫困易受主观因素的影响，参照群体不同，判断结果就有差异。

随着我国经济的快速发展，绝对贫困情况有所缓解。但是绝对贫困的缓解并不等于消除贫困。如果说绝对贫困纯粹是物质上的或者经济意义上的最低生理需求，是一种生存临界状态，那么相对贫困则包含了更高层次的社会心理需求，是一种与某参照群体比较后的落后和收入下降状态。相对贫困不仅是指收入分配处于底层，也是指在一个社会中所处的地位低下。它有一定的主观性，依赖于一定的价值判断而存在。马克思写过：“一个住小草房的人在他的邻居搬来并建了一座宫殿之前，他一直是很快乐的，后来，那个住小草房的人开始感觉到了贫困”②，因此，相对贫困是永远存在的。相对贫困

---

① 数据根据世界银行数据库（https：//data.worldbank.org.cn/）和世界银行2015年发布的《消除绝对贫困、共享繁荣——进展与政策》报告整理所得。

② 马克思恩格斯全集（第46卷下）[M]. 北京：人民出版社，1980.

关心对资源的最低权利，人们有权要求得到一个最低收入。从经济意义上讲，相对贫困是距离社会平均生活水平有较大差距的一种生活状况，因此相对贫困的标准随着经济发展所带来平均生活水平的提高而不断上升。相对贫困的标准在不同社会和同一社会的不同发展时期是有差异的，相对贫困标准由社会确定，是社会上多数人对于较低生活水平的一种确认。相对贫困同时也是一种经济落后的比较和心里失落的感觉，真正的基础在心理上。由于教育和传媒的发展，人们的眼界比以前开拓多了。过去，农民最多和村里乡里的有钱人比较，现在却羡慕城里人的生活水准。这种比较来自经济发展的不平衡、个人的价值判断和与社会富有成员之间的地位与收入差距。与此同时，一部分人又感到被剥夺了与社会中另外一部分人同享欢乐的权利，于是心里失落的感觉变得强烈起来。其中，贫富差距和两极分化是相对贫困的最强烈表现。因此，相对贫困的缓解可以减轻不平等对社会稳定的危害。任何社会都存在一部分生活在社会最底层的人，我国现阶段尽管仍然存在一小部分绝对贫困人口（如丧失了劳动能力需要政府接济救助的残疾人，一部分没有收入来源的老人、儿童等），但是收入不平等和分配差距所造成的相对贫困问题日益突出，并且将要成为我国今后反贫困工作的主要方面。

（二）农村贫困与城市贫困共存

我国作为传统的农业大国，长期以来农业人口一直占据主导地位，1949年我国城镇化率仅为10.64%。经过近七十年的快速发展，国内城镇化水平有了非常迅速的提升，2018年达到了59.58%（见图1-1）。即便如此，2018年全国乡村人口为56401万人，占总人口的40.42%。更重要的是国内农村居民收入与城镇居民收入之间一直存在着很大的差距。2018年农民家庭

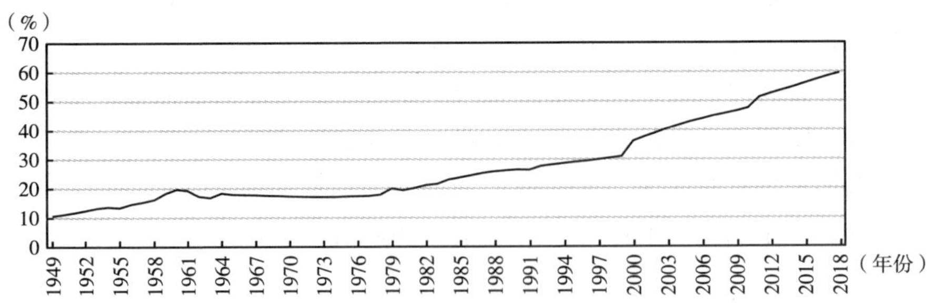

图1-1 中国历年城镇化率（1949~2018年）

资料来源：根据历年《中国统计年鉴》整理计算所得。

人均可支配收入为14617元，农民人均消费支出水平为12124元；城镇居民与此相关的两个数据分别是39251元和26112元，总体水平上农村更为落后和贫困。虽然城市贫困问题也被纳入政府扶贫日程，但是农村贫困仍然占据主要地位。中国农村贫困的根本原因是人口与资源关系的失调。主要表现在人口数量上的压力，自然环境恶劣，教育失衡，农田水利、道路交通等基础设施薄弱和制度失调导致的资源利用率低等各个方面。

虽然，我国农村贫困发生率一直在持续下降，农村贫困人口也在不断减少，但是研究农村贫困问题，光从农村贫困发生率方面研究是远远不够的。贫困的典型特征是三维性，即广度、深度和强度。农村贫困的广度有所降低，但是贫困的深度、强度和脱贫的难度增加。并且，一旦提高贫困标准，贫困广度便会增加，表明还有相当一部分农村住户处于收入较低的水平，接近贫困边缘。这就说明农村收入贫困程度对贫困标准的变化具有一定的敏感性，这就要求对贫困投入的力度需要继续提高。中国农村贫困问题还有一个重要的特征，就是返贫现象严重，由于脱贫标准较低，有些农户尽管已经脱贫，但是由于生产生活条件并没有得到根本改善，因而抵御自然灾害的能力很差，加上缺乏社会保障机制，一旦遇到天灾人祸、经济波动等，刚解决温饱的农户就会重归贫困。有些地方甚至返贫人口超过脱贫人口，脱贫与返贫持续并存，尤以西部地区为甚。因此，从现实的角度看，我国农村的贫困问题仍将继续存在。

在工业化和城市化进程中，必然出现农村剩余劳动力涌入城市成为流动人口，这部分流动人口如果被雇用也会劳动时间最长、待遇最低、工作最辛苦、职业不稳定程度超过城市其他人群。这部分人的大多数及其家属即成为城市贫困人口的一个组成部分，另一个主要部分就是国家制度性变革所产生的城市贫困人口。城市贫困即以这种特有的形式开始浮出水面，并引起社会更多的关注。各国工业化的历程表明了资本积累在工业化进程中扮演着很重要的作用，没有资本的原始积累，机器大工业和社会化大生产无法实现。按照马克思、恩格斯的设想，人类社会是渐次按照原始社会、奴隶社会、封建社会、资本主义社会、社会主义社会，最后到共产主义社会循序向前发展的。中国社会发展的特殊性并没有完全遵循这一社会历史发展规律，历史性地跨越了资本主义社会这个阶段，从封建主义社会进入了社会主义社会，直到我们提出社会主义初级阶段这个伟大的尊重社会历史发展规律的理论。“社会主义初级阶段就是不发达阶段。”这一论断不仅实事求是，也明确了现阶段农村贫困和城市贫困存在的必然性。如果说农村贫困人口尚有一块土地赖以为生，那么城市贫困人口则除了劳动力以外别无所有。我国现阶段城市贫困人口主要由四类人组成：第一类是有劳动能力、收入低、家庭负担沉重的人；第二类是孤儿和需要救济的贫民子女；第三类是没有固定职业，收入不稳定的人；第四类是衰败的、没有劳动能力的、流落街头的人。

（三）区域贫困与个体贫困共存

改革开放以来中国的重要国情之一是发展的不平衡性。造成这种不平衡性的最重要原因之一就是地理环境。在贫困理论中有一种经典的理论是地理环境决定论。例如，西部地区和少数民族聚居地区的区域性整体贫困问题，较之其他地区更为严重和显著。

我国扶贫开发的基本理念遵从了地理环境决定论，1986 年启动国家大规模减贫计划时，就划定过 18 个集中连片贫困地区；2011 年国务院出台的《中国农村扶贫开发纲要（2011 ~2020 年）》，将全国 14 个集中连片贫困区作为新阶段扶贫攻坚的主战场。而这些贫困地区具有相似的自然条件：气候多变，灾害频繁；地形多种多样，开发利用艰难复杂；生物资源丰富，但保护利用较差；矿产资源不少，但开发利用问题较多；旅游资源丰富，但管理水平较低；地方病与贫困纠缠不休。从社会经济上考察，贫困地区的特点是：多民族混居，多种社会经济形态共存；交通闭塞，工业落后；人口增长迅速，人口素质偏低；文化、科技不发达；交往的多边性和社会的封闭性；农业生产不稳定，经济发展不平衡。

经过多年的区域性扶贫开发和贫困地区广大干部群众的共同努力，我国贫困地区的面貌发生了深刻的变化，贫困现象大范围缓解。井冈山、沂蒙山、大别山、闽西南等革命老区整体解决了温饱问题。“三西”地区、秦巴山区、武陵山区等其他贫困地区的基本生活条件明显改善，文化、教育、卫生事业有了新的发展。随着扶贫攻坚的进展，贫困人口集中连片的状况已明显改变。剩余的部分农村贫困人口主要分布在自然资源缺乏、生产力水平和社会发展程度很低的偏远地区与少数民族地区。贫困集体的逐步缩小一方面意味着扶贫的难度越来越大，另一方面也意味着贫困越来越集中在部分特殊人群。特殊性表现在贫困地区外部条件的改善对缓解其贫困状况的作用不显著。

贫困人口的这种特殊性形成贫困的另一种类型：个体贫困。个体贫困的特征有三个：（1）素质缺陷。一些人认为，贫困的本质是人的素质缺陷。素质是一个很复杂的概念，包含有思想素质、道德素质、文化素质、身体素质还有政治素质、业务素质等内容。造成素质缺陷的因素主要有两个：一是先天的遗传缺陷，如性格缺陷、身体缺陷等；二是后天的环境不利，受教育程度不足。没有受过教育或只受过小学教育，是贫困人口基本的个体特征。（2）个人奋斗不足。美国自由主义经济学家弗里德曼认为，个人应对自己的全部行为和后果负全部责任。自由的市场体制给予每个人平等的机会和自由的选择。如果贫困，责任只能在于个人的懒惰、不节俭、不努力工作和缺少创业精神，而不在于政府管理者。从自由经济的原则出发弗里德曼对福利国家进行了批评，他认为容易得到福利保障会减少人们工作的冲动和动机，使个人竞争能力退化，阻碍经济进步。这和马尔萨斯当时反对英国济贫法的理由相似，为摆脱贫困，唯一的出路就是个人努力奋斗。（3）问题家庭的影响。问题家庭表现在缺乏家庭理财能力、个人道德约束松弛、失业、酗酒、赌博、吸毒、儿童被忽视无人管教、父母离异、违法犯罪等一系列与社会问题相关的方面。

在长期的扶贫工作中，我们一直追求并努力想要唤起的是贫困人口内在的脱贫愿望和努力，地理环境、分配制度、经济政策、计划干预只是影响贫困的一些重要的外部因素。扶贫已经进入了新的历史阶段，但是我们仍然需要强调和激发贫困人口自身的努力，而不是仅仅依靠单方面的外部支持、援助、救济、扶持等。

三、新中国成立以来中国贫困的历史演变

（一）1949～1977年：经济落后条件下的普遍贫困

新中国成立之初，由于战争的摧毁和国内一百多年的落后，基础设施缺乏，技术条件落后，人才匮乏，新中国经济建设面临着巨大的困难。新中国的各个方面都面临着来自不同方向的压力，百废待兴，当时的状况可以用一贫如洗来形容，经济重建相当困难。这些状况造成了新中国早期相当高的绝对贫困率。1949年中国的人均国民生产总值只有23美元，这与同时期的美国、日本、欧洲相比差距巨大。

在这种严峻的现实面前，新中国领导人通过恢复国民生产和社会主义三大改造建立社会主义制度，然后经过人民公社化运动和一系列政策来降低贫

困率，改善人民生活。在农村进行土地改革运动，消灭了土地私有制，国家把农民组织起来纳入人民公社的体系中，从而使公社成为农民福利的依靠。由于这一集体制体系起到相当的保障作用，农民的生活资源虽然短缺，但并不意味着大规模的贫困。因此，有学者认为在新中国成立前三个十年中的最初十年，农村贫困并不见得是一个大问题，因为农民的收入是平均分配的。

在城市，通过对工商业的所有制改造形成了公有制企业（国家所有制和集体所有制企业），雇用了99%的城市劳动力，国家实行低工资、高就业、高福利的政策，并设立基本生活资料的定量供应制度、充分就业制度、较为平等的工资分配制度，以及在城市中建立社会保障和公共服务体系。与此同时，企业福利的供给也在某种程度上补偿了城市工人的低工资。在这一制度框架中，城市贫困的压力非常小，城市的穷人事实上并不十分担心他们的生活，因为国家和集体能够保障他们的基本生活。最为突出的是这个时期城市不同就业领域的收入差距很小，收入不平等现象较少。改革开放前不同身份城市居民平均收入状况如图1-2所示。

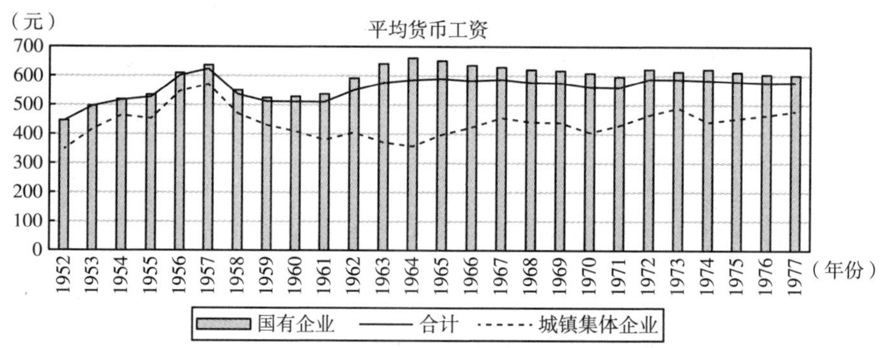

图1-2 改革开放前不同身份城市居民平均收入状况

资料来源：国家统计局. 新中国60年［M］. 北京：中国统计出版社，2009.

（二）1978~2000年：区域性贫困显现

中国经济在20世纪80年代的快速发展使绝对贫困状况有了很大的改善。农民的年人均收入从1978年的134元增长到1985年的397元，进而达到1998年的2162元。与此相应，农村的贫困人口大幅度下降。这个时期，随着经济发展，各地区经济发展的不平衡性开始显现。

以城镇居民收入为例，如图1-3、图1-4所示，1981年全国人均可支配

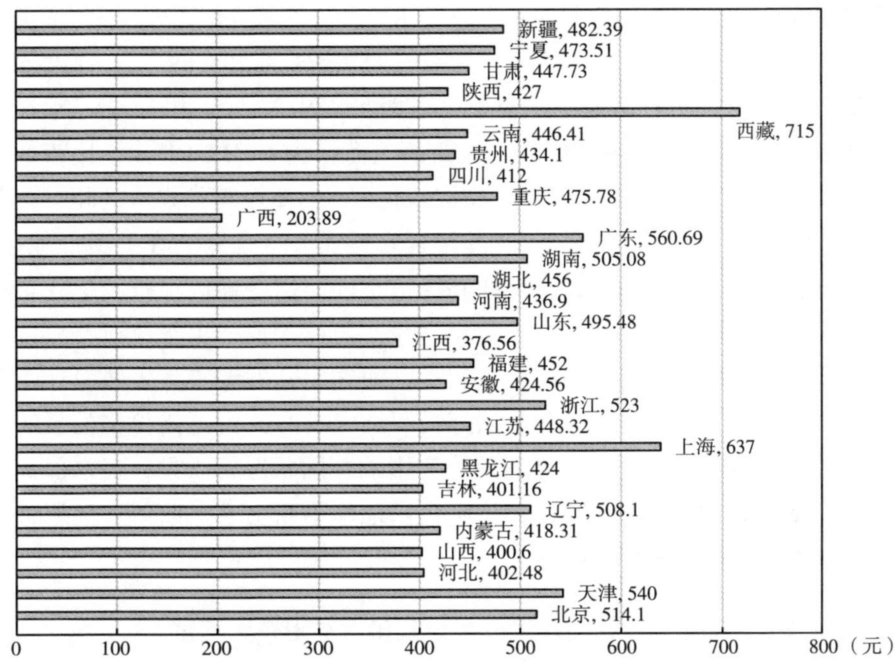

图 1－3　1981 年全国各省城镇居民人均可支配收入

资料来源：国家统计局。

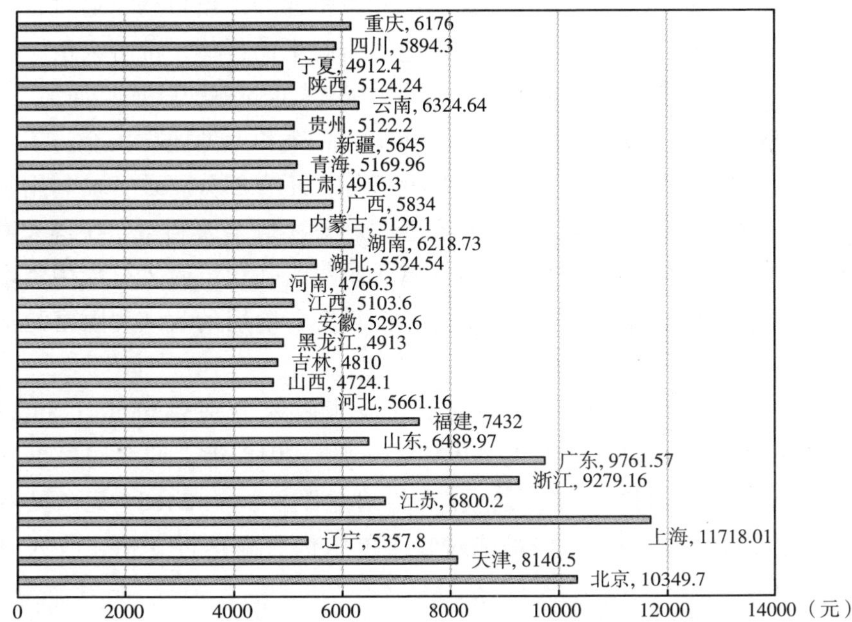

图 1－4　2000 年全国各省城镇居民人均可支配收入

资料来源：国家统计局。

收入普遍较低，各省之间差距并不是非常明显。除西藏自治区外人均可支配收入最高的上海市为 637 元，最低的广西壮族自治区为 203. 89 元，甘肃省为 447. 73 元，上海市与甘肃省的绝对收入差距为 189. 27 元、相对差距为 1. 42 倍；到了 2000 年，人均可支配收入最高的上海市为 11718. 01 元，比西部地区甘肃省 4916. 3 元的人均收入高了 6801. 71 元，上海市与甘肃省的相对差距扩大为 2. 38 倍。东、中、西部各省差距越来越大，这是因为在中西部地区，恶劣的生态环境和落后的信息、交通和通信条件使这些地区很难吸引外来投资者，因而所得到的人力和资本投入也较少。与此相反，由于改革开放以来国家给予经济开发区许多特殊的优惠政策，而这些开发区绝大多数设在东部沿海地区，因而国家的政策倾斜使东部沿海地区具有比内地高得多的经济增长率。区域经济发展的失衡不可避免地会影响贫困状况，于是，当东部地区的农村绝对贫困率不断下降时，该比率在内地却不断上升，改革开放所带来的经济增长强化了区域贫困问题。

（三）2001 年至今：社会阶层分化导致相对贫困较为严重

经济增长固然为人们致富创造了很多的机会，但这些机会却很难被公平地分配。部分人抓住改革开放释放出来的政策机遇和市场机遇，通过各行业爆发式的发展获得了巨大利益，成为快速富裕起来的群体；部分人由于所在工作单位的性质，在收入分配政策的变化中获得了较高的收入，如 20 世纪 90 年代的三资企业从业者、21 世纪前 10 年的央企和大型地方国企员工、当前新型的互联网、人工智能等领域的从业者等；还有部分腐败官员利用其手中的权力进行权钱交易，以国家利益和公共利益换取个人利益，获得大量的灰色收入。而且，新生的中产阶级以及富人阶层，强化了收入分配中资本的权重，形成了居民财富积累的马太效应，使社会各阶层的收入和财富鸿沟进一步拉大。

如图 1 - 5 所示，2001 年城乡居民可支配收入分别为 6860 元和 2366 元，城乡居民收入绝对差距仅为 4494 元；到了 2018 年，城乡居民可支配收入分别为 39251 元和 14617 元，收入绝对差距扩大为 24634 元。虽然城乡居民收入都在不断增加，但是绝对收入差距仍然高达近 3 倍，收入差距在不断拉大。

基尼系数是指国际上通用的，用以衡量一个国家或地区居民收入差距的常用指标。基尼系数介于 0 ~ 1，基尼系数越大，表示不平等程度越高。不同

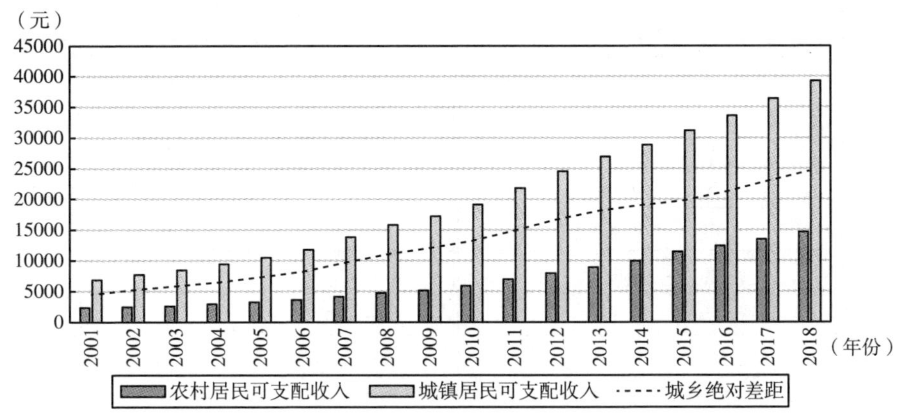

图 1－5　2001～2018 年城乡居民可支配收入变化情况

资料来源：国家统计局。

区间段基尼系数的含义如表 1－1 所示。按照联合国有关组织规定，基尼指数通常把 0.4 作为收入分配差距的“警戒线”。一般发达国家的基尼指数在 0.24～0.36，美国偏高，为 0.45。如表 1－2 所示，我国居民基尼系数 1978 年为 0.233，1999 年低于 0.40，为 0.397，而进入 21 世纪，基尼系数呈现不断增大趋势，超过 0.45，接近 0.50，虽然从 2010 年开始不断下降，但依然远远高于警戒线。此外，调查也表明高收入家庭的可支配收入平均是贫困家庭的 4 倍多。这些资料表明了中国经济发展的过程中伴随着阶层鸿沟的拉大和相对贫困的加剧。相对贫困是一种社会比较的贫困，较大的社会收入差距使部分社会成员处于一种比较劣势的地位。并且市场经济的运作加剧了收入的不平等化，而住房、医疗和消费价格等上涨也给低收入家庭带来了沉重的生存压力。

表 1－1　不同区间段基尼系数的含义

低于 0.2	收入绝对平均
0.2～0.3	收入比较平均
0.3～0.4	收入相对合理
0.4～0.5	收入差距较大
0.5 以上	收入差距悬殊

表 1-2　　我国历年全国居民基尼系数（1999～2018 年）

年份	全国居民基尼系数	年份	全国居民基尼系数
1999	0.397	2009	0.490
2000	0.417	2010	0.481
2001	0.490	2011	0.477
2002	0.454	2012	0.474
2003	0.479	2013	0.473
2004	0.473	2014	0.469
2005	0.485	2015	0.462
2006	0.487	2016	0.465
2007	0.484	2017	0.467
2008	0.491	2018	0.474

资料来源：国家统计局。

第二节　中国贫困现状分析

一、贫困标准不断提高

从 20 世纪 80 年代初期，中国政府开始接受由国家统计局设定的农村贫困线（绝对贫困），把它作为识别农村贫困人口规模和农村贫困发生率的标准。该贫困线设定的方法是符合国际规范的，首先，确定一种营养标准，国家统计局将营养标准确定为每人每天 2100 大卡。其次，根据 20% 的最低收入人群的消费结构来测定出满足这一营养标准所需要的各种食物量，再按照食物的价格计算出相应的货币价值。这一货币价值成为“食物贫困线”。最后，确定“非食物贫困线”，简单的方法是既可以主观地确定食物贫困线在整体贫困线中的比例，也可以参照整个社会的恩格尔系数或低收入人群的恩格尔系数来确定这一比例。

在 2008 年以前，中国实际上有两条国家贫困线：一条被称为“贫困标准”；另一条被称为“低收入标准”。从测算方法和更新方法来看，前一个标准相当于生存标准或极端贫困标准，即低贫困线；而后一条则相当于高贫困线，但也只是一种温饱标准。1986 年，国家统计局农调总队以国际上通用的生存绝对贫困概念作为计算农村贫困标准的基础，对 1985 年全国 6.7 万户农村居民收支调查资料进行计算，得出 1985 年中国农村贫困人口标准为人均年纯收入 205 元。此后，贫困标准根据物价指数变动逐年调整。到 1990 年，这一标准相当于 300 元，1999 年达到 625 元。低收入标准是国家统计局为了更好地监测刚实现基本温饱的贫困人口的动向，并进行贫困的国际比较，于 1998 年开始测算的新贫困标准，此标准从 2000 年开始向社会公布。

在我国的扶贫实践中，2007 年以前，中央政府一直采用前一个低贫困线作为扶贫工作标准，用于确定扶贫对象，分配中央扶贫资金，而低收入标准在一些较发达地区作为地区扶贫工作的参考依据。2008 年，根据中共十七大关于“逐步提高扶贫标准”的精神，我国正式采用低收入标准作为扶贫工作的标准，将原来的“低收入标准”设定为国家贫困线。2008 年，国家公布贫困线标准为 1197 元；2010 年增加为 1274 元；2011 年确定的贫困线标准为 2300 元；2015 年为 2800 元，按购买力平价计算，约相当于每天 2.2 美元，略高于世界银行 1.9 美元的贫困标准；2016 年中国贫困标准提高到 3000 元；2018 年贫困标准达到了 3535 元。1978 ~ 2018 年期间，国内贫困标准由 100 元提高到 3535 元，提高了 35 倍多。这意味着我国对待贫困问题是严肃、认真的，没有因为政绩工程和数据引入而刻意降低贫困标准。我国历年贫困线标准如表 1 – 3 所示。

表 1 – 3　　我国历年贫困线标准　　单位：元

年份	1978	1979	1980	1981	1982	1983	1984	1985
贫困线	100	100	100	100	100	100	200	206
年份	1986	1987	1988	1989	1990	1991	1992	1993
贫困线	213	227	236	259	300	304	317	317
年份	1994	1995	1996	1997	1998	1999	2000	2001
贫困线	440	530	530	640	635	625	625	630
年份	2002	2003	2004	2005	2006	2007	2008	2009
贫困线	627	637	668	683	693	785	1196	1196
年份	2010	2011	2012	2013	2014	2015	2016	2018
贫困线	1274	1274	2300	2300	2300	2800	3000	3535

资料来源：根据《中国农村贫困检测报告》历年资料整理所得。

二、整体贫困得到有效治理

我国开展了长期的扶贫、反贫工作，最突出的成绩就是贫困人口大规模减少，农村贫困发生率①大幅度降低。如图 1-6 所示，1978 年我国农村贫困人口规模高达 7.7039 亿人，贫困发生率高达 97.5%；2018 年底国家统计局全国农村贫困检测调查数据显示，按照当前的农村贫困标准计算，2018 年我国农村贫困人口为 1660 万人，贫困发生率下降到了 1.7%。

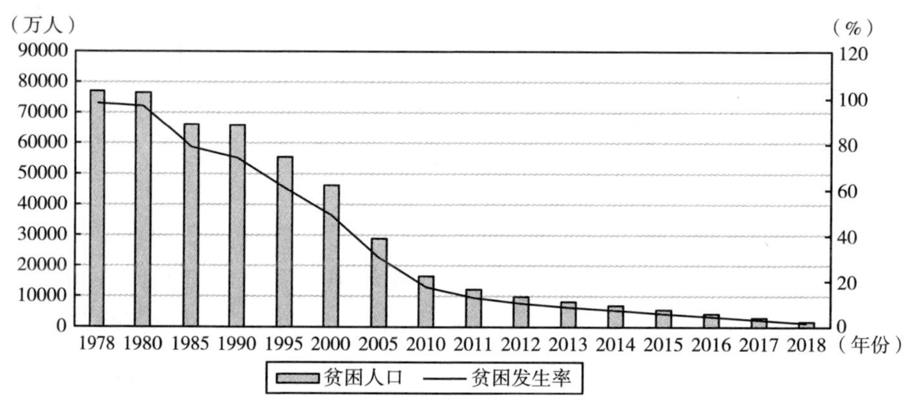

图 1-6 我国 1978 年以来历年贫困人口规模与贫困发生率

资料来源：根据国家统计局、国务院扶贫办网站公布数据和历年《中国农村贫困检测报告》资料整理所得。

中国反贫困的卓然成就赢得了世界高度赞誉。联合国《千年发展目标 2015 年报告》有一个结论性的评价："中国在全球减贫方面起到了'火车头'的作用"。中国对全球减贫的贡献率超过 70%。亚洲开发银行驻中国代表处首席代表本·滨瀚指出："亚洲曾是全球最贫困的大洲之一，但现在占全球国内生产总值的 1/3，经济的快速发展帮助亚洲人民提高了生活水平，减轻了贫困状况。很明显，中国是这一成绩的最大贡献国"。2017 年正式任职的联合国秘书长古特雷斯也作出了如此评价："我们不应忘记，中国是为全球减贫做出最大贡献的国家"。

---

① 贫困发生率是指贫困人口占全部总人口的比例，它反映地区贫困的广度。该概念最早是由朗特里于 1901 年提出的。其公式为：$H = q/n$，其中，H 为贫困发生率，q 为贫困人口数，n 为全部人口数。

我国反贫困斗争之所以取得这样巨大的成就，首先是党和政府把这项工作列入治国理政的大事来抓，有部署、有计划进行。20 世纪 80 年代末，中国政府开始推行全国减贫措施。1994 年，新中国成立以来的第一个“减贫计划”——《国家八七扶贫攻坚计划（1994～2000 年）》出台，其目标是帮助 8000 万人口摆脱贫困；2000 年制定并实施了《中国农村扶贫开发纲要（2001～2010 年）》；2010 年又制定了《中国农村扶贫开发纲要（2011～2020 年）》；中共十八大以来中央更是将扶贫攻坚作为新时代头等任务紧抓不放。反贫困有了大政方针，犹如建造大厦有了蓝图，具体的发展就有了激励和路径。

政府主导，是我国反贫困的一个重要特色。在政府主导下形成的大扶贫格局优势，主要体现在社会主义制度下政策的快速精准实施，诸如：为中西部地区专设了中央财政专项扶贫资金；各级政府向各地贫困地区派驻了大量帮扶干部，与贫困群众同甘苦、共奋进；2016～2020 年，约有 1000 万贫困人口将通过易地扶贫搬迁告别世代生活的贫瘠土地，走向新生活。我国政府充分认识到反贫困乃是民生的要旨。它完全印证了《2017 年国务院政府工作报告》中那句铿锵有力的话：“民生是为政之要，必须时刻放在心头、扛在肩上”。

中国采取的减贫行动与联合国通过的 17 个可持续发展目标高度吻合。1990 年，联合国开发计划署（UNDP）在当年的《人类发展报告》中首次提出了“人类发展指数”（HDI）的概念，用于衡量全球各个国家的发展进程。“人类发展指数”由预期寿命、成人识字率和人均 GDP 的对数三个指标构成。它们分别反映了一个国家人的寿命（健康）水平、知识水平和生活水平，“国家减贫进展”也被视为“人类发展指数”的一个重要指标。中国在这方面不仅做出了贡献，也提供了范式。

三、城市居民相对贫困特征显著

在计划经济体制下，我国城市中除了无依无靠、无生活来源、无劳动能力的三无人员外，基本上不存在贫困群体，城市居民可以享受到许多国家给予的优惠，比如就业、上学、住房、医疗等福利待遇，通过户籍制度将农业人口与非农业人口区分开来，逐渐形成以国有、集体企事业单位为依托的城市经济体制。随着市场化和国有企业改革的进一步深化，部分企业经营困难，经济效益下降，从而使职工的生活状况受到不同程度的影响。尤其是随着市场经济的不断深入，城市居民出现了普遍性的收入差距，并且这种差距还表现出明显的“马太效应”。

这种差距体现在四个方面：首先，从注册类型看，国有企业、股份有限公司、外商投资企业的工资水平一直高于全国平均水平，尤其是后两类企业，比其他类型企业及全国平均工资的高出部分逐年上升；其他类型企业则相反，一直在全国平均水平线下徘徊，尤其是城镇集体企业和其他类型企业。

其次，从行业的工资水平看，计算机与信息技术、金融业、科学研究等行业长期远高于其他行业，2018 年工资分别高达 147678 元、129837 元、123343 元；劳动密集型行业、竞争性行业的工资收入相对较低，例如农林牧渔业、住宿和餐饮业，2017 年平均工资仅 36504 元、45751 万元，对比可知最高行业与最低行业的工资差距达 3.1 倍；批发和零售业、水利、环境与公共设施管理业、公共管理与社会组织业等的工资水平持续低于全国水平（见图 1 –7）。

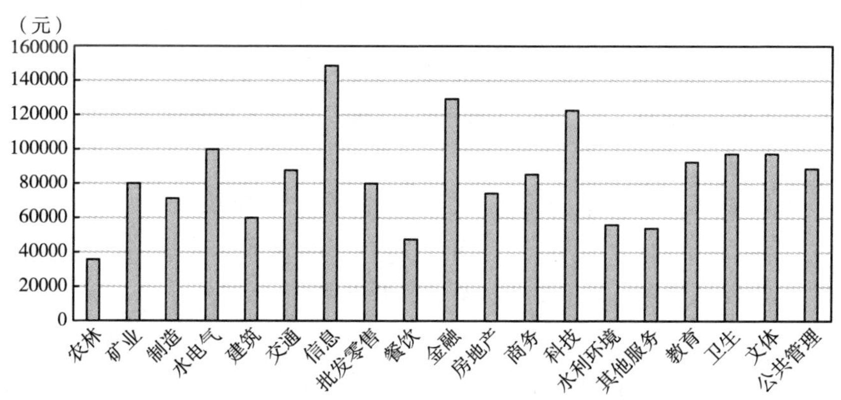

图 1 –7　我国 2018 年城镇非私企平均工资的行业比较

资料来源：国家统计局。

再次，如图 1 –8、图 1 –9 所示，从区域分布方面看，2018 年城镇非私营单位员工平均工资中，东部省份的工资水平最高，尤其是北京和上海，均达到了 145766 元和 140400 元；西部省份次之，尤其是西藏，116015 元的年均工资大幅度领先于其他省市；中部地区和东北地区省份的工资水平相对较低。如果东部省份的高工资收入得益于其在经济实力、资金、技术、人力资本等方面的优势，西部地区更多的是依赖政府的扶持政策。从城镇私营企业的工资状况上看，在民营经济比较发达的东部地区，无论工资水平还是工资增长速度，都处于绝对优势地位；长期依靠国企发展的东北地区则相反，在绝对水平和相对速度上都处于下风。在每个地区内部，各省份之间的工资差距也很显著，尤其是东部地区和西部地区，北京、上海、西藏的高工资放大了两个地区的工资标准差。而就私营企业平均工资水平来看，则与地区经济发展水平紧密相关，北京、上海、天津、江苏、浙江、广东等经济发达地区工资水平显著高于甘肃、宁夏、湖北、湖南等经济发展较滞后地区。

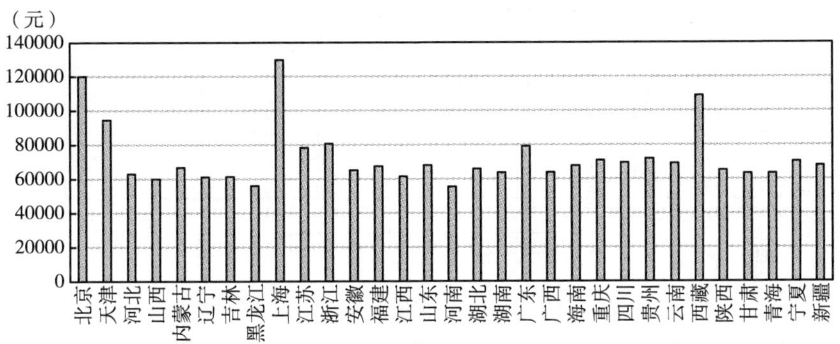

图 1－8　2018 年各省份非私营企业职工平均收入

资料来源：根据《中国统计年鉴》整理所得。

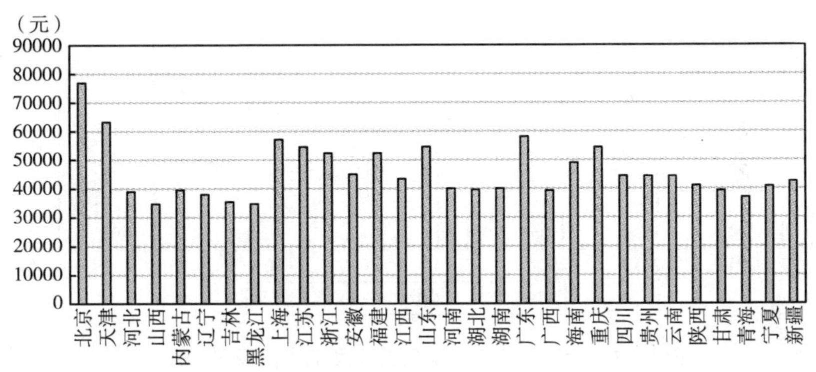

图 1－9　2018 年各省份城镇私营企业年均工资水平

资料来源：根据各省份统计局数据整理所得。

最后，从就业能力看，城市下岗、失业、半失业而造成生活困难的人员构成了新贫困群体，及在农村中因城市化，而“上班无岗、种田无地、劳保无份”，生活陷于贫困的失地农民，以及流动在城市和农村之间的部分农民工。而且，随着我国经济结构的调整和发展方式的转变，对于无技能、无知识的城市居民和大量农民工来讲，就业的机会将越来越少，发生贫困的可能性更加增大。如图 1－10、图 1－11 所示，我国城镇失业率从 2009 年开始有所下降，但是失业人数不断攀升，2018 年达 979.8 万人；农民工人数也同样不断攀升，2018 年达到了 28836 万人，可能的新贫困群体数量庞大。

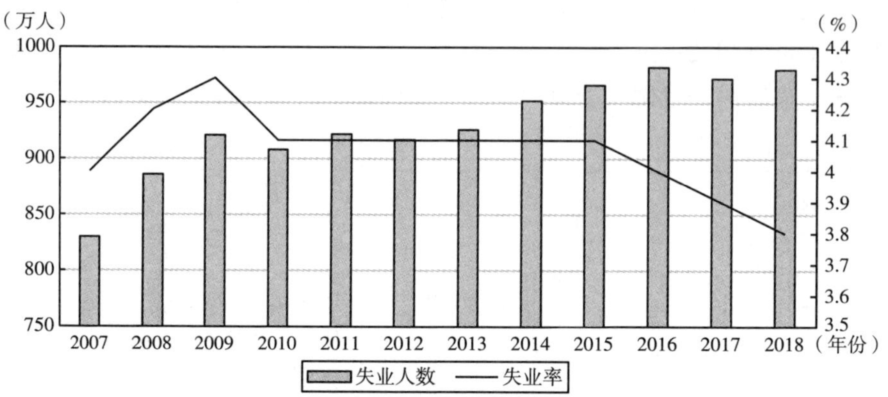

图 1－10　2007～2018 年中国城镇失业人数及失业率

资料来源：根据国家统计局、人社部、中商产业研究院的数据整理所得。

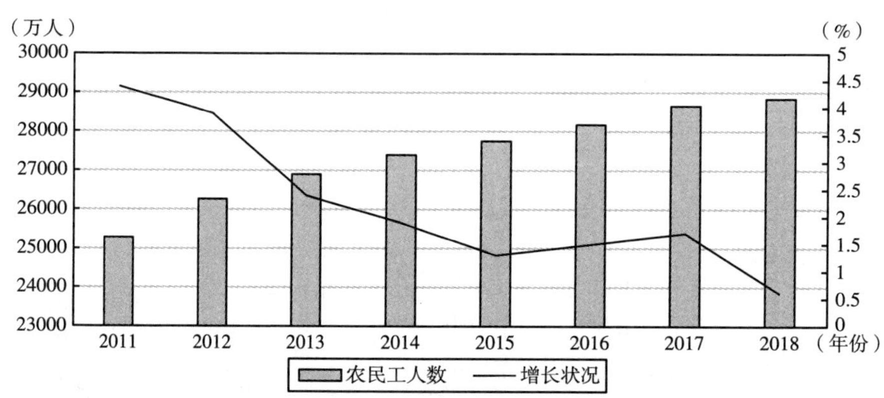

图 1－11　2011～2018 年全国农民工人数及增长状况

资料来源：根据历年《农民工监测调查报告》整理所得。

从收入分配制度来说，由于区域、行业、职位、岗位等原因使城市居民之间收入差距不断扩大，并形成了惯性发展。加之规范和调节收入分配与再分配的法律、法规、经济杠杆、行政措施等存在许多缺陷，从而导致了部分城市居民的收入非透明化、非制度化。同时由于对高收入群体的调节不力，对低收入群体又保护不足，使我国城市居民形成了相对贫困现象。

四、农村居民贫困集中连片特征显著

结合我国当前的实际状况，我国的贫困群体可以归纳为无法合法地获得基本生活条件并参与基本的社会活动的人的集合。这一贫困群体主要由以下两类人员组成：一是计划体制下的贫困群体，一般是城市中的“三无”人员，即无依无靠、无生活来源、无劳动能力的人；二是农村中的五保户，由集体经济负担的保吃、保穿、保住、保医、保葬（孤儿为保教）的农村无依无靠的老、弱、孤、寡、残疾人员。近几年来我国农村五保户人口数量虽然不断下降，但规模依旧庞大，截至2018年五保户还有455万人，低保人口也高达3519.1万人（见图1-12）。

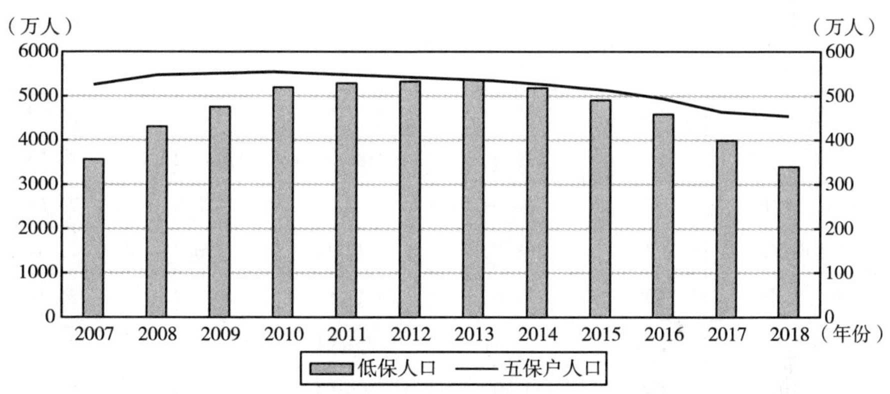

图1-12 2007~2018年农村低保人口与五保人口规模走势

资料来源：根据国家统计局网站数据整理计算所得。

随着经济发展和扶贫工作的不断推进，我国农村贫困人口的分布由逐步分散向某些具有明显地域特征的地域集中，尤其与地理环境有极强的正相关性。2010年之后国务院关注到了这一现象，并在随后的扶贫工作中提出了集中连片特困区的概念，并于2012年规划公布了14个扶贫连片区的名单，名单所列区域均处于中、西部省份（见表1-4）。2013年11月习近平总书记在湖南湘西考察时，提出“扶贫要实事求是，因地制宜，要精准扶贫，切忌喊口号，也不要定好高骛远的目标”，这是国家领导人首次提出“精准扶贫”。2014年初，中共中央办公厅、国务院办公厅印发《关于创新机制扎实推进农村扶贫开发工作的意见》，把精准扶贫工作机制确立为国家新阶段扶贫开发工作的六大机制之一。精准扶贫从区域上来讲就是抓住连片特困区这一扶贫主战场。

表 1－4　　2012 年国务院扶贫办划定的连片特困地区基本情况

特困片区	特困县（个）	土地面积（平方千米）	总人口（万人）	乡村人口（万人）	乡村人口占比（%）
六盘山区	61	15.27	2031.8	1834.7	90.30
秦巴山区	75	21.83	3504.7	2967.9	84.68
武陵山区	64	16.07	3278.8	2908.2	88.70
乌蒙山区	38	10.68	2192.2	1926.2	87.87
滇黔桂石漠化区	80	19.93	2846.8	2540.2	89.23
滇西边境山区	56	19.2	1486.7	1312.7	88.30
大兴安岭南麓山区	19	11.2	694.6	494.7	71.22
燕山—太行山区	33	9.32	1091.7	922.2	84.47
吕梁山区	20	3.61	397.2	344.7	86.78
大别山区	36	6.7	3589.2	3071.2	85.57
罗霄山区	23	5.21	1071.8	919.5	85.79
11 区总计	505	139.02	22185.5	19242.2	86.73
南疆三地州	24	44.08	620	456.8	73.68
四省藏区	77	88.72	512.1	396.7	77.47
13 区总计	606	271.81	23317.6	20095.7	86.18
西藏	74	120.21	287.01	215.67	75.14
14 区总计	680	392.02	23604.61	20311.37	86.05

资料来源：国务院扶贫开发领导小组办公室网站。

连片特困地区，是指因自然、历史、民族、宗教、政治、社会等原因，一般经济增长不能带动、常规扶贫手段难以奏效、扶贫开发周期性较长的集中连片贫困地区和特殊困难贫困地区，也即集中连片特殊困难地区。连片贫困区表现为贫困居民的相对集中，贫困因子相对一致，贫困区域相对连片。从贫困人口看，集中分布在山区、丘陵地区、限制开发区；从区域分布看，680 个连片区特困县绝大部分分布在山区或高原山区，特别是群山连绵区，更是呈现集中分布的状态；从贫困因素看，这些区域农村人口占比很高，人口民族属性多样化，对农业依赖性很强，农业生产环境很差。

连片特困区的贫困成因既有自然的也有社会的，既有历史的也有现在的。比如，大小凉山彝区贫困最为根本性的一条就是处于高寒、干旱缺水、滑坡泥石流等自然灾害特别严重的地区。从社会发育上看，它是全国最大的彝族聚居区，是从奴隶社会一步跨入社会主义社会的“直过区”。著名社会学家费孝通先生曾说，这里是“原始的贫困”。再比如，川东北秦巴山区贫困成因也多，但历史的原因却又是很重要的一条。这里是川陕革命根据地的首府与腹心地区。在革命战争年代，男女老少凡能走动的几乎都参加红军或支前了，造成残疾人比例比其他地方都高。

连片特困区不仅是集中连片面大、贫困人口众多，而且贫困程度较深，也因此扶贫任务艰巨性、对治贫手段综合性的要求特别高。连片特困区贫困的代际传递性强。一般地区的贫困，许多是暂时性的贫困，是一代人中阶段性的贫困，缓解贫困相对容易，国家的扶贫政策容易收到成效。但是，在连片特困地区，贫困的持续性、代际性突出，具有很强的传递性。

因此，对连片特困地区的扶贫手段，常规的不奏效或很少能奏效，新型的又还很少或没有。从创新看，“大扶贫”是一个好手段，然而扶贫的关键手段是资金，可是专项扶贫还是很少，行业扶贫实际上也是行业部门的常规资金；社会扶贫这方面也很有限。尤其是连片特困地区地域偏远、交通闭塞、资源匮乏、生态环境恶劣，有的甚至缺乏基本的生存条件，扶贫攻坚的难度大，脱贫成本高，有相当部分需要移民搬迁。总之，脱贫成本高，扶贫成本也高。

第三节　中国贫困的影响

建设一个“民主法治、公平正义、诚信友爱、充满活力、安定有序、人与自然和谐相处”的社会，是我们党从全面建成小康社会、开创中国特色社会主义事业新局面的全局出发提出的一项重大任务，反映了中国人民创造美好生活的共同愿望。然而贫困的发生对社会稳定、社会保障和经济发展产生了重大的影响。如果不正确处理贫困产生的社会影响，将会严重影响全面小康社会的建设。

一、贫困与社会稳定

改革开放以来，社会稳定与社会发展是党和政府一直关注并重视的问题。

中国经济进入新常态，经济发展速度有所放缓，经济也在转型。同时一些社会问题暴露出来，如农民工失去工作岗位、高校毕业生业就业困难，这些因素使原本就存在的贫困问题进一步加剧。古今中外的历史经验表明，贫困和贫富差距过大，是造成社会动荡和“富人不安心、穷人没希望、中产阶级不努力”的紧张的人际关系与自然关系失衡的重要根源。美国经济学家舒尔茨1979年提出“穷人经济学”时指出：“一个社会的消费者中穷人太多、富人太富，迟早要出问题。”以“分配不公、两极分化、政局不稳、社会动荡”为主要特点的“拉美现象”，就是一个很好的佐证。但是同时若社会出现太多比如犯罪的情况，则会加剧个人贫困和家庭贫困的严重程度，因此，若不处理好贫困与社会稳定的关系，则会出现贫困与犯罪的恶性循环。

（一）贫困作为内因对社会稳定的影响

贫困本身会对社会稳定产生负面影响，贫富差距的长期存在，会加剧社会群体的仇富心理，从人性的特点看，产生仇富心理的深层原因是个人对财富所具有的强烈占有欲。贫富差距扩大容易使贫困人口产生强烈的“社会剥夺感”和仇富心理。如果贫困人口不能获得公平的发展权利和机会，就会让社会其他阶层陷入对贫困的恐慌，导致人们参与竞争的方式就会更加激烈，使人与人之间不能和睦相处；同时也会造成社会失衡，影响安定和谐社会的构建。收入差距引发人们心理上的失衡，心理失衡引发社会行为失范。同时，贫穷也是暴力犯罪产生的土壤。改革开放以来，我国经济有了快速的发展，但经济指标、基尼系数则与罪案率互相对应，社会矛盾和犯罪率也随着经济的增长而攀升。有研究表明，治安、盗窃及侵财案件等违法犯罪活动的发生率与基尼系数关系密切，其相关系数分别为0.963、0.93、0.81。[①] 因此，违法犯罪活动与基尼系数有密切的关系。

（二）贫困作为外因对社会稳定的影响

不仅贫困本身对社会稳定有负面影响，在物价上涨、金融风险、经济危机等外因的影响下，会加剧贫困的负面作用，进而放大贫困对社会系统均衡的破坏作用。美国的次贷危机引发的经济危机席卷全球，中国也未能独善其

---

① 胡联合，胡鞍钢，徐绍刚. 贫富差距对违法犯罪活动影响的实证分析［J］. 管理世界，2005（6）：34－44.

身。国际贸易摩擦加剧，贸易保护主义抬头，出口环境不断恶化。出口的下降导致珠三角和长三角大量出口导向型的劳动密集型企业减产、停产甚至破产倒闭。中国社科院人口与经济劳动研究所时任所长蔡昉曾估计，2008 年金融危机引起的出口下降导致非农就业减少 1763 万人，其中服务业 664 万人，制造业 969 万人。而 2018 年美国掀起的中美贸易争端将对我国“一带一路”倡议的实施和国内商品出口产生更加重大的影响，进而影响就业形势和企业职工收入。

选择留在城市的农民工必须面对城市高昂的消费费用，他们只能靠积蓄度日，寻找工作机会，大量农民工选择返乡，对农村的公共治理产生极大的考验。这些新生代农民长期生活在城市，已经习惯了城市的生活，回到农村要进行身份转变，容易产生心理失衡。而且他们当中的许多人不具备农业技能，很难依靠务农生存。农民工返乡还会引发土地合同纠纷，对农村社会稳定极为不利。

大学毕业生是另一个备受关注的社会群体。教育是社会底层向上流动的一个主要渠道，贫困家庭把改变生活、摆脱贫困的希望全部寄托在子女身上，很多家庭甚至借债支付学费。但是，“毕业即失业”这种情况的普遍发生使这些家庭的经济状况进一步恶化，而且容易引发心理失衡，进而影响社会稳定。2018 年被称为史上最难毕业季，2018 年高校毕业生达 820 万人，比 2017 年增长了 25 万人，创历史新高，加上中职毕业生和 2017 年尚未就业的毕业生，仅这两项新增就业人数就达到 1500 多万人。

二、贫困与社会保障

研究贫困问题，就要研究社会保障制度与贫困之间的关系。社会保障制度的完善有助于消除贫困，但是不当的社会保障制度则有可能加剧贫困的发生。因此，必须正确看待和处理贫困与社会保障的关系。改革开放以来，随着中国经济体制改革的逐步加深，虽然经济高速发展，但是城市人口贫困化的问题日益凸显，城市经济的发展吸引了大量的外来劳动力，导致城市中就业机会不足和下层劳动者的收入水平低下，以及住房和公共设施的紧张，因此反贫困政策的制定是合理的宏观发展政策和城市化政策，规范人口流动，为城市低收入人口提供更多就业机会，改善城市住房和各种公共设施条件，并促进建立合理的社会保障制度。

2017 年 10 月 18 日，习近平总书记在党的十九大报告中指出，要加强社会保障体系建设。全面建成覆盖全民、城乡统筹、权责清晰、保障适度、可持续的多层次社会保障体系。社会保障对于中国消除贫困特别重要。中国的传统文化及国情决定建立起现代的社会保障制度十分必要。中国传统文化中有“养儿防老”的观念，同时也有“攒钱养老”的习惯。依靠家庭成员之间的“自保”，是中国防治和减少老年贫困的传统的重要途径。但目前中国的很多家庭属于“421”式结构。即每个家庭有祖父辈 4 人，父亲辈 2 人，加上一个孩子，这使传统的家庭“自保”面临挑战，社会保障必然要取代传统的保障方式，否则必将有越来越多的家庭陷入贫困。

我国社会保障制度的发展是由点到面的，开始时只是一部分人有社保，随着经济和社会的发展，现在社保基本上实现了全面覆盖。2018 年财政一般公共预算支出为 183352 亿元，其中社会保障和就业支出为 24611.68 亿元，占比 13.42%，比 2015 年提高近 3 个百分点。① 但是我国社会保障制度仍然存在缺陷，城乡社保差距大，以社会保险为例，城镇社会保险包括城镇职工社会保险和城镇居民社会保险，其中城镇职工社会保险包括职工养老保险、职工医疗保险、失业保险、工伤保险、生育保险；城镇居民社会保险包括城镇居民社会养老保险和城镇居民医疗保险，而农村社会保险也应包括养老、医疗、行业、工伤和计划生育等许多方面的保险。但是就目前来看，农村大部分人只有养老保险和医疗保险。以养老保险为例，截至 2018 年基本养老保险覆盖了我国 67.6% 的人口，参保人数达到了 9.43 亿人。其中，4.19 亿人参加了城镇职工基本养老保险，5.24 亿人参加了城乡居民基本养老保险。2018 年全国城镇职工基本养老保险基金支出共计 4.42 万亿元，城乡居民养老保险基金支出 2919.5 亿元。② 但是目前我国基本养老保险中个人缴费比例为 8%，企业缴费比例为 20%，这一比例还是比较高的，过高的缴费率不仅降低了企业的活力，同时也影响了个人的当期收入。而且世界银行建议如果退休后生活水平与退休前相当，养老金的替代率需要达到 70% 以上，国际劳工组织建议的养老金替代率最低标准是 55%。而现实情况来看，我国基本养老保险的替代率却是在不断下降的，有学者测算了 2006 年我国城镇企业、灵活

---

① 资料来源：根据财政部网站（http://www.mof.gov.cn）公布的历年《中央决算报告》数据整理计算所得。

② 资料来源：人力资源和社会保障部网站（http://www.mohrss.gov.cn）发布的《2018 年人力资源和社会保障统计快报数据》。

就业、机关事业三大群体的养老金替代率分别为43.9%、60.8%、84.4%，[①]也有学者估算出我国城镇居民养老金实际替代率1997年为76.7%，2010年下降为45.1%，[②]目前大约只有40%左右，并不能满足退休群体的养老需求，而企业年金覆盖范围非常小，第三支柱的商业养老保险又尚未成型，可见我国养老体系的保障力度比较有限。因此，要想更好地解决贫困问题，就需要扩大社会保险覆盖面、提高农村社保标准、提升养老金替代率、拓宽辅助养老保险渠道，只有健全的社会保障制度才能有利于解决贫困问题。

三、贫困与经济发展

减少贫困是重要的发展目标，而这个目标是通过经济发展与社会分配来实现的。目前，对于此问题的探索已经获得了很有理论和实践价值的研究成果。我国改革开放以来在摆脱贫困方面获得了举世瞩目的成就，使农村贫困发生率从改革开放初期的97.5%下降到2018年的1.7%，对全球反贫困事业做出了巨大的贡献。但目前仍然有1600多万人口生活在贫困线以下。因此，反贫困仍是我国重要的经济发展目标之一。为了制定使贫困人口从经济增长中获得更大收益的，有效的反贫困政策，我们需要了解经济增长与贫困之间的关系。贫困的变化受到两种因素的影响：平均收入水平和收入差距的变化。对于给定的贫困标准，收入水平的普遍增长有助于贫困人口数量的下降；而收入差距的扩大对贫困减缓有着相反的作用。但是经济增长也会导致贫困的发生，具体表现在：

（1）经济增长导致贫困线上升。贫困线会随着经济发展而有所提高，使一部分人原先在贫困线边缘但是不属于贫困的人口滑到贫困线以下，从而成为新的贫困人口，而且是绝对贫困。

（2）因病因学致贫。随着经济增长，生产生活成本也会增加，对于一个可以正常生活的普通家庭，一旦遇到子女上学或者家中有人遭遇重大疾病的情况，高昂的学费和医疗费会让一个家庭陷入困境，这就是经济增长带来的因病因学致贫。

---

① 王晓军，王燕，康博威．我国社会养老保险不同类型人群养老金替代率的测算［J］．统计与决策，2009（20）：10－12.

② 屈满学．我国事业单位养老金替代率测算及改革思路探讨［J］．科学决策，2014（6）：69－72.

虽然经济增长同样会产生新的贫困，但是经济增长对于反贫困的积极作用大于消极作用。中国的扶贫工作需要强大的经济做支持，只有经济发展，贫困才会减少，与此同时也需要完善社会保障制度，缩小收入差距，保障社会稳定，这样才能真正消除贫困，促进小康社会的建设。

第四节　中国反贫困的历程与成效

中国政府在不同的历史阶段根据贫困特征的变化，适时并不断调整扶贫战略，完善扶贫政策体系。

一、1949～1978年：贫困普遍化与广义式扶贫

以毛泽东为代表的第一代领导集体为了尽快改变贫穷现状，致力于收拾国民党政府留下来的烂摊子、恢复国民经济。通过没收官僚资本、稳定物价、统一全国财经政策、土地改革、合理调整工商业、调整公私关系、生产资料私有制的社会主义改造等一系列措施，新中国的财政经济状况得到了根本好转，人民生活水平有了较大的提高。1952年，国家完成了土地制度改革，基本上消除了农民无地的现象，为后来政府实施农村扶贫政策奠定了制度基础。确立人民公社集体经济体制、建立农村财产公有制、在农村生产力发展方面采取了一系列措施，包括：（1）在全国范围内开展大规模的基础设施建设，进行农田水利建设，改善农村灌溉设施和交通条件。（2）建立农村科技服务网络，形成基本覆盖全国所有农村乡镇的农业技术推广服务网络系统。（3）建立全国性的农村合作信用体系，改善农村金融服务。（4）农村基础教育和农村基本医疗卫生事业快速发展，农村小学校和乡村卫生所的大力建设、免费教育和乡村合作医疗、赤脚医生等政策措施，为农村人口的发展提供了有力保证。（5）初步建立以社区五保制度和农村特困人口救济为主的农村社会基本保障体系。

然而人民公社运动严重挫伤了人民的劳动生产积极性，生产极其缺乏效率，截至1978年，根据我国政府的扶贫标准，农村贫困人口占世界贫困人口总数的1/4；如果按照国际标准，则1978年的贫困发生率在90%以上。在此过程中，由于“大跃进”运动极“左”路线，20世纪五六十年代还一度出

现了农村大范围饥荒的悲惨局面。

新中国成立到改革开放前的反贫困政策是在平均主义的基础上，进行救济式扶贫，政府通过粮食、衣物等物质补贴来帮助贫困户，是一种道义性的行为，通过转移支付来为贫困户“输血”。这种“输血”式扶贫虽然有效满足了贫困人口的现实需要，缓解了生存危机，但是存在着巨大的缺陷，不能从根本上消除贫困。

二、1979～1983年：体制变革与救济式扶贫

中国共产党于1978年12月召开了第十一届三中全会，在分析贫困原因的基础上，通过了加快农业和农村发展的政策与措施。由此，开始了从1978年到1985年以体制改革推动扶贫的新阶段。从此党和国家将工作重心转移到经济建设上来，先在农村地区实行经济体制改革。推行以家庭联产承包为基础、统分结合的双层经营体制，实施提高农产品价格、发展农村商品经济等配套改革，调动了农民的生产积极性，农业生产发展迅速，农民生活水平很快提高，极大地解放了农村的生产力。农村经济体制的深刻变革，为这一时期我国农村经济的超常规增长和贫困人口的急剧减少提供了强劲的动力。到1983年农民家庭人均收入和人均消费水平分别增加了264元和192元；人均占有的粮食、棉花、油料、肉类产量分别增长14%、74%、176%和87.8%。[①] 总体来看，1978～1983年，中国政府和人民的反贫困行动有这样两个明显的结果：一是使贫困人口的量大幅度减少，贫困发生率大幅下降；二是贫困地区的公布范围逐步缩小。这一阶段对缓解贫困起主要作用的是农村土地制度、市场制度以及就业制度的改革。通过农村土地制度、农贸市场制度、支持农村发展的金融组织和劳务输出制度的改革，在农村经济快速增长的背景下无法实现温饱的绝对贫困人口大幅度减少。

但是自然、历史等多种致贫因素逐渐显现。因此，在逐步推进农村经济改革、增加农民收入的同时，政府及其有关部门也开始实施相应扶贫政策、开展一系列帮困活动，以支持经济发展显著落后、贫困人口较为密集的地区脱贫。1984年国家实施的以工代赈，即是救济对象赈济金或者赈济物通过参加必要的社会工程建设获得，也即贫困人口必须通过参加基础设施的建设来

① 资料来源：《中国统计年鉴》。

获得救济。以工代赈的项目，改善了贫困地区的基础设施，并帮助贫困地区和贫困人口改善了生产条件。政府在减轻农村物质贫困的同时，也开始逐步重视农村的教育，出台了一系列改善农村教育的社会政策。同时也利用专项基金扶持部分极端贫困地区的经济发展。1980 年设立了“支持经济不发达地区发展资金”，投向贫困地区。1982 年开始实施了为期十年的“三西”（甘肃定西、河西与宁夏西海固地区）农业建设计划，帮助这些极贫地区治理生态、改善环境和发展农业生产。

在这一阶段，国家还没有建立专门的扶贫机构，也没有系统的扶贫管理机制。反贫困的具体措施还是传统意义上的救济式扶贫，即对那些丧失劳动能力以及由于不可抗拒的原因陷入贫困状态的个人和家庭，由民政部门实施救助。

三、1984～1993 年：贫困区域化和政策性扶贫

为了进一步加大扶贫力度，中国政府自 1986 年起成立专门扶贫工作机构，制定专门优惠政策，并对传统的救济式扶贫进行了彻底改革，确定了开发式扶贫方针。这一时期，农村区域发展不平衡问题开始凸显，农村地区特别是老少边远地区的经济、社会和文化发展水平开始较大落后于沿海发达地区，成为需要特殊对待的特殊问题。贫困人口呈现出明显的区域集中特点，主要分布在“老、少、边、穷”地区，需要推行有组织、有计划、大规模的帮扶措施。1986 年 4 月，第六届全国人民代表大会第四次会议通过的《中华人民共和国国民经济和社会发展第七个五年计划》，将“老、少、边、穷地区的经济发展”单列一章。从此，解决大多数贫困地区贫困人口的温饱问题成为中国政府扶贫工作的一个长期目标。同时，中国政府于 1986 年成立了专门的扶贫机构——国务院贫困地区经济开发领导小组，使农村扶贫开发规范化、机构化、制度化，我国开始了“有组织、有计划、大规模的农村扶贫开发活动”。这一扶贫机构的建立，标志着我国政府由原来的道义式扶贫转向制度式扶贫。

这一时期确定的开发式扶贫是以区域开发带动扶贫为重点，在一些贫困地区，“促进区域经济增长带动扶贫”的项目开发式反贫困战略演变为“贫困地区工业化项目投资”的开发式战略。依据农村人均年收入和县级单位的财政状况，确定贫困县标准：1985 年人均纯收入低于 150 元的县和年人均纯

收入低于200元的少数民族自治县，对民主革命时期做出过重大贡献的老区县放宽到300元。这一阶段，甄别贫困户没有统一的收入标准，只凭直观印象："食不果腹，衣不遮体，房不蔽风雨"。中央和国务院在1984年发布《关于帮助贫困地区尽快改变面貌的通知》的基础上，采取了一系列重大措施，制定了一系列扶贫开发的具体政策。在全国范围内有计划、有组织、大规模地开展反贫困工作，取得了显著成效。1986～1993年的8年间，国家贫困县农民人均纯收入从1985年的208元增加到1993年的483元。

这一时期的专门措施虽然发挥了一定的效果，但是由于同期农村经济增长速度放缓，加之剩余农村贫困人口脱贫难度的增加，与前一时期相比，这一时期贫困人口下降速度有所减缓，返贫现象有所增加。依据世界银行估算，我国1985～1989年期间甚至出现农村贫困人口绝对数增长700万人的贫困反弹现象。①

四、1994～2000年：经济改善与综合性扶贫

随着改革开放初见成效，国家经济状况有了一定的改善，为了进一步解决农村贫困问题，缩小东西部地区的差距，实现共同富裕的目标，国务院于1994年3月制定了《国家八七扶贫攻坚计划》，作为扶贫开发工作的纲领。为了确保《国家八七扶贫攻坚计划》制定的目标能够实现，1996年、1998年、1999年、2001年分别召开了全国扶贫开发工作会议。

该计划明确要求集中人力、物力、财力，用七年左右的时间，基本解决8000万农村贫困人口的温饱问题，明确提出要到村到户，以贫困村为基本单位，以贫困户为主要工作对象，以扶持贫困户创造稳定解决温饱的条件，发展种植业为重点，坚持多渠道增加扶贫收入。并明确指出，扶贫开发到村到户的核心是扶贫资金的投放，扶贫项目等各项措施真正落实到贫困乡、贫困村、贫困户。提出扶贫的主要对象和工作重点是贫困农户。扶贫开发工作随之由道义性扶贫向制度性扶贫转变，由救济性扶贫向开发性扶贫转变，由扶持贫困地区（主要是贫困县）向扶持贫困村、贫困户转变（主要是贫困人口）。同时也很大幅度上提升了扶贫资金，三大扶贫项目（扶贫贴息贷款、以工代赈和发展资金）投放的扶贫资金从1995年到1999

---

① 国家统计局农调队．中国农村贫困检测报告［R］．北京：中国统计出版社，2000：50.

年期间增加了 1. 63 倍,[①] 这一阶段，政府在宏观经济政策方面也明确提出了加快中西部地区的经济发展计划。实践证明，将扶贫到户与促进中西部地区经济发展的宏观经济政策相联系，对缓解农村的贫困问题有着积极的作用。中央政府大幅度增加扶贫开发投入，明确资金、任务、权利、责任“四个到省”的扶贫工作责任制，建立东部沿海地区支持西部欠发达地区的扶贫合作机制，并推行了入户项目支持、最低生活救助、科技扶贫、劳动力转移、生态移民等多元化扶贫措施。

到 2000 年底，贫困县农民人均纯收入由 1993 年的 483. 7 元增加到 1321 元，基本上解决了贫困人口的温饱问题，使我国农村贫困的特征从普遍性、区域性、绝对性向点状分布和相对性发生转变。2000 年中国政府宣布“八七扶贫攻坚计划”确定的战略目标基本上实现，除了少数社会保障对象和生活在自然条件恶劣地区的特困人口以及部分残疾人以外，全国农村贫困人口的温饱问题基本上已经解决。

五、2001 ~ 2010 年：财力提升与开发式扶贫

经过 20 余年的改革开放，我国经济发展水平不断提升，财政实力也不断增强，为国家反贫困提供了强有力的经济支持。这一阶段的农村反贫困行动是在《中国农村扶贫开发纲要》的指导下进行的，扶贫模式实现了由贫困地区（主要是贫困县）向贫困人口转变，注重政府主导和全社会共同参与相结合，强调扶贫主体的多元性，扶贫对象的主动参与性，追求扶贫开发的可持续性，着眼于农村经济社会的全面发展，属于“多元造血式”的扶贫行为。国务院于 2001 年 5 月颁布了《中国农村扶贫开发纲要（2001 ~ 2010 年）》，标志着扶贫工作已经由解决温饱为主转入解决温饱和巩固温饱并重的阶段。政府制定了“坚持开发式扶贫、综合开发与全面发展、可持续发展、自力更生与艰苦奋斗、政府主导与全社会共同参与”的基本方针。贫困人口分布由以前的在扶贫开发重点县的区域集中向更低层次的村级社区集中。

在此基础上，国务院扶贫办在全国中西部地区确定 592 个国家扶贫开发

---

① 张伟，胡霞. 我国扶贫贴息贷款 20 年运行效率述评［J］. 云南财经大学学报，2011（1）：92 – 97.

重点县。进一步调整了扶贫标准，将人均纯收入在786～1067元之间的低收入人口纳入扶贫工作的瞄准对象，瞄准对象由贫困县向贫困村转移，确定了14.8万个国家级贫困村，这些重点村占全国行政村总数的21%，分布在全国1861个县（区、市），覆盖了全国80%的农村贫困人口。扶贫资源实行重心下移，进村入户，瞄准到人。政府还通过制定和实施参与式村级扶贫规划，确定了整村推进、产业化扶贫和劳动力转移培训相结合的扶贫开发战略。针对新时期的贫困问题，扶贫政策瞄准目标降低到村级，强调以村为单位调动农民的参与性进行农村扶贫综合开发。实践表明，国家根据减贫的新形势在扶贫工作重心和扶贫资源下沉（进村入户），并据此建立以贫困村为重点的“一体两翼”扶贫治理体系获得了较好的减贫效果。就整村推进而言，同一县域内，实施整村推进的贫困村农民人均纯收入比没有实施的增幅高出20%以上。

2007年，全面实施农村最低生活保障制度，进入扶贫开发政策与最低生活保障制度衔接的“两轮驱动”阶段。2008年10月，党的十七届三中全会通过的《中共中央关于推进农村改革发展若干重大问题的决定》（以下简称《决定》）提出，搞好新阶段扶贫开发，对确保全体人民共享改革发展成果具有重大意义，必须把扶贫开发作为一项长期历史任务。《决定》强调，坚持开发式扶贫方针，完善国家扶贫战略和政策体系，实现农村最低生活保障制度和扶贫开发政策有效衔接。提出了到2020年农民人均纯收入要比2008年翻一番，消费水平大幅提升，基本消除绝对贫困现象的奋斗目标。农村的生产生活条件明显改善，各项社会事业发展迅速，农民生活水平大大提高，正向全面建设小康社会扎实迈进。

六、2011～2020年：新时代精准扶贫脱贫战略

随着制度改革的纵深推进以及国际国内经济社会发展环境的变化，我国反贫困任务更为繁重，反贫困形势更为复杂。一方面，随着扶贫标准的提高，农村地区存在着规模庞大的贫困人口；另一方面，农村贫困人口面临的各类风险加大，返贫现象时有发生，再加上贫困地区农村劳动力向城镇转移，农业生产粗放化、农村空心化现象突出，农村相对贫困问题凸显。

在2015减贫与发展高层论坛上，习近平总书记满怀深情地说：“40多年来，我先后在中国县、市、省、中央工作，扶贫始终是我工作的一个重要内

容，我花的精力最多。”① 习近平总书记更是提出：“全面建成小康社会，是我们对全国人民的庄严承诺。脱贫攻坚战的冲锋号已经吹响。我们要立下愚公移山志，咬定目标、苦干实干，坚决打赢脱贫攻坚战，确保到2020年所有贫困地区和贫困人口一道迈入全面小康社会。”② 脱贫必须靠发展，发展须寻找内生动力。党的十八大以来，习近平总书记高度重视扶贫开发工作，提出了一系列扶贫开发的新理念、新观点、新部署、新要求，形成了中国新时期扶贫开发的战略构想。以习近平总书记的扶贫开发理念为指导，中国2015年做出“打赢脱贫攻坚战”的决定，明确“到2020年现行标准下贫困人口全部脱贫，贫困县全部摘帽，解决区域性整体贫困”的目标。

习近平总书记将贫困地区的扶贫战略归结为“科学扶贫、精准扶贫、内源扶贫”三个方面。“科学扶贫”是求真务实、群众路线在扶贫工作中的体现。“推进扶贫开发，推动经济社会发展，首先要有一个好思路、好路子。要坚持从实际出发，因地制宜，理清思路，完善规划，找准突破口。”③ 科学扶贫要求领导干部深入实际，深入群众，坚持中国共产党实事求是的思想路线。实事求是，解放思想，大胆创新，对扶贫工作要科学思考和科学论证。从本地现实出发，制定扶贫策略，既合乎经济效益又合乎社会效益，既要产生近期效益，又要顾及长远发展。“精准扶贫”是“以人为本”原则在社会主义扶贫工作中的有力体现。“抓扶贫开发，既要整体联动、有共性的要求和措施，又要突出重点，加强对特困村和特困户的帮扶。”④

精准扶贫、精准脱贫战略坚持中国制度的优势，构建省—市—县—乡—村五级一起抓扶贫，层层落实责任制的治理格局。注重抓“六个精准”，即扶持对象精准，项目安排精准，资金使用精准，措施到户精准，因村派人精准，脱贫成效精准，确保各项政策好处落到扶贫对象身上。坚持分类施策，因人因地施策，因贫困原因施策，因贫困类型施策，通过扶持生产和就业发展一批，通过易地搬迁安置一批，通过生态保护脱贫一批，通过教育扶贫脱贫一批，通过低保政策兜底一批。广泛动员全社会力量，支持和鼓励全社会采取灵活多样的形式参与扶贫。围绕精准扶贫战略，创新扶贫开发机制，为

---

① 习近平总书记在2015年10月16日举行的“2015减贫与发展高层论坛”发表的主旨演讲《携手消除贫困促进共同发展》。

② 习近平总书记在2017年11月27~28日召开的“中央扶贫开发工作会议”上的讲话。

③ 习近平总书记在2012年12月29~30日考察河北省阜平县扶贫开发工作时的讲话。

④ 习近平总书记在2013年11月3~5日考察湖南湘西、长沙等地时的讲话。

贫困人口、贫困村建档立卡，向贫困村派驻第一书记和工作队，出台一系列精准扶贫政策，为脱贫攻坚源源不断地释放着改革红利。

精准扶贫战略使贫困地区农民人均纯收入从 2010 年的 3273 元增加到 2016 年的 8452 元以上[①]，翻了一番，增长幅度连续六年高于全国农村平均水平；贫困地区基本公共服务体系建设加快推进，城乡基本养老保险制度全面建立，全国农村 5000 余万人纳入低保范围；贫困地区基础设施建设成效明显，自然村通公路、通电、通电话比例达到 90% 左右。2017 年 10 月 18 日的中共十九大上，习近平总书记在报告中总结，脱贫攻坚战取得了决定性进展，6000 多万贫困人口稳定脱贫，贫困发生率下降到了 4% 以下。

从政府主导角度出发，中国不同历史时期的扶贫开发战略以及相应的政策体系十分清晰，梳理并不困难。问题在于，每一个阶段的扶贫战略并不是唯一的，减贫是多种战略综合作用的结果。政策体系的总结也面临同样的问题。而且，贫困人口的减少并不仅仅是扶贫开发的结果，在一定程度上，更是经济增长带动减贫的结果。但是，可以肯定地说，没有专门的、不断完善的扶贫开发战略与政策体系，就无法取得如此巨大的减贫成就，至于如何以及能否区分导致中国扶贫成效的各个要素并量化，还需要大量的研究与实践。

---

① 资料来源：《中国农村贫困监测报告（2017）》。

第二章　反贫困的理论基础

第一节　西方反贫困理论

一、人口剩余致贫理论

从理论渊源上讲，18 世纪末 19 世纪初英国的经济学家和人口学家马尔萨斯是历史上最早把贫困作为特定的社会经济现象进行分析，并从反贫困视角将其纳入理论研究领域的。1789 年在《人口原理》一书中，马尔萨斯基于他对贫困原因的分析提出了著名的“人口剩余致贫论”。这一论点主要建立在他所认为的两个“公理”或规律基础上：一是食物为人类生存所必需；二是两性之间的性欲是必然的，且几乎会保持现状。由此得出，社会人口按几何数列增加，生活资料因土地有限而只能按算术数列增加，因人口增长速度快于食物供应的增长速度，随时间推移，最后因食物不足导致人口过剩，必然导致贫困、恶习等出现。① 马尔萨斯认为这就是支配人类命运的永恒的和自然的人口规律。而人口的过度增长受到人口规律的支配，是不以人的意志为转移的必然，人口过剩实际上无法避免。大多数人注定要在贫困和饥饿的边缘上生活。贫困的主要责任在贫困者本身，同社会制度、财产的不平等分配和政府的形式没有关系。相反，由于私有制是因不可避免的“人口自然规律”支配而产生的，所以资本主义私有制不仅不是贫困和罪恶的根源，相反它是实现人口增殖同生活资料之间平衡的最有效和最好的制度，也是永恒存

① 马尔萨斯．朱映等译．人口原理［M］．北京：商务印书馆，1992．

在的社会制度。

马尔萨斯认为，要解救工人、消除贫困的唯一办法不是革命，不是实行平等的社会制度，而在于直接“抑制人口增长”。并具体提出了解决人口问题的“两类抑制办法”，以达到人口增长与食物供应间的平衡。一是“道德抑制”，即用节育、晚婚等方法减少人口的增加，以保持人口的增长和生活资料的增长相一致；二是“积极抑制”，即通过提高人口死亡率来减少人口数量，如通过战争、饥荒、疾病以及瘟疫等办法达到抑制人口增长和消灭现存的多余人口的目的。因为穷人“没有权利得到一点食物，在自然界的宴席上，没有他们的席位，自然命令他们离开”①。虽然他认为避免人口过剩的较好的办法是“道德限制”，但他同时指出大多数人不会实行这样受限制的方法，因而有必要通过积极抑制如繁重的劳动、极度的贫困、传染病、战争、瘟疫、饥荒等来增加死亡，从而强制性减少和控制人口。同时让下层阶级的人都知道这些“真理”，他们就会以更大的耐心来忍受自己遭到的贫穷和困苦。

基于这样的理论分析，在实践中他竭力反对当时英国政府实行的济贫法和济贫制度。认为济贫法给贫民提供工作会增加在业工人的失业，而济贫法的救济只会使过剩的贫困人口继续存在、不断繁殖，结果是“供养贫民以创造贫民”。因此，他建议政府取消对贫民的救济，宣扬贫民产生的原因源于他自身贫困，救济的手段在他自己而不在于别人，济贫法不能从根本上解决贫困问题，反而使其更加严重。

通过他的鼓吹和宣传，其理论和主张对当时英国政府反贫困的决策产生了直接的影响，使政府对于贫困、失业的责任逐步让位于政府对贫困者的压制，从而奠定了1843年英国政府颁布的《济贫法修正案》（即《新济贫法》）中对贫困者惩戒的基调。新法不仅废除了对体格健全者的救济，而且采用了更加严厉的管理，并规定依靠救济的人必须接受三个非常苛刻的条件：一是丧失个人荣誉（接受救济被社会视为污点）；二是丧失个人自由（必须禁闭在贫民习艺所里劳动）；三是丧失政治自由（丧失公民权尤其是选举权）。②

任何理论的产生都有其特定的历史背景和时代意义。马尔萨斯关于贫困与反贫困的理论阐述产生于18世纪末英国资本主义迅速发展、劳动人民日益

---

① ［英］特里弗·梅. 英国经济社会史1760～1970［M］. 朗曼，1987：120.

② 陈银娥. 社会福利［M］. 北京：中国人民大学出版社，2004：13.

贫困化时期。由于所处社会历史时代的制约，以及马尔萨斯的资产阶级本质立场，马尔萨斯的“抑制人口增长”的反贫困理论存在着很多片面乃至极端错误和反人类的观点。不仅明显忽略了技术进步和社会生产力发展的巨大作用，而且撇开具体的社会生产方式，“只考虑到实际中存在着什么东西，而不考虑谁在控制着这些东西。只关注食物相对于人口的比率是十分幼稚的，这一幼稚的方法在过去几个世纪中一直起着混淆是非的作用，并且扭曲了以往的反饥荒政策。”① 特别是他从人类作为生物的属性出发，制造了一个抽象的、永恒的“人口自然规律”，公然宣扬资本主义私有制是由“人口自然规律”所决定的、是永恒不变的。把由资本主义生产方式所造成的广泛的贫困、失业现象说成是自然规律作用的结果，并积极鼓吹通过战争、瘟疫、饥荒、贫困等残忍手段减少人口来达到消除贫困的目的。其实质就在于掩盖资本主义制度下劳动群众的失业和贫困的真正根源，为资本主义制度辩护，阻止劳动人民起来革命，并为帝国主义战争政策提供理论根据。其试图通过“消灭贫困者来消灭贫困”的反贫困理论，究其本质来讲不仅是错误的，更是反人类的，暴露了当时整个资产阶级的阶级本质和本来面貌。“所采取的办法不是消灭贫困，而是消灭穷人本身。穷人不被视为不公正的腐败的社会秩序的受害者，而被看作社会混乱的腐蚀者和罪人。事实上，社会秩序和富人的尊严受到贫困的威胁，这就是为什么社会必须抛弃穷人的原因。”② 所以恩格斯称马尔萨斯的理论“是现存最冷酷无情、最野蛮的理论，一个摧毁了爱人如己和世界公民等所有美好词汇的、绝望的系统”。③

作为人口学的理论先驱，尽管由于生活时代和阶级的局限，马尔萨斯关于贫困的认识以及反贫困的路径设计明显片面甚至是极端错误，但辩证地来看，也有其合理的因素和一定的积极意义。马尔萨斯在西方工业革命蓬勃发展时期，关注到社会中广泛存在的贫困问题，并试图从对社会经济的表面现象认识中阐述贫困产生的原因及其解决和消除贫困的路径，不仅吸引了更多的人来关注社会贫困问题，而且也为后来反贫困的理论研究开启了先河。此外，马尔萨斯提醒人们在解决贫困问题中要高度关注人口问题，强调“人口

---

① ［印］阿马蒂亚·森．贫困与饥荒——论权利与剥夺［M］．北京：商务印书馆，2004：14～15．

② 厄内斯特—玛丽·姆邦达．秦喜清译．贫困是对人权的侵犯：论脱贫的权利［J］．国际社会科学，2005（2）：91．

③ 朱霞梅．反贫困的理论与实践研究：基于人的发展视角［D］．上海：复旦大学，2010．

增长应该与生活资料的增长相协调”的观点，以及提出利用晚婚、节育等社会和道德措施来抑制人口增长的办法与当今世界的反贫困工作仍然是息息相关的。正因为如此，恩格斯才认为：“马尔萨斯的理论的确是一个不停地推动我们前进的、绝对必要的转折点。由于他的理论，总的说来是由于政治经济学，我们才注意到土地和人类的生产力。”①

二、收入再分配反贫困理论

收入再分配反贫困理论的诞生主要源自以下两个方面：一个是社会现实使人们对传统贫困价值观的态度与认识发生了改变；另一个则是福利经济学的兴起和发展为其提供了直接的理论基础。

首先，社会现实使人们对传统贫困价值观的态度与认识发生了改变。19世纪欧洲工业革命使资本主义逐步由自由资本主义向垄断资本主义过渡，这一历史性的变革使劳动生产率得到了飞速的提高，也使资本主义的商品经济得到了迅猛的发展。但随着生产力的发展和社会财富的急剧增加，广大的工人阶级不但没有因此提高生活水平，反而更加贫困。贫困化的加剧促使人们重新认识贫困问题，对传统古典经济学关于“贫困是由于个人原因”的价值信念产生了动摇。其中影响较大的有费边社会主义、新自由主义和德国的新历史学派等。

费边社会主义认为，贫穷不仅是个人的事，更是社会的事。政府有责任和义务按社会的需要实行某种程度的财富转移，援助患病的人、老年人、儿童和失业者，以确保每个人获得保障。② 新自由主义认为，工人贫困不是因为他们懒惰，而是经济结构本身存在问题。同时指出，经济发展不一定能同时为富人和穷人都带来好处，因此必须强化政府的作用，通过立法来实行再分配。③ 德国新历史学派认为，国家除了维护国家安全和社会秩序之外，还有一个“文化和福利的目的”。强调要发挥国家的行政职能作用，通过赋税政策实行财富再分配，并通过各种法令和建立国有企业等措施来实行自上而下的改良，为整个社会谋利益，负起“文明和福利”的职责。因此，国家必须通过立法，实行包括保险、救济、劳资合作以及工厂监督在内的一系列社

① 朱霞梅. 反贫困的理论与实践研究：基于人的发展视角［D］. 上海：复旦大学，2010.

② 丁建定. 社会福利思想［M］. 武汉：华中科技大学出版社，2005：182～186.

③ 王加丰. 西方国家建立社会保障制度的两点经验［N］. 解放日报，2008，3（15）：8.

会政策措施，自上而下地实行经济政策改革，以缓和、协调阶级矛盾。[①] 可见，随着社会经济的发展，越来越多的经济学家或社会学家认为贫困的原因不仅仅是个人造成的，还包括国家或社会的因素，因此国家或社会对于贫困人口也应负担一部分责任。

其次，收入再分配反贫困理论得以产生，还与福利经济学的兴起和发展分不开，福利经济学的兴起为其提供了直接的理论基础。福利经济学理论主要代表人物英国经济学家庇古在其1920年出版的《福利经济学》中系统论述了福利经济学理论，他指出“在很大程度上，影响经济福利的是：第一，国民收入的多少；第二，国民收入在社会成员中的分配情况”[②]。进而，在此基础上提出了增进普遍福利的路径，一是通过增加国民收入来增进普通福利。由于促使国民收入增长的关键是要合理地配置生产要素，而生产要素中最主要的就是劳动力，为了使劳动力合理配置，就必须给劳动者适当的劳动条件，改善他们的生活福利，使他们在失业、伤残、患病、年老、死亡时，能得到适当的物质帮助和社会服务。二是通过国民收入的再分配来增进普遍福利。基于边际效用递减规律，认为在不减少国民收入总量的前提下，通过税收把收入从相对富裕的人转移给相对贫穷的人，可以增进整个社会的福利，并对如何具体实现收入再分配提出了自愿转移和强制转移的政策建议。自愿转移是富人自愿拿出一部分收入为穷人举办一些教育、保健等福利慈善事业，或科学和文化机构。而强制转移主要是通过政府征收累进所得税和遗产税。对于向穷人转移收入，他认为也可通过两条途径：一种是直接转移，例如举办一些社会保险或社会服务设施；另一种是间接转移，例如对穷人生活必需品提供补贴，为失业工人提供培训，向穷人的孩子提供教育机会等。[③] 因此许多学者认为，福利经济学理论确立了社会保障制度的公平化原则，是西方福利国家的理论基础之一。

收入再分配理论的核心在于通过国民收入的再分配，使社会财富在富人和穷人之间、在职者与失业者之间、健康者与病残者之间、富裕地区和贫困地区之间合理地适当转移。通过收入再分配，可以使整个社会在国民收入水平不变的条件下实现社会福利总水平的增进。与初次分配有所不同，初次分配着重的是效率，由于“市场失灵”，扶助弱者就被看作弥补市场缺陷。再

---

① 童星．社会转型与社会保障［M］．北京：中国劳动社会保障出版社，2007：117～119．

② ［英］庇古．福利经济学［M］．北京：华夏出版社，2007．

③ ［英］庇古．金摘译．福利经济学［M］．北京：华夏出版社，2007：534～572．

分配则强调注重公平。社会保障在反贫困中发挥了巨大的作用，不仅保障了穷人的基本生活，有利于消除绝对意义上的贫困，而且维护了社会的公平，促进了社会的文明进步。但同时，我们也应看到，该理论从其一开始维护阶级统治和社会稳定的考虑就大于保护穷人的利益。其目的本身不是在于促进人的全面发展，所以，其在维持了穷人生存需要的同时，也维持了贫困本身的存在和代际传递，使之成为一个永远无法消除的现象。

19 世纪七八十年代，日益加剧的贫困问题使社会矛盾和阶级矛盾空前尖锐，工人罢工运动此起彼伏企图推翻资产阶级政权，一个重要原因就是少数资本家掌握了绝大多数的收入。1873 年世界性经济危机的爆发，使广大工人为争取权益的斗争更加激烈，对各国资产阶级统治基础形成了猛烈的冲击。[①] 面对马克思主义倡导的社会主义思想的广泛传播与各国工人运动的高涨，资产阶级为了维护和巩固其统治地位，在利用手中的政权加强镇压外，不得不考虑通过收入再分配来缓解社会普遍的贫困问题，并从德国建立社会保险开始最终相继建立了现代意义上的社会保障制度。

现代意义上的社会保障制度是以国家或政府为主体，依据法律规定，通过国民收入再分配，对公民在暂时或永久丧失劳动能力以及由于各种原因生活发生困难时给予物质帮助，保障其基本生活的制度。尽管就社会保障制度而言，其本身肩负着维护社会稳定，促进经济发展以及劳动者保护和政治力量平衡在内的多重使命，但毫无疑问，反贫困是其中的一项重要的功能，成为现代国家反贫困的重要制度和手段。目前全球已有 170 多个国家和地区建立了社会保障制度。[②]

从实践上看，现代国家无不实施收入再分配政策，我国财政收入再分配的发展也经历了一系列阶段，但同时我们也应认识到再分配政策存在一定局限性，还应看到，通过再分配的方式解决贫困问题，必然也涉及社会财富的创造问题。“福利国家”的危机表明，创造财富和分享财富是一样重要的，否则不可能从根本上消除贫困。

三、渗漏效应反贫困理论

渗漏效应又译作涓滴效应、滴漏效应。渗漏效应反贫困理论是二战后产

① 吕学静．社会保障国际比较［M］．北京：首都经济贸易大学出版社，2007：3.

② 吕学静．社会保障国际比较［M］．北京：首都经济贸易大学出版社，2007：327.

生的。在二战后相当长一段时期内，在指导广大发展中国家反贫困实践中居于主导地位的理论主要是渗漏效应反贫困理论。渗漏效应反贫困理论的诞生主要源自以下三个方面。

首先，是发展经济学家的理论研究推动。二战以后，一些发展经济学家通过对早期发达国家的增长问题和当时世界贫困国家概况的研究获得了两个发现。第一个发现是：经济发展初期不可避免地存在贫富分化和不平等，虽然贫困十分普遍，但收入分配不公有利于资本形成和经济增长，随后贫困会随着经济不断增长而减缓。其中影响较大的当属“库兹涅茨假说”。① 第二个发现是：当时世界上大多数生活在绝对贫困中的人口存在于收入平均水平低的国家而不是收入分配方式极不平等的国家。据此得出结论认为，社会贫困与经济增长水平密切相关，经济增长是减少贫困的强大力量，而发展有其必然的代价。

其次，当时许多发展中国家具有发展经济的强烈愿望。二战后许多刚刚从殖民主义统治下解放出来的国家，非常贫穷和落后，追求经济增长和改善贫困的愿望十分迫切。此外，当时发达国家和联合国的推动也起了重要的作用。二战后一些工业化国家为了医治战争所带来的创伤，也急于需要贫困国家发展经济为其发展提供资源和消费市场。同时，对于发展中国家的经济发展与反贫困，一些国际主流发展机构（如世界银行）也认为，通过经济结构的重构（即建立市场经济）和加快经济发展，不断做大经济这块蛋糕，贫困问题就会通过经济的“渗漏”得到解决。

正是在这几方面的综合作用下，二战后在有关经济增长与减贫之间关系的广泛讨论和研究之中，最具代表性的渗漏效应反贫困理论就此诞生了。美国著名发展经济学家赫希曼（A. O. Hirshnlan）在《不发达国家中的投资政策与“二元性”》一文中最早提出了渗漏效应，认为增长极对区域经济发展将会产生不利和有利的影响，分别为“极化效应”和“渗漏效应”。在经济发展初期阶段，有利于发达地区经济增长的极化效应居主导地位，会扩大区域经济发展差异。而从长期来看，发达地区对不发达地区带来的投资和就业等发展机会的“渗漏效应”将缩小区域经济发展差异。后来这一研究也由区域经济领域延伸到贫困领域，即“在经济发展过程中并不给与贫困阶层、弱势

---

① 著名经济学家库兹涅茨认为，在经济增长初期，不同居民群体之间收入分配有“恶化”趋势，即向高收入群体集中的趋势；而在经济增长后期，在收入分配方面会出现好转，即在高收入和低收入群体之间收入分配相对公平。

群体或贫困地区特别的优待，而是由优先发展起来的群体或地区通过消费、就业等方面惠及贫困阶层或地区，带动其发展和富裕”。

虽然“渗漏效应”也承认，在经济增长的过程中，穷人只是间接地从中获得较小份额的收益，但随着经济不断增长，收益从上而下如水之“涓滴”不断渗透，形成水涨船高的局面，从而自动改善了收入分配状况，贫困发生率也将不断减少，最终实现减缓乃至消除贫困的目的，实现共同富裕。具体而言，这一理论主要包含三层意思：第一，要改变落后现状，经济增长是一个国家发展进程中最重要的因素，特别是对落后的发展中国家而言。第二，增长与公平的“不相容性”。认为增长与公平在一定时期内具有不相容性，要想把经济增长放在优先地位，就得先接受收入分配两极分化的社会不公的现实，否则，就会影响积累和经济增长潜力。如冈纳·缪尔达尔就认为，“这些极端贫困的国家尚不足以从社会公正方面思考并付出平等改革的代价。要想达到经济发展，必须牺牲掉社会公正。”① 第三，贫困会在经济的增长中自行减缓和消除。只要经济增长了，有了足够的经济繁荣，不需要进行社会政策干预，经济发展的好处就会通过市场机制“渗漏”到贫困阶层身上，进而解决贫困问题。

“渗漏效应”理论关于“市场经济的发展能够自动缓解和消除贫困”的观点，追根溯源还是源自“新古典主义者有关经济发展过程中收入分配将自动改进”的论述。实质反映的是反贫困中的市场机制与政府行为的关系。由于贫困的首要表现是物质和收入的匮乏，因此，经济增长是减少收入贫困的强大动力，毕竟没有增长就难以聚集减困的实力。“但是经济增长与收入贫困减少之间的联系远非自动形成的”，② 减贫的程度也不完全依赖于经济增长，“经济增长对贫困的影响程度取决于由经济增长所带来的额外收入是否为穷人所享有。如果经济增长能使最贫困人口所获得的收入份额增加，贫困人口收入的提高就会快于平均收入的提高，减贫幅度就大；如果经济增长使最贫困人口所获得的收入份额减少，贫困人口收入的增长就会滞后于平均收入的增长，贫困人口的贫困程度就会愈发深重。”③ 所以这里必然涉及一国的社会财富分配问题，政府若不干预收入分配，任由市场经济下“渗漏效应”

---

① ［瑞典］冈纳·缪尔达尔．世界贫困的挑战：世界反贫困大纲［M］．北京：北京经济学院出版社，1991：45．

② 世界银行．2003 年人类发展报告［M］．北京：中国财政经济出版社，2003：39．

③ 叶普万．贫困问题的国际阐释［J］．延安大学学报（社科版），2003，25（1）：70．

自发作用，只能导致富者更富、贫者更贫的“马太效应”的泛滥，使整个社会的贫富差距进一步拉大。因为经济发展并没有造成利益自动“向下渗漏”的机制，相反，发展过程中往往导致了有利于中产阶级和富人们的“向上渗漏”效应。

美国经济学家迈克尔·P. 托罗达在对43个发展中国家（不含中国）的收入分配状况和发展趋势进行调查后指出：“并没有依据说明经济增长的利益扩散会自动地流向极端贫困的人口。相反，上述43个不发达国家所经历的增长过程，普遍引起了经济增长利益向有利于少数中产阶级，尤其是非常富有的阶层方向慢慢推动。”① 原因即在经济高速增长过程中所伴随的不平等（不仅包括收入分配的不均等，也包括社会机会的不均等）很可能抵消穷人从经济增长中获得的收益，即产生贫困的增长。经济增长的结果不仅未实现减缓和消除贫困的预期，反而加剧了贫困和社会日益严重的两极分化。如墨西哥1955~1970年平均经济增长率达6.5%，人均国民生产总值也由1950年的181美元增至1970年的661美元，但经济增长的背后，贫困却有增无减。1970年，墨西哥有64%的在职人口低于维持最低生活的收入水平，有近2/3的居民得不到医疗，1/3以上的居民栖息在贫民窟里。这种“有增长而无发展”的“墨西哥病”，在当时是一种比较普遍的现象。②

在20世纪60年代期间，许多人认为，经济增长是一个国家发展进程中最重要的因素，并进而认为，经济增长既是必需的，也足以解决包括就业与贫困等社会问题在内的其他问题。到70年代末期人们才发现，高增长率可以与就业形势恶化及贫困并存。另外，从可持续发展的角度看，考虑到大多数增长会引起环境的退化导致健康状况恶化和劳动生产率降低等因素，长期来讲也不利于经济的持续增长，进而使贫困程度进一步加深。实践证明，减缓贫困仅靠经济增长是不够的，只有通过社会政策的调节和制度的安排，促使“有利于穷人的增长”发生时，③ 才能实现减缓贫困的目的。

---

① ［美］迈克尔·P. 托罗达. 经济发展与第三世界［M］. 北京：中国经济出版社，1992：137.

② 苏振兴. 增长、分配与社会分化——对拉丁美洲国家社会贫富分化问题的考察［J］. 拉丁美洲研究，2005（1）：4.

③ ［德］普里威，赫尔. 刘攀译. 发展与减贫经济学——超越华盛顿共识的战略［M］. 成都：西南财经大学出版社，2006：9.

四、"赋权"反贫困理论

渗漏效应反贫困理论的实践表明，如果经济增长不能为穷人分享，不仅不能消除和减轻社会贫困，反而会增加贫困的积累和加剧社会贫富两极分化。而穷人之所以未能享受到经济增长的好处，主要源于社会的不平等。不平等不仅存在于收入分配上，也存在于社会权利及能力和机会上。

研究表明，减轻贫困的程度与初始不平等密切相关，一般初始不平等程度很低的国家所带来的减贫效果是不平等程度很高国家的约 2 倍。① 所以，贫困对增长的敏感性很大程度上取决于贫困人口能否获得分享增长的权利和机会。② 而这些显然是渗漏效应反贫困理论所未能预见和考虑到的。在此背景下，赋权理论开始进入反贫困研究者的视野，并随着贫困问题研究的进一步深入而被越来越多国家的研究者和国际组织所认可和推广。

赋权理论是英文的"empowerment theory"的译文，也有的将其译为增权、增能、培力等，主要是指"赋予权利、使有能力"。作为一种理论，其研究始于 20 世纪 60 年代，自 80 年代以后迅速进入了兴盛发展时期。赋权理论最初发起于社会工作和女性主义运动研究领域，其真正成为一种反贫困理论，最主要的还是与阿马蒂亚·森关于"贫困的实质源于权利的贫困"这一研究发现有关。

阿马蒂亚·森在其 1981 年出版的《贫困与饥荒》一书中，通过对饥荒的系统分析发现，在实际生活中一些最严重的饥荒发生，"只是因为他们未能获得充分的食物权利的结果，并不直接涉及物质的食物供给问题"，③ 即"一个人支配粮食的能力或他支配任何一种他希望获得或拥有东西的能力，都取决于他在社会中的所有权和使用权的权利关系。"④

尤努斯在他的自传《穷人的银行家》中说："如果我们把给予富人的相同或相似的机会给予穷人的话，他们是能够使自己摆脱贫困的。穷人本身能

---

① 世界银行. 2000～2001 年世界发展报告［M］. 北京：中国财政经济出版社，2001：56.

② 叶普万. 贫困问题的国际阐释［J］. 延安大学学报（社科版），2003（1）：70.

③ ［印］阿马蒂亚·森. 王宇等译. 贫困与饥荒——论权利与剥夺［M］. 北京：商务印书馆，2004：14.

④ ［印］阿马蒂亚·森. 王宇等译. 贫困与饥荒——论权利与剥夺［M］. 北京：商务印书馆，2001：40.

够创造一个没有贫困的世界。我们必须去做的只是解开我们加在他们身上的枷锁。"皮埃尔·萨内认为，"从根本上，贫困并不是一个生活标准，更不是某类生存条件：它既是全部或部分否定人权的原因，也是其结果"。[①] 世界银行在其发展报告中更是明确指出，"贫困不仅仅指收入低微和人力发展不足，它还包括人对外部冲击的脆弱性，包括缺少发言权，权利被社会排除在外。"[②]

由于贫困的根源在于权利的匮乏，所以森指出，要解决贫困，"我们要做的事情不是保证'实物供给'，而是保护'食物权利'"，[③] 但鉴于"权利关系又决定于法律、经济、政治等的社会特性"，[④] 所以面对贫困者在社会中存在的权利贫困现象，要实现保护他们的权利目的，只能通过对相应的制度安排，建立一套政治和社会体制，赋权以保障贫困者享有基本的政治与公民自由、获得基本生活需要和教育、医疗卫生等权利。

由此可见，超越经济层面而从权利层面上向穷人"赋权"构成了赋权反贫困理论的核心。其最显著的特征是：通过对获得资源和参与决策发展活动的权力再分配，为贫困群体提供最基本的参与和决策权力，从而真正受益。具体而言，赋权主要是"资产的扩充，穷人参与、谈判、影响、控制以及掌握影响他们生活的有责任的制度的能力，并且从获得信息权、参与权、问责以及地方组织能力四个方面具体表明赋权的内涵"。所以赋权不仅是一个理念，也是一个战略。

在这个意义上，世界银行在《2000/2001 年世界发展报告》提出了一项通过创造机会、促进赋权、增加安全保障三个途径实现消除贫困战略的总体战略框架。[⑤] 世界银行把促进赋权视为三大扶贫战略之一，但在实践中要实现赋权反贫困战略，平等参与是为贫困人群赋权的重要途径，即赋予贫困人口参与发展、摆脱贫困的机会和权利。这里的参与既是发展的手段，更是发展的目的。只有由家庭及其成员和社区通过平等参与社会和政治活动，才能保证穷人在事关自身利益和前途的时候，能够有合法、合理的渠道，发出自

---

① 皮埃尔·萨内. 刘亚秋译. 贫困：人权斗争的新领域［J］. 新华文摘，2005（18）：85－89.

② 世界银行. 2000～2001 年世界发展报告［M］. 北京：中国财政经济出版社，2001：1.

③［印］阿马蒂亚·森. 王宇等译. 贫困与饥饿——论权利与剥夺［M］. 北京：商务印书馆，2004：161.

④［印］阿马蒂亚·森. 王宇等译. 贫困与饥饿——论权利与剥夺［M］. 北京：商务印书馆，2004：198.

⑤ 世界银行. 2000/2001 年世界发展报告［M］. 北京：中国财政经济出版社，2001：6－7.

己的声音，并使政府决策者们不得不考虑他们的意见。

赋权的实质并不在于制定一项项具体的经济、政治、社会和文化权利，而在于赋予贫困人群与其他个人、群体同等地参与经济、政治、社会和文化发展并享有成果的权利。赋权反贫困理论在实践中的可取之处主要在于：一方面，它通过贫困人口的参与和意见表达，为政府和其他外部力量了解贫困人口的需求并提供有针对性的服务提供了有效机制；另一方面，它通过赋权给贫困人口使其平等参与，给了贫困人口“在干中学”的机会，因而有助于提升贫困人口的能力，同时有助于增强贫困人口在扶贫中的主人翁意识，发挥他们的主动性和创造性。

贫困的致因是复杂多变的。赋权反贫困理论的假设前提在于：个人或群体贫困的原因在于无权或弱权而导致的，也就是不平等导致的。涉及的是权利和资源的再分配问题，而不关注经济发展问题。但对于反贫困而言首先是要做大蛋糕然后才是分配蛋糕。所以确切地说，赋权反贫困理论是探讨和解决“增长型贫困”“繁荣型贫困”的一种理论。其价值取向在于通过赋权，引导贫困者个人或群体采取乐观的态度，积极参与决策和通过行动来改变自己的不利处境，提升自己的权力，从而使整个社会的权力结构更趋公正。

外部可以通过制度安排实现赋权，但这只是创造了一个平等的机会，最终并不能确定自动实现赋权的目标，只有当被赋权的穷人有能力通过行动来缓解具体的社会经济、政治状况时，赋权才得以实施。换句话说，如果一个人不具备相应的能力或素质，即使通过赋权享有平等的机会和权利，也不一定就能实现消除贫困的目的，依然不能解决因社会经济发展不足以及个人健康、能力等原因导致的贫困问题。所以，依赖这一反贫困理论及其战略实践也不可能实现从根本上消除贫困的目标。

五、人力资本反贫困理论

人力资本理论最早是由舒尔茨在 20 世纪 60 年代提出的。他突破了传统理论中资本只是物质资本的束缚，将资本划分为人力资本和物质资本，开辟了人类关于人的生产能力分析的新思路，并很快被从经济学领域引入社会领域中的贫困问题研究中。认为贫穷的国家和个人之所以落后贫困，其根本原因不在于物质资本的短缺，而在于人力资本的匮乏，是缺乏健康、专业知识和技能、教育等高质量人力资本投资且劳动力自由流动受阻的结果。

在贫困本身的研究中，继“权利贫困”之后，以阿玛蒂亚·森为代表的研究者和国际组织提出了“能力贫困”说。认为贫困应被视为基本可行能力的剥夺，而不仅仅是收入低下。对基本可行能力的剥夺可以表现为过早死亡、严重的营养不良（特别是儿童营养不良）、长期流行疾病、大量的文盲以及其他一些灾害。主张应该改变传统的以个人收入或资源的占有量为参照来衡量贫富，而应该引入关于能力的参数来测度人们的生活质量。其核心意义是，必须考察个人在实现自我价值功能方面的实际能力，因为只有能力才能保证机会的平等，没有能力，机会的平等就是一句空话，也就是说“真正的机会平等必须通过能力的平等”才能实现。① 所以，解决贫困和失业的根本之道是提高个人的能力。而贫困者能力的缺失又大多源于他们的人力资本的缺乏。“贫困人口的人力资本不足，使他们没有足够的‘能力’去追逐生存和发展的机会，进而被社会排斥，处于社会的最底层，过着贫困的生活”。②

因此，对贫困人口进行人力资本投资，提升他们的可行能力就成为推进反贫困战略的理性选择。可见，尽管从能力视角界定贫困与人力资本关于贫困论述的前提不同，但在贫困的致因分析上都把反贫困的重点聚焦于贫困者自身，而不是表现的收入、机会和市场等因素，并且都把教育和健康投资视为解决贫困问题的根本之道，正是这些研究成果的结合催生了人力资本反贫困理论的产生。

显然，在人力资本反贫困理论的视角下，贫困的产生主要是由于人力资本的严重短缺，不足以产生维持生存和促进发展所需要的内在动力和能力。因此，改进穷人福利、减少收入不平等、缩减贫困的有效路径就是通过提高穷人的人力资本来增强其能力。即重点是加强贫困人群的人力资本投资，以此改善贫困人口的健康状况、提高其教育水平和劳动技能，促使贫困人口进入劳动力市场，促进就业，增加收入等以实现消除贫困的目的。

如世界银行指出，发展中国家在制定减贫战略时应“大力提高公共企业的资金营运效率，在不影响安全的情况下减少军费，以及减少一些需要高投入而不太紧急的项目投资，使更多的资金能够用于像小学教育、基本卫生保

① ［印］阿马蒂亚·森. 任于真译. 以自由看待发展［M］. 北京：中国人民大学出版社，2002：85－103.

② 张友琴等. 人力资本投资的反贫困机理与途径［J］. 中共福建省委党校学报，2008（11）：47.

健这样的项目上”。[①] 目前人力资本投资反贫困路径作为一项重要的反贫困战略已成为越来越多的国家，特别是发展中国家摆脱贫困状态的重要选择。

人力资本反贫困理论把人力资本投资视为反贫困的主要路径，就是将贫穷者本身作为最重要的资本进行培植和投资，充分发挥人力资本在经济增长和收入能力增加中的核心作用，从而在微观和宏观两个层面上形成反贫困的良性循环与可持续发展，为贫困人口从单纯国民财富的“消费者”“接收者”向“创造者”和“生产者”转变提供了一个新的视野。

当前，西方国家面对反贫困中存在“福利依赖”现象所采取的“积极福利”政策主张正是这一理论在反贫困实践中的运用。同时，通过投资穷人的医疗保健、职业培训和教育等途径来提高他们的健康、技能、知识和能力，不仅有利于增强贫困或低收入群体的市场竞争力和抵抗风险的能力，从而摆脱经济上的贫困，还给贫困者带来更多的闲暇时间、生活享受和其他诸如安全感、方向感、自信心等精神上的无形收益。而且健康和知识文化素质的提升，也有利于充分发挥穷人的主体意识和主观能动性，促使他们追求生存之外的更高层次的发展需求，在提高穷人生活质量的同时，更促进了人的自由和全面发展。

像所有其他的反贫困理论一样，人力资本理论也有自身的诸多局限。首先，在该理论的分析框架中，只考虑到了劳动力的微观供给情况，却没有考虑到社会的宏观需求以及制度等因素对收入分配的影响。因而人力资本高、能力强并一定就代表都有机会，更不代表就一定能获得高收入。其次，人力资本强调主观的个人能力，却忽略了客观的机会，如充分就业、平等的权利等，而这些必须由政府和社会提供。只有综合考虑主观的能力与客观的机会，才能从根本上减少贫困。另外，人力资本反贫困理论并不能完全取代以消费支持为主要特征的社会救助方式的反贫困功能。因为不管怎样，总会有一部分没有劳动能力的孤老残幼或因遭遇灾害、事故、疾病等风险而需要依赖社会救助维持生存或度过危机的个人或群体。

第二节　马克思主义反贫困理论

马克思主义反贫困理论在世界反贫困理论中占有重要的地位。马克思主

① 世界银行. 1980 年世界发展报告［M］. 北京：中国财政经济出版社，1980：36.

义反贫困理论的核心思想是只有在解放和发展生产力的基础上，才能实现全人类的共同富裕，是从制度层次上揭示贫困根源的重要理论。马克思主义反贫困理论创立阶段的主要内容是社会制度是贫困的根源，即资本主义制度是贫困的根源，消灭剥削制度是反贫困的根本途径，消灭贫困，实现人类共同富裕是这一阶段反贫困的目标。马克思主义反贫困理论的发展阶段的主要创新点是贫困与一定的生产力发展水平相联系，摆脱贫困只能走社会主义道路，社会主义反贫困的目标是实现共同富裕。

马克思认为，失业和贫困完全是资本主义制度的产物。在资本主义制度下，资本家为了摄取更多的剩余价值，不断地进行资本主义扩大再生产。随着资本集中和资本有机构成的提高，资本家用于购买生产资料的不变资本相对增大，用于购买劳动力的可变资本相对减少，从而出现机器排挤工人的现象，产生了相对过剩人口，从而其贫困与他们所受的劳动的折磨成正比。在现代工业的整个运动形式下，由于资本主义积累规律的作用，一部分工人不断地转化为失业或半失业状态。这些失业或者半失业的人口中的最不幸者陷于需要救济的赤贫境地。“因此，在一极是财富的积累，同时在另一极，即把自己的产品作为资本来生产的阶级方面，是贫困、劳动折磨、受奴役、无知、粗野和道德堕落的积累。”①

马克思主义反贫困理论的目标是消灭贫困，实现人类共同富裕，反贫困的最有效途径是消灭剥削制度。在《共产主义原理》和《共产党宣言》里，马克思和恩格斯认为，共产主义制度的基本特征是消灭资本主义私有制，消灭剥削，建立生产资料公有制。在《资本论》中，马克思全面论证了共产主义制度代替资本主义制度的必然性，指出共产主义制度全面否定资本主义制度“是在资本主义时代的成就的基础上。也就是说，在协作和对土地及靠劳动本身生产的生产资料的共同占有的基础上，重新建立个人所有制”②。在马克思看来，这种全新的所有制的建立，可有效地节约劳动时间，提高劳动效率，因为在这一领域内，人们的劳动是在自觉状态下进行的。

马克思、恩格斯、列宁、斯大林等并没有直接论述社会主义社会中的贫困问题，关于社会主义国家的贫困问题，中国共产党领导人进行了较全面的理论分析。邓小平的反贫困理论并不否定社会主义还存在贫困，20 世纪 80

---

① 马克思. 资本论（第 1 卷）[M]. 北京：人民出版社，1975：708.

② 马克思. 资本论（第 1 卷）[M]. 北京：人民出版社，1975：832.

年代以前，有关文件和论述中是没有“贫困”这个词的，我国的反贫困研究实际上是一个禁区。邓小平深刻认识到中国的贫困，他认为，贫困是与一定的生产力发展水平相联系的。他从生产力发展的高度论述了贫困的原因，他指出：“落后国家建设社会主义在开始一段时间内生产力水平不如发达资本主义国家，不可能完全消灭贫穷。所以，社会主义必须大力发展生产力，逐步消灭贫穷，不断提高人民的生活水平。”① 邓小平同志把贫困与社会生产力的发展阶段相联系，作为一种在一定生产力发展水平下必然存在的社会现象来研究和对待，科学揭示了现时的贫困是社会主义初级阶段生产力水平决定的，因此反贫困不仅是短期内尽快解决农村贫困人口的温饱问题，还将贯穿整个社会主义初级阶段。

关于反贫困的道路，邓小平说：“中国根据自己的经验，不可能走资本主义道路。道理很简单，中国十亿人口，现在还处于落后状态，如果走资本主义道路，可能在某些局部地区少数人更快地富起来，形成一个新的资产阶级，产生一批百万富翁，但顶多也不会达到人口的百分之一，而大量的人仍然摆脱不了贫穷，甚至连温饱问题都不可能解决。只有社会主义制度才能从根本上解决摆脱贫穷的问题。”② 而“一旦中国抛弃社会主义，就要回到半殖民地半封建社会，不要说实现小康，就连温饱问题也没有保证”。③“中国要解决十亿人的贫困问题，十亿人的发展问题……只能靠社会主义。”④ 中国近现代社会的发展史也一再证明，中国只有走社会主义道路，才能摆脱普遍贫困的状态。

邓小平认为，社会主义反贫困的目标就是共同富裕。他认为，摆脱贫困，消除贫穷，实现全民共同富裕是社会主义的本质要求。社会主义的特点是富，但这种富不是少数人富裕，“少数人富裕也不是社会主义”，“社会主义的致富是全民共同致富”⑤。社会主义的根本任务就是在发展生产力的基础之上，逐步摆脱贫穷，使国家富强起来，使人民物质文化生活不断得到改善，“我们坚持社会主义，要建设对资本主义具有优越性的社会主义，必须首先摆脱贫穷。现在虽说我们也在搞社会主义，但事实上不够格。只有到了下世纪中叶，达到了中等发达国家的水平，才能说真地搞了社会主义，才能理直气壮地说社会主义

① 邓小平文选（第3卷）[M]. 北京：人民出版社，1993：10.
② 邓小平文选（第3卷）[M]. 北京：人民出版社，1993：208.
③ 邓小平文选（第3卷）[M]. 北京：人民出版社，1993：206.
④ 邓小平文选（第3卷）[M]. 北京：人民出版社，1993：229.
⑤ 邓小平文选（第3卷）[M]. 北京：人民出版社，1993：172.

优于资本主义。”① 在南方谈话中，关于社会主义的本质，邓小平说：“社会主义的本质，是解放生产力，发展生产力，消灭剥削，消除两极分化，最终达到共同富裕。”② 这是马克思主义对社会主义本质的新概括，在社会主义的本质论中，邓小平把社会主义反贫困的目标——共同富裕论也蕴含其中。

邓小平提出要在先富带动后富的“捷径”中反贫困，让一部分地区、一部分人先富起来，逐步实现共同富裕。他提出：“允许一部分地区、一部分企业、一部分工人农民，由于辛勤努力成绩大而收入先多一些，生活先好起来。一部分人生活先好起来，就必然产生极大的示范力量，影响左邻右舍，带动其他地区、其他单位的人们向他们学习。这样，就会使整个国民经济不断地波浪式地向前发展，使全国各族人民都能比较快地富裕起来。”他强调，“这是一个大政策”③。在南方谈话中，邓小平同志又提出了“两个大局”的重要战略构想。他指出：“沿海地区要加快对外开放，使这个拥有两亿人口的广大地带较快地发展起来，从而带动内地更好地发展，这是一个事关大局的问题。内地要顾全这个大局。反过来，发展到一定的时候，又要求沿海拿出更多力量来帮助内地发展，这也是个大局。那时沿海也要服从这个大局。”④ 邓小平由先富到共富的大政策和“两个大局”的构想，符合事物发展不平衡和由局部到整体发展的规律，指出了达到共同富裕的现实途径。

在发展中反贫困。在反贫困的总体战略上，邓小平同志十分强调经济与社会的综合发展问题。他说：“世界上一些国家发生问题，从根本上说，都是因为经济上不去，没饭吃，没有衣穿，工资增长被通货膨胀抵销，生活水平下降，长期过紧日子。”因此，“不坚持社会主义，不改革开放，不发展经济，不改善人民生活，只能是死路一条。”⑤ 发展才是硬道理。只有经济发展速度上去了，反贫困的目标才能早日实现。

第三节　习近平总书记关于精准扶贫的重要论述

习近平总书记关于精准扶贫的重要论述是马克思主义与新时代实践相结

---

① 邓小平文选（第3卷）［M］. 北京：人民出版社，1993：225.
② 邓小平文选（第3卷）［M］. 北京：人民出版社，1993：373.
③ 邓小平文选（第2卷）［M］. 北京：人民出版社，1994：152.
④ 邓小平文选（第3卷）［M］. 北京：人民出版社，1993：227－278.
⑤ 邓小平文选（第3卷）［M］. 北京：人民出版社，1993：370.

合的理论创新，是中国政府当前和今后一个时期关于贫困治理的指导性思想，精准扶贫把消除贫困作为首要政治任务，把改善民生作为重大政治任务，坚持促进人的全面发展理念，把扶志扶智结合起来。其生成的理论基础是“共同富裕”根本原则，现实基础是“全面建成小康社会”的宏伟目标，精准扶贫的目的在于精准地帮助贫困群众，让每一个贫困户都能找到适合自身的脱贫和致富路径。目前，在精准扶贫的内容中，精准化理念是核心要义，分批分类理念是基础工具，精神脱贫理念是战略重点，对此，应当从精准扶贫的工作流程设计和精准扶贫政策体系的形成两条路径，推动实践精准扶贫。

党的十八大以来，习近平总书记从党和国家发展全局的高度，把扶贫开发作为实现第一个百年奋斗目标的重大战略任务来抓。2012 年 12 月，党的十八大闭幕后不久，习总书记就到革命老区河北阜平，进村入户看真贫，提出了科学扶贫、内源扶贫等重要论述。2013 年 11 月于湖南湘西考察时，首次提出了“精准扶贫”：扶贫要实事求是，因地制宜，要精准扶贫，切忌喊口号，也不要定好高骛远的目标。随之，中共中央办公厅、国务院办公厅印发了《关于创新机制扎实推进农村扶贫开发工作的意见》，国务院相关机构出台了《关于印发〈建立精准扶贫工作机制实施方案〉的通知》和《关于印发〈扶贫开发建档立卡工作方案〉的通知》，对精准扶贫工作模式的顶层设计、总体布局和工作机制等方面都做了详尽规制，推动了精准扶贫的全面开展。2014 年，习总书记又进一步提出了精细化管理、精确化配置、精准化扶持等重要论述。2015 年，习总书记先后到陕西、贵州调研考察扶贫工作，又提出了“六个精准”的具体要求。在中央扶贫开发工作会议上，习总书记系统阐述了“五个一批”，进一步完善了精准扶贫、精准脱贫的基本方略。2016 年以来，习总书记在致新年贺词和考察重庆、江西、宁夏、河北、山西等地时，围绕精准扶贫、精准脱贫这个重大问题，作出了一系列深入的阐释。2017 年以来，随着脱贫攻坚战的深入推进，习总书记进一步指出，扶持谁、谁来扶、怎么扶、如何退的全过程都要精准，有的需要下一番“绣花”功夫。在党的十九大上，习总书记又提出坚持大格局扶贫。这些论述形成了新时期扶贫攻坚战略的指导思想，为打赢脱贫攻坚战注入了强大的精神动力。应当说，精准扶贫是中国共产党和政府今后一个时期对于贫困治理工作的重要指导，将对我国扶贫成败起到决定性作用。

一、精准扶贫的理论基础和现实基础

精准扶贫不是凭空而来的，其产生、发展一方面是在中国特色社会主义理论体系中进行的，另一方面也是针对当前经济社会特征等现实状况提出的。

第一，“共同富裕”根本原则是精准扶贫产生的理论基础。共同富裕是中国特色社会主义的本质规定、奋斗目标和根本原则，也是中国特色社会主义理论体系中的重要基石。中共十八大会议重申，中国必须坚持走共同富裕道路。偏离了“共同富裕”原则的导向，中国特色社会主义理论体系的基础就不复存在。

习近平总书记曾指出：“消除贫困、改善民生、实现共同富裕，是社会主义的本质要求。”做好扶贫开发工作，支持困难群众脱贫致富，帮助他们排忧解难，使发展成果更多更公平惠及人民，是我们党坚持全心全意为人民服务根本宗旨的重要体现，也是党和政府的重大职责。精准扶贫就是要求实施精细化的扶贫方式，“从扶贫机制上由主要依赖经济增长的‘涓滴效应’到更加注重‘靶向性’对目标人群直接加以扶贫干预的动态调整”。因此，精准扶贫就是要帮助每一个贫困人口都摸索出适合的致富路线，这正是“共同富裕”理论原则的发展和延伸。

第二，“全面建成小康社会”宏伟目标是精准扶贫产生的现实需求。在2020年完成“全面建成小康社会”的宏伟目标，是中共十八大根据中国经济社会实际做出的重大决策，将为中华民族的伟大复兴奠定坚实基础。如果说“全面小康与中国梦相互激荡，凝聚为全社会的‘最大公约数’”，那么，扶贫、脱贫则是全面小康的“最后一公里”。当前中国扶贫脱贫已进入攻坚克难的重要阶段，不能再按照传统的“灌水式”和“输血式”的扶贫模式，必须确保如期脱贫、杜绝返贫，因此需要精细化、精准化扶贫，促使贫困地区整体脱贫、全面脱贫。精准扶贫是中国扶贫进行到新阶段后的新举措，符合中国国情。

二、精准扶贫的主要内容

自提出精准扶贫以来，习近平总书记在各地调研时多次提及这一理念，并于2015年6月在贵州提出，扶贫工作要做到“切实落实领导责任、切实做到精准扶贫、切实强化社会合力、切实加强基层组织”，并将精准扶贫概括为“扶贫对象精准、项目安排精准、资金使用精准、措施到户精准、因村派人精准、脱贫成效精准”。具体而言，精准扶贫的主要内容可从以下三个方面进行阐述。

第一，精准化理念是精准扶贫的核心要义。扶贫工作贵在看真贫、扶真贫、真扶贫，少搞一些“盆景”，多搞一些惠及广大贫困人口的实事。当前，中国扶贫工作不论是在贫困人群的识别，抑或扶贫政策的制定实施上，都缺乏精细化的工作理念。自20世纪80年代中期开始，中国政府扶贫单位是县级贫困区域；2001年转向15万个村级贫困区域；2011年划定了14个集中连片特困地区进行重点扶贫。农村扶贫的主要特点是区域瞄准，没有识别到户。这种扶贫模式在短期内集中了政策和资金资源，能够切实帮助部分贫困人口脱贫，或创造部分贫困群体脱贫的硬性基础设施条件。但“大水漫灌”后，贫困地区有两类现象值得关注：一是，一直未实现过脱贫的群体，或是不适应同质性的扶贫政策，或是自身根本不具备脱贫的能力素质等，这类群体往往就是现阶段的重点关注目标，难度较大；二是，一度脱贫后又返贫的群体，或因病、或因经营不善等，此类现象极其寻常，导致扶贫工作成效不持久，显得重复而又低效率。

习近平总书记关于精准扶贫的重要论述正是在总结数十年扶贫工作经验、教训之上，根据目前中国贫困群体状况所提出的针对性措施。精准扶贫包括了精准识别、精准帮扶、精准管理和精准考核，其核心要义就是精准化理念，要求将精准化理念作为扶贫工作的基本理念，贯穿于扶贫工作的全过程。

第二，分批分类理念是精准扶贫的基础工具。习近平在2015年详细论述了其分批分类扶贫理念，并概括为“四个一批”，即“通过扶持生产和就业发展一批，通过移民搬迁安置一批，通过低保政策兜底一批，通过医疗救助扶持一批”。

通过扶持生产和就业发展一批，就是要加强业务培训和培育计划，因地制宜制定特色扶持政策、机制，帮助一批具备软硬件基本条件的群体迅速脱贫；通过移民搬迁安置一批，就是针对部分因居住地自然条件恶劣等因素、不具备扶贫脱贫的基本自然资源的贫困群体，有计划性地移民搬迁，安置到自然条件相对较好的居住地，并继续实施帮扶直至脱贫；通过低保政策兜底一批，就是针对部分劳动能力低下，或是丧失劳动能力的贫困人群，不再以就业培训为主，而是果断通过低保等民政救助的方式保障其基本生活；通过医疗救助扶持一批，就是帮助部分群体缓解医疗压力，杜绝因病致贫，增加贫困人口，也防止因病返贫，使扶贫工作倒退。

第三，精神脱贫理念是精准扶贫的战略重点。扶贫先扶志，不论造成贫困有何种直接原因，精神贫困始终是主观上的首要根源。精神贫困首先体现为缺乏脱贫致富的勇气、信心等主观意愿。树立脱贫信心、营造脱贫环境，帮助贫困群体充分认识到自身优势以及主观能动性的重要性，拿出敢想敢干的毅力和决心，在精神上与贫困绝缘，是精准扶贫的重点。

习近平总书记精神脱贫理念的最重要体现就是大力发展乡村教育的观点。习近平指出，到2020年稳定实现扶贫对象不愁吃、不愁穿，保障其义务教育、基本医疗和住房，是中央确定的目标。2015年6月，中央全面深化改革领导小组第十一次会议中提到，发展乡村教育，让每个乡村孩子都能接受公平、有质量的教育，增强贫困地区的自我发展能力，阻止贫困现象代际传递。随后，国务院印发《乡村教师支持计划（2015～2020年）》，对未来几年乡村教育发展做出了纲领性指导意见。2017年11月习总书记在河北阜平县考察时指出，“把贫困地区孩子培养出来，这才是根本的扶贫之策”。

三、实践精准扶贫的路径选择

有研究认为，尽管2001年以来中国政府扶贫对象有逐渐细分的趋势，也提出了整村推进等相关战略和理念，但贫困村内受益的主要还是富户，原因就在于精细化机制不到位。因此，对于精准扶贫的定位把握，不应只在操作层面上将其解读为具体的工作方式，还应将精准扶贫提升到贫困治理原则性高度，映射到扶贫体制机制和政策体系中。

第一，科学设计精准扶贫的工作流程。有关中国政府实施的精准扶贫，最早在官方文件上可查询的是2009年国务院相关部门开展的贫困户识别与分类工作，旨在促进农村低保制度建立和扶贫政策对接工作。但现实中扶贫瞄准一直精准度不高，一是存在弃真型误差，即符合条件的目标群体没有全部受益；二是存在存伪型误差，即不符合条件的人享受到了社会政策。

进而，现阶段精准扶贫的流程设计必须提高有效性。实践精准扶贫的首要路径是设计精准扶贫工作流程的科学机制，大致包括贫困户的精准识别、精准帮扶、动态管理和精准考核四个环节。精准识别是精准扶贫的首要流程，要求防止目标偏移，保证瞄准扶贫对象；精准帮扶要求依照贫困户致贫原因和脱贫条件，以针对性办法扶持贫困群体；动态管理要求对扶贫工作进行实时跟踪和把控，根据扶贫进展及时调整；精准考核是保证“脱贫成效精准”的必要手段，及时对政策实施后的扶贫效果进行评估。最终形成在扶贫工作中的目标识别、贫困治理、动态管理、成效考核、成功脱贫、后续跟踪的一系列反应过程。

第二，形成完整的精准扶贫政策体系。精准扶贫政策涉及金融支持、社会救助、产业发展等多个领域的公共政策过程，落实精准扶贫的主要抓手是要形成完整的精准扶贫政策体系。精准扶贫政策体系兼顾统一性和灵活性。一是政策体系在全国范围内保持同级别的政策强度，保证各个贫困地区整体向脱贫目标和小康社会指标靠近，在 2020 年如期脱贫；二是因省、市、县、乡、村，直至农户，每一贫困户贫困原因、程度、特点，脱贫的禀赋、资源、机遇，以及返贫的可能性等都不尽相同，不能各地都依照完全相同的扶贫办法，允许和鼓励各级、各地扶贫单位因地制宜、因人定策，灵活开展个性化扶贫工作。

第四节 农村金融扶贫理论与实践

一、农村金融扶贫理论基础

（一）农业信贷补贴理论

1980 年之前，对于金融扶贫模式制度设计研究，我国理论学界主要是“农业信贷补贴论”。该理论认为，我国农村贫困人群很难有储蓄，其从事生产经营活动难以获得充足资金。同时由于农业风险高、投资周期长、回报率低，众多金融机构唯恐避之不及。于是，理论学界认为政府一方面应向农村提供低利率的政策性扶贫资金，另一方面由政府组织成立非营利机构，负责农村扶贫资金分配。由于正规金融资金供不应求，所以高利贷等非正规金融活动常常发生。农村贫困人群一旦迫于生计而借高利贷，生活条件和经济状况则陷入恶性循环，在没有其他救助资金的前提下，则会越穷越需要借、越借则变得越穷。因此，政府通过农村信用联社和农业发展银行等公有制性质的农村金融服务机构，由财政资金实行信贷补贴，向农村注入低于商业银行利息的政策性资金开展专项小额贷款业务，以帮助农村贫困人口脱贫致富为目标，进而帮助我国农村金融市场良性竞争和可持续发展。

（二）农村金融系统论

熊德平（2009）指出，农村金融是农村货币资金融通，强调政府作用的传统发展的经济学，逐渐被以强调市场力量的新古典发展经济学所取代。[①]农村商业金融不能持续，农业不可能成为商业银行的投资对象，其后果就是农村金融陷入困境，大量的资金外流。通常解决办法是，从农村外围注入政策性资金，并建立非营利性的专业金融机构来进行资金分配。这种农村金融政策实践证明并不成功，它引发了资金回收率低、使用效率低下等一系列矛盾，加之对农村金融市场机制的忽视，致使农村金融循环发展的长效机制难以建立。

1985 年开始，“农村金融系统论”逐渐成为金融扶贫模式的主流理论。“农村金融系统论”较“农业信贷补贴论”更注重在市场机制下发挥金融的扶贫作用。“农村金融系统论”指出，通过政府所发放的低息贷款在实际中往往被较为富裕的农民通过采用寻租的方式“盗用”，很难保证低息贷款政策对特定农村贫困人口的支持，往往起不到扶贫的作用。恰恰相反，由于把贫困人口的资金通过存款吸收进来、贷款发放给农村较富裕的人口，或将资金流向城市，更像是一种“劫贫济富”。

“农村金融系统论”甚至大胆指出，农村非正式金融活动既然存在，就有其合理性，政府有关部门应当通过制定相关政策和规定，规范农村非正式金融活动的行为，保障资金在合法的框架下安全流动，使其为完善农村金融服务体系发挥补充作用，扩大农村金融资金来源的渠道，提高农村金融服务的效率。

（三）普惠金融理论

普惠金融是小额信贷和微型金融的延伸和发展。这个理论的主旨是将零

① 熊德平. 农村金融与农村经济协调发展研究［M］. 北京：社会科学文献出版社，2009：66－80.

散的金融机构和服务进行有机整合，将其有机整合到整体金融扶贫战略中去。普惠金融的目标是建立一个完整的金融服务体系，并且这个金融服务体系主要针对的是贫困群体，针对的是所有需要帮扶的对象。普惠金融的目标是通过将分散的微型金融机构和产品进行整合建立全面具有包容性的金融服务体系，真正实现全面普惠。但是实现普惠金融这一目标不止于加强巩固微型金融机构和网络。普惠金融通过扩大覆盖面可以将更多微小金融服务组织纳入全面的金融服务体系中。普惠金融的充分发展可以使更多的金融机构参与到普惠金融中来，为低收入的贫困群体带来更加丰富的金融产品选择，进一步改善金融服务环境，从而促进金融体制更广泛的融合。普惠金融与金融扶贫两者之间的关系具体体现在以下三个方面。

1. 金融扶贫在本质上是普惠金融理念的实践

普惠金融体系的理念是，使那些过去难以得到金融服务的贫困群体和偏远地区的群体，都能获得各种应有的金融服务。要顺利构建普惠金融体系就必须使用创新的金融工具，使金融服务能够满足各个阶层人群的需求。而金融扶贫正是利用市场化手段推进扶贫，着重提高被扶贫对象的主观能动性，金融扶贫以“造血”的形式改变了以往财政支农的“输血”形式，体现了“授之以渔”的观念，并且金融机构也更加注重自身的可持续发展性。在指导思想上与当前国家发展普惠金融的主流理念相符合。因此，普惠金融与金融扶贫在本质上是一样的，均是在为全面建成小康社会而不断努力的方式。

2. 普惠金融的发展有利于金融扶贫工作的开展

普惠金融倡导人人拥有平等信贷权的理念，追求每个人的信贷平等权，立足于满足所有需要金融服务的人，特别是为农村中低收入者提高收入、摆脱贫困提供金融支持，消除对弱势群体的信贷歧视与不公平，将“边缘化”的人群纳入正规的金融体系。这一理念，有利于指导金融扶贫工作的开展。金融扶贫是通过合理的贷款机制设计，贷款给最需要资金的贫困户，因此，普惠金融理念的倡导对于金融扶贫社会绩效的实现给予了极大的帮助，也促使金融机构提高社会责任意识，使各大金融机构以可负担的成本积极主动地承担起金融扶贫的义务。

3. 普惠金融体系是金融扶贫工作顺利开展的结果

金融扶贫是以扶贫为宗旨，以创新的金融理念、制度、手段，开展服务于弱势群体的经济社会活动。普惠金融覆盖面广，指的是满足所有主体的金融需求，特别强调在能力提升的基础上脱贫。而服务于中低收入群体和贫困群体是普惠金融体系的核心理念，它强调一切有金融服务需求的群体都应享有金融服务的平等机会。从客户层面看，贫困和低收入客户是普惠金融的中心之一。因此，只有金融扶贫工作的顺利开展使得贫困者脱贫致富，才能成功构建普惠金融体系。

二、农村金融扶贫的实践

自2014年以来，我国各地围绕金融精准扶贫开展了一系列实践。总结起来，目前国内有七种较具代表性的金融精准扶贫模式，具体分析如下。

（一）政府主导的金融扶贫模式

该模式下的金融扶贫由政府部门、扶贫机构、金融管理部门发起，包括四种细分模式。一是杠杆式金融扶贫模式。该模式主要在广西、内蒙古、宁夏的贫困地区推广实践。该模式的主要形式是“银行+农牧户+风险补偿金”，由地方政府部门、扶贫机构运用专项扶贫基金发起设立风险补偿基金池，为贫困户贷款提供担保和风险补偿。根据风险补偿基金或者风险担保基金额度，与政府开展合作的金融机构给予贫困户多倍于基金额度的贷款授信。目前，该模式的杠杆比例一般在1∶5~1∶12。通过杠杆效用，不仅可以提高政府扶贫资金的使用效率，还可以扩大金融扶贫资源总量。在这种模式下，一旦贷款出现违约，地方政府会按照与金融机构前期约定的分摊比例承担不良或问题贷款本息。二是扶贫贴息贷款模式。地方政府部门为向贫困地区的特定地区、特定产业和特定贫困户提供贷款的金融机构提供贷款贴息补助，以降低贫困户贷款的交易成本。在这种模式下，金融机构与地方政府部门就扶贫贷款的发放对象、金额、利息及贴息比例做出明确约定。三是民生金融扶贫模式。地方政府部门及人民银行分支机构给予当地金融机构一定的妇女小额担保贷款、下岗失业贷款、大学生创业贷款等民生类金融贷款指标，帮助贫困地区特定人群脱贫致富。四是央行再贷款扶贫模式。人民银行分支机构以专用贷款的形式向涉农金融机构发放支农再贷款和扶贫再贷款，支持金融机构向贫困户发放优惠贷款，支农再贷款和扶贫再贷款是人民银行支持“三农”经济发展和金融精准扶贫的重要工具。

（二）金融机构主导的金融扶贫模式

该模式以包括商业银行在内的金融机构为主导，通过不断创新抵押、质押和担保的形式，创新贷款产品来实现金融精准扶贫。该模式有三种细分模式：一是“金融机构+互助金+贫困户”贷款模式。以互助协会或村委会为单位建立扶贫互助金，金融机构以互助金为保障，向担保范围内的贫困户发放贷款。在我国各地具体实践过程中，该模式还衍生出“金融机构+互助金+担保+抵押+贫困户”等子模式。该模式具有杠杆效应，金融机构往往会向贫困户发放多倍于互助金的贷款。二是“金融机构+农村产权抵押+贫困户”贷款模式。由于贫困户缺乏可被金融机构接受的抵押物，部分贫困地区正在进行“五权”抵押贷款产品创新尝试。“五权”包括农村土地承包经营权、林权、水域滩涂养殖权、集体建设用地使用权、房屋民有权。当前国内已经陆续出台包括《农村承包土地的经营权抵押贷款试点暂行办法》《中国银监会 国家林业局关于林权抵押贷款的实施意见》等“五权”抵押贷款的具体实施办法，有的地区已经开始尝试发放“五权”抵押贷款，如四川、湖北、新疆等省区于2016年试点发放承包土地经营权抵押贷款，黑龙江、云南、河北、吉林等省进行了林权抵押贷款的创新尝试。三是“金融机构+公司担保+公务员担保+贫困户互保+协会担保等+贫困户”贷款模式，主要通过与贫困户有经济往来和日常关系的公司、个人、基地、协会等提供担保，降低金融机构发放扶贫贷款的信用风险，解决金融机构与贫困户之间的信息不对称问题。该模式已经创新出二级担保、三级担保等多种形式。这种金融精准扶贫模式的出现和发展既与贫困地区当地政府急于获得金融资源有关，也与金融机构不断下探零售信贷市场、大力拓展农村金融市场有关。

（三）产业金融扶贫模式

该模式以贫困地区的蔬菜、林果、中药材、畜牧和乡村旅游等区域性优势产业为着力点，以一批覆盖面广、带动能力强、具有地方特色的龙头企业或处于农业产业链核心位置的企业为抓手，以财税政策、金融政策为主要手段，推进产业化金融扶贫。产业金融扶贫模式的出现有其历史必然性和现实可持续性。单纯依靠政府主导或金融机构主导的金融扶贫模式，无法长期持久地调动贫困户脱贫致富的积极性和创造力，也无法实现金融机构支持扶贫开发的可持续性，从而导致政策性金融扶贫和商业性金融扶贫的相对低效。

此外，我国金融扶贫存在着导向、动力、载体缺乏的困境。金融扶贫与产业扶贫的结合，实现了市场引导金融资源投入到有竞争力的贫困地区产业中，实现金融扶贫的导向性与系统性的统一。产业金融扶贫能实现贫困地区产业发展由点式向面式、立体式的全面拓展，对增强贫困地区造血功能、降低返贫率的效果更好。产业金融扶贫有四种具体操作路径：一是金融机构向扶贫产业的龙头企业发放贷款，扩大龙头企业的生产规模，带动贫困地区脱贫；二是金融机构为扶贫产业的龙头企业及其上下游产业链的贫困户或供应商办理集中信贷授信业务；三是在当地政府的主导下，龙头企业为其上下游产业链条的贫困户或供应商提供贷款担保，帮助贫困户或供应商获得贷款支持；四是当地政府部门与金融机构合作，以产业投资基金的方式支持贫困地区产业加快发展。

（四）互联网金融扶贫模式

该模式的主导方既可以是地方政府，也可以是包括银行在内的金融机构。互联网金融扶贫模式的实现载体是互联网融资平台，其特点是凭借互联网融资平台，通过“线上”和“线下”联动或网络直接撮合交易，实现贫困地区借款人与贷款资金提供者的直接交易。以包商银行的普融惠农互联网金融扶贫项目为例，该项目依托包商银行发起设立的扶贫志愿者驿站和“小马bank”平台，实现对贫困户信贷资金需求信息的审查以及线上融资平台贷款资金供需信息的匹配撮合。该模式为贫困地区金融扶贫注入了新活力，开启了新思路。不过，互联网金融扶贫模式的推广还面临着一些“瓶颈”。一是资金成本较高，通过互联网融资平台得到的资金，其利息成本往往高于银行贷款。二是违约成本偏低，由于互联网融资平台的违约、逾期或恶性欺诈的数据信息无法体现在人民银行的征信数据库，其违约成本低于传统银行贷款。

（五）“电商平台 + 金融”扶贫模式

随着我国农村电子商务的快速发展，不少贫困地区政府部门把扶持农村电子商务产业发展作为金融扶贫的一条新路径。同时，部分金融机构逐步加大与电商平台的合作，在农村地区大力推广网上支付、电话支付、手机支付等新型第三方支付业务，以及针对电商平台商品的分期消费贷款产品。在“电商平台 + 金融”扶贫模式下，电商平台和金融机构开展合作，为贫困户提供包括信息技术、农资购买、第三方支付、店定店取、金融服务、农产品网上销售等一揽子金融服务。该模式实现了“资金流”“仓储物流”“信息流”的有机结合，帮助贫困地区贫困户提高经济能力、获得金融资金支持。该模式的创新有利于构建贫困地区涉农大数据库，便于挖掘、搜集、处理和整合贫困地区涉农大数据，解决农村地区产销信息不对称的难题，并推动贫困地区经济生产方式发生根本性变革。不过，该模式也面临贫困地区互联网普及率低、物流配送基础设施建设滞后、人才缺乏等问题。

（六）国际金融组织参与扶贫开发模式

该模式是指国际金融组织（如世界银行、亚洲开发银行）为我国贫困地区提供长期优惠贷款和政策性建议，支持我国金融精准扶贫。该模式在我国最成功的案例是西部扶贫世界银行贷款项目和中国贫困片区产业扶贫试点示范项目。以中国贫困片区产业扶贫试点示范项目为例，世界银行提供1.5亿美元贷款，贷款期限为29年，支持四川、贵州、甘肃三省农民专业合作社，帮助其尽快实现农业产业化。该项目覆盖三省27个县、537个村，重点帮扶400余个农民专业合作社，在提供生产和经营资金支持的同时，还提供技术咨询服务、保险、培训等帮助，以提高农业生产率和产品质量，促进贫困地区农民增收。国际金融组织参与扶贫开发模式的引入，有利于调动国外资金和智力资源参与我国精准扶贫开发，也有利于我国借鉴国际先进扶贫经验和发展模式，为精准扶贫找到突破点。

（七）社会扶贫组织金融扶贫模式

该模式是指由我国各类社会组织发起，以产业扶贫、教育扶贫、农村信息化扶贫、文化扶贫等项目为载体的金融扶贫活动。该模式的最大特点是发动社会力量参与金融精准扶贫，其典型案例包括中国扶贫开发协会设立的“星火扶贫创业基金”项目、深圳惠民产业扶贫股权投资基金合伙企业发起设立的惠民产业扶贫基金、中国扶贫基金会的小额信贷项目和溪桥工程项目。和其他模式相比，该模式的社会参与度较广，但获得的金融资源量相对较少，以非营利为目的项目的可持续性往往偏低。

第三章　我国农村居民致贫因素分析

贫困是世界级难题，不仅制约了社会发展更严重影响了人口的生活质量甚至威胁其生存。相较于城市贫困，农村贫困更具多元性与复杂性。作为一个农村人口庞大的社会主义国家，农村贫困问题一直是我国社会经济发展中极其严峻的问题。因此，我国大力推进农村扶贫开发事业并将其列入国民经济与社会发展的总体规划中。随着支持力度的不断增强，农村扶贫事业取得了巨大成就。中共十七大以来，我国农村贫困人口大幅减少，生活水平不断提高。但与全国整体水平相比，农村贫困人口生活质量、收入水平方面都处于相对劣势，农村贫困状况不容乐观，扶贫工作仍十分艰巨。

我国农村居民致贫因素主要包括因灾害致贫、因学致贫、因病致贫、因农产品价格波动致贫、因发展资金缺乏致贫等。根据国务院扶贫办的数据统计显示，截至2016年，按照每人每年2300元（2010年不变价）的农村贫困标准计算，我国农村贫困人口为4335万人，其中，因重大疾病致贫达到42%，因灾害致贫达到20%，因教育学费等相关费用支出致贫占10%，因劳动能力弱等原因致贫占8%，其他因素占致贫因素的20%。

第一节　因灾害致贫

一、因灾害致贫的概念

因灾害致贫指的是因自然灾害发生导致受灾群体承受经济损失，使生活水平降至贫困标准以下的一种情况。这种贫困可能是暂时性的，也可能是长期性的，这主要取决于政府的施救和农户抵御自然灾害的能力。许多农户日常生活中处于贫困线水平以上，但是遭遇自然灾害后，大部分农户的生活水平下降了很多，降至贫困水平。但是这种贫困是由突发的外部情况造成的，只是暂时的，一旦政府的救灾物资和重建政策到位，再加上农户的自救能力，就能够很快结束，恢复到灾前的生活水平。但还有一种情况是农户本已处于贫困线以下，在遭遇了自然灾害之后陷入极端贫困，出现生存问题。这样的贫困很容易发展成长期性的，即使政府的救灾资金到位，救灾政策落实，这部分农户也很难从灾害中走出来，因为他们自身抵御灾害的能力较弱，自身的生计资本积累也很薄弱，所以依靠政府的救济只能缓解一时的燃眉之急，无法提高贫困人口的收入水平。

二、我国因灾害致贫的现状

我国幅员辽阔，气候类型和地质类型多样，因而自然灾害多发、分布广阔、种类多样、危害程度大，是世界上少数几个自然灾害最为严重的国家之一，主要自然灾害涵盖了洪涝、山体滑坡、泥石流、台风、旱灾、风雹灾害、低温冷冻和雪灾等几乎所有类型。表 3－1、图 3－1 是 2000～2018 年中国主要自然灾害情况和农作物受灾情况，显示自然灾害造成的农作物受灾面积广泛，经济损失巨大，部分年度经济损失非常巨大，如 2008 年仅地震灾害导致的经济损失就高达 8595 亿元，占当年国民生产总值（GDP）的 2.7%，这当中还不包括当年的农业灾害经济损失。

表 3－1　　2000～2018 年我国主要自然灾害导致的经济损失数据　　单位：万元

年份	地质灾害	森林火灾	地震灾害	三项合计
2000	494201	3069	146792.0	644062.0
2001	348699	7409	148449.0	504557.0
2002	509740	3610	14774.0	528124.0
2003	504325	37000	466040.0	1007365.0
2004	408828	20212.97	94959.3	524000.3
2005	357678	15028.77	262810.8	635517.6
2006	431590	5374.95	79961.7	516926.7
2007	247528	12415.49	201922.1	461865.6
2008	326936	12593.91	85949594.4	86289124.3

续表

年份	地质灾害	森林火灾	地震灾害	三项合计
2009	190109	14511.45	273782.1	478402.6
2010	638509	11610.68	361077.1	1011196.8
2011	413151	20173.42	6020873.0	6454197.4
2012	625253	10801.54	828756.9	1464811.4
2013	1043568	6061.63	9953631.0	11003260.6
2014	567027	42512.79	3326078.0	3935617.8
2015	250528	6371.45	1791918.0	2048817.5
2016	354290	4135.68	668692.9	1027118.6
2017	359477	4624.06	1476600.0	1840701.1
2018	147128	20444.73	302716.0	470288.73

资料来源：根据历年《中国统计年鉴》整理所得。

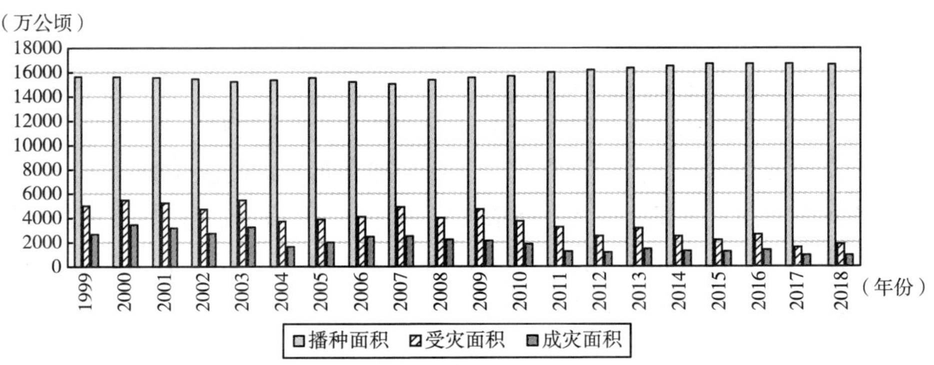

图 3-1 1999~2018 年农业受灾面积和成灾面积

资料来源：根据历年《中国统计年鉴》整理所得。

2016 年，全国各类自然灾害共造成近 1.9 亿人次受灾，其中 1432 人因灾死亡，274 人失踪，1608 人因灾住院治疗，910.1 万人次紧急转移安置，353.8 万人次需紧急生活救助；52.1 万间房屋倒塌，334 万间房屋不同程度损坏；农作物受灾面积 2622 万公顷，其中绝收 290 万公顷；直接经济损失 5032.9 亿元。2017 年，全国各类自然灾害共造成近 1.4 亿人次受灾，其中 881 人因灾死亡，98 人失踪，525.3 万人次紧急转移安置，170.2 万人次需紧急生活救助；15.3 万间房屋倒塌，157.9 万间房屋不同程度损坏；农作物受灾面积 1848 万公顷，其中绝收 183 万公顷；直接经济损失 3018.7 亿元。2018 年灾害状况虽然较轻，但各种自然灾害也造成全国 1.3 亿人次受灾，

589 人死亡，46 人失踪，524.5 万人次紧急转移安置；9.7 万间房屋倒塌，23.1 万间房屋严重损坏，120.8 万间房屋一般损坏；农作物受灾面积 2081.43 万公顷，其中绝收 258.5 万公顷；直接经济损失 2644.6 亿元。①

近年来，随着我国经济的快速发展和综合实力的不断增强，我国灾害救助能力显著增强，但每年因灾害致贫返贫的情况并没有出现明显好转。尤其是西部贫困地区，基础设施薄弱，灾区住户抵御灾害能力和自救能力相对较弱，基层政府救灾力量相对较差。当遭遇灾害时，会给他们本来就贫困的生活带来巨大的冲击和负担，导致因灾害致贫的现象连片发生。

三、因灾害致贫的影响

因灾害致贫不同于一般的贫困，它是连片的、群体的贫困。发生自然灾害后，易造成连片贫困，自然灾害会给灾民造成不同程度的影响，如，减产减收，重大财产损失，严重的疾病和残疾等，不仅会降低其收入水平还增加了医疗支出，加剧了贫困的发生。因灾害致贫可以是暂时的也可以是长期的，这主要取决于政府的救助和政策能否及时到位以及灾区住户自身生存资本的积累和抵御灾害的能力。但还有一些住户是灾前已经陷入贫困的，遭遇自然灾害后，贫困程度加深，易导致极端贫困，更加难以脱贫。对于这类贫困，政府应加大扶贫力度，帮助其脱贫，防止返贫。

四、典型地区因灾害致贫分析——以“汶川地震”为例

2008 年汶川大地震给当地社会、经济都造成了巨大的影响。这次地震给灾区群众带来了深重的灾难，灾区群众的生活水平发生了严重的倒退。汶川地区以山地、高原地形为主，地质灾害和气象灾害频发，经济发展较为落后，基础建设薄弱，抵御灾害能力较弱。

此次地震涉及了四川的大部分地区和甘肃、陕西部分地区。统计数据显示，灾前三省 51 个县中尚有 1056 个村未通公路，187 个村未通电，3647 个村未通自来水，1331 个村未通电视，371 个村未通电话，薄弱的基础建设增加了救灾难度并降低了灾区住户抵御灾害的能力，加剧了灾害的影响。三省

① 资料来源：民政部历年《社会服务发展统计公报》。

社会经济发展水平较低，51 个县 2010 年 GDP 总值仅为 2135 亿元，人均 GDP 为 1.12 万元，仅为全国平均水平的 54%，地方财政一般性收入为 55.6 亿元，人均收入仅为 273 元，仅占全国平均水平的 8%。此外，这 51 个县中，大多是“老、少、边、穷”地区。其中，共有扶贫开发重点县 43 个，贫困村 4345 个，占行政村总数的 32.7%。贫困户为 32 万户，贫困人口为 218.3 万人，贫困发生率为 31%。汶川地震后，43 个重点扶贫县的灾后贫困发生率上升到了惊人的 60%，因灾返贫率更是达到了 30%。灾区农户的人均收入更从灾前的 1800 元降至千元以下。[①] 灾后无房、无收入、无生产资料的农户数量急剧增加，农户生活难以为继，社会经济发展也遭受了巨大的阻碍。

汶川地震还造成了严重的人员伤亡和残疾，大大减少了当地劳动力。同时，灾后重建家园占用了很多劳动力，很多人因此放弃了外出务工的机会，减少了收入。由于地震及其次生灾害造成了巨大的财产损失，给本来财产积累比较匮乏的贫困家庭带来了更加严重的后果，多年的财富毁于一旦。此外，地震对于生产资料和劳动力等重要生产要素的破坏更为严重，大量的基础设施也基本处于瘫痪状态，这些都加剧了灾后恢复生产和重建家园的难度。灾害改变了受灾群众的需求结构，各项产业原有的效益需要重新评估，对生产活动更要进行谨慎的重新安排。这些都在一定程度上增加了灾区民众的贫困程度和自救的困难程度。

第二节　因病致贫

一、因病致贫的概念

因病致贫是由于医疗费用支出超出农民承受范围而导致的生活贫困。农民的生活贫困并非只是由于医疗费用支出导致的，所以在进行因病致贫问题分析的时候应该对由于疾病导致的贫困的效果进行剥离分析。农民对于医疗费用支出并不是一点承受能力都没有，只有当医疗费用支出超过了其能够承

① 李小云，黄承伟. 汶川地震灾区贫困村恢复发展评估——来自各贫困村的调研 [M]. 北京：中国财政经济出版社，2012.

受的范围才会导致贫困。农民对于医疗费用的支付，在使用了本年度可支配收入的基础上会动用家庭的往年储蓄，如果农民使用往年储蓄一定会减少其全部生活资本，从另一个角度来讲，动用储蓄也会导致贫困。所以支付医疗费用前不是贫困人口，支付医疗费用后成为贫困人口就认为是因病致贫。

二、我国因病致贫的基本情况

近些年来，很多农村人口在生活的压力之下身患疾病，看病花费大量家庭积蓄导致贫困现象仍然层出不穷，已成为一个亟待解决的难题。为此，我国建立了城乡居民职工医疗保险、城镇居民医疗保险和新型农村合作医疗保险体系，覆盖率达到95%以上，并一直维持在这个水平之上，成为世界上最大的医疗保障网。截至2018年末，基本医疗保险参保人数134452万人，参保覆盖面稳定在95%以上。其中参加职工基本医疗保险人数31673万人，比上年末增加1351万人，增长4.5%；参加城乡居民基本医疗保险人数89741万人，比上年末增加2382万人，增长2.7%；新型农村合作医疗参保人数13038万人。在职工基本医疗保险参保人员中，在职职工23300万人，退休人员8373万人，分别比上年末增加1012万人和339万人。2018年底全年基本医疗保险基金总收入21090.11亿元，总支出17607.65亿元，基本医疗保险累计结存23233.74亿元。其中，职工基本医疗保险基金收入13259.28亿元，基金支出10504.92亿元，年末累计结存18605.38亿元；城乡居民基本医疗保险基金收入6973.94亿元，支出6284.51亿元，年末累计结存4332.94亿元；新型农村合作医疗保险基金收入856.89亿元，支出818.22亿元，年末累计结存295.42亿元。①

但据有关研究调查表明，很多患者患病需要治疗但是因为思维上的固执或是经济上的限制而不能顺利就医。很多家庭的主要劳动力一旦因为身体健康问题得不到好的恢复，就会导致整个家庭经济瘫痪，从而间接导致经济困难。

德勤咨询发布的《2020年健康医疗预测报告》显示，2005～2015年中国因疾病而导致生产力丧失将累计给中国造成5500亿美元的经济损失，其中中国一年用于心脑血管疾病的治疗经费达到3000亿元人民币；中国的肝炎的

---

① 资料来源：《人力资源和社会保障发展事业统计公报》。

直接经济损失达3600亿元。在此期间中国每年卫生资源消耗6100多亿元，因疾病、伤残造成的损失约7800多亿元，总计14000多亿元。这就说明，每年我国陷入贫困的家庭将承担更大的经济压力和生活压力。

三、因病致贫的类型和影响

因病致贫主要有三种类型：（1）因疾病所致的医疗费用支出极大地消耗了患者或其家庭的收入，导致最基本的生活支出发生困难。（2）因疾病所致的劳动力丧失，减少了患者或其家庭的收入，使其收入低于最基本的生活支出需要。（3）前述两种情况的结合，即贫病交加。

疾病发生不可预测，个人需要支付一大笔费用消除疾病换取健康。“看病贵”始终为舆论界和学术界所关注，同时也是一项重要的致贫因素。汪辉平等（2016）调查数据显示，若将因病、因残、因智障致贫统一归为因病致贫类，那么全国的因病致贫率为42.4%，西部农村地区的因病致贫率为65.4%。从农村贫困家庭就医情况来看，“费用高、看病贵”成为贫困家庭就医的首要困难，79.62%的农村贫困家庭认为就医费用高。[①] 此外，看病手续烦琐、看病排队难、看病交通不便也还困扰农村贫困群体。目前，“因病致贫返贫”已成为农村贫困地区比较突出的社会问题，疾病导致贫穷，贫穷加剧疾病，形成疾病和贫穷的恶性循环，严重影响着农民脱贫致富和农村经济发展。

第三节　因学致贫

一、因学致贫的概念

人力资本理论认为，收入差距主要是因为人与人之间人力资本的差别，而要缩小收入差距、实现减贫，最重要的就是提高贫困群体的人力资本质量，

① 王辉平，王增涛，马鹏程. 农村地区因病致贫情况分析与思考——基于西部9省市1214个因病致贫户的调查数据［J］. 经济学家，2016（10）：71－81.

增加人力资本投资，而教育投资是人力资本投资最重要的方式。但近些年在我国农村地区却出现了因学致贫现象。

因学致贫是指个人由于接受教育，尤其是高等教育，导致其家庭经济情况和生活质量急剧下降至贫困线以下。即一个家庭中孩子接受教育，因教育投资较高和教育回报的滞后性，导致家庭陷入贫困，或加剧其贫困程度。因学致贫也涵盖了因学返贫，它包括以下三层含义：一是因学致贫主要发生在非义务教育阶段，即高中或高中以上的教育阶段。既包括在接受教育的过程中发生的贫困，也包括在接受教育后发生的贫困。二是指因教育投资导致的相对贫困，是家庭因教育支出导致其经济水平下降，低于原来的家庭经济水平的一种状态。贫困分为绝对贫困和相对贫困，绝对贫困是指个人或家庭经济收入水平低于贫困标准，而相对贫困是相对于家庭正常生活水平而言。三是因学致贫的对象以家庭为单位，而不是个人。这是因为教育投资通常由家庭承担。

二、我国因学致贫的现状与特点

我国城镇和农村居民家庭教育消费支出呈现出逐年递增的态势。在城镇，由于家庭经济基础较好，对教育投资支出的敏感度较低，因学致贫的现象还不是很多。但是在农村地区，家庭收入较低，经济基础差，因学致贫现象却是日益严重。图 3－2 和图 3－3 是 2010～2017/2018 年中国教育消费价格指数和各级各类学校招生情况，显示各年教育消费价格指数皆大于 100，说明教育消费价格连年走高。此外，2010～2017 年中国普通本专科招生人数逐年增加，普通本专科升学比例不断提高，这些都说明教育支出给家庭经济情况带来的压力不断增加。

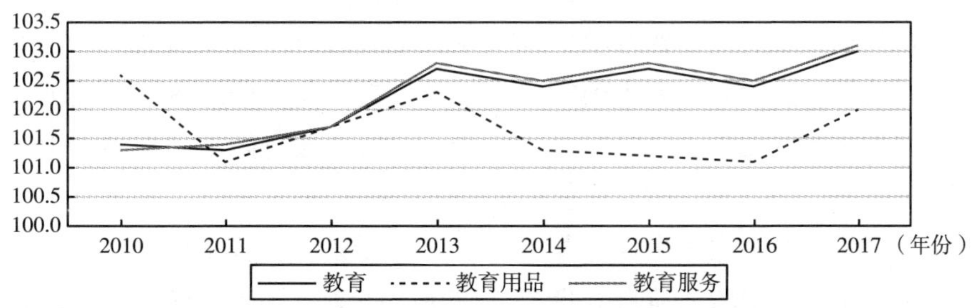

图 3－2　2010～2017 年中国教育消费价格指数（上年＝100）

资料来源：国家统计局。

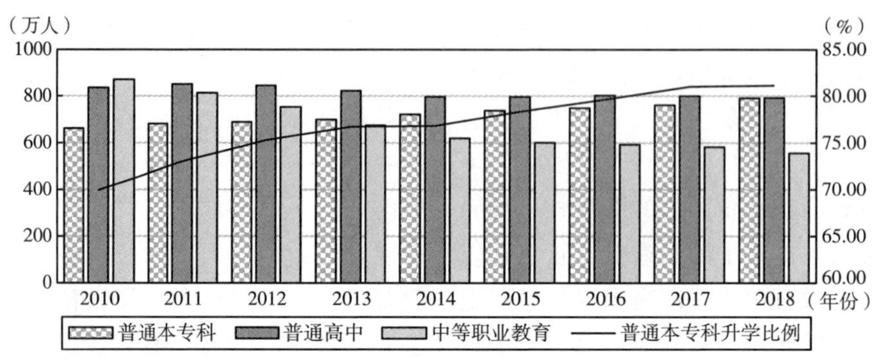

图 3-3 2010~2018 年中国各级各类学校招生情况

资料来源：由国家统计局和教育部统计数据整理所得。

在农民收入比较微薄而农民家庭教育开支却迅速增加的情况下，许多家庭因负担不起高昂的教育费用而被迫让适龄子女辍学。尤其是近几年高校费用急剧上升，致使许多农村家庭为供孩子上学而负债累累。在西部贫困地区，一个四口之家即使有三个强壮的劳动力，一年的纯收入也负担不起一个大学生。这样的例子在我国农村地区屡屡发生。教育本是改变命运的机会却成为一个新的致贫因素，不仅增加农村家庭贫困的发生，还影响了农村地区教育观念的改变，导致读书无用论盛行，也使农村的扶贫形势更加严峻，增加了脱贫减贫的难度。

一是因学致贫发生时间的阶段性。因为教育本身具有阶段性，所以因学致贫也相应地表现出发生时间的阶段性。我国对教育的划分有多种方式：按照教育级别，将教育划分为初等教育、中等教育和高等教育；按照是否强制其接受教育，将教育划分为义务教育和非义务教育两个层次。从教育投资支出的角度看，随着教育的级别增加，家庭教育投资支出的负担越重，因学致贫现象也越易发生。因学致贫主要发生在非义务教育阶段，即高中及高中以上的教育阶段。这主要是因为国家实行了义务教育免费的政策，减轻了农村贫困家庭的负担。相较于义务教育的免费，非义务教育阶段则支出较大，尤其是高等教育，给农村贫困家庭造成了较大负担。

二是因学致贫主要发生在低收入阶层。按照家庭经济条件，可将人们分为高收入阶层、中等收入阶层和低收入阶层。随着阶层收入能力的不同，因学致贫发生的频率也不一样。通常来讲，因学致贫易发生在家庭经济情况较差的低收入阶层。这是因为高收入阶层经济实力雄厚，对教育支出变化不敏感，况且即使教育支出占用了家庭大部分的收入，仍能保证衣食无忧。因此，因学致贫发生在高收入阶层的概率最小。中间阶层收入水平较高，教育支出变化虽然会影响其家庭经济状况，但只要不是突发的巨额教育支出，一般不会发生因学致贫。低收入阶层是发生因病致贫概率最高的阶层。一方面，低收入阶层希望通过教育实现向上层社会跨越的意愿最强且缺乏资源，教育就成为其实现阶层跨越的最佳途径，因此教育投资的需求非常强烈。另一方面，低收入阶层经济实力差，收入水平低且不确定性大，教育支出占家庭总收入比例大，因此最易发生因学致贫现象。

三、因学致贫的影响

古往今来，人们普遍认为教育不仅能够提高人的素质，还能缩小社会发展差距。在我国东西部经济发展不平衡、社会阶层分化、贫富差距逐渐增大、人们拥有的发展资源存在一定差异的情况下，教育能给人提供相对公平的竞争机会和向上流动的通道，低收入群体希望能够改变自己的命运和家庭生活状态。因此，教育在社会阶层流动和社会公平中扮演着“稳定器”的重要角色。然而，近年来出现的“因学致贫”现象，改变了人们一直以来对教育的印象，不管是对个体、家庭、学校还是整个社会都造成了较坏的影响。它不仅加重了农村贫困家庭的生活困境，动摇了教育的基础，断绝了农村家庭通过教育脱贫致富的可能性，而且还可能阻碍社会阶层的合理流动，带来阶层差异的代际传递，加重社会不公平，增大社会风险，滋生社会不安定因素，严重影响社会的稳定。

（一）影响农村大学生的价值观念和心理健康

“因学致贫”现象打击了农村贫困大学生通过学习改变命运的信念，滋生了新的“读书无用论”，致使农村贫困大学生产生自卑、迷茫、困惑甚至绝望。曾有一份对10个省市贫困学生的调查报告显示，70%以上的贫困生不愿意敞开心扉与人交流，贫困生的心理焦虑、人际交往失败、极度自尊与极度自卑并存。① 这势必会影响到他们的工作，在就业竞争中也处于弱势，反

---

① 冉永琴. 高校贫困生心理健康状况与教育对策研究——基于重庆高校贫困大学生的问卷调查数据［J］. 重庆工商大学学报（社会科学版），2018（6）：67－75.

过来又进一步加深了他们的自卑，这样就形成了一种恶性循环，极大地影响了贫困学生的身体和心理健康。

（二）影响贫困家庭的教育投资

“因学致贫”对家庭的影响主要表现在使家庭经济状况变差，生活质量降低，影响家庭的正常消费。长期贫困还可能造成家庭教育投资观念的改变，影响家庭的长远发展。“因学致贫”的出现，使农村贫困家庭面临两难选择。如果对子女继续进行教育投资的话，那么高昂的教育费用会使家庭陷入持续的经济困境。可是，如果不对子女进行教育投资的话，家庭希望通过教育改变命运的机会也就没有了，使家庭的贫困在代际间进行传递，从而陷入“贫困陷阱”。

（三）影响教育公平地位和学校吸引力

在高等教育收费制度改革后，不同收入阶层家庭的教育支出占家庭总收入比例的差距越来越大。2000 年高校学费的最低标准以 4200 元计，按照我国人均收入统计数据，它相当于城镇居民人均年收入 6208 元的 68%，是农村居民人均年收入 2210 元的 190%。《2005 年中国居民生活质量指数研究报告（教育部分）》的调查发现，2004 年 10 月到 2005 年 10 月，在拥有就学阶段孩子的农村家庭中，子女教育花费占家庭收入的比重达到了 32.6%；城市和小城镇家庭中，子女教育花费占家庭收入的比重也分别达到了 25.9% 和 23.3%。北京大学中国教育财政科学研究所发布的《2017 年中国教育财政家庭调查》结果显示，我国学前到高中阶段家庭教育一年的支出近两万亿元！中小学家庭教育平均支出 8143 元，其中农村 3936 元，城镇 1.01 万元。

尤其是近几年来由于城乡教育资源不均衡，不少农民家里盖着新房，但为了孩子教育却不得不“蜗居”在城里的一间间陪读房内，或进城买房，不仅使陪读者无法务工而占用了劳动资源，无形中也构成了新的家庭负担。由此，引发了“读书无用论”的出现，使人们对教育的价值和意义进行了重新思考和定位，有可能使个体和家庭改变原有的教育投资计划，减少投资或者中止投资，导致农村家庭对教育投资的冷淡，从而也就降低了学校的吸引力。

（四）影响正常的社会流动和社会的稳定

在正常情况下，不同社会阶层之间的合理流动可使社会充满生机和活力，并能够有效维持社会的安定和团结，是构建和谐社会的必然条件。教育尤其是高等教育一直都是低收入阶层实现向上流动的主要渠道。然而，不断攀升的教育费用会使许多农村低收入家庭望而却步，使农村贫困家庭的子女接受高等教育的权利受到阻碍，从而使他们通过教育这一途径来摆脱自身及家庭命运的希望破灭。农村贫困家庭子女会因为上不起大学而无法改变家庭的经济和社会地位，致使社会阶层的固化和代际传递，加速了社会资源分配的不均，阻塞了社会阶层利益的正常流动，导致社会贫富差距的进一步扩大，产生“马太效应”，使社会的两极分化更加明显，从而增加了社会的不稳定因素。

第四节 其他因素致贫

一、因农产品价格波动致贫

农业是我国农村居民主要从事的产业，也是其主要收入来源，随着农业产业化的推进，农产品价格逐渐成为农村居民致贫因素之一。农产品市场面临诸多不可测因素，而价格又是一切市场风险的载体。农产品的特性使得价格波动对供给量的影响经常大于需求量的影响，呈现“发散型蛛网模型”的特点。[①] 此时价格和产量的波动逐渐加剧，越来越远离均衡点。然而，农业生产者通常以现有的市场价格作为养殖和种植品种的选择标准，并依据对未来收益的预期做出决定，此种做法往往会陷入“蛛网困境”，使在产量增加的情况下收入反而减少。

图 3 -4 是 2003 ~2018 年中国农产品生产者价格指数变化情况。农产品生产者价格指数是反映一定时期内，农产品生产者出售农产品价格水平变动趋势及幅度的相对数，该指数可以客观反映全国农产品生产价格水平和结构变动情况。该图说明我国农产品价格波动幅度较大，因农产品价格波动致贫的现象确实存在。

---

① 石莉姝. 农产品价格指数保险：化解农产品市场风险的新途径［J］. 中国保险，2014（4）：52 -53.

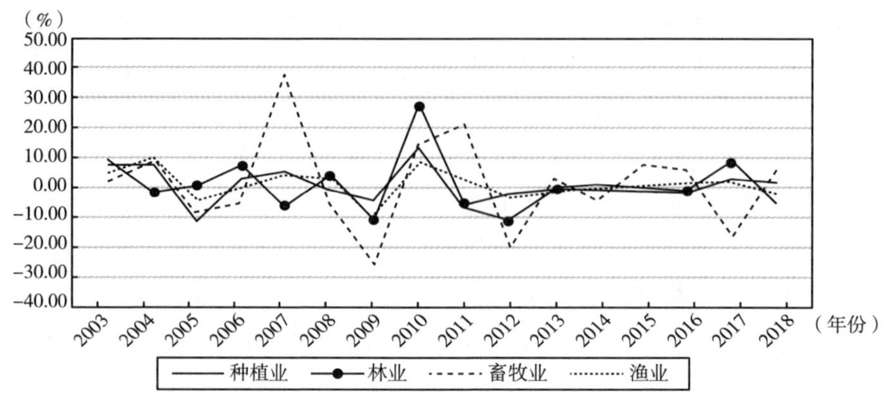

图3-4　2003~2018年农产品生产者价格指数变化

资料来源：根据历年《中国统计年鉴》整理所得。

农产品价格波动致贫主要有以下三个原因。

1. 农产品价格波动影响农民家庭农业生产经营收入

随着时代的发展，专业从事农产品生产经营的农民数量显著减少，但是农村土地规模化、集约化趋势在显著增强，农业龙头企业、农民专业合作社和种养殖业大户在带动个体农户增产增收方面的作用也越来越明显。如果农产品价格能够与经济社会发展都保持较为稳定的增长速度，农产品价格不发生大幅度的畸形波动，农民家庭农业生产经营收入就会有保障。反之，如果农产品价格大幅度畸形波动，个体农户无法抵御市场经济所带来的价格风险，就会成为农产品价格波动的直接受害者，其家庭农业生产经营收入就无法得到保障。为避免农产品价格波动所带来的风险，在很多时候个体农户会紧跟市场行情来组织农业生产。但当面对市场风险时，个体农户只能被动接受，而不能够积极主动应对。所以从某种意义上，农户的家庭农业生产经营收入不完全受农户自身控制，而主要由外在市场力量所决定。

2. 农产品价格波动影响农民家庭在农村从事非农经营收入

从我国的实际情况来看，农民家庭在农村从事非农经营收入，主要是通过从事与农产品“产—供—销”一体化相关工作所获取的。对绝大多数个体农户来说，在农业劳动生产空闲之际，多会选择到离家较近的农业龙头企业和大型种养殖专业户家里从事短期的兼业劳动。如果农产品价格保持稳定，不发生大幅度的畸形波动，农业龙头企业和大型种养殖专业户的收益就会相对稳定。反之，如果农产品价格经常发生大幅度畸形波动，在农产品价格风险面前，无论是农业龙头企业，还是大型种养殖专业户都会比较谨慎，不愿意积极扩大产销规模。甚至在某些情况下，农业龙头企业和大型种养殖专业户还会压缩产销规模和裁减工作岗位。这些情况都会直接影响农户的非农经营收入。

3. 农产品价格波动影响农村集体经济收入

随着家庭联产承包责任制、统分结合的双层经营体制成为我国集体经济组织的基本制度长期稳定下来，农村各种基础性资源逐步分配给个体农户。但我国相当部分乡镇和村社仍然掌握着一定的资源，如未分配的集体耕地、林地、牧场等，这些资源成为农村集体经济收入的重要来源。从我国的实际情况来看，这些资源的属性决定了其最终用途是与农产品生产经营紧密相关的。农产品价格如果能够与经济社会发展保持一致，以耕地、林地、牧场等为生产基础的各级各类经营主体收入就稳定，农村集体经济收入来源就有保障。作为农村集体经济发展的重要受益者，农民收入是与农村集体经济发展直接相关的。当农产品价格基本稳定的时候，未分配的资源能够为农村集体经济创造更高的效益，农民就会得到更高的回报；反之，农民的回报则会受到影响。

二、因住房支出致贫

住房是人最基本的生存条件之一。时代的发展，社会的进步，每一个人都希望住进青砖红瓦房，穷人也不例外。在社会主义农村建设过程中，许多农村人都住进了新楼房，也有人因为建设新楼房而陷入贫困。

图 3 – 5 是中国 2010 ~ 2017 年中国农村居民住房支出情况，显示农村居民住房支出比例呈现上升趋势，但农村居民人均纯收入与房地产平均销售价格相比仍是微不足道。在城镇化的大环境下，农村居民进城买房安家成为趋势，住房支出势必会加剧农村居民的贫困。对于自建住房的村民来说，高昂的房屋造价也会给农户带来沉重的经济压力。

我国在《中国农村扶贫开发纲要（2010 ~ 2020 年）》中明确指出农村困难家庭房屋改造的目标，即到 2015 年农村困难家庭危房改造要完成 800 万户，到 2020 年，贫困地区群众的居住条件能够得到显著改善。为此，2009 年住房城乡建设部制定了《农村危险房屋鉴定技术导则（试行）》，2011 年 6 月财政部、发改委、住房和城乡建设部出台了《中央农村危房改造补助资金管理暂行办法》，从资金申请、分配、使用管理、绩效考评和监督检查等几个方面做出了规范性要求，并在 2016 年 12 月进行了修订。2012 年农村危房

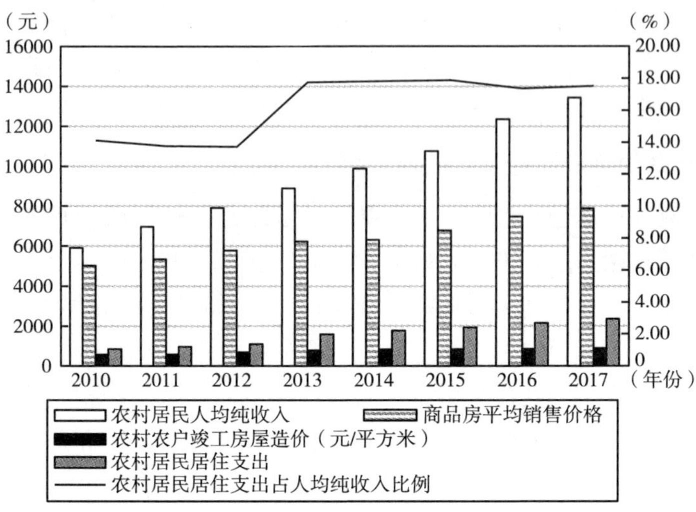

图 3-5 2010~2017 年中国农村居民住房支出情况

资料来源：由历年《中国统计年鉴》整理所得。

改造由试点阶段转为全面推进，当年财政补贴资金 445.7 亿元、改造任务 560 万户；2013 年财政补贴资金 150 亿元、改造任务 300 万户；2014 年财政补贴资金 230 亿元、改造任务 266 万户；2015 年财政补贴资金 365 亿元、改造任务 432 万户；2016 年财政补贴资金 231.85 亿元、改造任务 282 万户；2017 年财政补贴资金 266.5 亿元、改造任务 190 万户；2018 年财政补贴资金 264 亿元、改造任务 189 万户。① 2012~2018 年财政累积补贴资金约 1953 亿元，完成改造任务约 2220 万户，不仅大大改善了农村居民的居住环境，也有力地推动了农村脱贫攻坚。2016~2018 年中央财政补贴农村危房改造任务与资金分配情况如表 3-2 所示。

表 3-2 2016~2018 年中央财政补贴农村危房改造任务与资金分配情况

省份	2016 年度		2017 年度		2018 年度		
	资金（万元）	户数	资金（万元）	户数	资金（万元）	户数	其中：建档立卡户数
合计	2318500	2820000	2664500	1904500	2644400	1894800	1200000
北京	598	900	201	200	无	无	无

① 数据来自历年财政部社会保障司下发的《中央财政农村危房改造补助预算指标的通知》。

续表

省份	2016 年度		2017 年度		2018 年度		
	资金（万元）	户数	资金（万元）	户数	资金（万元）	户数	其中：建档立卡户数
天津	3714	5200	3601	2900	无	无	无
河北	60300	80400	71769	57400	50238	35900	20400
山西	43350	57800	72059	51900	95423	70400	69100
内蒙古	146129	171900	96768	67600	81222	60200	22900
辽宁	15521	21600	36736	30500	40138	30200	23400
吉林	52496	64700	38891	27800	51703	40100	24400
黑龙江	81500	95800	98356	68900	68849	49200	9400
上海	570	800	504	400	无	无	无
江苏	11517	15000	19211	15200	13448	9700	0
浙江	15107	20000	4250	3400	无	无	无
安徽	83487	105000	86167	59800	119944	90600	88000
福建	15640	22100	11431	9400	8462	6700	3100
江西	109992	127800	104835	80200	73385	52500	6600
山东	24625	31300	17919	12700	12543	9000	4700
河南	87170	110400	74430	52100	80119	60500	41500
湖北	96876	124000	92699	80100	173837	130600	130100
湖南	197018	246600	176366	129700	251321	190600	128600
广东	35684	46500	31374	21800	21962	15700	0
广西	131568	144200	112910	71400	168382	120400	106800
海南	23193	26100	14003	9100	10010	7100	2900
重庆	53139	70600	32421	27700	38505	30200	6000
四川	205573	261300	293301	242300	300267	221600	90100
贵州	222361	261700	154130	119300	117666	77100	22400
云南	345255	400800	493531	323400	366624	246800	187900
西藏	16585	20100	5542	3800	22170	16700	9900
陕西	81000	108000	57038	43100	112754	80300	72600
甘肃	97609	110000	75090	49500	55417	37600	13200
青海	34397	39400	43870	27100	30709	22000	17700
宁夏	26526	30000	18013	11900	15155	9900	3500
新疆	无	无	327084	203900	264147	173200	94800

资料来源：根据财政部网站公布的数据整理所得。

我国推行的农村危旧土坯房改造政策，针对不同的农村家庭建立了不同的补助标准，以 2018 年为例：五保户一级危房，户均补助 2 万元；五保户二级危房，户均补助 0. 5 万元；五保户三级危房，户均补助 0. 3 万元；低保户一级危房，户均补助 2 万元；困难户一级危房，户均补助 1 万元；一般户一级危房，户均补助 0. 5 万元；低保户、困难户、一般户二级危房，户均补助 0. 3 万元；低保户、困难户、一般户三级危房，户均补助 0. 2 万元。该项政策的推行让村民们争相踊跃地拆除土坯房盖起新楼房，而在此之前，一个村庄只能看到两三栋红砖房。但与此同时，部分农民因建设新房屋而返贫。据悉，建一栋 90 平方米两层半的红砖毛坯房要花费 12 万元左右，除去政府的补助，以及两年内免息的 3 万元贷款，村民在不装修的情况下就要花去 7 万元左右。对于农民来说，这笔巨大的消费支出是难以承受之重。如果不盖楼房，土坯房不知何时会倒塌，政府如此惠民的政策过了此时不知何时才会再次降临该村庄。面对这种两难的境地，村民们即使明知房屋造价昂贵也宁愿借钱盖起楼房，并不因陷入贫困而放弃建起楼房的好机会。贫困并不能让村民畏惧，村民们担心的是居无其所的生活。

穷人经济学的提出者舒尔茨在农业发展的基础上，引出了“如果你懂得了人的经济学，那么你就会懂得经济学当中许多重要的原理”。住房是农民的容身之处，是日常生活必备的基础设施。住房问题是农村经济生活的一个重要组成部分。住房对于农民来说，有着非同寻常的意义。简陋的居住环境只会加重贫困农户的负担，对于住房的投资农户们是势在必行，这必定会让贫困的程度再度加重。然而，即便如此，农村人口也往往会将有限的资本投入到住房的建设中去，因住房陷贫、返贫的现象是屡见不鲜。穷人经济学关注穷人的生存及发展，改善穷人的生活要关注其人权的改善。对于人权的定义，《世界人权宣言》指出，人人有权享受为维持他本人和家属的健康和福利所需的生活水准，包括食物、衣着、住房、医疗和必要的社会服务；在遭到失业、疾病、残疾、守寡、衰老或在其他不能控制的情况下丧失谋生能力时，有权享受保障。我国是一个不断发展中的大国，关注我国人权的发展，把我国国民的生存权、发展权放在首位，旨在促进国家与公民的和谐发展。因此，在目前国家贫困人口的温饱问题得以基本解决的情况下，改善贫困农户的居住权是目前扶贫开发事业须考虑的新内容。

三、因婚致贫

彩礼在中国一直存在，随着时代变化彩礼的数额和内容逐步发生变化。目前货币化的显性彩礼只是整个彩礼的一部分，以婚房为代表的隐性彩礼花费金额巨大，成为农村父母为儿子娶媳妇必需的刚性需求。传统的显性彩礼和以婚房为代表的隐性彩礼，正逐渐成为女方家庭向男方家庭索要巨额财富或男方家庭代际财富转移的一种途径。

1949 年中华人民共和国成立后，政府虽然发起了不同方式的教育和政治运动以反对彩礼这种封建习俗，但彩礼不仅一直存在，而且还在形式上发生了很多变化。在过去的几十年间，尤其是 20 世纪 80 年代改革开放以后，中国农村地区彩礼增长很快，已经成为农村家庭很大的经济负担。

中国农村地区彩礼具有明显的时代特征，随着时间的推移而急剧增加。中国北方某村的调查显示，20 世纪 50 年代到 90 年代末期的近 50 年内其彩礼提高了 140 倍；在中国西北部甘肃省的赵村，彩礼在 1970 ~ 2000 年的 30 年的时间里上涨了 70 倍。进入 21 世纪以来，彩礼上涨趋势更加明显，农村地区彩礼金额增加了数十倍甚至百倍。除了现金的彩礼，“有新房”是娶媳妇的基本条件，尤其是超过一般标准的新房成为儿子“吸引”媳妇的重要手段。有调查显示超过七成的女性认为男性必须有房子才能结婚。而近几年以来在全国若干个省份的调查发现，农村的新房已经不能满足要求，女方要求男方家庭在镇上或者县城购买一套房子，还需要有家用轿车，大大增加了男方家庭的花费①。尤其越是贫困地区，适龄男青年成婚的成本越高，一些农村生活水平越低，彩礼负担越重，婚嫁矛盾也越突出。中西部一位农村书记说，当地彩礼价位与家庭收入紧密挂钩：一等属条件较好者，彩礼为 20 万元以上，家里有房有车；二等属于一般，彩礼为 10 万元上下，这种情况居多；三等是花费五六万元去越南、云南等地买媳妇；四等是家庭财力不够，结不起婚。2017 年《经济参考报》记者在中西部某县农村采访时听到的一句顺口溜：“偏远农村多穷汉，讨个媳妇真困难，如今彩礼十几万，其他花费还不算，倾家荡产全抖完，拉下饥荒谁来还?”越来越重的婚嫁负担，除了致贫返

① 韦艳等. 代内剥削与代际剥削——基于九省百村调查的中国农村彩礼研究［J］. 人口与经济，2017（5）：57.

贫，还衍生不少社会问题。全国各地区彩礼状况如表 3 - 3 所示。

表 3 - 3　　全国各地区彩礼状况

省份	2013 年	2017 年	2018 年
北京	10001 元 +	20 万元 + 房	30 万元 + 房 + 车
上海	10 万元 + 房	20 万元 + 房	20 万元 + 房 + 车
广东	1 万元 + 3 金	10 万元 + 3 金	20 万元 + 房 + 车
广西	28888 元 +	5 万元 + 房	15 万元 + 房
江苏	2 万元	2 万元 +	23 万元 + 房，首饰另算
黑龙江	7 万 ~ 8 万元 + 房	10 万元	15 万元 +
吉林	7 万 ~ 8 万元 + 房	11 万元	10 万元 + 首付
辽宁	7 万 ~ 8 万元 + 房	6 万元 + 3 金	21 万元左右 + 车
山东	13 万元	4 万 ~ 15 万元	5 万 ~ 20 万元 + 首付
浙江	10 万 ~ 15 万元	10 万元 +	15 万元 + 房 + 车
福建	3.3 万元	3 万 ~ 20 万元	8 万元 + 房 + 车
安徽	1.6 万元	10 万元 +	3 万 ~ 15 万元 + 房
河南	6 万元	6 万元 +	3 万 ~ 20 万元 + 房
河北	1 万元 + 3 金	5 万 ~ 15 万元	5 万 ~ 30 万元 + 车 + 首饰
湖南	5 万元 + 车	3 万 ~ 10 万元	3 万 ~ 25 万元 + 房
湖北	8 万元	5 万 ~ 10 万元	1 万 ~ 30 万元 + 房
江西	3 万元 +	15 万 ~ 20 万元	3 万 ~ 20 万元 + 首付，首饰
西藏	8 万元 +	牛羊也可	无法计算
新疆	1 万元 + 3 金	20 万元 + 房 + 首饰	3 万 ~ 20 万元 + 房
内蒙古	1 万元 + 牛羊若干	5 万 ~ 20 万元	3 万 ~ 21 万元 + 房 + 车
甘肃	3 万 ~ 5 万元	5 万 ~ 20 万元	1 万 ~ 15 万元 + 房 + 车
青海	3 万元 + 房	3 万元 + 房	3 万 ~ 20 万元 + 房
山西	58888 元 +	6 万 ~ 20 万元	3 万 ~ 30 万元 + 房 + 3 金
陕西	3 万元 +	3 万 ~ 15 万元	3 万 ~ 25 万元 + 首付 + 首饰
宁夏	1 万 ~ 2 万元现金	5 万 ~ 8 万元	1 万 ~ 30 万元 + 房
重庆	0 彩礼	5 万 ~ 18 万元	5 万 ~ 15 万元 + 首付
天津	6 万元 + 房	20 万元 + 房	3 万 ~ 30 万元 + 房 + 车

资料来源：中研网，http：//www.chinairn.com。

导致彩礼上涨的因素很多，除了经济发展和物价上涨因素以外，从宏观方面看有人口和社会因素，即性别失衡和女性的婚姻迁移使局部地区出现女性短缺。从中观层面社区角度来看，农村村落里的面子文化和父母义务是重要传统文化因素。农民通过婚姻消费得到大家的认同和表现出某种优越感，这种主观上的攀比心理导致彩礼上升。农村父母只有为儿子操办完婚姻大事才算尽到自己的责任和义务，完成了自己的代际伦理责任。因此，农村父母会尽量满足儿子的需要，包括提供高额彩礼，这些因素导致了彩礼的大幅上升。而且村落的地理位置和区域特征也对彩礼产生影响，那些处于偏僻落后农村地区的男性通常要支付更多的彩礼。从个体层面来看，在婚姻市场上资源贫乏的男性，比如受教育程度低或是家庭条件不好，他们往往会支付更高的彩礼。若女方具有比较高的学历，女性的教育水平大大提高了在婚姻市场上的“要价能力”，则女方家庭在索取彩礼时会相当自信。父母为了降低儿子在婚姻市场成为光棍的风险，在订婚过程中都愿意答应女方家庭提出的高额彩礼要求。

在很多农村，婚嫁成本过高让农民背上了沉重负担，多数家庭需要举债，“因婚致贫”现象较为普遍。山东省临沂市文明办一干部在调研时发现，在临沂一些农村，一场婚事办下来，买房、买车、送彩礼、摆宴席，得花 20 万元左右。按照当地 2016 年农民人均纯收入计算，相当于一个四口之家四五年的收入，很多家庭因此背上沉重债务，甚至“因婚致贫”。更值得注意的是，农村高价结婚彩礼以及婚丧的大操大办，不仅会让家庭“因婚致贫”，还会引发严重社会问题。山东大学哲学与社会发展学院社会学系教授王忠武认为：“大量存在的农村离婚纠纷、民间借贷纠纷问题源头多为高价彩礼、大操大办，被婚礼严重透支的家庭经济也会让父母在年迈体衰的境况下病无可医、老无所养。”另外，高额彩礼也是骗婚和拐卖妇女的诱因之一，在巨大利益的诱惑下，难免有人铤而走险。很多因支付不起高额彩礼而“被光棍”的大龄男青年，在生理和心理的双重作用下，渐渐成为社会治安的一大隐患。

四、因心理贫困致贫

心理贫困不仅是物质贫困的结果，更是现代农村经济贫困长期存在的重要原因。社会心理学家指出，人的思想意识、文化观念、知识技能和行为习惯如果与环境的变化及发展水平保持一致，人们在身心和行为上就能表现出积极、稳定与和谐的状态，反之，则会引发人们迷茫、困惑以及紊乱的心理变化，进而会导致行为上的障碍，逐渐成为一个社会问题，影响着社会的发展与进步。我国学者认为经济贫困会引起人们精神迷茫和心理困惑，会负面影响人们的生理与心理健康。农村贫困人口过度的保守心理、依赖心理、焦虑心理和自卑心理等负面心理状态是心理贫困的表现。家庭经济的贫困与现实世界的富裕状态在农村贫困人口的心理上产生了碰撞，长期处于贫困状态的他们往往处于封闭的精神状态，一旦受到外面世界的影响与冲击，由于自身的能力无法紧跟时代进步，传统的束缚在他们身上的烙印太深，以致不能与社会环境的发展与变化保持一致。富裕的生活让他们望尘莫及，但是却又如此渴望，以至于物质上的贫乏与精神上的期望，在他们心中产生了巨大的矛盾。长期的心理压抑和不适不言自明。对于生活在物质相对贫乏的农村贫困人口来说，根深蒂固的传统思想观念与生活方式难以适应新生的市场经济。在社会贫富差距越来越大时，面对社会的冷漠与歧视穷人等现象，在农村贫困人口的心里留下了阴影，虽心存不满却申诉无门，长此以往就形成了社会逆反的心理，这种不健康的心理会影响到农民的经济与社会行为，阻碍着农村经济的发展，给社会的稳定增加了不安的因素。诸多学者针对我国不同地区的农民心理健康状况进行了多项调查，调查结果显示，家庭收入的高低对农民心理健康水平有着显著的影响。

其中，心理健康水平偏低的往往是表现在农村的低收入家庭中。因此，物质贫困在一定程度上进一步引发了农村贫困人口的自卑心理与宿命心理，心理贫困反过来作用于物质贫困，影响着农民走向富裕的农村生活。对于农村贫困人口而言，村庄的经济发展水平落后、交通不便、信息闭塞等问题影响着他们获取各种必要的信息、拓宽视野以及享受公平服务的机会，加之农产品价格剪刀差，城乡差距的扩大，教育、文化等基础设施的缺乏，这些都影响着贫困农户走向富裕的生活。物质的贫乏、封闭的思想观念、文化生活的缺乏，影响着农村贫困农户对于社会环境的应对能力，因此引发了农村贫困人口自卑、低落等心理贫困状况。不仅物质的贫乏引发了心理贫困，同时社会排斥也会加剧心理贫困的形成。社会排斥指的是一种不利状况，是一种不受个人控制的动态过程。关注社会排斥的受动者与施动者，有利于近距离关注农村贫困人口致贫的成因。在城乡二元公共服务结构中，大多数的农民在社会保障和福利制度中被排斥，遇到困难得不到应有的救助，农民在维护与增进自身利益时不能通过有效的利益诉求和表达机制来进行。

因此，面对社会排斥，贫困人口对于土地的选择始终是难以改变的，对于农业的增长依然是报以期望的。“穷人经济学”的提出者舒尔茨指出，农业是经济增长的原动力，农民是经济增长的主力军。他认为要重视农村，重视农业，重视农民，给予农民足够的投资机会和有效的鼓励，才能把穷人变成富人。我国农村贫困人口致贫的因素不仅是经济、自然条件等决定性因素，还有政策制度、人才投入等综合性因素。我国大量的研究结果表明，农村发展依然是一大难题，农村贫困人口的状况在国家推行农业惠民政策以来没有得到很好地改善，主要是因为近年来因城镇化发展逐步形成的二元化结构，导致城乡差距急剧扩大，农村人口尤其是农村贫困人口的利益受到损害，加剧了农村的社会排斥。在社会排斥的作用下，农村是贫困的集中和高发地区，破坏了贫困农民的社会支持网络，严重缺乏乃至丧失各种机会与资本，陷入了孤立无援的处境，农村贫困人口的社区认同和社会归属感急剧下降。农村贫困人口长期在经济、心理、政治上处于不利地位，陷入贫困的周期会变得更长。农村贫困人口渴望在国家的发展中改变自身的命运，然而社会排斥加剧了他们的无助与无力感。他们在贫困的生活中苦于无从申诉，活在自己的封闭世界中。在农村中，农村贫困人口由于缺乏公共空间中的交流与支持，使社区认同感与归属感下降，心理压力无法得以抒发缓解，抑郁、自杀等现象是时有发生。贫困的心理会导致严重的心理障碍，极易出现偏执、抑郁以及狂躁等不良心理状况，甚至出现自残或者自杀的现象。

对于生活贫困的农民来说，物质的贫乏与精神的渴望让他们存在着不同程度的心理障碍。费立鹏、李献云与张艳萍发表于英国著名医学杂志《柳叶刀》上的论文《中国的自杀率：1995～1999年》指出，在中国自杀死亡占全部死亡人数的3.6%，并且是第5位最重要的死亡原因。在15～34岁人群中，自杀是第一位死因，占相应人群死亡总数的19%。女性自杀率比男性高25%，这主要是因为农村年轻女性的自杀率高。农村自杀率是城市的3倍，不同性别、不同年龄组以及不同年份同样存在这一差异。香港大学叶兆辉发表的题为《中国自杀率报告：2002～2011》的论文中指出，2002～2011年，中国的年平均自杀率下降到了每10万人9.8例，降幅达到58%。其中最大的转变在于35岁以下的农村女性，自杀率减少了90%。但这并不是中国自杀率变化的全貌，报告同时指出老年人口在中国人口中增长最快，每10万65～69岁的城市老年人中有9.9人自杀，每10万70～74岁的农村老年人中有41.7人自杀，是世界平均水平的4～5倍。老人自杀率在过去10年的头5年总体下降，城市比乡村下降更快，但是这个比率从2008年开始保持不变甚至回升。2009年的世界卫生组织报告中也指出中国自杀死亡者中80%是来自农村。

贫困农民的自卑、自闭等心理贫困，严重地影响了农民个体的身心健康，逐渐处于一个焦虑、自卑的环境中。农民这种心理贫困不仅影响自身，还影响着下一代。一个人的成长，家庭环境起着至关重要的作用。心理贫困的产生不利于农村子女的健康成长。如果贫困家庭存在着心理贫困，孩子在家长心理贫困的负面影响下，会逐渐形成保守与依赖的心理，从而形成封闭与胆怯的人格，孩子健康的社会交往无法跟普通人一样正常开展，从而形成新一代的心理贫困。不仅贫困农户的下一代会出现心理贫困，同时普通农户的下一代也同样存在着心理贫困。随着我国城镇化的推进，生活在农村的孩子有的随着父母外出生活，有的成为村中的留守儿童。随着外出务工的父母开始在城市中生活的孩子，由于家庭的背景以及教育水平背景的差异难以适应城市的生活，教育及社会交往存在着障碍，影响着孩子的健康心理成长；被留在农村的留守儿童，由于缺乏父母的亲情及教育，成长在一个孤独的环境中，这对于尚未形成稳定人格的儿童容易养成孤僻的性格，极易发生心理问题。面对农村出现的心理贫困，我们亟须予以关注。农村贫困人口的心理贫困会影响他们行为动机及偏好，无论是孩子的抚养模式上，还是劳动力的投入偏好上。心理贫困会进一步影响我国农村劳动力的流动，对于非农就业的促进也就成了一大难题，农民的收入来源依然有限，贫困的状况没有得以缓解，陷入了一个贫困的恶性循环中，在很大程度上，会影响下一代的成长。

因此，关注农民的心理健康状况，有助于研究我国农村贫困人口致贫的成因，开展我国的农村扶贫开发事业。但是，我国农村的心理健康服务体系没有得以完善的建立，因此要加快完善农村的心理健康服务体系，以此培养农村贫困人口的健康心理。

五、因发展资金缺乏致贫

在贫困地区的经济发展过程中，资金问题始终是主要制约因素。贫困地区在发展过程中缺人才、缺项目、缺技术，无不与资金供给短缺有很大关系。因此，解决好贫困地区经济发展与资金短缺的矛盾，对促进贫困地区脱贫致富具有重要的理论与实际意义。

图3-6是中国2010~2018年中国农村居民与城镇居民收入情况，图3-7

是2005～2017年中国城镇和农村固定资产投资与储蓄情况。数据显示，农村居民人均纯收入占城镇居民人均可支配收入比例不断提高，即相对差距不断缩小，但绝对差距不断增大。此外，农户储蓄大约仅占城镇储蓄的30%，而农村固定资产投资占城镇固定资产投资比例逐年减小，甚至不足5%。这些都说明农村地区投资严重不足，发展资金缺乏制约了农村的发展，甚至加剧了贫困的发生。

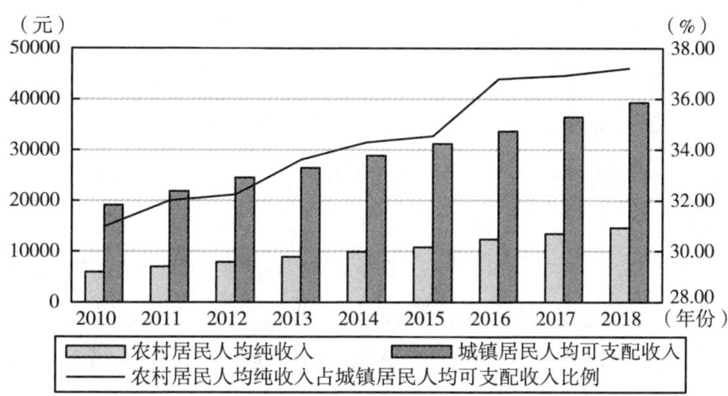

图3－6　2010～2018年中国农村居民与城镇居民收入情况

资料来源：由历年《中国统计年鉴》整理所得。

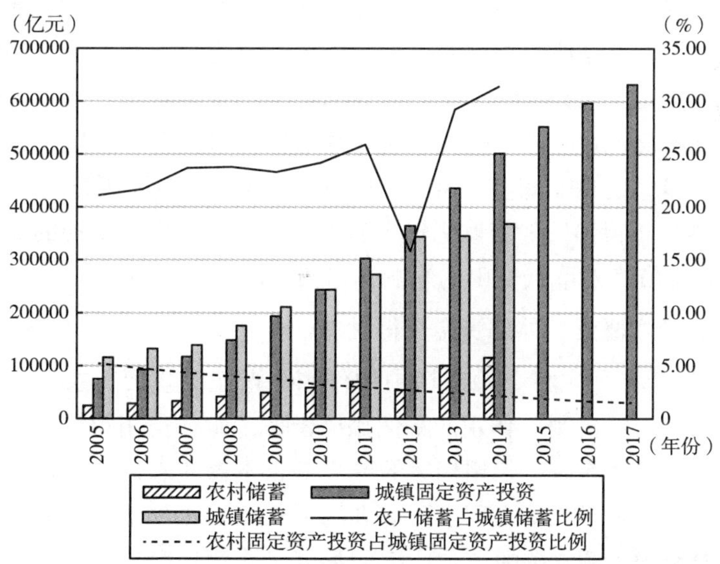

图3－7　2005～2017年中国城镇和农村固定资产投资与储蓄情况

资料来源：由历年《中国统计年鉴》《中国金融年鉴》整理所得。

贫困地区缺乏发展资金主要有以下原因。

1. 经济发展不平衡，资金分配“马太效应”明显

随着经济的快速发展，我国经济增长上的二元结构有所显现，各地区经济和社会发展严重不平衡。而且，在市场经济体制条件下，由于市场机制的某些缺陷与不足，使得富者更富、穷者更穷的“马太效应”愈发明显。随着区域间的不平衡加剧，金融资源的分配也似乎随之发生变化，首先表现在东西部地区的差异，其次是城乡之间的差异。如，商业性金融利益最大化目标使资金不断流向效益高的地区，这是“马太效应”更趋明显的重要原因。

2. 农业产业基础薄弱，金融扶贫缺少产业支撑点

在关注经济增长对降低贫困程度的同时，人们最关注的是经济增长的整体效应，而忽视了中国经济增长结构特征尤其是产业结构对降低贫困的作用。因此，注重以农业产业增长带动减贫是新时期扶贫工作的有效选择。中国改革开放40年来，产业结构的变化表现为工业化要求更高的技术精英和更专业的知识人才，这对于缺乏人力资本的贫困群体无形中形成了较大的排斥作用，贫困群体在这种趋势下可能会进一步被边缘化。

3. 物质资本存量不足，对金融扶贫的制约明显

从贫困群体的生产发展来看，大部分贫困家庭追求的不是利润最大化而是温饱无忧，这也是他们无奈的选择。由于缺乏充足的物质资本和商业经营头脑，再加上几代人务农的现实，主要以自有的少量耕地小规模经营，除了应付生活支出及子女成长、教育和婚嫁的必需，贫困群体家庭实现现金富余的途径并不多。这也是很多贫困人口选择外出务工的原因之一。从对全国1400个样本分析得出，随着家庭资产的增长，其获得贷款支持的比例成倍增加，说明家庭资产对降低贫困的影响作用很大。

4. 社会资本匮乏，外部资金可得性差

“信任机制”在农村金融市场中的作用可谓至关重要，农村信贷发放行为中，利用“信任机制”作用的案例比比皆是，如“信用镇、信用村及信用户”的建立，信用系统、信用档案的建立等，不仅使农户个人增强了信用观念，而且使农户对于“信誉程度”等非物质性收益更加重视。从实际情况来看，信用村镇的小额贷款的还款比率明显高于周边地区或其他地区，充分说明了社会资本与信用机制的关系。所以，无论是政府部门、金融机构还是贫困个体都应当重视社会资本的培育和运用，以提高金融扶贫的效果。

5. 政策性扶贫资金条块分割，金融介入较困难

在现有的扶贫开发和财政扶贫资金管理模式下，没有完全形成对金融信贷资金投向贫困群体、贫困地区的引导之势。如，水利、交通、扶贫、农业综合开发等各涉农部门的资金，都是定点、定项目下拨扶贫资金，一般不允许资金转移地点、更换项目，客观上导致了资金的条块分割和分散使用，资金整合和可操作性难度较大，造成了专项扶贫资金不够用，信贷资金富裕不敢投，融资优势难以发挥的局面[①]。

① 中国人民银行郑州中心支行课题组. 农村致贫机理与金融扶贫政策研究——基于河南省集中连片特困地区和54个贫困县的调查［J］. 金融理论与调查，2014（3）：67-68.

第四章　保险参与农村扶贫的理论逻辑与路径

第一节　保险扶贫的理论逻辑

一、保险发展助力经济增长

自从1964年联合国贸易和发展会议（UNCTAD）首次提出"一个健全的保险市场和再保险市场是一国经济增长的必要条件"之后，有关保险业与经济增长的关系问题就成为保险研究领域的重要课题。保险学界研究结论表示，经济增长会导致保险需求增加，促进保险业发展。同时保险业对经济增长也有着促进作用。

保险业是金融体系的组成部分，金融体系对经济增长的作用有以下五个方面：第一，降低信息获取、评估和处理的成本，提高资本的配置效率；第二，更好地监督企业，促进公司治理结构完善；第三，降低资源配置和经济增长中的风险；第四，促进资金聚集，提高社会储蓄水平；第五，促进专业分工和技术创新，推动商品和服务交易。保险业对经济增长的影响主要集中于三个方面：一是提供风险保障；二是扮演金融中介；三是促进风险管理。

（一）保险业对经济增长的风险保障作用

对于投保的个人、家庭和企业等微观经济主体而言，购买保险的作用不只是获得保险补偿或给付，更重要的是，通过将不确定性损失转移给保险公司，这些风险厌恶者可以更加安心地开展各项经济活动，而不会因为过于担忧风险而改变甚至放弃经济活动，因此，在全社会范围内，保险可以通过改变经济主体的风险保障状况，影响微观经济主体的各类经济活动，最终对整个宏观经济的发展产生影响。这种正外部性的作用超出了保险补偿或给付本身的意义，是保险业独特价值的体现。

保险业的风险保障作用能够在如下方面促进经济活动的开展：第一，保险能够促进企业的生产和投资活动。在企业遭遇意外和灾害而产生损失时，保险公司的补偿能够起到“雪中送炭”的作用，帮助企业恢复生产和稳定人心。保险的这种损失融资作用不同于银行的信贷融资，二者的目的和运行机制都不相同。不仅如此，一些收入损失保险和利润损失保险产品甚至可以帮助企业在发生损失后获得正常情形下的收入和利润水平。第二，保险能够促进个人和家庭的消费活动。自然灾害和意外事故的发生可能会使个人和家庭的消费出现明显波动。然而，在购买保险之后，消费者可以在较长的时期规划自己的消费开支。也就是说，保险作为一种理财手段，有助于保障个人和家庭的消费活动，使其不会因为突发性损失而出现明显下降。第三，保险能够促进商业贸易活动的开展。国际贸易的经营环节较多，遭遇自然灾害和意外事故的概率较高，通过购买保险来分散损失十分必要。从历史上看，早期的海上保险就是为了分散海上贸易的损失而产生和发展起来的。如今，随着经济全球化时代的到来，各国的国际贸易和国内贸易日益发展，各种运输工具保险和货物运输保险的重要性更加突出。第四，保险能够促进技术进步。科学探索和技术研发活动的风险成本较高，企业往往难以承担相应的损失。然而，保险公司通过合理收取保费，承保一些特定的风险，可以降低这一成本。比如航天保险、核电保险、海洋石油开发保险都有助于转移企业的相关风险，推动高科技活动的开展。另外，有了产品责任保险，一些企业（比如医药企业）就更有动力去研发和销售新型产品。

（二）保险业对经济增长的金融中介作用

对于保险公司（特别是寿险公司）而言，除了为经济发展提供风险保障之外，它同时还扮演着机构投资者的角色，发挥着金融中介的作用。保险公司作为金融中介的具体作用主要体现在以下方面：第一，保险公司可以为社会提供长期资本。保险公司之所以能够成为机构投资者，是因为保险公司从投保人那里收取的巨额保费不会立即用于赔付，因此需要将其投入到金融资产上，这一方面可以获得较高的投资收益，另一方面也可以实现资产的流动性。相对于银行来说，保险公司能够成为长期资金的提供者。第二，保险公司可以直接提升资本配置效率。保险公司作为机构投资者可以进行多样化投资组合以降低投资风险，这一优势有助于其从市场上获得更多的资金用于高风险、高收益的项目，不仅如此，保险公司不仅可以为资金需求者提供资本，而且还能够对资金的使用进行很好的监督，减少资源的浪费。保险公司能够汇集社会资金进行投资，这种集合性投资方式比经济主体的分散投资方式更有效率。为了获得市场份额，保险公司特别是寿险公司往往会提供具有竞争力的产品，以赢得客户和保费，这能促进保险公司与银行等金融机构之间的竞争，产生“储蓄替代效应”，进而提高整个市场的融资效率。第三，保险公司可以辅助其他金融部门进行资源配置。保险公司推出的普通财产保险以及一些信贷保险（比如汽车贷款保险、房屋贷款保险）均能够起到增强投保人信用、降低贷款成本的作用。这会促进银行信贷的扩张，进而促进金融资源的配置。第四，保险公司可以稳定资本市场。由于保险公司的资金具有负债性和长期性的特点，这要求保险公司强调投资的稳健性和长期性，这一特质有助于促进资本市场的长期稳定发展。相比于银行，保险公司的负债存在着更大的不确定性，因此，为了保证其对被保险人的支付能力，保险公司的投资往往更谨慎。

（三）保险业对经济增长的风险管理作用

保险业的发展还有助于促进全社会防灾防损，降低社会物质资本损失。保险公司在长期的实践中积累了丰富的风险管理知识，对风险发生的规律有深刻的把握。保险公司在经营的过程中通常会设定具体的承保标准，如果某投保人的风险较高，保险公司可以通过提高保险费率来增加投保人的投保成本，甚至可以拒保。如果投保人的风险较低，保险公司可以适当降低保险费率减少投保人的投保成本。这种费率调节机制能够帮助投保人降低风险。不仅如此，在保险公司承担投保人的风险之后，为了降低实际损失的发生概率和规模，提高自身经营的绩效，保险公司往往会利用自己的知识、经验和技能，采取积极的措施去预防和减少风险损失的发生，这种做法的初衷虽然是为了公司自身的利益，但是在客观上起到了降低社会风险的作用。

贫困一直是社会和国家面临的重要问题之一，消除贫困、实现共同富裕是社会主义制度的本质要求。改革开放以来，扶贫事业在我国取得了巨大成就，农村的贫困人口不断减少，收入水平也得到了提高，贫困地区的基础设施不断完善，最低生活保障制度建立和完善，基本解决了农村居民的温饱问题，但是由于农村贫困人口较多，解决难度大，返贫现象时有发生。贫困地区集中、经济发展滞后，直接制约着农村经济的发展，保险业在此方面具有明显优势，可以起到快速发展经济，解决贫困、返贫的作用。

二、保险保障实现财富再分配

保险保障是保险的基本功能，体现为财产保险的补偿功能和人身保险的给付功能，是保险的本质。保险的保障功能作为一种市场化的风险转移机制、社会互助机制和社会管理机制，在构建社会主义和谐社会进程中将发挥越来越重要的作用。因此，充分发挥保险保障功能的意义体现在以下三个方面。

（一）增强社会抵御风险能力

保险的保障功能是基于其分散风险的特征，将个体所承受的风险转移给所有投保人共同承担。因此，个体的直接经济损失会在第一时间得到补偿，生产经营不会受到太大的影响。这有利于提高个体的抗风险能力，也有利于提高社会总体的抵御风险能力。此外，发挥保险的保障功能还可以促进社会经济平稳运行。社会再生产过程由生产、分配、交换和消费四个环节组成，社会总产品的物质流动系统和价值流动系统在这四个环节中运动，这种连续性和均衡性会因为各种灾害和随机事故而中断与失衡，这在现实经济运行过程中是不可避免的。而保险的经济补偿能及时并迅速地对这种中断和失衡发挥修补作用，从而保证社会再生产的连续性和稳定性，进而保证社会经济平稳运行。

（二）优化和稳定金融市场结构

保险作为金融业的三大行业之一，和银行、证券行业紧密联系，对金融市场结构有着重要影响。从发达国家的经验来看，整个金融体系中，银行、保险公司及养老基金、基金管理公司在资产规模方面占据一个相对合理的比重，比如，美国、英国、日本、法国四国保险公司和商业养老金公司的资产分别占金融业总资产的约 40%、38%、28% 和 18%。① 而我国长期以来 90%

---

① 张宗军. 中国保险公司市场退出机制研究［M］. 成都：西南财经大学出版社，2015：51.

以上的金融资产集中于银行，2018 年银行业金融机构总资产 261.4 万亿元、保险行业总资产为 18 万亿元、证券行业总资产约为 7 万亿元，金融业三大板块的资产规模严重失衡，需要进一步优化。[①] 并且，目前我国保险公司的大部分保费收入都投资在债券、基金和股票等金融产品上，这使保险、银行和证券三者成为相互联系的有机统一体。因此，保险业的发展关系到我国金融市场的结构优化和稳定。

（三）完善社会保障体系

建立和完善社会保障体系是我国经济社会健康持续发展的保障和内在要求，也是构建社会主义和谐社会的基本保障。保险的保障功能主要体现在商业保险和社会保险两个方面，因此，发挥保险的保障功能不仅需要发挥商业保险的作用，还需要发挥社会保险的保障功能。在市场经济制度下，商业保险已经成为我国保险的主体，社会保险是商业保险的有力补充。在大力发展商业保险的基础上完善社会保险，有利于提高我国社会保险水平和完善社会保障体系，进而提升全社会的经济保障水平，提高经济的抗风险能力。

保险是在特定风险损害发生时，在保险的有效期和保险合同约定的责任范围以及保险金额内，按其实际损失数额给予赔付。这种赔付原则使得已经存在的社会财富因灾害事故所致的实际损失在价值上得到补偿，在使用价值上得以恢复，从而使社会再生产过程得以连续进行。保险的补偿职能，只是对社会已有的财富进行再分配，而不能增加社会财富。因为从社会角度而言，个别遭受风险损害的被保险人之所得，正是没有遭受损害的多数被保险人之所失，它是由全体投保人给予的补偿。这种补偿既包括财产损失的补偿，又包括责任损害的赔偿。因此，保险业本质上就是一种市场化的财富再分配。

三、保险风险管理促进社会稳定

保险是现代社会处理风险的核心手段。保险机制的根本属性就是利用大数定律和对风险发生规律的探寻，借助“集体大众的力量”来解决“个体小众的风险转移需求”，并借此降低风险发生对社会经济的影响和破坏。在大保险的新时代，保险机制的根本属性依旧是风险管理与经济补偿。风险管理

---

① 根据中国人民银行网站统计数据计算所得，http：//www.pbc.gov.cn/。

机制是保险发挥作用最重要、最根本的机制，保险于风险管理而言也是最有效的措施之一。在风险管理的过程中，通过收取保费，将风险单位尽量整合在一起，并以概率论和统计学的知识进行预测，使风险单位从总体上具有相对损失确定性的效果，实现保险的风险管理机制，与此同时提高风险事故的应对能力，因地制宜地建立起保险服务体系，保障民生和改善民生，优化保险经济补偿机制。

保险的基本职能之一是经济补偿职能，是指投保人因保险事故所造成的财产损失等由保险公司以货币的形式给予经济补偿。保险公司按照厘定费率收取投保人保费，并将保费收入补偿给因偶发事故造成财产损失或人身伤害的单位或个人，将单位或个人的损失均摊给所有投保人，起到了风险转移和经济补偿的功能。从微观经济层面来讲，保险的经济补偿和风险转移功能可以为投保单位或个人转移分散风险，当遭受损失的时候为其提供经济补偿，保障投保单位或个人在遭受特殊状况的时候能够将损失降到最低，从而能够继续进行生产生活等活动。例如企业财产保险，保险公司的经济补偿功能能够使企业及时购买受损的生产资料，保障其能够进行正常的生产活动，同时维护了经济正常运行。人身保险的经济补偿功能在患病、伤残、生育等方面为被保险人提供经济补偿，从而保障了劳动力的扩大再生产。从宏观经济层面来讲，保险的经济补偿减轻甚至避免了由于偶发的事故中断了社会生产在各个环节上时间的连续性所造成的损失，维护了社会经济的稳定发展。

保险公司在介入灾害事故处理时，缓解了由灾害事故引发的政府、企业、个人之间的矛盾，减少了社会摩擦，协调了各社会主体的关系，提高了社会运行效率，为促进社会的正常运转起到了重要的作用。一方面，当灾害发生时，保险的介入可以辅助政府的财政支出进行援助，缓解政府压力，减轻政府财政负担。另一方面，保险可以有效减少事故的发生。以车险为例，保险公司都有对车险实行差别费率的规定，对于经常发生交通事故的车辆实行较高的费率，这就促使汽车驾驶员在驾驶的时候更为谨慎，从而减少事故的发生。

完善的社会保障体系是由政府主导的基本社会保障和保险公司提供的商业保障组成，两者定位不同，基本社会保障定位于给居民提供基本生存保障，商业保险作为基本社会保障的有效补充，定位于提供高层次、多方位的保障，满足居民多层次的保障需求。目前我国早已步入老龄化社会，通过建立基本社会保障和商业保障，发挥政府和市场两种机制的作用，建立多支柱的社会保障体系，能够有效减轻政府的负担，对于稳定社会安定团结有着重要的现实意义。

第二节　农业风险属性与农业保险抗灾扶贫

一、农业风险属性分析

（一）农业风险的自然属性

农业自然灾害主要包括：（1）气象灾害，如干旱、低温、风灾、雹灾等，以及由此引发的洪水、海啸等；（2）地壳板块运动，如地震、泥石流、火山爆发等。这些灾害风险主要来自大自然的运动变化，具有显著的自然属性，这就决定了农业风险不是一般意义上的可保风险。根据财产保险理论，可保风险必须满足大数法则要求，即存在大量独立的同质风险，风险损失具有可度量性，同时，巨灾损失发生的概率很小。但农业风险并不满足这些条件。首先，农业风险不是独立的同质风险，而是高度相关的异质风险，而且不同标的的同一灾害风险程度各异。其次，由于农业灾害容易引发次生灾害，导致农业灾害损失难以度量，而且发生巨灾损失的概率很大。美国保险服务局（ISO）规定被保险财产单一风险损失超过 2500 万美元即为巨灾损失。按照此规定，我国每年发生的洪灾、旱灾、风灾、雹灾等造成的经济损失都远在巨灾损失之上。由此可见，农业风险不是传统意义上的可保风险。

（二）农业保险的准公共属性

公共产品的经典定义由萨缪尔森于 1954 年在《公共支出纯理论》一文中提出。在该文中，萨缪尔森指出，集体消费产品是指这样一种产品，“每个人对这种产品的消费都不会导致其他人对该产品消费的减少”。从理论上来说，界定一种产品或服务是否为公共产品，要看其是否具备两个特征：非排他性和消费的非竞争性。所谓非排他性是指只要有人提供了公共产品，不论其意愿如何都不能排除其他人对该产品的消费。若想排除其他人从公共产品的提供中受益，或者在技术上是不可行或极其困难的，或者排除的成本过于昂贵而缺乏可行性。所谓消费的非竞争性是指某物品在增加一个消费者时，边际成本为零，即在公共产品数量一定的情况下，将其多分配给一个消费者的边际成本为零。这并不意味着多提供一单位公共产品的边际成本也为零，在这种情况下，多提供一单位的公共产品的边际成本同其他产品一样是正的，因为公共产品的提供同样耗费了有限的资源。

依据以上两个标准，社会产品可以区分为三大类，即私人产品、公共产品与准公共产品。私人产品是指消费者支付了一定的费用就取得其所有权，并排斥他人消费的物品与服务。公共产品是指由政府免费或低费用提供给消费者所使用的物品与服务。准公共产品是指公共性与私有性两者兼备，介于公共产品与私人产品之间的物品与服务。应指出，从严格意义上来说，上述两个特征的规定不是绝对的，它们都有赖于技术条件和具体环境。在确定一种物品是否为公共产品时，必须考虑受益者人数及能否将这些受益者排除在该物品的享用之外。当受益者人数众多且排除任何一个受益者在技术上不可行时，该物品就可视为公共产品。具体来讲包含三层含义：一是任何人都不可能不让别人消费它，即使有些人有心独占对它的消费，但在技术上是不可行的或成本过高得不偿失；二是任何人自己都不得不消费它，即使有些人可能不情愿，但却无法对它加以拒绝；三是任何人都可以恰好消费相同的数量。

以上理论为分析农业自然风险的属性提供了理论基础。首先，农业自然风险是一个只能带来负效用的产品，其供给主体是大自然，消费主体是社会各群体。巨灾风险的供给具有不可抗拒性，社会对其消费具有强制性。尽管社会对农业风险唯恐避之而不及，但往往对其降落束手无策，人们只能采取措施减少由于自然灾害而产生的负效用，但不能消除它的供给。因此，农业自然风险的供给与需求既不存在排他性又不存在竞争性。其次，农业自然风险所产生的影响巨大、覆盖面很广。如 1998 年洪水造成全国共有 29 个省（自治区、直辖市）遭受了不同程度的洪涝灾害，据各省统计，农田受灾面积 2229 万公顷（3. 34 亿亩），成灾面积 1378 万公顷（2. 07 亿亩），直接经济损失 2551 亿元。[①] 因此，不论从经济的角度还是从社会的角度，农业自然风险都是一种公共产品，而作为巨灾风险管理手段的农业保险也因此具有很强的公共性特征。

通过前面分析，我们说农业保险作为非工程性风险管理的重要手段，它

---

① 资料来源：《中国民政统计年鉴 1999》。

具有公共性的特点。那么公共产品应由政府提供还是私人提供呢？从休谟、斯密到庇古、萨缪尔森等，一个基本的分析框架就是公共产品必须由国家提供，原因在于市场提供没有效率。凯恩斯主义者也认为，公共产品的非排他性和非竞争性特征，决定了通过市场方式提供是不可能的或者成本是高昂的，并且在规模经济上缺乏效率。但从20世纪70年代以来，一些主张自由主义的经济学家开始否认政府作为公共产品唯一供给者的合理性。如德姆塞茨以及科斯等人认为，政府作为一种制度安排，如同市场制度一样，属于内生变量，其自身的运行以及向公众提供公共产品同样存在交易成本问题。一方面，由于政府系统缺乏明确的绩效评估制度，其成本和效率较私人部门难以测量。另一方面，官员也是理性的“经济人”，公共产品的政府供给中也难免存在特殊利益集团的“寻租”现象。因此，政府提供公共产品容易导致种种“政策失败”，其交易成本甚至比市场制度昂贵，相反，如果加强竞争将会提高政府的效率和资源的充分利用。

虽然公共产品供给理论上存在着重大的争议，但政府作为公共产品供给主体，无论在历史上还是现在都占据了重要的、主导性的地位。分析原因主要有两个方面：首先，从公共产品的特征角度而言，公共产品，尤其是普适性强的公共产品，一般具有成本高、规模大、周期长、收益低等特点；对于这类公共产品的供给，市场机制出现失灵，不易将免费搭车者排除在外，难以满足成本和收益对称的市场激励原则，因此，私人企业没有激励或者没有能力来投身于公共产品供给活动。其次，从政府的特征角度而言，政府具有强制性和普遍性，即拥有巨大的“暴力潜能”和动员大量社会资源的能力，同时具有广泛的社会代表性，因此，有能力、有条件来从事具有非排他性、非竞争性和规模经济优势的非营利公共产品的供给活动。基于这种理论的支撑，考察世界各主要国家，其农业保险的运行无处不存在着政府的影子，而且，在农业保险的制度建设中政府功能往往起着重要的主导作用。许多国家通过立法程序将农业保险以法律形式明确。

二、农业保险的功能再认识

（一）通过保险市场化运作降低各方寻租，保证资金补贴质量

时至今日，我国国内农业补贴的种类已经非常丰富，补贴的规模已经比

较庞大。目前，我国每年的农业补贴高达数千亿元，如此多的真金白银投向“三农”，在促进农业增产、农民增收的同时，由于不少农民对于补贴办法、补贴种类、补贴标准、申报环节、核查程序、发放办法等不甚了解，导致一些借机发“补贴财”的现象也频频出现。在一些地方，不种地的装模作样成立示范合作社、带动型龙头企业，养殖几十只牛羊的谎报上万只，致使国家下拨的扶持资金进了少数人的腰包、农业补贴成了“人情补贴”“关系补贴”。虽然国家采取种种措施打击这种现象，但还是屡禁不止。究其原因，一是中央政策与农户之间存在信息不对称，二是政府监督政府、官员监督官员的监管机制不健全。因而，将部分农业直接补贴转化为适当的农业保险保费补贴，让市场参与到农业补贴的分配中来，使补贴更加清晰透明，同时便于政府对市场的监督，降低补贴分配中存在的寻租和腐败现象。

（二）通过保险补偿功能保障农产品安全，提高农户收入

毫无疑问，农业补贴可以直接提高农民收入，但是，农业补贴的规模必须在财政可负担的能力范围内，而且农业补贴对农民的增收具有刚性，意味着其对农民增收的幅度较小。由于农业生产直接面对大自然，其生产风险很高，使得农民的收入会面临巨大的波动。因而，通过保费补贴可以以小量的资金调动农民购买农业保险的积极性，以较小的代价使农民收入获得较大的保障，发挥出财政补贴放大农民收入的作用。然而，目前中央财政对政策性农业保险的保费补贴资金有限，不能做到“应保尽保”，致使农业保险的覆盖率还很低，并且保险金额较低，不能充分发挥保障农民收入的功能。这需要将部分农业直接补贴资金转换为保费补贴，提供农业保险覆盖率和农民收入保障能力。

（三）通过保险期望效应稳定种植面积，平抑市场价格波动

我国农业的小农生产和分散化经营普遍，加之农民自身对经济规律缺乏较深入的认知，所以，在选择种植品种和种植面积方面缺乏合理的判断，大部分情况是依据前一年农产品的价格决定本年的种植和养殖选择。由此，使特定农产品在供给方面呈现出较极端的状况，要么是种植面积和产量大幅降低，引发该农产品价格急剧上涨，如在经济作物领域出现的“姜你军”“蒜你狠”等现象；要么是种植面积和产量大幅增加，引发该农产品价格急剧降低，如曾经出现的大葱、洋葱、猪肉等价格大跌现象。这种状况极大地扰乱

了农副产品的价格形成和农民来年的种植判断，造成了经济作物产量的剧烈波动，在“喂饱”囤积商户的同时严重伤害了农民的利益。因而，通过对价格指数保险或者收入保险的保费补贴，在价格波动中能保证农民收入的稳定，保持特定农产品的种植面积不会产生大的变化，从而减小农产品价格波动，稳定农产品市场秩序。

（四）通过“明补”变“暗补”应对国际规则约束，保持财政支农能力

2014 年底，在中央经济工作会议上，习总书记表示，中国农业遭遇补贴“黄线”。中国“入世”时承诺，农产品“黄箱补贴”不得超过产值的 8.5%，据有关测算，中国已经逼近这条“黄线”。我国小农生产的农业经营模式决定了国内农产品严重缺乏国际竞争力，加之目前面对 WTO 规定的限制和约束，更是无法实现国内农业“走出去”的战略目标。要破解这种困境，合理的途径是将部分农业直接补贴转换为农业保险保费补贴，由“明补”变为“暗补”，实现“黄箱补贴”到“绿箱补贴”的转变。由此，不仅可以规避 WTO 的限制，保持国家对农业的扶持力度，还留出了在技术与经营模式约束下提供国内农产品国际竞争力的空间。

（五）通过保险定向支持地方特色农业，助力农业供给侧改革

我国地域广阔、气候差异巨大、耕地分布不均，具备发展特色农业的先天条件。而且，发展特色农业是提高农民收入、丰富市场供给、走向国际市场的有效手段。但是，特色农业具有高投入、高收益和高风险的特点，这使发展特色农业的地区和农民在发生灾害后面临巨大的收入波动。即便是给予特色农业财政补贴，对于巨大的收入损失也是杯水车薪，严重挫伤了其发展特色农业的积极性。因而，可以采取地方特色农业目录清单管理的方式，选择一批具有竞争力的农产品进入中央财政保费补贴的范围，以保费补贴撬动特色农业保险的发展，使农民的收入获得较充分的保障，消除由于特色农业脆弱性而产生的后顾之忧，将特色农业发展壮大。并推动地方特色农产品走向国际市场，将部分区域建成周边国家的蔬菜、水果等绿色食品基地，实现农业供给侧改革。

（六）通过保险跟进农业生产变革，降低保险经营成本

经过多年的发展，小户经营的生产模式虽然大大缓解了我国的粮食安全

问题，解决了广大农民的生计问题，但该模式高昂的生产成本也严重阻碍了国内农业做强，并在很大程度上削弱了国内农产品的国际竞争力。为此，中共十八届三中全会报告和之后几年的中央一号文件都提出，逐步推进农业生产模式的转变，并通过土地确权、土地流转等在制度方面做了相应的铺垫。种植大户、养殖专业户、家庭农场、专业合作社等新型的经营主体不断兴起。新的经营模式伴随着生产风险的不断集中，加之农业生产的弱质性，也意味着生产主体面临巨大的收入风险。这亟须农业补贴政策的跟进和改革，并迫切需要通过农业保险提供及时的风险保障。虽然通过探索收入保险等新的农业保险产品能够应对一定的农业生产风险，但由于缺乏财政补贴的有力支持，保险的创新不能尽快地推进，保障对象的覆盖面严重不足。这就需要通过将部分农业补贴的资金转化为保费补贴，使新的生产主体获得全面的保障，推动农业生产模式的转变。并且，为新型经营主体提供政策性农业保险能降低保险机构因分散化经营带来的高额经营成本。

三、农业保险的外部性分析

通过对农业保险产品的分析，发现农业保险在很多方面都具有公共产品的特征。首先，从农业保险的作用上看，农业保险在成本上是外部经济的。农业保险有利于建立农村灾害保障体系，减轻国家压力；有利于发挥补偿功能，可以帮助农民迅速恢复生产和生活；有利于保证农村金融运行的安全。因此，农业保险的社会收益大于私人（农民）收益，社会成本小于私人成本，具有明显的外部经济特征。其次，从农业保险提供的保障上看，农业保险具有非排他性。从购买农业保险所获得保障的直接意义看，农业保险的消费是排他性的，不购买保险的就不可能获得灾害后的损失补偿。但作为保险经营的完整环节，农业保险有时就不具有完全的排他性。比如保险经营的一个重要环节——防灾防损，它可以减少风险损失、降低保险经营成本。但在实施防灾防损措施时，不买保险的人常常可以“搭便车”。例如，保险公司在提供农业保险服务时，通过构建人工降雨、人工防雹网络体系，实施人工干预天气，降低了灾害发生的概率，减少了农户的灾害损失，这些措施使没有投保的农户也得到了经济利益。虽然在农业保险保障的取得上，农业保险是有竞争性的，但在消费的某些环节却没有排他性。这说明农业保险从根本上来讲，既不是完全意义上的私人产品，也不是典型的公共产品，而是介于私人产品和公共产品之间的准公共产品。最后，通过微观经济学的边际理论来分析农业保险的外部性。先看农业保险消费上的外部性，农民购买农业保险，在灾害事故发生时，不仅可以保证自己收入稳定，而且可以迅速恢复生产，从而使整个社会可以分享低廉农产品的好处，因此边际社会收益大于边际私人收益。如果农业保险是纯粹的商业保险，代表社会利益的政府几乎不用支付任何代价，所有农业保险的成本都由农民来承担，而全体社会成员却可以享受农业稳定带来的好处，因而出现农业保险消费的边际私人成本大于边际社会成本。

农业保险的正外部性，还表现为经营农业保险的保险人提供农业保险的边际私人成本大于边际社会成本，而边际私人收益小于社会收益。由于系统性风险和信息不对称的存在，农业保险的展业、承保、定损、理赔都比一般的险种要复杂，致使农业保险的经营成本很高，再加上高赔付率，农业保险人亏损严重，私人收益很小。而政府不须付出任何代价就可以获得农业带来的好处，边际社会收益很大。可见，农业保险人承担了本应由社会承担的成本，边际私人成本高于边际社会成本，但边际私人收益却小于边际社会收益。根据利润最大化原则，保险公司确定的私人边际供给量小于社会要求的最佳供给水平，这也构成了政府通过公共财政补贴农业保险的根本动因。

正是因为农业保险的双重正外部性的存在，保险人在没有政府支持的条件，经营成本很高、收益很低，导致亏损严重，出现“大干大亏、小干小亏、不干不亏”的局面。因此，一般商业保险公司不愿也不敢涉足农业保险，农业保险市场供给短缺。另外，农户在没有政府补贴的情况下自行无力承担高额的保险费，农业保险需求乏力。这种“两头冷”的局面导致我国农业保险的供给曲线和需求曲线不相交。由此看出农业保险市场完全市场化操作的失败。

四、政策性农业保险扶贫路径

政策性农业保险是指由政府主导的非营利性保险，以农业经济损失补偿为目的，以农业风险为保障核心，在经营上，以政府或者政府指定机构为经营者并作为保险人，以对农业设施和农业作物以及相关农业产品为保险标的，以其所有人或者相关保险利益人为被保险人，以自然或者意外为主要的保障风险，当风险发生时，由保险人根据实际损失金额以及保额对被保险人进行赔付。是由各级政府、国家财政、保险监管等多部门共同合作、各司其职、相互配合，以政策性农业保险工作开展为载体，通过协调沟通、明确分工、相互支持的保障原则，建立起农业保险的经营体系。

在具体经营制度上，由国家财政建立有效的财政支持机制，根据国家财政以及农业保险的实际资金需求情况，对政策性农业保险进行实质上的补贴。各级政府根据本省实际情况积极开展相关政策性农业保险活动，如甘肃省开展的中药材、设施蔬菜等相关农业保险。各级监管机构负责对各级政府开展的政策性农业保险进行监管，积极履行监管责任，确保国家财政拨款的落实、保险经营过程中的风险保障以及合规性监督。

由于商业保险机构在承保、风险管理、赔付等方面具有专业化优势，因此各级政府均以风险补贴等方式积极引导商业保险机构介入农业保险市场。商业保险机构在参与扶贫脱贫工作中，具有五个特点：一是参与扶贫项目的目标明确，不以追求高额商业利润为目的，而以贫困人口收入稳定、摆脱贫困，履行企业社会责任为最终目标；二是承保对象针对性强，根据地方政府提供的贫困群体信息，保险公司仅承保因病、因灾和意外伤害导致持续贫困和虽已脱贫但面临再次返贫威胁的群众，为其提供全方位保险服务；三是投保便捷，政府为贫困群体统一投保，大大简化了相对复杂的投保手续，保险公司将政府提供的投保材料作为基础的审核工作，从而将节省出的成本全力用于提供优质的售后服务；四是商业行为高效运作，若被保险人发生保险责任范围内的事故，保险公司将迅速启动查勘理赔工作，损失核实无误后在极短时间内即可赔付到位，及时弥补损失；五是扶贫效果可期，保险公司可解决产业扶贫中所面临的各类风险，解除贫困群体投资生产的后顾之忧，激发他们的创业热情，让他们在脱贫致富的路上安于创业、敢于创业、勇于创业。

第三节 其他保险扶贫的路径分析

一、医疗保险抗病扶贫

因病致贫、因病返贫是农村贫困人口主要的致贫原因之一，医疗保障扶贫对贫困人口脱贫有重要意义。医疗保险是医疗保障制度的重要组成部分，是一种物质帮扶制度，它是社会公益性福利事业的一部分。

（一）保险机构以保险合同参与大病医疗补充保险

商业保险机构以保险合同参与大病医疗补充保险在一定程度上与社会保险形成互补。首先，大病补充保险的风险事故发生时，被保险人以单个被保险人形式出现，从而在实际操作过程中工作量过大，而社会保险显然不具备处理能力，从而会降低工作效率。而商业保险机构在数据处理等方面的专业特性，会使工作效率提高，从一定程度上规避了社会保险的不足。其次，大病补充医疗保险在经营过程中需要大量的专业人才，而社会承保显然不具备相关条件，因此商业保险机构不仅在经营过程中更为专业，而且会降低相关经营费用，进一步降低成本。因此，商业保险机构参与大病补充医疗就可以规避由社会保险运营大病补充医疗的弊端。商业保险机构参与大病医疗补充保险运行模式中政府与商业保险机构具体实施路径如下：

1. 政府职责

（1）建立有效市场机制，包括市场竞争机制、准入机制以及退出机制。立足长远，发展未来，到目前为止市场上参与社会保险管理的商业保险机构数量较少，但是为了保证社会保险工作的有序、健康发展，政府应鼓励更多的保险企业参加进来，因此政府应积极营造市场机制，运用市场中“无形的手”进行市场管理。

（2）通过商业保险机构与政府协商设定保费数额以及明确双方承担的责任。保险公司接受社会保险的再保险仍需要监管，因为考虑到投保人处于弱势，在保费厘定上，商业保险机构必须与政府进行沟通，共同确定保费金额，防止商业保险机构出于利益最大化原则，私自增加保费金额，给参保人员带来经济压力。

（3）政府建立风险补偿基金。由于大病补充医疗保险参保人员的特殊性（所有城乡居民），造成逆向选择风险较高，即高风险人群投保金额较大，低风险人群投保金额较小或不参与投保，因此在一定程度上会给商业保险机构造成一定的经营风险，为保证大病医疗补充保险的健康经营，政府应积极建立相关风险补贴基金，通过风险补贴基金对商业保险机构进行补贴。当参与大病补充医疗保险的商业保险机构出现业务经营亏损时，由风险补偿基金进行相应补充，以此保证其正常性经营。

（4）政府积极参与保险经营、监管。为保证保险的正常经营，做好宣传等后勤工作，通过政府宣传，增加保险的公信力，增加保险公司展业能力，同时确保居民参保率，增加保险深度、密度。同时，建立相关信息披露制度，使得经营透明化，以此增加政府的监管能力。另外，建立有效的商业保险机构评估标准，通过对不同商业保险机构的评估，使在选择商业保险机构的过程中，把握主动权，从而确保大病补充医疗保险的顺利经营与健康发展。

2. 商业保险机构职责

（1）商业保险机构在合作过程中，以自身专业优势积极参与大病医疗补充保险的保费厘定，确保厘定保费的合理性。

（2）因大病补充医疗保险具有专业性质，普通居民对相关业务难以理解，因此在经营过程中，保险企业常常根据当地实际情况指定专业人员进行蹲点帮助，以此保证参保人员的合理利益。

（3）争取医疗服务定价权，通过对定价权的争取，商业保险公司通过医疗服务、价格水平等综合因素选取相应的医疗服务机构，这样既可以保证参保人员医疗服务水平也可以在费用上得到优惠，同时又可降低相关运营成本。

（二）大病保险与重疾险融合发展扶贫路径

大病、重疾，这两个词看上去很像。但大病保险和重疾保险却是两个不同的概念了。在保险属性上，大病保险属于社会保险范畴，具有保障性，不以盈利为目的；商业重疾险属于商业保险范畴，现在越来越多的人将购买重疾险作为一个补充和预防的手段。在保险目的上，大病保险的目的是解决人民群众因病致贫、因病返贫的问题；商业重疾险是为缓解大病所产生的巨额医疗费用给病人及其家庭带来的经济压力。在保障对象上，大病保险包括城镇居民医保、新农合的参保（合）人；商业重疾险是只要符合保险公司的规定，并愿意履行合同条款的自然人。在保障内容上，大病保险是在基本医疗保障的基础上，在参保（合）人患大病发生高额医疗费用的情况下，对城镇居民医保、新农合补偿后需个人负担的合规医疗费用给予保障；商业重疾险是按照商业保险公司条款约定，被保险人罹患合同约定的重大疾病病种后即可申请赔付。在缴费方式上，大病保险是从城镇居民医保基金、新农合基金中划拨，原则上不再额外增加群众个人缴费负担；商业重疾险则是自愿投保，由投保个人负担。在赔付条件上，大病保险属于报销型（根据钱花的多少来报），即如果一个家庭有人患了大病，自己先要拿出钱来看，然后社保根据用药和治疗情况，去掉个人承担部分和进口药、器械等部分，最后剩余的钱才会到手；商业重疾险一般属于提前给付型，简单来说就是根据约定的保险金额，保险公司进行一次性赔付。

根据国务院扶贫办统计资料显示，因重大疾病导致农村居民致贫风险最高。因病致贫主要由两方面造成：一方面由医疗费用支出造成；另一方面因农村居民可支配收入过低造成。对农村居民而言，即使较低的医疗费用也会导致其陷入贫困或者返贫，相比而言重大疾病由于其医疗费用较高，更易导致农村居民陷入贫困或者返贫。因此，开展大病保险与重疾险融合发展是对中低收入农村居民的重点保障方式。

为了防止农村居民致贫或者返贫，政府与商业保险机构积极开展重疾保险产品的开发，目前市场上重疾险主要分为完全提前给付型和部分提前给付型两种产品。所谓的完全提前给付型是指重大疾病保额与死亡保额完全相同，当其中一种保险责任完成后，保险责任也相应终止；而部分提前给付型是指重大疾病保额低于死亡保额，当保险人履行重大疾病责任后，保险责任继续有效。为满足参保人员的重大疾病保险需求，对于给付型重大疾病保险的开发在保险金额上应给予足够重视，因为人均重大疾病医疗费用普遍大于 10 万元，因此给付型保险产品保额均已超过 10 万元。

"前端筹资"与"后端控费"并举是解决农村居民因病致贫、返贫资金问题的重要举措，在实现社会大病补充医疗与重疾险融合发展资金的筹集、运用机制上，科学、稳定、持续发展关乎二者融合发展的命运。在大病补充医疗保险与重疾险的筹集运用上主要分为两个部分：一是政府采用统筹方法为特定人群（低收入、中低收入）购买相关产品；二是根据家庭结构（主要劳动力、次要劳动力、无劳动能力）采取不同产品购买方式，保证资金的使用效率，减轻家庭经济负担。

为减轻农村居民经济负担，加大资金使用效用，政府及商业保险公司在"后端控费"问题上采取积极措施，主要采取两种办法：一是商业保险机构以入股方式参加医疗服务经营管理；二是加强对商业保险公司经济效益监管。通过商业保险机构与医疗服务合作经营，降低医疗服务费用，降低农村居民经济压力，提高费用使用效率。政府对商业保险公司的监管，一方面保证服务效用，另一方面合理保证费用定制合理，共同保证经济效用。

二、保证保险增信扶贫

通过改革创新，聚焦产业扶贫，通过将保险引入扶贫金融链条，低成本盘活农户资产，帮助贫困户更便捷地获得贷款，帮助贫困地区从“输血式”生存向“造血式”发展转变，推动贫困地区特色优势产业发展和经济转型升级。

（一）“农村信贷＋保险＋政府”模式

农业在生产过程中主要面临的是自然风险，由于自然灾害事故发生的频率较高，且发生后造成的损失都是巨大的。在生产资料方面，农村信贷能够保证居民的需求，但在遭受重大风险事故时却无能为力，使生产者背上沉重的负债，同时也会使农村信贷资金遭受损失，因此引入“农村信贷＋保险＋政府”模式，此模式在保证农村居民得到生产资料的同时，不会因为风险事故陷入贫困，并且保证了信贷资金的安全。

“农村信贷＋保险＋政府”模式主体为农村信贷机构、商业保险机构、政府。当农村居民或者农村企业因生产资料缺乏或者运营资金出现问题时，可向农村信贷机构申请贷款。农村信贷机构接受农村居民贷款申请时向其进行放贷，由于农村居民或者企业多以从事农业生产活动为主，面临较高的信贷资金风险，为保证资金安全，信贷机构可要求贷款人向保险机构购买一定的保险或者通过相关优惠措施鼓励其购买相关保险，同时农村信贷机构可作为相关保险出售点，代理保险业务，保险机构根据需求积极开发相关产品，切实保证信贷安全。由于购买主体为农村居民，需要政府进行保费补贴，以此鼓励农民购买产品，间接鼓励产业扶贫的发展。

（二）“综合保险＋涉农抵押贷款”模式

“综合保险＋涉农抵押贷款”模式，是保障农村居民借款能力、农村信贷机构信贷资金安全的重要保障模式。涉及的主体主要包括农村居民、农村信贷机构、保险机构。农村居民因资金需求向信贷机构提出涉农抵押贷款，农村信贷机构根据其需求与抵押物综合考量进行放贷，同时为保证贷款资金安全，要求其购买抵押物保险，以此进行风险转嫁，保险公司根据农村居民购买意愿出售相关产品，当风险事故发生时，由保险企业代替居民进行还款。涉农抵押贷款是农村居民借款的重要途径之一，主要涉及抵押物为机动车、房产等相关农村居民个人财产。在抵押贷款借贷成功后，农村居民仍可将其作为生产资料进行生产，由于在生产过程中，抵押物安全难以保证，同时在使用过程中资产也会贬值，风险事故发生时，往往会造成抵押物损坏，难以保证贷款资金的安全，造成农村居民在生产过程中出现借贷难的问题。“综合保险＋涉农抵押贷款”模式的施行，既可以保证农村信贷机构的根本利益，也可以间接帮助农村居民解决借贷难问题，从根本上保证了产业扶贫路径的重要实施。

（三）“涉农信贷＋信贷保险＋再保险”模式

对于农村贫困居民扶贫路径上一条重要途径就是产业扶贫，增加贫困人口收入，农村居民难以脱贫的重要原因是缺乏生产资料和资金资源，对于这部分居民来说涉农抵押等农村信贷产品难以满足其需求，基于此，涉农信贷便成了解决农村居民生产资料、资金缺乏的重要路径。

由于涉农信贷为信用贷款，其重要放贷依据是个人征信，因此，对于农村居民来说，申请困难、贷款金额难以满足其生产资料要求成为摆在面前的两个重要问题，此外，涉农信贷受到风险影响贷款基准利率较高，从而增加了农村居民贷款成本。对于农村信贷机构而言，贷款资本的安全性也受到影响，当风险事故发生时，农村居民很可能因此陷入贫困，难以保证贷款如期偿还。基于以上两点，在贷款过程中，信用保证保险就显得尤为重要，一方面可以保证农村居民如期还款，不会因为风险事故发生，因贷款陷入贫困，另一方面也可以保证放贷机构资金安全性，同时农村居民通过保险产品购买可以提高贷款申请额度，保证其生产资料需求得到满足。

“涉农信贷＋信贷保险＋再保险”的模式，主体分为农村居民或者农村中小型企业、农村信贷机构、保险公司三部分。农村居民或农村中小型企业因资金缺乏、抵押物资缺乏等原因向农村信贷机构进行贷款，农村信贷机构根据其征信资格等原因进行放贷，同时农户根据其贷款金额向保险公司购买信用保证保险。保险企业通过在国际市场或者国内市场上寻求再保险支持，以此转嫁自身风险，实现经济效益。

在具体实施过程中，农村居民或农村中小型企业借贷时，购买信贷保险，一方面，可对其贷款资金进行保证，以免因重大灾害发生导致还款困难，加剧损失程度；另一方面，通过对信贷保险的购买可以增加其贷款金额，使其贷款需求可以得到最大程度的满足。通过居民购买信贷保险，农村信贷机构可以最大限度地保障资金安全，最大限度地满足农村居民或者农村中小型企业的资金需求，助力其增产致富。对于保险企业而言，通过对农村居民出售信贷保险，一方面可以满足产业扶贫对于保险的要求，另一方面在帮助农村居民的同时也可以发展自身，在农村开发保险市场，实现经济效益。

“涉农信贷+信贷保险+再保险”模式，是保险产业扶贫的重要模式之一，该模式不仅可以满足农村居民贷款需求，也可以满足农村信贷单位的放贷需求，同时可以促进保险企业实现经济效益，形成“三赢”局面。

第五章　甘肃省农村保险扶贫的政策与市场基础

第一节　甘肃省农村贫困现状分析

甘肃农村是中国最为贫困的地方之一。在国家扶贫攻坚的三大重点地区中，甘肃就占了两个，即黄土高原沟壑区域上的河西、定西地区和秦巴山区西部的陇南山区。由于自然、经济、社会、历史等多种因素的综合影响，甘肃省贫困状况十分严重。从总体上看，甘肃省贫困具有以下特征：贫困人口规模大，绝对贫困和相对贫困人口占农村总人口的比重高于全国平均水平；贫困人口分布区域广，甘肃省大部分地区存在着不同程度的贫困；贫困人口生活水平低下，相对于全国平均水平来说贫困人口生活水平更低。

一、甘肃省农村贫困人口规模较大

“十二五”期间，甘肃省扶贫对象人均收入年均增长 14.8%，高于全省农民人均收入增幅 2 个百分点；贫困人口由 2012 年底的 596 万人减少到 2018 年底的 188.7 万人，累计减贫 407.3 万人，年均减贫 67.88 万人；贫困发生率由 2012 年的 28.5% 下降到了 2018 年的 5.6%，年均降低近 4 个百分点。经过几年脱贫攻坚的努力，2018 年和 2019 年全省共有 36 个县区退出贫困县序列，贫困县从 75 个减少到 39 个，这是国家设定贫困县以来甘肃省第一次实现贫困县数量净减少。但总体来说，与其他地区相比，甘肃省贫困人口规模仍然较大。2018 年全国农村贫困人口为 1660 万人，贫困发生率为 1.7%，甘肃省贫困人口为 111 万人，占到全国贫困人口的 6.7%，贫困发生率也远远高于全国平均水平。甘肃省各地区农村贫困人口统计如表5－1所示。

表5－1　　甘肃省各地区农村贫困人口统计　　单位：万人

地区	2014年	2015年	2016年	2017年	2018年
全省	535.83	416.80	303.10	255.46	188.77
天水	91.15	67.52	50.42	38.78	25.75
陇南	81.40	64.15	52.49	43.96	31.52
定西	80.31	63.84	49.28	46.37	36.16
庆阳	58.66	47.71	30.69	28.18	21.38
临夏	55.47	44.07	34.57	30.10	27.11
平凉	49.60	39.94	31.88	25.48	17.05
白银	35.78	28.47	23.46	19.79	14.60
武威	35.23	25.90	14.06	9.04	5.49
兰州	19.16	13.69	3.41	3.66	3.20
甘南	15.98	12.24	8.32	6.57	4.73
酒泉	7.06	5.36	2.66	1.70	0.28
张掖	4.89	3.28	1.72	1.76	1.43
金昌	1.13	0.62	0.12	0.09	0.08

资料来源：甘肃省精准扶贫大数据管理平台。

二、甘肃省农村贫困人口分布较分散

按照甘肃省行政区划，甘肃省辖12个地级市、2个自治州；17个市辖区、4个县级市、58个县、7个自治县（合计86个县级行政区划单位）。在这14个地级市（州）中，仅有嘉峪关市不存在贫困县，在全省86个县级行政区划单位中，截至2019年4月底还有39个贫困县区，45%的县级单位存在着贫困问题。按照经济区域划分，甘肃省可以划分为五大经济区域，即河西经济区、少数民族经济区、南部经济区、陇东经济区和中部经济区。河西的6个地区和人口稀少的甘南地区贫困人口较少，到2018年底已经降到了6万人以下，而河东7个地区贫困人口都在14万人以上，扶贫攻坚的任务依然很重。

同时，贫困地区大多自然条件恶劣，地理位置偏僻。甘肃贫困地区地貌复杂多样，山地、高原、平川、河谷、沙漠、戈壁交错分布。黄土高原地区沟壑纵横，加上降水集中、多暴雨的气候特点以及林草稀少的植被景观，水力侵蚀极为严重，而且气候干燥，气温日较差大，年平均气温为0～14℃，由东南向西北降低：河西走廊年平均气温为4~9℃，祁连山区为0~6℃，陇中和陇东分别为5~9℃和7~10℃，甘南为1~7℃，陇南为9~15℃。年均降水量为300毫米左右，降水各地差异很大，在42~760毫米之间，自东南向西北减少，降水各季分配不均，主要集中在6~9月。从区域范围来看，中国农村贫困地区大多处于偏、远、边地区，距离省会等中心城市相对较远。由于自然条件、财政投入等原因，这些地区交通条件十分落后，运输渠道不畅，人们出行极为不便。远离中心城市对区域农业和农村经济的发展十分不利——延长了生产要素和农产品在城市市场与农村市场流通的时间，妨碍了社会资本的投入，限制了农村第二、第三产业的发展，阻碍了农村剩余劳动力的转移，信息闭塞、见识有限，限制了农民自我发展的拼搏精神。

三、甘肃省农村贫困人口生活水平低下

（一）地区发展落后，城镇化水平较低

贫困地区由于受自然条件差异及发展起点低等诸多因素的影响，长期以来贫困地区经济发展处于较低的水平。放眼全国的贫困现状，贫困人口大多来自农村，甘肃省农村人口比重大，城镇化水平较低，如表5-2、表5-3所示，2012~2018年甘肃省农村人口总量虽有所下降，但下降速度低于全国平均水平，且农村人口占比均高于全国平均水平近12个百分点，城镇化水平严重滞后于全国的发展速度。

表5-2　　2012~2018年甘肃省及全国农村人口总数比较　　单位：万人

地区	2012年	2013年	2014年	2015年	2016年	2017年	2018年
甘肃	1579	1546	1511	1477	1444	1408	1380
全国	64222	62961	61866	60346	58973	57661	56401

资料来源：国家统计局网站（http://www.stats.gov.cn/），经计算整理所得。

表5-3　　2012~2018年甘肃省农村人口占比及全国平均水平　　单位:%

地区	2012年	2013年	2014年	2015年	2016年	2017年	2018年
甘肃	61.3	59.9	58.3	56.8	55.3	53.6	52.3
全国	47.4	46.3	45.2	43.9	42.7	41.5	40.4

资料来源：国家统计局网站（http://www.stats.gov.cn/），经计算整理所得。

（二）收入水平低，消费结构不合理

从表5－4、表5－5不难看出，2012～2018年甘肃省农村居民人均可支配收入和人均生活消费支出水平均低于全国平均水平。2018年，甘肃省农村居民人均可支配收入为8804元，是全国农村居民人均可支配收入14617元的60.23%。同时，2018年甘肃省农村居民人均生活消费支出为9065元，为全国农村居民人均生活消费支出12124元的74.8%，远远低于我国的平均生活水平，且出现了收不抵支的状况。甘肃省农村贫困地区农民收入绝大部分来源于家庭经营第一产业，其次靠外出打工收入。但是由于农产品的深加工较为欠缺，农民从农业中取得的收入难以增长；贫困地区农民由于自身素质比较低，就业机会减少，打工收入比例也很低。

表5－4　2012～2018年甘肃省农村居民人均可支配收入及全国平均水平　单位：元

地区	2012年	2013年	2014年	2015年	2016年	2017年	2018年
甘肃	4507	5108	5736	6936	7457	8076	8804
全国	7917	8896	10489	11422	12363	13432	14617

资料来源：根据历年《甘肃发展年鉴》数据整理而得。

表5－5　2012～2018年甘肃省与全国农村居民人均生活消费支出水平　单位：元

地区	2012年	2013年	2014年	2015年	2016年	2017年	2018年
甘肃	4146	4850	5272	6830	7487	8030	9065
全国	5908	6626	8383	9223	10130	10955	12124

资料来源：根据历年《甘肃发展年鉴》数据整理而得。

从收入群体和消费结构来看（见表5－6、表5－7），2017年甘肃省农村居民低收入户人均消费支出为6105元，低于全省平均水平8030元，仅为高收入户的消费支出12768元的47.8%；在消费支出结构中，食品烟酒在低收入户的消费支出结构中占33.46 %，在中低收入户的消费支出结构中占32.08%，占中等收入户消费支出的30.54%，占中高收入户消费支出的29.25%，占高收入户消费支出的27.90%，可见低收入户的消费支出中用于食品支出的部分较大。不难看出，2017年甘肃省低收入人口消费支出及其消费结构均不如全省平均水平，且远远差于高等收入人群。

表 5-6 2017 年甘肃省按收入等级分农村居民家庭人均消费支出 单位：元

指标	全省平均	低收入户	中低收入户	中等收入户	中高收入户	高收入户
消费支出	8030	6105	6180	7400	9197	12768
食品烟酒	2438	2043	1982	2260	2690	3562
衣着	508	384	411	487	567	777
居住	1562	1184	1192	1361	1938	2426
生活	485	391	397	445	518	754
交通通信	1016	632	765	841	1225	1890
教育文化娱乐	994	878	756	1055	1064	1326
医疗保健	891	496	589	821	1041	1785
其他	137	97	88	131	155	248

资料来源：依据《甘肃发展年鉴 2018》整理而得。

表 5-7 2017 年甘肃省按收入等级分农村居民家庭人均消费支出结构 单位：%

指标	低收入户	中低收入户	中等收入户	中高收入户	高收入户
消费支出	100	100	100	100	100
食品烟酒	33.46	32.08	30.54	29.25	27.90
衣着	6.28	6.65	6.58	6.16	6.09
居住	19.39	19.28	18.39	21.07	19.00
生活用品及服务	6.40	6.42	6.01	5.63	5.90
交通通信	10.36	12.38	11.36	13.32	14.81
教育文化娱乐	14.38	12.23	14.26	11.57	10.39
医疗保健	8.13	9.53	11.09	11.32	13.98
其他商品及服务	1.59	1.42	1.77	1.68	1.94

资料来源：依据《甘肃发展年鉴 2018》整理而得。

四、甘肃省农村反贫困任务艰巨

首先，甘肃省贫困面大、贫困人口多、贫困程度深的状况还需进一步改进。甘肃省是全国脱贫攻坚的主战场之一，截至 2017 年底，全省农村贫困人口规模仍然位居全国第七，贫困发生率位居全国第三，农民人均可支配收入位居全国倒数第一，剩余贫困人口的减贫成本更高、脱贫难度更大。

其次，甘肃省社会经济发展基础条件差，扶贫需要实现的增量任务艰巨。

由于长期投入不足，全省贫困地区基础设施建设和社会事业发展严重滞后。截至“十二五”末，全省还有18%的建制村没有通沥青（水泥）路，16.6万农户危房需要改造。农村劳动力平均受教育年限低于全国平均水平，9%的贫困村没有标准化卫生室，45.9%的贫困村没有综合性文化活动中心，基础设施和公共服务成为脱贫攻坚的两大短板。

最后，扶贫资金投入整体不足，资金整合使用精准度还需提高。“十二五”期间，尽管中央和省市县各级都加大了扶贫资金投入力度，但是与贫困地区和贫困人口的发展需求相比，扶贫资金投入仍显不足。2016年，甘肃省全年扶贫资金预安排计划共计40.2亿元，其中中央财政专项扶贫资金36.5亿元，中央“两州”专项资金0.2亿元，省财政配套扶贫资金3.5亿元。尽管全省不断加大脱贫攻坚资金整合力度，但各部门掌握的资金都是按各自规划分配使用，普遍存在分散、细碎、“撒胡椒面”的现象，监管难度大。一些资金对贫困村和贫困户的特惠倾斜不够，目前能够落实到贫困村、贫困户的资金占全部整合资金的50%左右，资金整合使用的精准性还需进一步提高。

第二节　甘肃省保险扶贫的政策基础

一、中国保险监督管理委员会层面的政策支持

保险行业作为分散风险和损失、保障生活和生产、提供就业和资金、维护安全和稳定的重要工具，在扶贫脱贫攻坚中具有重要的作用。在原中国保险监督管理委员会（简称中国保监会）的引导和推动下①，全国各保险经营机构积极制定政策方案、大力推行产品创新、努力开拓农村保险市场，为各地扶贫脱贫做出了很大的贡献。在总结多年扶贫脱贫实践的基础上，中国保监会联合国务院扶贫办于2016年5月出台了《关于做好保险业助推脱贫攻坚工作的意见》，意见总结并提出了保险精准扶贫的五大路径：一是精准对接

① 中国保险监督管理委员会与中国银行监督管理委员会于2018年4月正式合并，组建成为新的中国银保监会，而本书中引用的扶贫政策均为合并之前中国保监会出台的文件。

农业保险服务需求。积极开发扶贫农业保险产品，满足贫困农户多样化、多层次的保险需求。加大投入，不断扩大贫困地区农业保险覆盖面，提高农业保险保障水平。立足贫困地区资源优势和产业特色，因地制宜开展特色优势农产品保险，积极开发推广目标价格保险、天气指数保险、设施农业保险。面向能带动贫困人口发展生产的新型农业经营主体，开发多档次、高保障农业保险产品和组合型农业保险产品，探索开展覆盖农业产业链的保险业务，协助新型农业经营主体获得信贷支持。二是精准对接健康保险服务需求。不断改进大病保险服务水平，提高保障程度，缓解“因病致贫、因病返贫”现象，探索大病保险向贫困人口予以倾斜。加强基本医保、大病保险、商业健康保险、医疗救助、疾病应急救助和社会慈善等衔接，提高贫困人口医疗费用实际报销比例。鼓励保险机构开发面向贫困人口的商业健康保险产品，参与医疗救助经办服务。三是精准对接民生保险服务需求。针对建档立卡贫困人口，积极开发推广贫困户主要劳动力意外伤害、疾病和医疗等扶贫小额人身保险产品。重点开发针对留守儿童、留守妇女、留守老人、失独老人、残疾人等人群的保险产品，对农村外出务工人员开辟异地理赔绿色通道，为农村居民安居生活提供保障。进一步扩大农房保险覆盖面，不断提升保障水平。积极开展农村治安保险和自然灾害公众责任保险试点。探索保险服务扶贫人员队伍新模式，为各地政府、企事业单位驻村干部和扶贫挂职干部，高校毕业生“三支一扶”（支教、支农、支医和扶贫）提供保险保障。支持贫困地区开展巨灾保险试点。四是精准对接产业脱贫保险服务需求。积极发展扶贫小额信贷保证保险，为贫困户融资提供增信支持，增强贫困人口获取信贷资金发展生产的能力。探索推广“保险+银行+政府”的多方信贷风险分担补偿机制。支持有条件的地方设立政府风险补偿基金，对扶贫信贷保证保险给予保费补贴和风险补偿。鼓励通过农业保险保单质押、土地承包经营权抵押信贷保险、农房财产权抵押信贷保险等方式，拓宽保险增信路径，引导信贷资源投入。探索开展贫困农户土地流转收益保证保险，确保贫困农户土地流转收益。结合农村农业新业态，开发物流、仓储、农产品质量保证、互联网+等保险产品。创新保险资金运用方式，探索开展“农业保险+扶贫小额信贷保证保险+保险资金支农融资”业务试点，协助参保的贫困人口更便利地获得免担保、免抵押、优惠利率的小额资金。五是精准对接教育脱贫保险服务需求。积极开展针对贫困家庭大中学生的助学信贷保险，解决经济困难家庭学生就学困难问题。推动保险参与转移就业扶贫，优先吸纳贫困人口作为农业保险协保员。对接集中连片特困地区的职业院校和技工学校，面向贫困家庭子女开展保险职业教育、销售技能培训和定向招聘，实现靠技能脱贫。

2016 年 12 月，中国保监会印发了《关于加快贫困地区保险市场体系建设　提升保险业保障服务能力的指导意见》。在贫困地区保险经营机构配置方面，该意见提出了四项优惠：一是在符合条件的情况下，优先支持中西部省份设立财产保险公司和人身保险公司，填补保险法人机构空白。二是支持贫困地区设立专业性保险公司，特别是聚焦农业保险、大病保险等与民生密切相关的领域，精准对接脱贫攻坚多元化保险需求。三是支持贫困地区开展相互保险试点，设立农村保险互助社，发挥其成本低廉、机制灵活的优势，为贫困人口提供便捷实惠的普惠保险服务。四是对贫困地区企业，或对扶贫工作曾有突出贡献的企业，投资设立保险公司的，给予重点支持、优先审核，从另一层面带动更多企业落户贫困地区，促进当地经济社会发展。在服务贫困地区地方经济建设方面，提出了三项举措：一是支持双总部发展，少数民族地区常住人口较少、经济发展落后，难以吸引专业人才且市场份额较小，允许其开业时可在两个省份设立分支机构并开展业务，通过发达地区的对接帮扶，有效解决“起步难”问题。二是支持拓展业务范围，贫困地区保险公司开展与扶贫密切相关的保险业务，并得到政府政策支持的，可适当增加农业保险、信用保证保险等扩展类业务，增强保险机构对接精准扶贫的服务能力。三是推进分支机构和网点铺设，对于涉及贫困地区的分支机构申请，予以优先支持，加快审批节奏，以提高保险服务的可及性。在支持贫困地区就业方面，提出了两大措施：一是鼓励保险公司呼叫中心、后援中心、信息平台等劳动密集型专属机构，以及保险专业中介机构落户贫困地区，有效解决当地贫困人口就业，提高人民生活水平。二是鼓励保险公司在贫困地区设立与保险产业链相配套的非保险子公司，提供医养护理、客服后援、汽车维修等多门类培训，提升贫困人口职业技能，吸纳贫困人口就业，增强贫困地区自我发展能力。

2018 年 3 月，中国保监会印发了《关于保险业支持深度贫困地区脱贫攻坚的意见》（以下简称《意见》），《意见》从健全保险服务网络、降低保险费率、加大健康保险保障、丰富产品体系、加大保险资金支持、开展定向帮扶等六个方面，出台多项支持政策，明确具体落实举措，对做好保险支持深度贫困地区脱贫攻坚工作进行了一系列部署安排。具体来看，一是提出深度贫困地区保险服务网络量化目标及支持政策。到 2020 年前实现西藏保险分支机构地市级全覆盖，“三区三州”及其他深度贫困地区保险分支机构县级全覆盖。适当降低深度贫困地区分支机构审批标准，保险机构中心支公司高管人员的任职学历要求放宽至大学专科，县级支公司、营业部高管人员任职资格由审批改为备案管理，要求深度贫困地区保险分支机构在脱贫前不得撤销。二是降低与建档立卡贫困户生产生活最为密切的保险产品的费率。明确建档立卡贫困户农业保险的保险费率在已降费20%的基础上再降低10%～30%，意外伤害保险和商业型农业保险的执行费率可在备案费率的基础上降低10%～30%，进一步强化保险业的社会责任担当。三是加大健康保险保障力度。按照收支平衡的原则，配合地方政府对深度贫困地区建档立卡贫困户大病保险给予倾斜支持，适当降低起付线、放宽封顶线，提升报销比例，提高大病保险保障程度。支持保险机构在深度贫困地区开发健康保险产品，适当扩大保障范围。四是丰富深度贫困地区保险产品体系。加快发展多种形式的农业保险，支持保险机构针对深度贫困地区需求开发费率低廉、保障充分的一揽子保险产品或组合式保险产品，鼓励各公司参与农业保险，努力满足深度贫困地区多方位、差异化的保险需求。五是加大保险资金支持力度。支持保险机构发挥保险资金长期投资的独特优势，按照风险可控、商业可持续原则，以债权、股权、资产支持计划等多种形式，积极参与深度贫困地区产业扶贫项目建设。六是加大定向帮扶力度。按照中央关于广泛引导和动员社会组织参与脱贫攻坚的文件精神，鼓励支持保险机构和保险行业社会组织以结对帮扶形式，对深度贫困地区县、乡、村进行定向帮扶，实现人员、资金和物资的点对点精准帮扶。

二、甘肃省层面上的政策支持

针对甘肃省贫困规模大、贫困发生率高、扶贫难度大的省情，为全面落实《中共中央国务院关于打赢脱贫攻坚战的决定》和习近平总书记关于扶贫开发工作系列重要讲话精神，2015年甘肃省委省政府制定实施了“1+17”精准脱贫方案，着力解决措施整合问题。省政府围绕《关于扎实推进精准扶贫工作的意见》的宏观设计，制定出台了17个配套专项方案，形成了一套组方案。该方案通过扶贫对象、扶贫目标、扶贫内容、扶贫方式、扶贫考评等六个精准，对每一项重点工作明确了具体目标、着力重点、措施办法、责任主体、完成时限和考核评价等方面的要求，并在财政投入、电商扶贫、金融支撑和扶贫手段等多方面提出了创新和突破性措施。将由原来的“大水漫灌”式扶贫转变为“精确滴灌”式扶贫，力争与全国同步建成小康社会。

其中，2015 年 7 月，甘肃省财政厅联合省扶贫办、省政府金融办、人行兰州中心支行、甘肃银监局和甘肃保监局发布《关于精准扶贫小额信贷支持计划的实施方案》（以下简称《方案》）。《方案》从 2015 年开始，以全省 97 万户、417 万建档立卡的贫困人口为扶持对象，通过建立贫困户贷款风险补偿基金，完善贫困户贷款贴息政策，推广贫困户小额信贷保险，发展贫困村扶贫互助资金等措施，大力实施精准扶贫小额贷款工程，力争到 2017 年底，使所有有劳动能力、有贷款意愿和一定还款能力的贫困户都能够得到免抵押、免担保、5 万元以下、3 年以内的小额信用贷款，解决贫困群众贷款难、贷款贵问题。《方案》提出支持推广扶贫小额信贷保险。开展扶贫小额信贷保险试点，通过保证保险为贫困户增信，探索建立“政府 + 银行 + 保险”的风险分担机制，鼓励贷款贫困户积极购买，政府给予适当保费补助。积极推广贷款贫困户人身意外保险，政府给予适当保费补助，化解贷款风险。以贷款贫困户为对象，创新推出保费低廉、保单通俗的农业保险产品，合理确定理赔标准，提高理赔效率，分散贷款风险。

2016 年 5 月，甘肃省政府发布了《关于加强农业保险基层服务体系建设的通知》（以下简称《通知》）。《通知》明确了农业保险基层服务体系建设在农业保险健康发展中的重要地位，凸显了政府对农业保险供给侧改革的高度重视。《通知》进一步厘清政府和企业的职能作用，注重发挥保险机构的主体作用以及政府部门的政策支持、环境营造、指导协调作用。《通知》提出农业保险基层服务体系建设目标，力争用 3 ~ 5 年的时间，形成县区有农业保险服务中心、乡镇有农业保险服务站、村组有农业保险服务点的三级农业保险基层服务网络。《通知》也明确了农业保险服务站（点）保险政策宣传、承保信息采集、查勘定损理赔、灾害疫病防控等主要工作任务。《通知》还明确了农业保险服务网络建设的保障措施。

2017 年 2 月，甘肃省人民政府发布《关于落实和完善支农政策促进农民持续增收的实施意见》（以下简称《意见》），《意见》要求继续推动小麦、玉米、能繁母猪、奶牛、马铃薯、青稞、棉花、冬小麦、牦牛、藏羊等 10 个中央财政补贴险种的保险金额从覆盖直接物化成本逐步实现覆盖完全成本。加快发展大宗农作物保险、主要畜产品保险、重要“菜篮子”品种保险和森林保险；推广玉米制种、农房、农机具、设施农业保险等业务，扩大农业保险覆盖面。加大政策性保险试点推广力度，积极开展和扩大中药材、果品、肉牛、肉羊、蔬菜等特色优势农产品保险试点。稳步提高种粮大户、农民合作社、农业产业化龙头企业等新型农业经营主体，小麦、玉米两大口粮作物保险的保障程度，探索发展适合农业农村特点的农业互助保险组织，鼓励部分粮食主产县区和特色优势产业大县探索开展收入保险、价格保险和气象指数保险试点，支持保险机构创新推出保费低廉、保单通俗的农业保险产品，推动保险机构简化业务程序，提高理赔效率。建立健全农村基层保险服务体系，加快建立农业保险大灾风险分散机制，提高抵御重大自然灾害风险的能力。鼓励社会资本投资农业产业投资基金、农业私募股权投资基金和农业科技创业投资基金，推动建立农业补贴、涉农信贷、农产品期货和农业保险的联动机制。

2017 年 4 月，甘肃省保监局联合省扶贫办出台《甘肃省保险业助推精准扶贫精准脱贫工作的指示意见》，全力助推脱贫攻坚。积极协调从扶贫小额信贷保证保险、农业保险、贫困人口意外伤害保险三个层面将保险扶贫纳入甘肃省精准扶贫方案的政策框架，将农业保险对贫困户的覆盖比例纳入县区党政干部考核体系，统筹运用政府和市场资源，打通农险服务的“最后一公里”。

2018 年 7 月，甘肃省政府出台了《甘肃省 2018～2020 年农业保险助推脱贫攻坚实施方案》，将农业保险扶贫提升到全省扶贫脱贫攻坚的战略高度。该方案要求，农业保险发展要坚持聚焦贫困地区和贫困户，坚持因地制宜精准设计险种，坚持普惠和特惠相结合，坚持“三年兜底、五年平衡”，坚持政府引导、市场运作、自主自愿、协同推进。该方案指出，农业保险要以保障特色产业发展和贫困户种养产业收入稳定为目标，积极开发成本保险、收入保险和价格保险产品，引导多元主体参与，构建“多层次、多方式”的产业发展和贫困户收入稳定保障体系。该方案明确，农业保险要紧紧围绕牛、羊、菜、果、薯、药等特色产业发展，聚焦保障贫困户种养产业收入稳定，构建“中央补贴品种、省级补贴品种、市县补贴品种”相互补充的风险保障体系，分年推进农业保险“增品扩面提标降费”工作，助推全省贫困户到 2020 年顺利如期脱贫。

2018 年 12 月，甘肃省政府制定印发的《甘肃省人民政府办公厅关于推进全省农村金融综合服务室建设运行的实施意见》，以进一步提升甘肃省农村基础金融服务能力和水平，也为银行、保险等金融机构开展差异化、特色化农村金融服务开辟了一个新的平台，实现农村基础金融服务不出村、金融扶贫政策精准落地，解决农村金融服务“最后一公里”难题。甘肃农村金融综合服务室将为“三农”提供以下服务：一是协助金融机构进行小额信贷贷前调查、贷中管理、贷后催收，促进电子支付及互联网金融推广以及农村助农取款等银行类业务服务。二是协助开展种养产业综合保险等政策性农业保险业务办理，协助农户办理基本医保、大病保险等保险类业务服务。三是通过设置金融知识宣传专栏、发放宣传材料及组织培训等方式，宣传金融政策，普及金融知识。四是强化农户与各金融机构之间的沟通衔接，协助建立农户征信档案，培育农户信用意识，协助防范金融违法行为，优化农村金融生态。

2019 年 1 月，甘肃省农业农村厅、财政厅和银保监局联合出台了《甘肃省扶贫资金入股分红和土地流转履约保证保险实施方案》，该方案按照省政府“全面推开‘三变’改革，健全贫困户利益联结和分享机制，尽可能多地增加他们的分红比例”的总体要求，围绕防范和化解扶贫资金入股龙头企业、农民专业合作社不能如约履行分红义务和土地流转收益不能按期兑付造成贫困户收入损失，科学开展扶贫资金入股分红履约保证保险和土地流转履约保证保险工作，为打赢全省脱贫攻坚战提供风险保障。

第三节　甘肃省保险扶贫的市场基础

一、甘肃保险市场状况

2018 年，甘肃省保险业累计实现原保险保费收入 399 亿元，其中，财产险保费收入 125.8 亿元，人身险保费收入 273.2 亿元，实现保险密度为 1513 元/人，保险深度为 4.84%，甘肃省保险市场已经形成了较大的规模，积累了可观的资金。2018 年，甘肃省共有财产保险公司 17 家，人寿保险公司 13 家，另外还有专业中介公司，包括保险代理公司 12 家，保险经纪公司 17 家，保险公估公司 3 家，甘肃省保险市场已经形成了较丰富的市场主体和初具规模的中介体系，具体情况如表 5－8 所示。

表 5-8　　2018 年甘肃省保险市场主体情况

公司类型	机构数	公司名称
财产保险公司	17	中国人民财产保险股份有限公司、中国大地财产保险股份有限公司、中华联合财产保险股份有限公司、中国太平洋财产保险股份有限公司、中国平安财产保险股份有限公司、华泰财产保险股份有限公司、天安财产保险股份有限公司、华安财产保险股份有限公司、永安财产保险股份有限公司、永诚财产保险股份有限公司、安邦财产保险股份有限公司、阳光财产保险股份有限公司、都邦财产保险股份有限公司、华农财产保险股份有限公司、中国人寿财产保险股份有限公司、安诚财产保险股份有限公司、锦泰财产保险股份有限公司
人寿保险公司	13	中国人寿保险股份有限公司、中国太平洋人寿保险股份有限公司、中国平安人寿保险股份有限公司、新华人寿保险股份有限公司、泰康人寿保险股份有限公司、太平人寿保险有限公司、富德生命人寿保险股份有限公司、平安养老保险股份有限公司、中国人民人寿保险股份有限公司、生命人寿保险股份有限公司、泰康养老保险股份有限公司、幸福人寿保险股份有限公司、阳光人寿保险股份有限公司
保险代理公司	12	甘肃盛大保险代理有限公司、甘肃兰天保险代理有限公司、兰州众源保险代理有限公司、兰州翔宇保险代理有限公司、甘肃华盛陇安保险代理有限公司、甘肃安泰保险代理有限公司、甘肃金轮保险代理有限公司、和谐保险销售、世捷开元保险代理甘肃分公司、平安保险代理甘肃分公司、永安保险销售（北京）有限公司甘肃分公司、上海广汇德太保险代理甘肃分公司
保险经纪公司	17	江泰保险经纪兰州分公司、北京金诚国际保险经纪兰州分公司、甘肃吉安保险经纪有限公司、甘肃鸿润保险经纪有限公司、英大长安保险经纪甘肃分公司、昆仑保险经纪甘肃分公司、北京联合保险经纪甘肃省分公司、安诺保险经纪甘肃分公司、中盛国际经纪甘肃分公司、北京中汇国际保险经纪甘肃分公司、长城保险经纪甘肃分公司、北京华育保险经纪甘肃分公司、德圣保险经纪甘肃分公司、诚合保险经纪甘肃分公司、北京联合保险经纪张掖营业部、北京联合保险经纪兰州营业部、华润保险经纪甘肃分公司
保险公估公司	3	泛华保险公估甘肃分公司、民太安财产保险公估甘肃分公司、安徽中衡保险公估甘肃分公司

资料来源：甘肃省保监局。

截至 2017 年末，全省共有省级（一级）分公司 30 家，中支和中支以下营业性机构 1757 家，其中，财产保险公司 894 家，人身保险公司 863 家。实有职工 151923 人，其中，财产保险职工 36766 人，人身保险职工 115157 人（见表 5-9）。甘肃省保险行业不仅为省内提供了大量的就业岗位，而且为开展保险扶贫提供了较广泛的机构网点和人力资源。

表 5-9　　2011~2017 年甘肃省保险事业机构及职工人数

项目	2011 年	2012 年	2013 年	2014 年	2015 年	2016 年	2017 年
保险事业机构（个）	1276	1300	1409	1489	1567	1688	1757
省级	23	23	23	24	24	25	30
地级市	156	175	203	216	226	238	251
县级	1097	1102	1183	1249	1317	1425	1476
财产保险	512	547	636	704	751	834	894
人身保险	764	753	773	785	816	854	863
年末实有职工人数（人）	57497	55237	60632	66680	91298	125867	151923
财产保险	12700	13749	15198	17309	22267	30592	36766
人身保险	44797	41488	45434	49371	69031	95275	115157

资料来源：2018 年《甘肃发展年鉴》。

甘肃省保险业保费收入除 2011 年有所下降之外总体趋势较好，呈现上升趋势，由 2011 年的 1409270 万元增长到 2018 年的 3989811 万元（见表 5-10）；此外，甘肃省保险赔付支出增长较快，从 2011 年的 381962 万元增加到 2018 年的 1390261 万元（见表 5-11），增长幅度较大，可见甘肃省保险业对甘肃省的经济社会发展做出了较大的贡献。

表 5-10　　2011~2018 年甘肃省保险保费收入情况　　单位：万元

项目	2011 年	2012 年	2013 年	2014 年	2015 年	2016 年	2017 年	2018 年
保费收入	1409270	1587675	1801518	2084377	2568881	3076565	3663779	3989811
财产保险	464949	559391	683428	799952	902985	1006150	1123145	1257926
车险	369357	435063	524060	619364	709018	794629	865897	—
企财险	36633	38303	40501	38852	36672	31443	31118	—
家财险	1248	890	1352	1729	2060	4649	4859	—
人身保险	944321	1028284	1118090	1284425	1665896	2070415	2540634	2731885
寿险	841570	908419	957826	1064392	1327356	1679007	2006506	2040728
健康险	68436	82566	110899	156592	259611	290418	427552	569760
意外险	34315	37300	49365	63441	78928	100990	106576	121396

资料来源：历年《甘肃发展年鉴》及甘肃省保监局。

表 5-11　　2011～2018 年甘肃省保险赔付支出情况　　单位：万元

项目	2011 年	2012 年	2013 年	2014 年	2015 年	2016 年	2017 年	2018 年
赔付支出	381962	481825	671386	844192	927501	1093787	1191824	1390261
财产保险	193968	269345	326586	389215	456811	514328	549106	624116
车险	156905	209064	251538	304283	357410	396364	428919	—
企财险	16223	19738	19812	18736	17575	17781	16167	—
家财险	241	322	448	508	793	2107	4185	—
人身保险	187994	212480	344800	454977	470691	579460	642718	766145
寿险	156872	176974	293814	387742	330579	416376	450904	480089
健康险	21399	24541	38561	49732	116664	138143	158596	245119
意外险	9723	10966	12424	17512	23448	24941	33218	40936

资料来源：历年《甘肃发展年鉴》及甘肃省保监局。

二、甘肃省保险业发展与全国比较

从全国来看，甘肃省保险业的发展与甘肃省经济水平基本一致。如表5-12所示，2017 年甘肃省保险业保费收入达到 366 亿元，全国保险业保费收入为36581 亿元，甘肃省保险业保费收入仅占全国的 1.01%，在全国（除港澳台地区）31 个省份的排名也仅为第 27 名，保费总体规模较小。从保险深度和保险密度来看，2017 年甘肃省保险业保险深度为 4.77%，保险密度为 1395元/人，全国保险业保险深度和保险密度为 4.42% 和 2632 元/人，在全国（除港澳台地区）31 个省份的排名分别为第 10 名和第 26 名，保险深度超过全国平均水平，但是保险密度在全国来说还是较为落后。如表 5-13 所示，2018 年甘肃省保险业保费收入达到 399 亿元，全国保险业保费收入为 38017亿元，甘肃省保险业保费收入占全国的 1.05%，较 2017 年有所提升，在全国（除港澳台地区）31 个省份的排名仍然为第 27 名。从保险深度和保险密度来看，2018 年甘肃省保险业保险深度为 4.84%，保险密度为 1520 元/人，全国保险业保险深度和保险密度为 4.22% 和 2724 元/人，在全国（除港澳台地区）31 个省份的排名分别为第 6 名和第 26 名，保险深度超过全国平均水平，但是保险密度在全国来说仍然处于落后地位。

表 5－12　2017 年全国各地区保险业发展状况比较

地区	保费收入（亿元）	排名	保险密度（元/人）	排名	保险深度（%）	排名
北京	1973	5	9090	1	7.05	1
天津	565	24	3629	6	3.04	27
河北	1714	8	2280	16	4.77	11
辽宁	1275	13	2919	7	5.33	4
上海	1587	9	6563	2	5.27	5
江苏	3450	1	4296	3	4.02	16
浙江	2147	7	3796	5	4.15	14
福建	1032	16	2639	9	3.20	26
山东	2738	3	2736	8	3.77	19
广东	4305	2	3854	4	4.79	8
海南	165	29	1780	22	3.69	21
山西	824	17	2225	19	5.50	3
吉林	642	20	2361	13	4.20	13
黑龙江	931	14	2458	10	5.75	2
安徽	1107	12	1770	23	4.02	15
江西	728	19	1574	25	3.49	24
河南	2020	4	2113	21	4.49	12
湖北	1347	10	2282	15	3.69	22
湖南	1110	11	1618	24	3.21	25
重庆	745	18	2422	12	3.82	18
四川	1939	6	2336	14	5.24	6
贵州	388	26	1083	30	2.86	29
云南	613	21	1278	28	3.71	20
西藏	28	31	831	31	2.14	31
陕西	869	15	2265	17	3.97	17
甘肃	366	27	1395	26	4.77	10
青海	80	30	1340	27	3.03	28
宁夏	165	28	2423	11	4.78	9
新疆	524	25	2143	20	4.80	7

续表

地区	保费收入（亿元）	排名	保险密度（元/人）	排名	保险深度（%）	排名
内蒙古	570	22	2254	18	3.54	23
广西	565	23	1157	29	2.77	30
全国	36581	—	2632	—	4.42	—

注：数据经过四舍五入处理，全国数据略有差别。

资料来源：中国保监会、各地保监局、《中国保险年鉴》。

表 5-13　　2018 年全国各地区保险发展状况比较

地区	保费收入（亿元）	排名	保险密度（元/人）	排名	保险深度（%）	排名
北京	1793	7	8262	1	5.91	1
天津	560	25	3597	6	2.98	30
河北	1791	8	2381	15	4.97	3
辽宁	1188	16	2720	9	4.69	11
上海	1406	10	5813	2	4.30	12
江苏	3317	2	4131	4	3.58	23
浙江	2274	6	4019	5	4.05	14
福建	1081	15	2765	8	3.02	28
山东	2959	3	2957	7	3.87	18
广东	4664	1	4176	3	4.79	8
海南	183	28	1978	22	3.79	20
山西	825	17	2228	21	4.90	5
吉林	630	22	2318	20	4.18	13
黑龙江	899	14	2373	16	5.50	2
安徽	1210	12	1934	23	4.03	15
江西	754	19	1630	25	3.43	25
河南	2263	4	2367	17	4.71	10
湖北	1471	9	2492	14	3.74	21
湖南	1255	11	1829	24	3.45	24
重庆	806	18	2645	11	3.96	17
四川	1958	5	2359	19	4.81	7
贵州	446	26	1245	30	3.01	29

续表

地区	保费收入（亿元）	排名	保险密度（元/人）	排名	保险深度（%）	排名
云南	668	20	1391	28	3.74	22
西藏	33	31	992	31	2.26	31
陕西	969	13	2527	13	3.97	16
甘肃	399	27	1520	26	4.84	6
青海	88	30	1465	27	3.06	27
宁夏	183	29	2682	10	4.93	4
新疆	577	24	2361	18	4.73	9
内蒙古	659	21	2608	12	3.81	19
广西	629	23	1288	29	3.09	26
全国	38017	—	2724	—	4.22	—

注：数据经过四舍五入处理，全国数据略有差别。

资料来源：中国保监会、各地保监局、《中国保险年鉴》。

第六章　甘肃省农业保险扶贫实践

第一节　甘肃省农业气象灾害状况

甘肃省地处青藏高原、黄土高原、内蒙古高原三大地形的交界处，地形地貌复杂多变，同时也是西北干旱区、东部季风区、青藏高原高寒气候区三大气候带的交汇处，土质沙化严重，土壤贫瘠，使甘肃成为气候变化敏感区和生态环境脆弱区。甘肃省农业遭受到的气象灾害发生的频率逐年增大，造成的损失也越来越严重。自新中国成立以来，甘肃省平均每年因气象灾害造成的经济损失占 GDP 的4% ~5%。可以说，气象灾害是制约甘肃省农业可持续发展的重要因素。

一、甘肃省农业气象灾害损失分析

根据历史统计数据，总体上，甘肃省每年受灾面积占实际耕地面积比例很高，且由气象灾害对农业生产造成的损害加重趋势比较明显。1978 ~2018 年期间，甘肃平均每年农业受灾面积 2119. 6 万亩，成灾面积 1199. 77 万亩，分别占农作物耕地面积的 38. 16% 和 21. 64%；而全国平均受灾面积占总耕地面积比例为 27. 29%，成灾面积占总耕地面积比例为 14. 0%，甘肃省分别高出全国平均水平 10. 87% 和 7. 64%。而从 2004 ~2018 年的平均数据看，甘肃省高出全国平均水平为 18. 19%、11. 57%（见表 6 －1）。也就是说甘肃每年的气象灾害造成农业受灾、成灾面积都高于同期全国平均水平，而近十多年的灾害损失程度与全国平均水平相比更加严重。因此，在这种情况下，甘肃农村贫困人口会增加，人民的生活水平会降低，负担大大加重，亟需农业保险来帮助农民减少灾害损失，缓解生活压力，提高生活水平。

表6-1　甘肃省农业灾害与全国水平的比较　单位：%

指标	1978～2018年平均值		2004～2018年平均值	
	全国数据	甘肃数据	全国数据	甘肃数据
受灾面积占比	27.29	38.16	20.58	38.77
成灾面积占比	14	21.64	10.25	21.82

由图6-1、图6-2可以看到，近四十年的数据表明甘肃省农业成灾和受灾率呈现震荡式的变化。一方面，说明甘肃省近年来的灾害预测技术在不断进步，使农户的灾害损失有所减少，减轻了农户的负担。虽然人类社会任何时候都不可能完全避免自然灾害，但有一点可以肯定，人类自身的社会经济活动是加剧或减缓（轻）农业自然灾害的直接或间接的重要因素。甘肃省多年来大力推进的以兴修梯田为主的农田基本建设，以种草种树为主的大面积

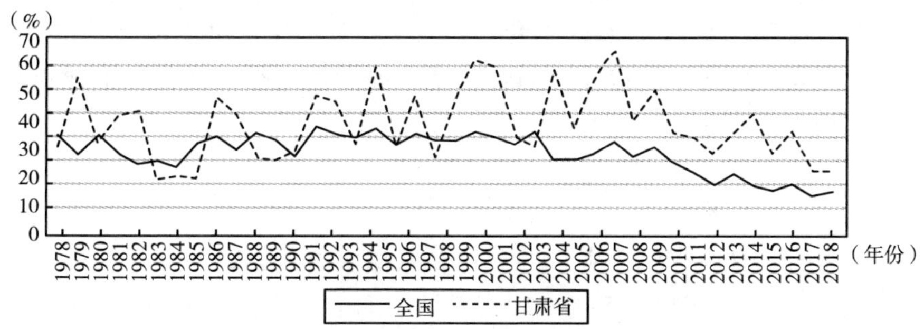

图6-1　甘肃省农业成灾率与全国比较（1978～2018年）

资料来源：根据历年《中国农业统计年鉴》和《甘肃发展年鉴》整理计算所得。

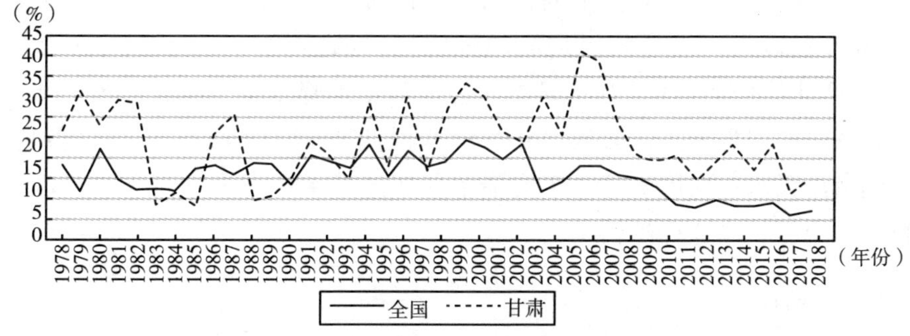

图6-2　甘肃省农业受灾率与全国比较（1978～2018年）

资料来源：根据历年《中国农业统计年鉴》和《甘肃发展年鉴》整理计算所得。

水土治理工程，大面积推广节水灌溉、发展节水农业，实施以保护既有森林资源为主的保护和发展森林资源工程等农业基础设施建设，较好地改善了农业生产的基本条件，明显地减弱农业自然灾害的危害，在促进农业稳产增产和农民脱贫致富过程中发挥了显著的作用。另一方面，从总的受灾情况来看，形势仍然不容乐观，需要各级政府紧密合作，共同应对这种情况。尤其是需要将农业灾害损失与金融、保险市场链接起来，通过金融、保险市场的海量资金为农业灾害损失提供可靠的风险保障。

二、甘肃省农业气象灾害灾因分析

甘肃省的地理位置、地形地貌决定了干旱、洪涝、冰冻、风雹、大风、沙尘（暴）、寒潮等气象灾害多种多样。1978～2018 年甘肃省平均受灾面积数据显示，旱灾是甘肃省一直以来面临的影响范围最广和损失程度最大的气象灾害。全省平均每年受灾面积的 64% 和成灾面积的 64.7% 是由干旱造成的；其次是风雹，它占每年总体受灾面积的 12.29%；洪涝和冰冻是第三、第四致灾因素，这两个因素导致的农业受灾面积占整个受灾面积的比例分别为 11.7% 和 11.41%。

（一）干旱

干旱是影响甘肃省农业生产的最主要气象灾害因素，每年平均受旱面积近 1300 多万亩，减产粮食 5 亿～10 亿千克，且甘肃省大约有 361.5 万亩的耕地为旱地，这两种因素叠加一起加重了干旱对省内农业生产的影响。干旱按出现时间划分有春旱、伏旱和秋旱，干旱发生的时间不同对农业生产造成的影响程度也存在差异。总体来说，几乎所有的年份均有干旱出现，特别是 20 世纪 90 年代以来，干旱频率加剧趋势明显。如图 6－3 所示，根据 1961～2015 年期间降水量的统计数据显示，甘肃省年均降水量 409.9 毫米，并且呈波动式减少的趋势，大部分地区年均降水量低于 450 毫米，只有临夏州、甘南、陇南、天水、庆阳等地区年均降水量超过了 450 毫米，而这几个区域属于牧区和山区，农业种植面积较小。

（二）霜冻

霜冻对农作物及经济林果造成的危害，其实质是由于 0℃ 以下的低温所引起的植株茎叶器官组织中的细胞内结冰使细胞致死，但是在灾害发生当下

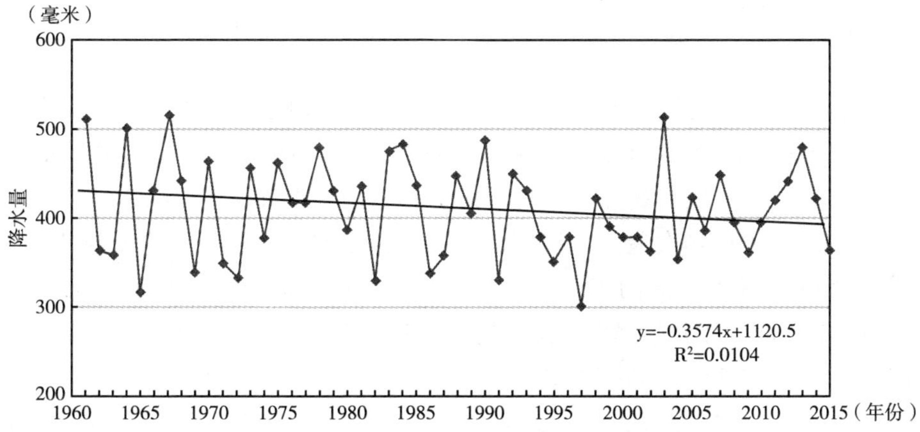

图6－3 1961～2015年甘肃省年均降水量

资料来源：根据国家气象科学数据共享服务平台数据整理计算而得。

农作物表面并不会立刻显现出来变化，因此很难确定农业的受灾情况及受损程度。霜冻根据发生的时间可以分早霜冻和晚霜冻两种，一般来讲晚霜冻危害大于早霜冻，晚霜冻发生于春季，大部分农作物已经发芽甚至开花，给农作物带来的伤害更大。即使是遭受灾害的程度相同，不同品种、不同花期、不同年龄阶段的农作物损失程度也会存在差异。1961～2015年统计数据显示，甘肃省年均最低气温为－4～11℃，甘南及祁连山一带、秦岭以北的河西走廊、陇东高原和甘肃中部地区平均最低气温在5℃以下，受冰冻危害最大。2004年5月3～5日出现了自1981年以来最强的一次强冰冻天气，受害范围是近50年以来最大的一次。全省农作物受灾面积1500万亩，直接经济损失达到13.4亿元。①

（三）风雹

风雹是甘肃省影响程度仅次于干旱的气象灾害，每年在作物生长季节都可发生。甘肃受风雹灾害的影响最为严重的地区大多分布在高大山脉、高地势、地形复杂地区，如甘南州、乌鞘岭及临夏、定西两地、陇东的六盘山等地区。风雹对农业生产影响很大，尤其是已经到了成熟期的农作物。伴随强对流风雹天气同时出现的还会有局地暴洪等次生灾害，不仅增加灾害对农作物的影响，也不利于灾后施救、降低损失和灾后定损理赔等工作的进行。

① 资料来源：根据中国气象数据网（http：//data.cma.cn/）数据整理所得。

（四）洪涝

甘肃省虽然整体降水量较小，大部分地区干旱频发，但由于其地域跨度很大，还有个别区域存在洪涝灾害。甘肃省每年6～9月为洪涝灾害高发期，85%～95%的水灾发生在这一期间，其中70%的洪涝灾害发生在7月及8月，且以7月下旬出现频次最高。根据已有的统计资料分析，甘肃省暴洪灾害主要发生在陇南东南部的两当、徽县、成县、康县以及陇东、天水的东南部。如2014年6月，部分市州多次出现短时强降雨天气，引发洪涝灾害，共造成白银、兰州、定西、庆阳、陇南、平凉、甘南、武威、张掖9个市（州）的32个县（区）、38.61万人受灾；因灾遇难4人，失踪1人，紧急转移安置112人；农作物受灾面积74.69万亩，其中绝收面积5.8万亩；直接经济损失达4.77亿元。[①] 1961～2015年甘肃省极端日降水事件变化如图6－4所示。1978～2017年甘肃省农业成灾及受灾情况如表6－2～表6－5所示。

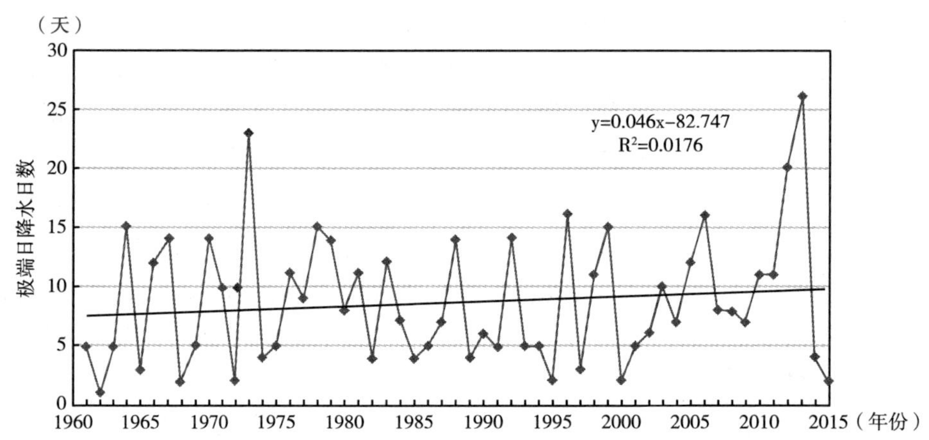

图6－4　1961～2015年甘肃省极端日降水事件变化

资料来源：根据国家气象科学数据共享服务平台数据整理计算而得。

表6－2　1978～2018年甘肃省农业成灾面积及分灾因状况　单位：万亩

年份	旱灾	洪涝	风雹	冰冻	总成灾	播种面积
1978	660	126	336	105	1277	5262
1979	1045	188	282	206	1721	5207

① 资料来源：《甘肃发展年鉴2015》。

续表

年份	旱灾	洪涝	风雹	冰冻	总成灾	播种面积
1980	729	101	276	88	1327	5219
1981	1145	143	132	169	1589	5103
1982	1288	129	74	61	1552	5117
1983	95	44	165	103	407	5222
1984	0	420	110	19	548	5199
1985	75	31	263	11	380	5235
1986	905	55	259	0	1219	5253
1987	1340	106	57	7	1510	5369
1988	103	257	74	10	444	5351
1989	350	64	64	31	509	5366
1990	308	169	144	115	736	5417
1991	850	174	59	110	1193	5381
1992	747	175	95	21	1038	5493
1993	300	110	254	60	722	5459
1994	1305	135	195	75	1710	5564
1996	480	254	157	0	877	5646
1997	1500	11	185	0	1787	5637
1998	398	126	243	57	824	5652
1999	1301	105	129	48	1590	5714
2000	1658	159	150	0	1967	5610
2001	1283	102	150	225	1760	5534
2002	737	143	353	41	1272	5475
2003	801	231	77	27	1136	5432
2004	1133	51	68	479	1730	5504
2005	1031	134	45	72	1281	5589
2006	1415	170	231	468	2283	5488
2007	1488	180	272	101	2042	5185
2008	860	54	155	2	1262	5174
2009	743	90	122	48	1004	5541
2010	642	125	95	134	995	5585
2011	860	89	83	38	1068	5662

续表

年份	旱灾	洪涝	风雹	冰冻	总成灾	播种面积
2012	273	215	159	87	734	5656
2013	557	220	162	39	983	5670
2014	437	176	179	415	1207	5664
2015	380	96	271	128	875	5653
2016	892	112	59	160	1222	5624
2017	338	84	126	16	564	5628
2018	47	275	86	382	791	5660

资料来源：根据《中国统计年鉴》历年资料整理计算所得。

表 6-3　　1978～2018 年甘肃省农业成灾率及分灾因占比状况　　单位:%

年份	旱灾	洪涝	风雹	冰冻	成灾率
1978	51.68	9.87	26.31	8.22	24.27
1979	60.72	10.92	16.39	11.97	33.05
1980	54.94	7.61	20.80	6.63	25.43
1981	72.06	9.00	8.31	10.64	31.14
1982	82.99	8.31	4.77	3.93	30.33
1983	23.34	10.81	40.54	25.31	7.79
1984	0.00	76.64	20.07	3.47	10.54
1985	19.74	8.16	69.21	2.89	7.26
1986	74.24	4.51	21.25	0.00	23.21
1987	88.74	7.02	3.77	0.46	28.12
1988	23.20	57.88	16.67	2.25	8.30
1989	68.76	12.57	12.57	6.09	9.49
1990	41.85	22.96	19.57	15.63	13.59
1991	71.25	14.59	4.95	9.22	22.17
1992	71.97	16.86	9.15	2.02	18.90
1993	41.55	15.24	35.18	8.31	13.23
1994	76.32	7.89	11.40	4.39	30.73
1996	54.73	28.96	17.90	0.00	15.53
1997	83.94	0.62	10.35	0.00	31.70
1998	48.30	15.29	29.49	6.92	14.58
1999	81.82	6.60	8.11	3.02	27.83

续表

年份	旱灾	洪涝	风雹	冰冻	成灾率
2000	84.29	8.08	7.63	0.00	35.06
2001	72.90	5.80	8.52	12.78	31.80
2002	57.94	11.24	27.75	3.22	23.23
2003	70.51	20.33	6.78	2.38	20.91
2004	65.49	2.95	3.93	27.69	31.43
2005	80.48	10.46	3.51	5.62	22.92
2006	61.98	7.45	10.12	20.50	41.60
2007	72.87	8.81	13.32	4.95	39.38
2008	68.15	4.28	12.28	0.16	24.39
2009	74.00	8.96	12.15	4.78	18.12
2010	64.52	12.56	9.55	13.47	17.82
2011	80.52	8.33	7.77	3.56	18.86
2012	37.19	29.29	21.66	11.85	12.98
2013	56.68	22.38	16.52	3.95	17.34
2014	36.21	14.55	14.83	34.41	21.30
2015	43.38	11.00	30.95	14.67	15.48
2016	72.95	9.13	4.80	13.12	21.74
2017	59.91	14.93	22.33	2.82	10.01
2018	6.00	34.79	10.85	48.36	13.97

资料来源：根据《中国统计年鉴》历年资料整理计算所得。

表 6-4　1978～2018 年甘肃省农业受灾面积及分灾因状况　单位：万亩

年份	旱灾	洪涝	风雹	冰冻	总受灾	播种面积
1978	780	123	393	135	1583	5262
1979	1730	380	282	500	2892	5207
1980	878	119	320	104	1593	5219
1981	1396	299	172	236	2103	5103
1982	1800	164	161	105	2230	5117
1983	151	188	331	224	894	5222
1984	227	542	181	24	974	5199
1985	522	41	347	14	924	5235
1986	2000	138	391	4	2533	5253

续表

年份	旱灾	洪涝	风雹	冰冻	总受灾	播种面积
1987	1836	265	97	25	2223	5369
1988	703	460	155	18	1336	5351
1989	976	199	100	55	1330	5366
1990	720	223	362	223	1528	5417
1991	1900	349	183	220	2652	5381
1992	1805	560	159	30	2554	5493
1993	800	218	534	125	1676	5459
1994	2655	180	315	210	3375	5564
1996	906	453	295.5	0	1654.5	5646
1997	2416.5	19.5	309	63	2806.5	5637
1998	904.5	255	126	108	1393.5	5652
1999	1965	267	205.5	276	2715	5714
2000	2782.5	216	330	150	3478.5	5610
2001	2370	246	345	360	3321	5534
2002	1006.5	193.5	523.5	100.5	1824	5475
2003	1104	315	124.5	33	1576.5	5432
2004	1387.5	115.5	189	1393.5	3220.5	5504
2005	1650	202.5	61.5	85.5	1999.5	5589
2006	1764	223.5	333	735	3058.5	5488
2007	2302.5	292.5	310.5	520.5	3426	5185
2008	1176	107	240	468	2001	5174
2009	2313	165	234	107	2822	5541
2010	1073	335	110	438	1956	5585
2011	1374	153	302	72	1901	5662
2012	747	292.5	330	154.5	1524	5656
2013	1042	418	301	154	1924	5670
2014	966	233	215	1014	2428	5664
2015	800	121	395	202	1517	5653
2016	1497	156	115	246	2015	5624
2017	790	124	218	28	1160	5628
2018	75	386	136	549	1146	5660

资料来源：根据《中国统计年鉴》历年资料整理计算所得。

表6－5 1978～2018年甘肃省农业受灾率及分灾因占比状况 单位:%

年份	旱灾	洪涝	风雹	冰冻	受灾率
1978	49.27	7.77	24.83	8.53	30.08
1979	59.82	13.14	9.75	17.29	55.54
1980	55.12	7.47	20.09	6.53	30.52
1981	66.38	14.22	8.18	11.22	41.21
1982	80.72	7.35	7.22	4.71	43.58
1983	16.89	21.03	37.02	25.06	17.12
1984	23.31	55.65	18.58	2.46	18.73
1985	56.49	4.44	37.55	1.52	17.65
1986	78.96	5.45	15.44	0.16	48.22
1987	82.59	11.92	4.36	1.12	41.40
1988	52.62	34.43	11.60	1.35	24.97
1989	73.38	14.96	7.52	4.14	24.79
1990	47.12	14.59	23.69	14.59	28.21
1991	71.64	13.16	6.90	8.30	49.28
1992	70.67	21.93	6.23	1.17	46.50
1993	47.73	13.01	31.86	7.46	30.70
1994	78.67	5.33	9.33	6.22	60.66
1996	54.76	27.38	17.86	0.00	29.30
1997	86.10	0.69	11.01	2.24	49.79
1998	64.91	18.30	9.04	7.75	24.65
1999	72.38	9.83	7.57	10.17	47.51
2000	79.99	6.21	9.49	4.31	62.01
2001	71.36	7.41	10.39	10.84	60.01
2002	55.18	10.61	28.70	5.51	33.32
2003	70.03	19.98	7.90	2.09	29.02
2004	43.08	3.59	5.87	43.27	58.51
2005	82.52	10.13	3.08	4.28	35.78
2006	57.68	7.31	10.89	24.03	55.73
2007	67.21	8.54	9.06	15.19	66.08
2008	58.77	5.35	11.99	23.39	38.67
2009	81.96	5.85	8.29	3.79	50.93

续表

年份	旱灾	洪涝	风雹	冰冻	受灾率
2010	54.86	17.13	5.62	22.39	35.02
2011	72.28	8.05	15.89	3.79	33.57
2012	49.02	19.19	21.65	10.14	26.94
2013	54.17	21.72	15.66	8.02	33.94
2014	39.80	9.60	8.84	41.76	42.86
2015	52.72	7.97	26.01	13.30	26.83
2016	74.31	7.76	5.71	12.22	35.83
2017	68.13	10.67	18.78	2.42	20.60
2018	6.56	33.70	11.83	47.92	20.25

注：受灾率是指年度总受灾面积占总播种面积的比例，各灾因的占比指该灾因成灾或受灾面积占总成灾或总受灾面积的比例。

资料来源：根据《中国统计年鉴》历年资料整理计算所得。

三、甘肃省农业气象灾害特点分析

（一）旱灾影响最大，其次是冰冻、风雹和洪涝等灾害

甘肃省农业大部分由雨养农业构成，主要分布在河东地区，但是20世纪90年代以后随着气温全球变暖，厄尔尼诺现象①出现的频率增加，年降水量呈下降趋势，旱灾发生频繁，旱情严重。冰冻、风雹和洪涝等灾害的影响程度近年来有增加的趋势，受灾面积占到总体受灾面积的将近40%。全省农业生产产量的80%仍然是依赖于气象因素，农业生产产值占农村居民人均收入比重仍然较大，是一个主要的经济来源。这使得甘肃省的经济发展和气象状况的好坏存在比较明显的相关关系。

（二）气象灾害发生关联性强，且容易引发次生灾害

气象理论的研究表明，诸多灾害之间存在着很强的关联性，如干旱可能

① 厄尔尼诺一词源自西班牙文 El Niño，原意是“圣婴”，用来表示在南美洲西海岸（秘鲁和厄瓜多尔附近）向西延伸，经赤道太平洋至日期变更线附近的海面温度异常增暖的现象。研究发现，当厄尔尼诺出现时，将促使日本列岛及我国东北地区夏季发生持续低温，有的年份使我国大部分地区的降水有偏少的趋势。

会导致出现河道断流、水域面积缩小、水资源匮乏、生态环境恶化等一系列问题；伴随强对流冰雹天气同时也会出现雷暴大风、局地洪涝等灾害；暴雨和突发性强降水常常诱发地质灾害。省内最典型的莫过于2010年8月7日，甘南藏族自治州舟曲县城东北部山区突降特大暴雨，随之引发了三眼峪、罗家峪等四条沟系特大山洪地质灾害，泥石流长约5千米，平均宽度300米，平均厚度5米，总体积750万立方米，给当地人民群众的生命安全和经济安全带来了严重的危害。

（三）气象灾害存在区域性差异

甘肃东西跨越1000多千米，地势西高东低。甘肃由东南到西北几乎包括了北亚热带到高原寒带的各种气候带和湿润、半湿润、半干旱、干旱、极干旱气候区。甘肃干旱半干旱地区包括介于祁连山与北山（马鬃山、合黎山和龙首山）之间的河西走廊干旱区和甘肃黄土高原的半干旱湿润易旱区，其面积约为22.4万多平方千米，约占甘肃省行政面积的49.4%。河西走廊是一个东西长约1000千米、南北宽仅几千米至百余千米的狭长平原，面积约11.1万平方千米，河西地区虽然降水稀少，但祁连山区的降水和冰雪融水，每年通过源于山区的57条大小内陆河流，可为走廊平原提供约70亿立方米的流量，使其中形成数块大小不同的绿洲。绿洲耕地有较好的灌溉条件，旱灾反而不易发生，是本省主要的产粮区。甘肃黄土高原面积约11.3万多平方千米，包括陇西黄土高原和陇东黄土高原，甘肃黄土高原约有90%的耕地为旱作农业。因此，虽同为一省，但不同的地市，甚至不同的县区，气象状况和灾害状况都存在着较大的差异性，也使甘肃省耕种的农作物具有多样性。

第二节　甘肃省农业保险发展状况

20世纪80年代，中国人民保险公司曾在定西等地进行试点开展农业保险业务。但在1996~2006年期间，甘肃省农业保险发展逐渐萎靡，各种资源均不足，农业保险在甘肃的发展开始停滞，处于停办状态。直到2007年，甘肃省在中央的指导政策下，出台了一系列关于支持、加快农业保险发展的政策措施，农业保险在甘肃有了一个新的开始。2007年开始，甘肃省与全国同步开展政策性农业保险试点。经过十多年的努力，甘肃省农业保险实现了从无到有、从小到大、从点到面的长足发展，截至2018年底累计为农业提供了1765亿元的风险保障，处理赔款案件53万件，赔款支出32.4亿元，直接受益农户达到514万户（次），为全省农业连年增产、农民持续增收提供了有力保障，充分发挥了农业保险为农户雪中送炭的功能。

一、规模方面

目前甘肃省农业保险发展初具规模，2007~2017年，累计实现保费收入42.94亿元，保费规模以远高于GDP和整个保险行业的速度增长，承担农业风险保障1341亿元；同期累计赔付27.46亿元，赔付率为64%，经营状况良好，为甘肃省农业应对自然灾害提供了较大的保障。而且，甘肃省财政每年针对一些地方特色优势产业安排专项资金开展该地方特色产业品种保险，如开展设施蔬菜、制种玉米等保险试点，大大促进甘肃省发展特色、高效农业，有力提升了甘肃省农民的收入。随着受益农户的逐年增多，农业保险在农户当中的普及和认可程度也在逐年提高。表6-6为2005~2017年甘肃省农业保险保费收支情况。

表6-6　　2005~2017年甘肃农业保险保费收支情况

指标	2005年	2006年	2007年	2008年	2009年	2010年
收入（万元）	12	9	4130	5537	3801	5559
收入增长率（%）	—	-25	457.9	34.1	31.4	46.3
赔款支出（万元）	0	0	213	2813	5591	4361
赔付率（%）	0.00	0.00	5.16	50.80	147.10	78.45

指标	2011年	2012年	2013年	2014年	2015年	2016年	2017年
收入（万元）	165	28297	42989	69000	76924	84400	92365
收入增长率（%）	196.8	71.5	51.9	60.5	11.5	9.8	9.4
赔款支出（万元）	2285	14733	23738	37300	52294	68600	62597
赔付率（%）	13.85	52.07	55.22	54.1	68	81.3	67.8

注：增长率和赔付率是根据农业保险的收入和支出计算所得。

资料来源：由《中国保险年鉴》历年数据整理。

由表6－6可以发现，在甘肃省农业保险保费收入不断增加的同时赔付率也在不断攀升。农业是弱质产业，尤其是在面对自然风险时，农民总是会有很强的无力感。虽然采取了提升气象预报水平、改善基础设施条件等措施增强农民抗御风险的能力，并通过加强农业保险体系建设来弥补农民的灾后损失，然而，对泥石流、冰雹这样发生范围小、破坏力巨大的自然灾害而言，在当前的技术条件下，仍然难以准确预报。一旦受灾，农业保险对灾后恢复生产的重要性就凸显出来了。目前，甘肃省农业保险保费规模位居全国中游，西北第二。虽然与东部发达地区相比还相差甚远，但基于甘肃省所处的地理位置及各方面的因素来说，已经取得了不错的成绩。

二、产品方面

甘肃省地域面积较大、东西跨度很大，省内各地区农业生产差异较大，农产品的品种也非常丰富。自2007年中央实施政策性农业保险后，2008年落地了玉米、棉花、油菜、苹果、葡萄、奶牛、肉牛、鸡、能繁母猪、青稞等10个保险产品。在省政府、保监局、中国人民财产保险股份有限公司甘肃分公司、中华联合财产保险公司甘肃分公司等机构的协同推进下，农业保险产品不断丰富化，截至2017年底，在中央开办的15个补贴险种当中，甘肃省已有冬小麦、棉花、玉米、马铃薯、青稞、母猪、奶牛、牦牛、藏系羊和森林等11个中央财政补贴险种。

各家保险机构在积极开办中央政策性补贴农业保险项目的同时，还开展了许多甘肃省政府支持的与甘肃省各地特色和支柱产业相结合的农业保险的品种试点，先后开展设施蔬菜、经济林果、玉米制种、烤烟、肉牛、肉羊、葡萄、枸杞等特色产业保险，2014年5月在全国率先启动了中药材产值保险试点，承保品种为当归、黄芪、党参等中药材。目前农业保险品种达到30余个。保险机构还积极探索新型农业保险承保方式，开办了中药材产值保险及蔬菜、洋葱、百合等多个新型价格保险，开办茶叶、李广杏2个天气指数保险。初步形成了“覆盖大宗种养殖、区域性优势品种、地方性特色品种”和“传统成本保险、新型价格指数保险、天气指数保险”的“3＋3”保障体系。

由此可见，在中央政府的大力支持和甘肃省各级政府的推动下，甘肃省农业保险从停到办、从小到大，承保品种不断增加，承保收入不断增长，覆盖范围不断扩大，体制机制不断健全，基本形成了既有全国统办品种又有地方特色品种，多层次、多主体的多格局农业保险发展局面。对于以农业为主的省份，甘肃省农业保险取得了较快的发展，并逐步显现出对农业风险的兜底保障作用。2017 年甘肃省中央及地方财政支持类农业保险开办情况如表 6 –7 和表 6 –8 所示。

表 6 –7　　2017 年甘肃省中央财政支持类农业保险开办情况

<table>
<tr><th colspan="3" rowspan="2">险种</th><th rowspan="2">开办年份</th><th rowspan="2">费率（%）</th><th rowspan="2">性质</th><th colspan="4">补贴比例（%）</th></tr>
<tr><th>中央</th><th>省级</th><th>地县</th><th>个人</th></tr>
<tr><td rowspan="4">养殖险</td><td colspan="2">藏系羊</td><td>2011</td><td>6</td><td>Z</td><td>40</td><td>30</td><td>20</td><td>10</td></tr>
<tr><td colspan="2">牦牛</td><td>2011</td><td>6</td><td>Z</td><td>40</td><td>30</td><td>20</td><td>10</td></tr>
<tr><td colspan="2">能繁母猪</td><td>2007</td><td>6</td><td>Z</td><td>50</td><td>15</td><td>15</td><td>20</td></tr>
<tr><td colspan="2">奶牛</td><td>2008</td><td>6</td><td>Z</td><td>50</td><td>30</td><td>10</td><td>10</td></tr>
<tr><td rowspan="8">种植险</td><td colspan="2">油菜</td><td>2011</td><td>6</td><td>Z</td><td>65</td><td>0</td><td>0</td><td>35</td></tr>
<tr><td colspan="2">冬小麦</td><td>2014</td><td>6</td><td>Z</td><td>50</td><td>35</td><td>0</td><td>15</td></tr>
<tr><td rowspan="2">玉米</td><td>大田玉米</td><td>2011</td><td>5</td><td>Z</td><td>40</td><td>25</td><td>20</td><td>15</td></tr>
<tr><td>制种玉米</td><td>2015</td><td>5</td><td>Z</td><td>40</td><td>25</td><td>20</td><td>15</td></tr>
<tr><td rowspan="2">马铃薯</td><td>低保额</td><td>2012</td><td>5</td><td>Z</td><td>40</td><td>25</td><td>20</td><td>15</td></tr>
<tr><td>高保额</td><td>2014</td><td>5</td><td>Z</td><td>40</td><td>25</td><td>20</td><td>15</td></tr>
<tr><td colspan="2">青稞</td><td>2011</td><td>6</td><td>Z</td><td>40</td><td>25</td><td>20</td><td>15</td></tr>
<tr><td colspan="2">棉花</td><td>2014</td><td>6</td><td>Z</td><td>40</td><td>25</td><td>20</td><td>15</td></tr>
<tr><td rowspan="2">森林</td><td colspan="2">公益林</td><td>2013</td><td>0.2</td><td>Z</td><td>50</td><td>25</td><td>20</td><td>5</td></tr>
<tr><td colspan="2">商品林</td><td>2013</td><td>0.2</td><td>Z</td><td>30</td><td>25</td><td>15</td><td>30</td></tr>
</table>

注：Z 代表中央补贴险种。
资料来源：甘肃省保监局。

表 6 –8　　2017 年甘肃省地方支持类农业保险开办情况

<table>
<tr><th colspan="2" rowspan="2">险种</th><th rowspan="2">开办年份</th><th rowspan="2">费率（%）</th><th rowspan="2">性质</th><th colspan="4">补贴比例（%）</th></tr>
<tr><th>中央</th><th>省级</th><th>地县</th><th>个人</th></tr>
<tr><td rowspan="5">养殖业</td><td>鸡</td><td></td><td>—</td><td>S</td><td>—</td><td>—</td><td>—</td><td></td></tr>
<tr><td>育肥猪</td><td>2014</td><td>6</td><td>S</td><td>—</td><td>—</td><td>—</td><td>100</td></tr>
<tr><td>肉牛</td><td>2014</td><td>6</td><td>D</td><td>—</td><td>—</td><td>70</td><td>30</td></tr>
<tr><td>肉羊</td><td>2014</td><td>6</td><td>S</td><td>—</td><td>—</td><td>—</td><td>100</td></tr>
<tr><td>马</td><td>2016</td><td>6</td><td>S</td><td>—</td><td>—</td><td>—</td><td>100</td></tr>
</table>

续表

<table>
<tr><th colspan="4" rowspan="2">险种</th><th rowspan="2">开办年份</th><th rowspan="2">费率（%）</th><th rowspan="2">性质</th><th colspan="4">补贴比例（%）</th></tr>
<tr><th>中央</th><th>省级</th><th>地县</th><th>个人</th></tr>
<tr><td rowspan="6">种植险</td><td colspan="3">烤烟保险</td><td>2015</td><td>6%</td><td>D</td><td>—</td><td>—</td><td>67</td><td>33</td></tr>
<tr><td colspan="3">设施蔬菜</td><td>2014</td><td>2/4</td><td>D</td><td>—</td><td>50</td><td>35</td><td>15</td></tr>
<tr><td rowspan="4">果品收获保险</td><td colspan="2">果品收获保险（中华）</td><td>2015</td><td>5</td><td>D</td><td></td><td>85</td><td></td><td>15</td></tr>
<tr><td colspan="2">果品收获保险（人保）</td><td rowspan="3">2014</td><td>—</td><td>D</td><td>—</td><td>—</td><td>—</td><td>—</td></tr>
<tr><td rowspan="2">其中</td><td>苹果</td><td>6</td><td>D</td><td>—</td><td>50/68</td><td>35/7</td><td>15/25</td></tr>
<tr><td>樱桃</td><td>6</td><td>D</td><td>—</td><td>—</td><td>50</td><td>50</td></tr>
<tr><td rowspan="13">种植险</td><td rowspan="6">中药材</td><td rowspan="2">当归</td><td>散户</td><td rowspan="6">2014</td><td>6</td><td>D</td><td>—</td><td>—</td><td>—</td><td>—</td></tr>
<tr><td>企业</td><td>6</td><td>D</td><td>—</td><td>—</td><td>—</td><td>—</td></tr>
<tr><td rowspan="2">黄芪</td><td>散户</td><td>6</td><td>D</td><td>—</td><td>—</td><td>—</td><td>—</td></tr>
<tr><td>企业</td><td>6</td><td>D</td><td>—</td><td>—</td><td>—</td><td>—</td></tr>
<tr><td rowspan="2">党参</td><td>散户</td><td>6</td><td>D</td><td>—</td><td>—</td><td>—</td><td>—</td></tr>
<tr><td>企业</td><td>6</td><td>D</td><td>—</td><td>—</td><td>—</td><td>—</td></tr>
<tr><td colspan="3">葡萄种植保险</td><td>2016</td><td>6</td><td>D</td><td>—</td><td>—</td><td>80</td><td>20</td></tr>
<tr><td colspan="3">洋葱种植保险</td><td>2016</td><td>8</td><td>D</td><td>—</td><td>50</td><td>10</td><td>40</td></tr>
<tr><td colspan="3">枸杞种植保险</td><td>2016</td><td>8</td><td>D</td><td></td><td>50</td><td>25</td><td>25</td></tr>
<tr><td rowspan="4">创新农险</td><td rowspan="2">价格保险</td><td>娃娃菜</td><td rowspan="2">2015</td><td>10</td><td>D</td><td>—</td><td>50</td><td>30</td><td>20</td></tr>
<tr><td>冬笋</td><td>10</td><td>D</td><td>—</td><td>50</td><td>30</td><td>20</td></tr>
<tr><td colspan="2">茶叶种植附加低温指数保险</td><td>2016</td><td>3/4</td><td>D</td><td>—</td><td>67.58</td><td>22.42</td><td>10</td></tr>
<tr><td colspan="2">李广杏气象险</td><td>2016</td><td>10</td><td>D</td><td>—</td><td>—</td><td>80</td><td>20</td></tr>
<tr><td rowspan="2">农房</td><td colspan="3">农房保险</td><td></td><td>0.075</td><td>D</td><td>—</td><td>—</td><td>—</td><td>—</td></tr>
<tr><td colspan="3">农房地震保险</td><td></td><td>0.1</td><td>D</td><td>—</td><td>—</td><td>—</td><td>—</td></tr>
</table>

注：S 代表省级补贴险种，D 代表地方补贴险种。

资料来源：甘肃省保监局。

三、补贴政策方面

甘肃省属于西部经济欠发达地区，经济发展水平落后。省政府财政预算收入较低，实现财政转移支付功能的资金有限，制约了省级及各市州县级地方政府财政对政策性农业保险保费补贴的能力，不利于农业保险的开发、创新及实施。第一，专项资金安排的补贴方式缺乏对政策性农业保险的有效支持。2007 年起，省政府以安排专项资金的方式用于建设农业、玉米制种等地方特色优势产业品种的农业保险试点工作，专项资金安排作为扶持农业保险发展的一项制度安排局限性很大，每年少量的资金作为保险补贴远不能满足试点地区农户和相关农业产业发展需求。第二，省财政对地方政策性险种的补贴责任不到位。甘肃省内，地方政策性险种大多采用省、市、县（区）三级或市、县（区）两级财政分担补贴任务，然而各级财政在支持地方政策性保险方面补贴能力十分有限，而农业保险的试点地区大多以农业生产为主，地方财政收支状况较差，市、县级财政配套资金筹集压力大，很难及时足额地把补贴资金安排到位。第三，税收优惠不足。甘肃省对政策性农业保险的支持主要体现在保费补贴方面，缺乏对农业保险承办主体的有效扶持。目前，甘肃省内经营农业保险的保险公司主要是中国人保和中华联合两家，而两家公司自开办政策性农业保险以来在农业保险方面的盈利十分薄弱，有些年份甚至出现高达 151% 和 90. 6% 的赔付率水平，远远超过业界公认的 70% 的临界点。再加上农业保险具有公共产品的属性，在实施过程当中也能产生正外部性，因此政府需要为农业保险的经营提供补贴以及税收政策的优惠，激励保险公司不断扩大供给农业保险的范围和规模。然而目前甘肃省对农业保险经营主体的支持仅限于有限的税收优惠，对保险公司的激励不足，并不能有效地调动保险公司开发经营农业保险的积极性。

四、保障效果方面

保险密度是指按照一个国家或地区人口计算的人均保费额，它能够反映人们参加保险的程度。用甘肃省农业保险保费收入除以甘肃省农村人口数来估算甘肃省农业保险密度，同时使用全国农业保险保费收入除以全国农村人口数来估算全国的农业保险密度。甘肃省的农业生产是分散的，而且经济条件落后、自然条件较为恶劣，理论上来说，在农业生产过程中应当存在较高的需求水平，然而实际情况并非如此。甘肃省和全国的农业保险密度虽然都在快速提高，但是甘肃省作为人口少、耕地面积大的农业大省，农业人口人均保费还是低于全国水平，2017 年全国农业人口人均保费为 83. 17 元，而甘肃省为 65. 65 元（见表 6 –9）。极低的有效需求是制约甘肃省农业保险快速发展的直接原因。究其根本原因是农业保险的保障程度很低，甚至不足以覆盖生产成本，同时农户受小农经济思想的影响，缺乏科学管理风险的意识，不会采用农业保险来分散农业风险、预防农业生产遭受灾害时造成的损失，而是选择通过借助亲属帮扶或者等待政府救助的方式来应对相关风险。大部分农户对保险的认识十分匮乏，不理解农业保险，不清楚农业保险的性质、内容，甚至投保理赔程序等。有些农户如果今年投了保，但是没有发生灾害就会认为自己吃了亏，下年不会再继续投保。甚至有些农户把缴纳保费当成是政府胡乱收取的费用。补贴政策落实缺位，保险公司开发产品积极性缺乏。甘肃省主要采取政府引导、市场运作、自主自愿、协同推进的原则，积极开展了农业保险工作。各级政府按照省级总体规划部署，因地制宜、整体推进，充分发挥财政政策引导和金融放大效应，调动和发挥保险经营机构积极开办农业保险，坚持农户投保自愿原则，不强迫、不摊派，防止虚报规模套取财政保费补贴资金。在开展农业保险的地区，建立了由财政、农业、气象、水利、保险公司等多部门组成的农业保险工作协调机制，主动发挥职能，形成合力。充分发挥财政政策的综合效应，推动保费补贴政策同国家其他支农强农惠农富农政策和信贷政策有机结合、协同推进，促使农业保险健康稳定发展。由于农业保险的推出对农业生产和农业风险规避具有重要作用，为此，我们应对农业保险的存在有全面正确的认识，充分认识到农业保险对国民经济的促进作用和影响，积极发展农业保险。

表6-9　　甘肃省人均农业保险保费与全国的比较

年份	全国农业保险收入（亿元）	全国农村人口数（亿人）	全国农业保险密度（元/人）	甘肃农业保险收入（万元）	甘肃农村人口数（万人）	甘肃农业保险密度（元/人）
2005	7.11	7.45	0.95	12	1816	0.01
2006	8.48	7.32	1.16	9	1796	0.01
2007	51.94	7.15	7.26	4130	1790	2.31
2008	110.68	7.04	15.72	5537	1783	3.11
2009	130.00	6.90	18.84	3801	1775	2.14
2010	135.86	6.71	20.25	5559	1635	3.40
2011	173.80	6.57	26.45	16500	1611	10.24
2012	240.13	6.42	37.40	28297	1579	17.92
2013	306.70	6.29	48.76	42989	1546	27.81

续表

年份	全国农业保险收入（亿元）	全国农村人口数（亿人）	全国农业保险密度（元/人）	甘肃农业保险收入（万元）	甘肃农村人口数（万人）	甘肃农业保险密度（元/人）
2014	325.70	6.19	52.62	69000	1511	45.67
2015	374.70	6.18	60.63	76924	1483	51.87
2016	417.00	5.89	70.80	84400	1444	58.45
2017	479.06	5.76	83.17	92365	1407	65.65

资料来源：《中国保险年鉴》《中国统计年鉴》。

由表6－9可以发现，虽然由于各种原因甘肃省农业保险密度一直低于全国的水平，但可以看出从2005～2017年全国农业保险密度和甘肃农业保险密度处于不断上升的态势，这说明农户的参保率越来越高，对农业保险的认可度也在不断提高，甘肃省的农业保险密度也在不断靠近全国农业保险密度，这说明甘肃省的农业保险发展趋势越来越好，政府、保险公司和农户合作关系良好。通过我国近几年保险密度的变化反映出我国保险的普及程度和保险业的发展水平有所提高，这也表明我国居民的保险意识有所提高。我国农业保险业发展需要政府政策的有力支持，需要各方之间建立良好的合作关系。

五、保障水平方面

农业保险保障水平是农业保险发展水平和政策效果的集中体现，是反映和体现农业保险能为农业生产经营者或农业产业提供多大程度风险保障的指标。从单个农产品品种角度看，农业保险保障水平可以用农业保险覆盖范围内某标的的单位保额除以单位产值（或收入）即保障比率来衡量。但从整体角度看，有的种养业品种被纳入保险但可能还有一些区域或品种没有纳入农业保险保障范围或者没有参加保险，因此，单位产值（或收入）保障比率这个简单直接的指标无法对宏观意义上的农业保险保障水平进行刻画。据此，针对农业保险保障水平计量可以使用三个有机联系的指标：农业保险保障水平、农业保险保障广度和农业保险保障深度，用来全面计量和评价农业保险保障程度和大小。

农业保险保障水平是从宏观视角和产业发展的层面考察与衡量农业保险保障水平，反映农业保险对农业产业所提供风险保障的程度；农业保险保障广度是从保险覆盖面的角度来测量和反映农业保险的保障程度，反映农业保险对一国或一地区农业生产地域范围和种类数量的覆盖大小；农业保险保障深度是从已承保的农产品产值（或收益）角度衡量农业保险所能提供的风险保障程度，是检验农业保险对农业生产经营者收入提供的风险保障和贡献大小的指标。三个指标的定义为：

农业保险保障水平 = 农业保险保额/农业产值；

农业保险保障广度 = 承保面积（数量）/种植（养殖）总规模；

农业保险保障深度 = 单位面积（数量）保额/单位面积（数量）产值

农业保险保障水平 = 农业保险保障广度 × 农业保险保障深度

如图 6 – 5 所示，2015 年全国农业保险保障水平为 17.69%，同比增长 15.55%，但全国有 1/3 的省份农业保险保障水平同比下降。我国农业保险保障水平的区域差距十分明显，上海、内蒙古、北京等第一梯队省份农业保险保障水平超过 70%；青海、云南的保障水平也超过了 50%；甘肃、福建等 7 个省份处于中上游水平，保障水平在 20% ~35%；河北、陕西等 11 个省份的保障水平介于 10% ~20%；湖北、山东等 7 个省份处于最后梯队，农业保险保障水平尚不足 10%。近年来甘肃省农作物保险保障水平发展势头迅猛，保障水平领先于很多中、东部省份，在西北地区仅次于青海省。虽然与发达

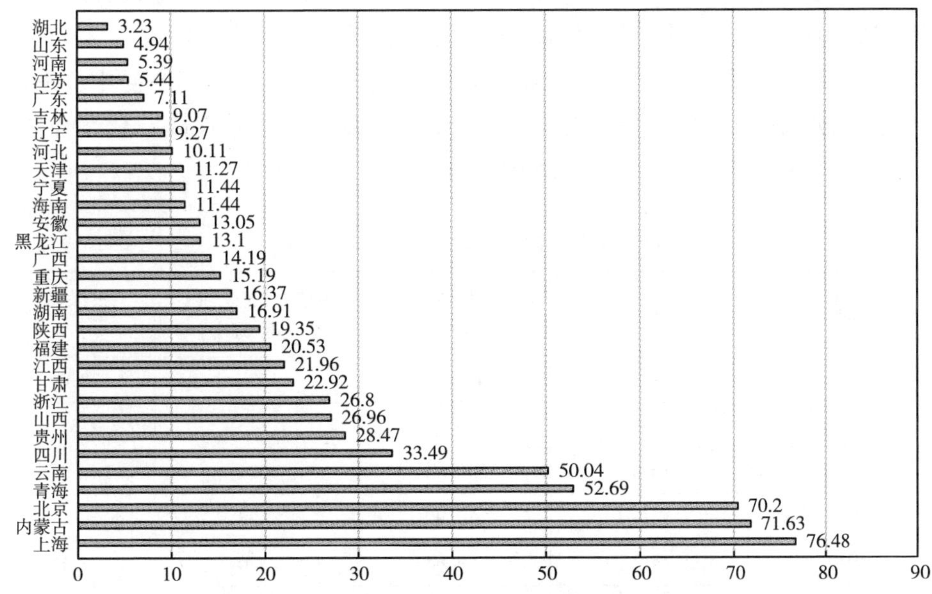

图 6 – 5 2015 年各省区市农业保险保障水平状况

资料来源：根据《中国保险年鉴》《中国农业年鉴》相关数据计算而得。

地区相比仍有很大的差距，但甘肃省区域面积大、耕种作物品种繁多、养殖业种类丰富、气象灾害复杂严重，总体上来说，农业保险发展的成绩比较好。

六、投保覆盖程度方面

投保率是衡量保险市场成熟与否的一个重要指标，对保险公司经营有很大的影响：第一，较高的投保率反映了消费者保险意识较强，对保险产品的认可程度较好，意味着保险公司的展业活动具备良好的市场环境；第二，较高的投保率也反映出保险市场的开发比较充分，保险产品的开发能够满足市场的风险需求，对后期业务的开展提供了良好的基础；第三，较高的投保率能很好地抑制保险市场中“投一保十”的风险，降低经营中的道德风险，使保险公司和消费者之间形成良性的互动。如表 6 – 10 所示，甘肃省政策性农业保险开办品种较多，但不同产品开办的区域范围有所不同，不同产品的投保率有很大的差异。受省政府重视和地方政府大力推动的险种投保率较高，如种植业保险中的马铃薯保险、烤烟保险投保率在 50% 左右，分别达到了 49.5%、50.4%；养殖业保险中的奶牛保险、牦牛保险、藏系羊保险投保率更是分别达到了 69.3%、84.4%、84.8%。而种植面积较小、重视程度较低的玉米、冬小麦、青稞等作物的投保比例较低，分别为 38.0%、25.1%、32.1%，能繁母猪保险的投保率也只有 33.3%。尤其是一些不享受中央财政补贴的地方特色型农业保险产品的投保率非常低，如油菜保险、葡萄保险、肉牛保险等投保率仅为 2.2%、2.2%、0.2%。

表 6 – 10　　全省农业保险承保面简表（2016 年）

品种	开办地区	承保数量（万亩/万头）	种植面积/存栏量（万亩/万头）	投保率（%）
玉米	全省	580.15	1526	38.0
冬小麦	全省	286.46	1143	25.1
马铃薯	全省	508.0	1026	49.5
油菜（山丹马场）	张掖	10.90	498	2.2
青稞	藏区	9.64	30	32.1
棉花	酒泉、武威	2.14	26	8.2
能繁母猪	全省	35	105	33.3

续表

品种	开办地区	承保数量（万亩/万头）	种植面积/存栏量（万亩/万头）	投保率（%）
奶牛	全省	20.79	30	69.3
牦牛	藏区	140	约170	82.4
藏系羊	藏区	339	约400	84.8
中药材（产值保险）	定西、陇南、兰州	26.00	435	6.0
苹果	平凉、天水	23.50	441	5.3
蔬菜（价格指数）	全省	9.24	820	1.1
樱桃	天水	0.24	5	4.8
烤烟	庆阳	2.60	5	50.4
葡萄	敦煌	1.00	45	2.2
洋葱（价格指数）	嘉峪关	0.06	约60	0.1
枸杞	白银	4.42	64	6.9
玫瑰（价格指数）	兰州	0.40	9	4.4
百合	兰州	0.11	18	0.6
茶叶（气象指数）	陇南	1.00	19	5.3
李广杏（气象指数）	敦煌	2.01（万株）	6（万株）	33.5
肉牛	全省	0.82	402	0.2
鸡	全省	20.67	4000	0.3
育肥猪（商业性）	全省	0.36	560	0.1
森林（公益林）	全省	5338.99	11000	48.5

注：中央财政补贴的15个品种，甘肃省开办了10个，油料作物、育肥猪2个品种尚未落地。
资料来源：甘肃省保监局。

甘肃省不同品种农业保险的投保率，说明政府财政支持在农业保险发展中起到了至关重要的作用，尤其是中央财政补贴支持的农产品保险推动速度快、投保率高。而地方财政支持的农产品保险发展则存在着很大的差别，像江苏、浙江等财政实力强的地区对农业保险支持力度大、产品创新丰富，农业保险投保率较高；像甘肃、宁夏、贵州等经济欠发达地区，地方财政收支缺口巨大，农业保险保费补贴反而成为财政负担，因而发展农业保险动力不足，投保率较低。

第三节　甘肃省农业保险助推扶贫效果

一、甘肃省农业保险保障农民生产状况分析

如表 6 – 11、表 6 – 12 所示，2008 年以来随着甘肃省农业保险的快速发展，农业保险承担的农业风险额度不断增加，保险金额 2008 年为 10.95 亿元，当年农业增加值为 462.27 亿元，保险金额占农业增加值的比重仅为 2.37%；2017 年保险金额为 541.1 亿元，当年农业增加值为 1063.6 亿元，保险金额占农业增加值的比重快速提高到 50.87%。这意味着甘肃省一般的农业生产受到了保险的保障，很大地发挥了保险的保障功能。从受益农户的数量看，2008 年受益农户为 20863 户次，2017 年迅速增长到了 120.7 万户次，十年时间增加了约 57 倍，如果按照户均四口人的话，意味着占甘肃省近一半的农村人口受益。从保障的农产品看，承保的农产品不断丰富，努力满足农户的风险需求。不仅承保了玉米、小麦等主粮作物，还承保了棉花、油菜、中药材等具有地方特色的经济作物，也承保了苹果、李广杏、大棚蔬菜等具有高收入的高效农产品，通过开办肉牛、生猪、藏牛、藏羊等保险产品增加农户收入，并且通过森林保险响应国家绿色发展和甘肃省生态建设的号召。因此，从承保对象上既贯彻执行了中央“保大宗、保主粮”的战略定位，又在一定程度上满足地方政府“保特色、保高效”的现实需求。由于甘肃省农村人口贫困率大大高于全国水平，农村人口对农业生产依赖性较大，并且由于灾害因素导致的返贫现象比较突出。农业保险的发展在一定程度上保障了农民的收入，大大降低了农民因灾致贫或因灾返贫的概率，充分发挥了“保险姓保”的功能，和保险不“嫌贫爱富”的优势。

表 6 – 11　　2008 ~ 2017 年农业保险保障农民生产状况

年度	保险类别	承保数量（亩/只）	参保农户（次）	保险金额（万元）	已决赔付数量（件）	受益农户（户次）
2008	种植业	217347	3103	20427	15323	45
	养殖业	1207933	186559	89092	24684	20818
	合计	1425280	189662	109519	40007	20863

续表

年度	保险类别	承保数量（亩/只）	参保农户（次）	保险金额（万元）	已决赔付数量（件）	受益农户（户次）
2009	种植业	108837	4063	10432	74851	34
	养殖业	844310	194360	53326	52276	39138
	合计	953147	198423	63758	127127	39172
2010	种植业	56777	10399	17664	6828	1078
	养殖业	819192	176346	87675	37107	32407
	合计	875969	186745	105339	43935	33485
2011	种植业	3471181	500400	98725	1305383	42709
	养殖业	2049852	85681	188733	17333	13087
	合计	5521033	586081	287458	1322716	55796
2012	种植业	25824048	1909605	1109094	66578176	382405
	养殖业	3378224	193006	303561	99263	29982
	合计	29202272	2102611	1412655	66677439	412387
2013	种植业	29188414	2718582	1333146	73778505	372112
	养殖业	5132741	218804	463227	149658	43333
	合计	34321155	2937386	1796374	73928163	415445
2014	种植业	58181540	2057355	2772263	3696284	409234
	养殖业	5560008	155741	490778	195914	51233
	合计	63741548	2213096	3263041	3892198	460467
2015	种植业	66509622	1760371	3530299	2902047	443409
	养殖业	5421378	82048	487281	265254	71065
	合计	71931000	1842419	4017580	3167301	514474
2016	种植业	80386995	1927114	4216745	8937146	1461054
	养殖业	5433685	94866	523846	228764	69110
	合计	85820680	2021980	4740591	9165910	1530164
2017	种植业	165976121	1383635	4828709	6633080	1140195
	养殖业	9549146	121397	582196	301329	66808
	合计	175525267	1505032	5410904	6934408	1207003

资料来源：根据甘肃省保监局数据整理所得。

表 6-12　　2017 年甘肃省农业保险承保及农户受益状况

承保险种		承保数量（亩/只）	参保农户（次）	保险金额（万元）	已决赔付数量（件）	受益农户（户次）
粮食作物保险	1. 小麦	5871622	387440	87837	206689	139627
	2. 玉米	11344230	494328	368017	2301991	465281
	3. 其他	7830645	329925	284743	2238375	400243
	小计	25046498	1211693	740596	4747055	1005151
经济作物保险	1. 棉花	161157	782	4477	19559	1000
	2. 油菜	434499	5	17239	80008	22
	3. 药作物	305293	114	26855	242834	8935
	4. 其他	25393	4023	4185	6068	2646
	其中：烟叶	18000	1559	1800	2024	196
	小计	926342	4924	52756	348468	12603
蔬菜	蔬菜作物	69712	8266	20742	23443	4447
水果和果树保险	1. 仁果类	206919	4	8277	6050	2
	其中：苹果、梨	150551	3	6022	6050	2
	2. 核果类	100382	440	2008	120458	440
	3. 浆果类	17748	1250	3057	14105	935
	其中：葡萄	13849	1170	2769	11756	841
	小计	325049	1694	13341	140613	1377
林木保险		139101973	60831	3870430	923903	112
其他种植业	1. 大棚作物	21907	3659	18466	6902	3320
	2. 其他	483991	92567	112345	442696	113185
	小计	505898	96226	130811	449597	116505
种植业保险合计		165976121	1383635	4828709	6633080	1140195
大牲畜保险	1. 牛	1471722	40065	382458	76590	19550
	其中：奶牛	273250	19450	115502	9093	7571
	肉牛	30303	6400	20126	1569	987
	2. 其他	1424079	76	58859	25062	54
	小计	2895801	40141	441316	101652	19604
小牲畜保险	1. 猪	457240	45590	39268	27831	23289
	其中：能繁母猪	430468	45574	34576	27297	23042
	育肥猪	23113	9	3793	533	246
	2. 羊	5828215	35659	100397	165505	23913
	小计	6285455	81249	139665	193336	47202

续表

承保险种		承保数量（亩/只）	参保农户（次）	保险金额（万元）	已决赔付数量（件）	受益农户（户次）
家禽	鸡	367890	7	1214	6341	2
养殖业保险合计		9549146	121397	582196	301329	66808
农业保险合计		175525267	1505032	5410904	6934408	1207003

资料来源：根据甘肃省保监局数据整理所得。

二、甘肃省农业保险扶贫的主要工作举措

（一）大力发展畜牧保险，助力藏区脱贫

2011 年国家在涉藏五省区试点办理藏区农业保险，针对贫困藏区甘肃省内财险公司在各级政府支持下大力发展藏区牦牛、藏系羊保险，2011～2016 年业务开办以来累计承保牦牛 630 万头，藏羊 1240 万只，支付赔款 6.97 亿元，受益牧民 9.5 万户，户均赔款 7336 元，广大牧民亲切地将牦牛、藏羊保险喻为“润泽草原和牧民的阳光雨露”。[①] 甘南州还将玛曲、夏河等五大畜牧业县列为特色养殖保险示范区。通过政企共建服务网络，印制藏汉双语宣传，简化理赔流程等举措，加快业务发展，有效稳定了农牧民收益，保障生产生活秩序，缩短了灾后恢复生产时间，促进了藏区社会经济可持续发展，为金融“稳藏富藏”发挥了积极作用，为少数民族地区保险助力脱贫提供了经验。此外，针对藏区牧场偏远且交通不便等情况，保险公司延伸服务触角，要求对专业合作社和养殖大户投保验标率达到 100%；针对农牧散户，借力“包村干部”人头熟、情况明的优势，实施“工作人员＋包村干部”上门服务，实现农牧散户投保率逐年增加。自 2014 年起，对 3.9 万户建档立卡贫困户实现了应保尽保。

随着基层服务体系的不断完善，当地也逐步形成了一支扎根乡土、服务技能和工作作风“双过硬”的农业保险专业服务队伍，比如在藏族地区，当地的“协保员”大都是藏族，基本实现了“零距离”沟通。通过制作藏区农业保险宣传片、印发藏汉两文宣传单、举行保险赔款现场发放活动等多种形

① 资料来源：甘肃省保监局。

式，提升藏区社会风险意识，扩大农业保险影响力。

（二）契合农户需求，创新特色农险产品

2014 年，中国人民财产保险公司在定西市陇西、渭源两个国家级贫困县试点中药材产值保险，为药农提供自然灾害和中药材价格下跌的“双保险”，并可凭保单增信获得贷款服务。该保险新增了野生动物毁坏、鼠害、病虫害等保险责任，将药农最关心的药材市场价格波动风险纳入保障范围。试点当年，该公司共向 2.59 万农户支付赔款 3523.8 万元，简单赔付率近 300%，户均赔款 1360 元，为财政补贴资金的 5 倍、农户自缴保费的 7.4 倍，有效应对了市场价格下跌和自然灾害给种植户造成的损失。2015 年，新增陇南市宕昌县试点，规模扩大到 15.66 万亩，参保农户 2.27 万户。试办三年，截至 2016 年底共有 3.72 万户药农获得赔款 5542 万元，增强了中药材产业抵御风险能力，得到了甘肃省委、省政府的高度评价。[①]

中华联合财产保险公司（以下简称“中华财险”）通过认真分析市县特色高效农业状况，以及农户的风险需求，与白银市农牧局、靖远县政府成立工作组，分赴宁夏枸杞种植区域认真调研枸杞产业的灾害发生及保险承保情况。在甘肃省保监局的大力支持下，于 2016 年 4 月率先在全省创新开办了枸杞保险。在产品开发中，该公司结合区域自然生态情况，积极开展下乡调研，全面了解农户的风险需求，合理地确定了承保的风险范围。而且将白银市枸杞生长期精确至以天为单位，并根据盛果期采摘五茬的特点将盛果期划分为 5 个采摘期，详细规定了各生长期时间区间、各生长期当期最高赔偿比例及每茬最高赔偿比例，明确了保险责任期限，降低了枸杞保险损失定损的难度，有效管控了风险。

2016 年白银市枸杞保险参保面积为 4.4 万亩，枸杞保险总风险保额 8854.2 万元，参保农户 5202 户。2016 年 4 月 30 日发生大面积霜冻，入夏以后白银市大范围内风灾雨灾频发，致使白银市靖远县、景泰县枸杞受到不同程度损失。中华财险第一时间赶赴枸杞受灾进行现场查勘，收集理赔资料，核定损失程度。并按照条款的要求和各乡镇领导深入交流，确定赔付方案，最终白银市枸杞保险共计赔款 485.2 万元，赔付率 68.5%。其中，靖远县共

---

① 资料来源：甘肃省保监局。

计赔款 454.8 万元，赔付率 72.5%；景泰县共计赔款 52.2 万元，赔付率 64.5%。[①] 中华财险的科学定损、周到及时的服务取得了枸杞种植户和地方政府部门的广泛好评，保险在支持地方特色农业产业发展、防范化解农业风险方面取得了有益探索，真正解了种植户对灾害损失的愁，分担了政府在推动产业发展中的忧。

（三）推进农业保险网点建设，贴近农户服务

保险公司始终把网点建设作为办好农业保险和服务农村保险的“一号工程”，不断强化机构和队伍建设，以中国人民财产保险公司甘肃省分公司为例，目前已建成覆盖全省的多级农村保险事业部/农村普惠金融事业部/保险扶贫事业部。其中，省级 1 个、市（州）级 14 个，县（区）级 86 个。在中心乡镇建立农村五级机构保险营销服务部 181 家，同时积极将保险服务向村级延伸，建立乡镇农村保险服务站 941 个，建立村级保险服务点 2305 个，有效提升了保险服务三农“最后一公里”能力，为落实政策性农业保险“五公开、三到户”奠定了基础。[②]

中华联合财产保险公司在 2012 ~2016 五年期间该公司共印制“致马铃薯种植户的一封信”30 多万份，马铃薯宣传折页 20 多万份，进农户、进企业、进乡镇进行广泛宣传工作。并且利用报纸、电视、网络等媒体强化宣传。同时，该公司在 2015 年 4 月对临洮县 40 多名乡镇金融干部进行专题培训，2016 年分别对安定区、通渭县农业保险经办干部 100 多人进行培训，提高乡镇干部业务操作技能。该公司还与各县（区）、乡镇积极联系协调，通过签订保密协议，从“数字农村”信息平台和财政粮补网成功导出并批量收集了全市 119 个乡镇共 58.1 万户农户基础信息，保证了农业保险投保过程中需要提供的农户姓名、身份证号、联系方式和“一卡通”号码等 4 项基础信息，符合中国保监会关于农业保险投保基础信息的相关要求，也为做实做好农业保险奠定了坚实的基础。

（四）创建马铃薯种植保险示范区，推进连片扶贫

2013 年按照中国保监会关于进一步规范农业保险经营工作的总体要求，

---

① 资料来源：中华联合财产保险股份有限公司甘肃省分公司。

② 资料来源：甘肃省保监局。

甘肃保监局制定了《关于开展农业保险示范区创建工作的指导意见》，将定西马铃薯确定为2013～2015年全省种植业保险示范区。定西市委、市政府高度重视，出台了《关于创建马铃薯种植保险示范区的实施意见》，成立以分管金融工作副市长为组长的示范区创建工作领导小组，建立相关部门联系人制度，并从重要意义、指导思想、主要目标和四项保障措施等方面做出具体安排部署，对承办机构和相关部门做出具体要求，大力支持承办机构扎实推进示范区创建工作，中华财险甘肃分公司制定了《定西马铃薯种植保险示范区创建工作方案》并认真组织实施。

定西市马铃薯保险示范区的建成，使占全省马铃薯种植面积1/3的定西市农民获得了可靠的风险保障，农户通过承担极少量的保费，撬动了中央、省、市财政资金进入农业保险，产生了十几倍的放大效果。既发挥了提高农户收入的直接扶贫作用，又实现了财政补贴扶贫的间接作用。尤其是对定西市连片扶贫产生了良好的效果，探索出一条农业保险助推连片扶贫的新思路。

第四节　甘肃省农业保险助推扶贫案例

一、定西市特色农业保险集中连片扶贫案例

（一）开办背景[①]

甘肃省马铃薯和中药材产业是全国具有举足轻重的种植作物，也是贫困地区农业增效、农民增收的支柱产业。以马铃薯为例：2016年，58个特困县中的49个马铃薯种植县区种植马铃薯970万亩，鲜薯产量1025万吨，种植面积和产量分别约占全省马铃薯种植面积和产量的89%和81%。而且甘肃省马铃薯主产区自然资源条件特别适合马铃薯生长，同时甘肃省中东部及河西高寒阴湿区海拔高、降雨相对较多、病害发生率低、隔离条件好。甘肃省马铃薯淀粉及干物质含量平均为17%、24%，有些品种淀粉含量高达22%～

① 该部分内容中所涉及数据来自定西市人民政府网站所公布的材料和数据（http：//www.dingxi.gov.cn/）。

26%，与德国、美国等马铃薯产业发达国家的指标接近，高于我国东北、内蒙古等其他主要产区。我国划定的14个连片特困地区，恰与甘肃省马铃薯主产区的分布高度契合。

以中药材为例：甘肃省发挥独特的“天然药库”资源禀赋，2016年，全省中药材种植面积达390万亩，产量突破100万吨，产值达100亿元，种植面积和产量均居全国第一位。全省有岷县当归、渭源白条党参、陇西黄芪、陇西白条党参、礼县铨水大黄、西和半夏、文县纹党、华亭独活、华亭大黄、民勤甘草、武都红芪、瓜州枸杞、靖远枸杞、哈达铺当归、宕昌党参、宕昌黄芪、徽县银杏、武都纹党参等18个道地中药材品种获得国家原产地标志认证。药材种植收入占农民纯收入比重日益趋高，宕昌为58%、岷县为57.8%、漳县为53%、渭源为46%、武都区为34%、陇西县为30%，在有些村药材收入几乎占农民收入的90%以上。

在这两大特色产业种植中，全省14个地州市中定西市更是独具特色，定西市马铃薯和中药材种植面积均居全省第一。但定西大部分处于干旱半干旱地区，土地支离破碎、沟壑纵横，水土流失严重，土地中的肥力低，“广种薄收、靠天吃饭”仍是绝大部分山区农民种植生产的真实写照。资源和环境的双重约束，加之之前保险保障的缺失，使定西市长期处于贫困面广、贫困人口多、贫困程度深的境地，因此有“全国扶贫看甘肃、甘肃扶贫看定西”之说。

截至2016年底，定西市尚有46.36万贫困人口，占全省的18.1%，贫困发生率达17.5%，远高于甘肃省和全国水平。全市农民人均可支配收入6289元，占全省的84.3%、全国的50.9%。全市经济总量占比不到全省的5%，人均生产总值、人均财政收入仅占全省的43%和30%，县区财政自给率平均仅为11%。全市贫困人口中低保、五保贫困户占比高达53.4%，因病因残致贫占比达21%，因学致贫人口占比达16.1%。全市现有深度贫困县4个，占全市县区总数的57%；有深度贫困乡镇34个，占全市乡镇总数的28.6%；有深度贫困村557个，占全市行政村的30.5%；有深度贫困区域内贫困人口31.5万人，占全市现有贫困人口的67.9%。全市还有住房不安全群众1.9万户，需易地扶贫搬迁9357户3.93万人，自来水未入户5.7万户23.1万人，30户以上不通硬化路的自然村6010个，占全市自然村总数52.3%；没有标准化卫生室的村198个，占全市行政村总数的10.5%；不通宽带网络的村95个，占全市行政村总数的5%；有需求但没有幼儿园的村239个，占全市行政村总数的12.7%；还有42%的村没有村级集体经济、5万元以上的仅占3.7%，60%以上的贫困村没有主导产业。

如表6-13所示，定西市农村家庭主要收入还是农业和务工，但是定西市曾经以中药材为主的高价值经济作物由于投入高、风险大的原因没有进行大面积的种植，而依靠粮食作物则因亩产和价格低，收入提升的空间很小。从定西市农村家庭的收支状况看，2016年家庭平均结余仅为2000元，很难应对目前高昂的农村结婚彩礼费用，也很难应对可能发生的重大风险。因此，定西市的扶贫关键在农业，农业扶贫关键在于对高价值经济作物的保险保障。针对这一实践总结，近年来中国人民财产保险公司、中华联合财产保险公司认真贯彻落实国务院《农业保险条例》精神，以甘肃省财政厅、甘肃省农牧厅、甘肃省林业厅相关文件为指引，紧跟政府“精准扶贫，精准脱贫”步伐，稳步推进各项农业保险工作，发挥农业保险特色服务，打造了定西市农业保险示范区，探索了农业保险集中扶贫的新模式。

表6-13　2016年定西市农村家庭收支情况调查统计　单位：元

家庭收入	金额	社会支出	金额	生活支出	金额
经济作物	10000	农资	5000	取暖	1000
养殖业	3000	医疗	2500	婚丧嫁娶	2000
务工	15000	教育	10000	生活用品	2500
其他	1500	交通餐饮	1000	春节花费	3500
合计	29500	合计	18500	合计	9000

注：由于家庭情况的差异性，本表中数据均为调查后的平均值。

资料来源：《甘肃发展年鉴》。

（二）试验区农业保险发展状况①

自2012年以来，中华财险在定西市创建的示范区内先后开办了马铃薯保险、冬小麦保险、公益林保险，并与中国人保公司共保了中药材保险。2013年，定西市被甘肃保监局确定为马铃薯种植业保险示范区，经过三年（2013～2015年）的努力，示范区创建总体目标得以实现，农业保险增点、扩面，稳步推进，有效地推进了集中连片扶贫工作。2016年农业保险保费规

① 该部分内容中所涉及的数据来自中华联合财产保险股份有限公司甘肃分公司和中国人民财产保险股份有限公司甘肃分公司，经计算整理所得。

模达到8000万元，其中政策性马铃薯保险6562.6万元，中药材保险711.96万元，公益林保险130.38万元，冬小麦保险签单600万元。

1. 中药材产值保险

中药材产值保险由中国人民财产保险公司定西分公司、中华财险定西分公司共同承保，为药农提供自然灾害和中药材价格下跌的“双保险”，有效应对了市场价格下跌和自然灾害给种植户造成的损失。此外，参保中药材产值保险的药农在春耕之际，可以保险单为担保向当地农信社就种植药材所需农资进行贷款。通俗地说，就是“春来苗、肥可贷款，秋后算账不亏钱”。目前，参保的品种为黄芪、当归、党参三个主要品种。对个人投保的，当归每亩保额2000元，保费120元；黄芪每亩保额2500元，保费150元；党参每亩保额2200元，保费132元，省市财政固定补贴每亩80元，其余部分由药农自缴。企业投保的保障额度适当考虑了人工和土地成本，保额略高于个人投保。

中药材产值保险承保和赔付状况如表6－14所示。承保方面：2014年中华联合财产保险公司与中国人民财产保险公司共同试点开办中药材产值保险，采取共保模式，中国人保公司为主承保，承保份额占55%；中华联合财险公司为辅承保，承保份额占45%。2014年在陇西县、渭源县承保中药材保险8.77万亩，签单保费1180.55万元；2015年陇西县、渭源县承保中药材保险10.52万亩，签单保费1414.28万元；2016年实际完成中药材产值保险承保面积12万亩，签单保费1511.96万元。

表6－14 2014～2017年中药材产值保险承保及赔付状况

年度	承保面积（万亩）	保费（万元）	赔付（万元）	费用支出（万元）	赔付率（%）
2014	8.77	1180.55	3521	70.84	304.25
2015	10.52	1414.28	1368.32	70	101.7
2016	12	1511.96	1045.43	68	73.6
2017	30.53	1611.28	1530.28	—	94.9

注：2014～2016年为定西市数据，2017年为全省各种药材保险总的承保和赔付数据。

资料来源：中国人民财产保险公司甘肃分公司。

赔付方面：2014年中药材保险赔付3521万元，各种费用支出70.84万元，实际赔付率为304.25%；2015年中药材保险赔付1368.32万元，各种费用支出70万元，实际赔付率为101.7%；2016年中药材保险赔付1045.43万元，各种费用支出近68万元，实际赔付率为73.6%。

中药材保险对保障定西市农民收入、支持其特色农作物起到了重要的作用。如2014年农户种植的中药材受严重干旱、暴雨等自然灾害影响，产量普遍低于正常年景，加之中药材市场价格持续“跳水”，党参鲜货价格从40元/千克下降到5元/千克，跌幅达87.5%，当归、黄芪价格下跌近50%，由于参保不到位，药农普遍亏损，如首阳镇菜子坪村农民种植的党参平均亏损4725元/公顷、黄芪亏损12382.65元/公顷。然而，投保中药材产值保险的2.59万户药农（散户）、15家企业、8家合作社，获得理赔3500万元，平均5985元/公顷，户均1351元，相当于2014年定西农民人均纯收入的29%，收回了成本，挽回了损失，保障了收入。2014年中药材产值保险被中国改革年会评为“中国年度十大改革案例”。

2. 政策性马铃薯保险

定西市2012年将马铃薯纳入保险范围。马铃薯保险金额为350元/亩，保险费率根据中国保监会备案的标准费率6%执行，即每亩保险费为21元，保费补贴按40∶25∶20∶15的比例执行，具体为：中央财政补贴40%，即每亩每年补贴8.4元；省级财政补贴25%，即每亩每年补贴5.25元；县市区财政补贴20%，即每亩每年补贴4.2元；种植户承担15%，即每亩每年3.15元。为提高保障程度，推出了高低方案“并轨”的承保模式，可由农户自行选择投保方式，2016年在定西市等马铃薯高产地区推行了每亩保额700元的“高保额”创新保险方案。

承保方面：示范区2012～2015年累计完成马铃薯承保面积710.98万亩，实现签单保费17667.58万元，实收保费14930.72万元，为广大薯农提供风险保障32亿元。2016年马铃薯承保面积187.5万亩，较上年增加了17.26万亩；参保农户22.44万户，较上年的16.17万户增加了6.27万户；签单保费6562.6万元，为广大薯农提供风险保障13.13亿元。

赔付方面：2012～2015年马铃薯保险累计理赔12704.44万元，2016年赔付4562.94万元，累计赔偿17267.38万元，简单赔付率为80.34%，受益参保农户91.03万户（次）。其中，2015年赔付6562.22万元，赔付率为110.13%，受益农户15.96万户，参保农户受益率为98.7%，当年经营亏损1800万元。

3. 政策性冬小麦保险

承保方面：为扩大政策性农业保险覆盖范围，2014年在通渭县开办政策性冬小麦保险承保面积20.19万亩，签单保费302.81万元，为4.7万户参保农户提供4890万元的风险保障；2015年新增渭源县、临洮县冬小麦保险保费补贴计划，实际承保面积31.44万亩，签单保费471.58万元，为7.48万户参保农户提供7860万元的风险保障；2016年实际承保39.27万亩，签单保费589万元，为8.83万户参保农户提供风险保障9817.1万元。

赔付方面：2014年通渭县冬小麦承保计划，根据冬小麦生长周期，当年承保，次年赔付，2015年冬小麦赔款174.32万元，赔付率为57.57%，受益农户3.25万户，参保农户受益率为69.15%。2015年度承保的冬小麦保险赔付方案已经确定，赔付227.64万元，受益农户5.4万户，参保农户受益率为72.19%。

（三）定西市农业保险示范区建设主要措施与成效①

1. 政企协作，宣传到位

定西马铃薯被确定为2013～2015年全省种植业保险示范区后，地方政府高度重视，保险公司积极参与，政企之间合作顺畅。保险公司及时制定了《定西马铃薯种植保险示范区创建工作方案》并认真组织实施。通过三年的努力建成“一中心两区”，即农险培训中心和种植保险业务流程展示区、客户服务体验区，新建53个乡镇服务所，搭建起“纵向到村”的网络架构。2013年，保险机构从宣传告知到“直赔到户”打造了“六个实”的示范样板（六个实：产品创新实，宣传告知实，承保情况实，查勘定损实，“直赔到户”实，服务体系实）。2014年示范区重点推进了“六个全”工作：一是继续以“六个实”为抓手，实现“五公开，三到户”的“全落地”；二是创新差异化保障方案，在安定区、通渭县、渭源县主产区农户承保面的“全覆盖”；三是以农网建设为支撑，推进农村信息平台与保险数据应用的“全融合”；四是以中药材试点保险为契机，做到农村金融综合服务改革过程中的“全参与”；五是以制度建设、队伍建设和新技术应用为着力点，推进基层服务的“全升级”；六是以马铃薯产业安全发展为目标，探索“一揽子”保险的“全保障”。2015年，保险公司在示范区建设做实做全的基础上，进一步提升服务水平，扩大承保面积，提高保障金额，着力提高服务到户的质量和

---

① 该部分内容中所涉及的数据来自中华联合财产保险股份有限公司甘肃分公司和中国人民财产保险股份有限公司甘肃分公司，经计算整理所得。

水平，进一步优化服务方案，在“做优”服务上“扩面提质”。保险机构紧跟定西市“精准扶贫、精准脱贫”的行动步伐，广泛宣传，使“大农险”理念深入人心，全面实现了示范区创建总体目标。

2. 增加保险金额，提高农险覆盖率

2014 年根据马铃薯种植户的需求，保险公司积极申请试点马铃薯保险高保额、低费率政策，将保额由 350 元/亩提高为 700 元/亩，费率由 6% 降为 5%，得到广大种植户和政府有关部门的一致认可和好评。2015 年起在全市六县一区全面推广实施马铃薯保险高保额、低费率政策。保险机构在不断做好政策性马铃薯保险的同时，积极进行种植情况和农户需求调研，于 2014 年申请在通渭县承办政策性冬小麦保险，并逐年推广。截至 2017 年，保险机构已经在通渭、渭源、陇西、漳县四个冬小麦种植面积较大的县开办政策性冬小麦保险，冬小麦保费补贴计划由 20 万亩增至 38 万亩。保险机构 2016 年又根据林业部门及林场的需求，逐级积极申报，获批在渭源、临洮、漳县开办政策性公益林保险，共计参保面积 130.38 万亩。

3. 高效理赔，勇担责任，确保广大薯农利益

2015 年定西市遭遇 50 年一遇的干旱灾害，保险公司与政府有关部门共同积极抗旱救灾，并开通了绿色通道，加快理赔进度，使马铃薯赔款及时打款到户。特别是受灾较重的安定区，农业部门马铃薯测产平均产量 2268 斤，保险公司测产平均产量 2146 斤，保险公司充分为广大薯农考虑，加大赔付力度，确保广大薯农利益，勇担责任。在确定了赔付总金额后，根据政府的需要，增加赔款额度，为政府分忧解难。

4. 积极助推精准扶贫工作

保险公司采取多种形式，与有关部门密切配合，广泛宣传政策性农业保险，提高相关部门及农户对农业保险的认识，增强保险意识，尽力做到应保尽保，扩大农业保险覆盖面，与乡镇配合，在政策和条款范围内，积极做好参保建档立卡农户的理赔工作，助推精准扶贫工作。根据统计，2015 年马铃薯保险理赔受益农户中，建档立卡贫困户受益情况比较明显。其中，岷县茶埠镇等 12 个乡镇的 49 个贫困村有 3385 户建档立卡贫困户参加马铃薯保险 4.14 万亩，因受冰雹、干旱等自然灾害，公司赔付 122.26 万元，户均受益 361.17 元；通渭县全县 18 个乡镇的 21619 户建档立卡贫困户参加马铃薯保险 71467 亩，因受冰雹、干旱等自然灾害，公司赔付 180.69 万元，户均受益

83.58 元；安定区的马铃薯受灾相对较重的 2 个乡镇，西巩驿建档立卡贫困户参保 627 户，投保 9877 亩，因干旱受灾，公司赔付 108.69 万元，户均受益 1733.50 元；鲁家沟建档立卡贫困户参保 400 户，投保 9577 亩，因干旱灾，公司赔付 111.11 万元，户均受益 2777.63 元。

保险公司多年来积极配合当地政府部门，提高建档立卡农户农险参保率。2016 年仅马铃薯保险参保农户 22.56 万户，较 2015 年增加 6.39 万户，增幅为 39.52%。其中，临洮县各乡镇将建档立卡农户单独制作投保清册，积极组织投保，建档立卡农户参保 17015 户，投保马铃薯保险 9.18 万亩，占全县 22799 户建档立卡农户的 74.63%，占全部参保农户的 62.94%；陇西县组织 8254 户建档立卡农户参保，投保马铃薯保险 5.56 万亩，建档立卡农户参保占全部参保农户的 33.22%；安定区各乡镇积极组织建档立卡农户参保，称钩驿、西巩驿等乡镇建档立卡农户参保占全部参保农户数的 64%；渭源、漳县、岷县相关部门在承保过程中要求“对档立卡”农户参保全覆盖。

二、甘肃省玉米制种特色保险

（一）开办条件[①]

甘肃河西走廊是国内少有的适宜多种农作物制种的区域，“天干而地不干”，让这一区域被誉为“天然种子生产车间”和“天然种子仓库”。通过多年种子生产实践，河西走廊培养了一大批熟知制种知识的企业技术骨干和掌握农作物制种技术的农户。尤其突出的是甘肃成为全国最大的杂交玉米制种基地。2016 年全省杂交玉米制种面积 162 万亩，产种量 5.96 亿千克，面积和产量分别占全国玉米制种总面积和总产量的 49.5% 和 40.7%，均居全国第一。在《全国新增 1000 亿斤粮食生产能力规划（2009～2020 年）》中，河西走廊杂交玉米制种基地作为全国三大国家级重点种业基地之一布局。

在玉米制种方面，张掖市具有最好的自然条件，突出表现在三个方面：一是光、热、水、土，这些资源要素的搭配在张掖市最为合理。张掖市的平

① 该部分内容中所涉及数据来自张掖市人民政府网站公布的资料和数据（http：//www.zhangye.gov.cn/）。

均日照时数在3000小时以上，最高的地方可以达到3300个小时，而玉米是非常喜光的作物；从水土条件来讲，张掖市有黑河来水，不是雨养农业，而是灌溉农业，常年降水量只有200毫米左右，大量的农作物是靠黑河冰雪融水灌溉，有洁净的水源和充沛的灌溉条件。二是土地面积辽阔，又可以满足大规模制种的要求。三是张掖市隔离区的条件很好，张掖市北边是内蒙古的巴丹吉林沙漠和腾格里沙漠，南面是祁连山，巴丹吉林沙漠极度干旱，几乎没有什么生物，祁连山地区海拔很高，这就形成了天然的非常优越的隔离区，使得张掖市玉米制种较少受到有害生物和有害花粉的侵袭，成为一个非常好的天然隔离区。这些条件使张掖市成为全国最大的玉米制种基地，"张掖玉米种子"也荣获全国唯一种子国家地理商标证书。近几年来张掖市玉米制种的播种面积一直稳定在100万亩左右，成为提高农民收入，加速农户脱贫的特色农业产业。

随着国务院《关于加快推进现代农作物种业发展的意见》提出开展种子生产保险试点，在《甘肃省人民政府贯彻落实国务院关于加快推进现代农作物种业发展意见的实施意见》《甘肃省农作物种业发展规划（2014～2020年)》及《甘肃省深化种业体制改革提高创新能力实施方案》中，明确提出了推进种子生产保险的政策措施。加快推进玉米制种保险，建立政府支持、企业参与、商业化运作的种子生产风险分散机制，对促进甘肃省玉米种业健康发展具有重要意义。

（二）玉米制种保险实施情况①

政策性玉米保险项目于2011年启动，是第一个在甘肃落地的种植业保险项目，承保对象主要是河东及中部的全膜双垄沟播种旱作玉米，后来扩大到全省的大田玉米。该保险项目推出初期承保因暴雨、大水、内涝、风灾、雹灾、高温冻害等直接形成被保险玉米种子丧失的主要的自然灾害。承保方式上对玉米制种按照大田玉米进行投保，保额为5250元/公顷，费率为6%，保险费为315元，保费补贴比例为中央财政40%、省财政25%、市县财政20%、农户承担15%。

2013年新增了旱灾和病虫害责任，使承保风险更加全面，基本覆盖了除价格之外的主要生产风险。2015年开展差异化经营，将玉米保险分为大田玉

---

① 该部分内容所涉及数据由甘肃省保监局财产险处提供。

米和高产玉米（制种）承保，大田玉米每亩保额 500 元、高产玉米每亩保额 1000 元，保险责任、补贴比例一致。

2016 年大田玉米保险计划承保 520 万亩，实际承保 470.28 万亩，完成率为 90%，保费规模为 11757 万元；高产玉米（制种）保险计划承保 110 万亩，实际承保 106.17 万亩，完成率为 97%，保费规模为 5309 万元。2016 年大田玉米与高产玉米（制种）赔款共计 14000 万元，总赔付率为 82%，参保农户共计 71.94 万户，受益农户共计 45.09 万户，总受益率为 63%。为充分调动制种农户参保积极性，经保险公司和种子生产企业积极协商，种子企业承担了农户应缴纳保费，有效地推动了农业保险在玉米制种业的实施。

（三）保障措施

1. 制订实施方案

按照“政府引导，市场运作，自主自愿，协同推进，保费共担”的原则，以确保参保农户灾后能迅速恢复生产为目标，采取“财政保费补贴、保险机构承办、农户应保尽保”的经营模式，甘肃省制订了切实可行、操作性强的农业保险工作方案。各市、县（区）结合当地实际，制订了实施方案，明确了目标和原则、补贴品种和范围、承保机构、保险内容、组织实施、部门职责等内容，为玉米制种保险工作的开展奠定了基础。

2. 开展宣传引导

为了落实好玉米制种保险工作，落实惠民政策，各地充分利用电视、广播、宣传单、专栏、召开农户座谈会和培训等各种形式，对农业保险目的和意义、补助政策及参投保知识进行广泛宣传，提高农户对农业保险的认识和参保积极性。同时，积极与保险公司、制种企业沟通协调，增强企业的风险意识和市场意识，提高了参保积极性。

3. 强化组织协调

有关市、县成立了农业保险工作领导小组，建立了工作机制，明确了农牧、财政、保险等部门及企业、乡镇在宣传动员、组织实施、勘查定损、评估理赔、协调服务等环节的工作责任，形成了工作合力，并充分发挥农业及种子管理部门专业技术优势，积极参与玉米制种保险工作，提高服务水平，努力降低玉米制种风险。

三、甘南州藏区牦牛、藏系羊保险

（一）开办条件①

甘南藏族自治州是全国十个藏族自治州之一，地处青藏高原与黄土高原过渡的甘、青、川三省结合部。全州分为三个自然类型区：南部为岷迭山区，气候温和，是全国“六大绿色宝库”之一；东部为丘陵山地，农牧兼营；西北部为广阔的草甸草原，是全国“五大牧区”之一。境内海拔 1100～4900 米，大部分地区在 3000 米以上。自治州辖夏河、碌曲、玛曲、迭部、舟曲、临潭、卓尼七县及合作市，共有 99 个乡镇（街道办）、661 个行政村，国土总面积 4.5 万平方公里。2016 年总人口 73.69 万人，有 24 个民族，其中藏族占总人口的 55.8%。常住人口 71.02 万人，其中城镇人口 22.73 万人，城镇化率仅为 32%。2016 年全州实现地区生产总值 135.95 亿元，其中，第一产业增加值 29.12 亿元，增长 5.1%，对经济的贡献率为 19.4%；第二产业增加值 21.85 亿元，对经济的贡献率为 23.9%；第三产业增加值 84.98 亿元，对经济的贡献率为 56.7%。

由此可见，甘南藏族自治州农牧人口占比高达 68%，远高于甘肃省和全国的平均水平，农牧人口高度依赖于农牧业及与其相关的旅游业。玛曲、碌曲、夏河、卓尼、合作市为纯牧业县，迭部、舟曲为林业县，临潭为半农半牧县，玛曲牦牛、玛曲藏羊、夏河甘加藏羊成为国家地理标志保护产品，华羚商标被评为“中国驰名商标”。甘南州民族众多，其社会稳定对国家非常重要，该州也是国家 2017 年确定的“三区三州”连片深度贫困区，是脱贫攻坚的重中之重。

但甘南藏族自治州自然条件艰苦，自然灾害频发，由此常常导致当地牧民的重要生产资源牦牛、藏系羊等牲畜大批死亡，严重影响了当地生产生活。虽然广阔肥美的草原给甘南州畜牧业发展提供了优越的自然条件，但是，雪灾、洪水等自然灾害和高致病性传染病却制约着畜牧业的发展。据资料显示，以正常年份计，甘南州各类牲畜因灾、因病死损年均都在 5% 以上，死损牦

① 该部分内容所涉及数据来自甘南藏族自治州人民政府网站公布数据和资料（http://www.gnzrmzf.gov.cn/）。

牛、藏羊在 20 万头（只）左右，给牧民造成的直接经济损失人均高达近千元。因而，在藏区流传着“家有万贯，带毛的不算”的说法，也就是说一场灾害会造成牛、羊的大面积死亡，让牧民欲哭无泪。基于此，畜牧业的风险保障对提高牧民收入，助力连片扶贫，稳定民族地区稳定显得格外重要。

（二）开办状况①

为减少自然灾害给藏族农牧民带来的经济损失，2010 年底，财政部将西藏、甘肃、四川、青海和云南五省区的青稞、牦牛和藏系羊列为农业保险保费补贴品种。甘肃省于 2011 年率先在甘南藏族自治州启动了这项农牧业保险。按照中央财政 40%、省级财政 30%、县级财政 20%、群众 10% 的承担比例分担保险费用。牛羊死亡或青稞绝收后，由保险公司根据具体情况，按照牦牛 2000 元/头、藏羊 300 元/只、青稞 250 元/亩的标准进行赔付，最大限度保障牧民权益。截至 2016 年底，共补贴保险资金 18497.76 万元。由中央政府财政补贴的藏区特色农牧业保险在甘肃启动以来，已让不少甘南牧民感受到“花一点钱，不怕自然灾害”的好处。

2016 全省年牦牛保险计划承保 136 万头，实际承保 134.16 万头，完成率为 99%，保费规模为 16099 万元，赔款 12500 万元，赔付率为 78%，参保农户 1.64 万户，受益农户 1 万户，受益率为 61%。

2016 年全省藏系羊保险计划承保 330 万头，实际承保 321.23 万头，完成率为 97%，保费规模为 5782 万元，赔款 4500 万元，赔付率为 78%，参保农户 2.84 万户，受益农户 1.91 万户，受益率为 68%。

甘肃省在甘南州启动政策性藏区特色农牧业保险试点工作过程中把青稞纳入保险范围，每亩保额 250 元。2016 年计划承保 8.50 万亩，实际承保 9.64 万亩，完成率为 113%，保费规模为 145 万元，赔款 238 万元，赔付率为 164%，参保农户 7700 户，受益农户 68 户，受益率为 0.88%。

藏区牦牛、藏系羊保险是国家对五大涉藏省份的特殊政策，是省内政企联合推动农业保险的一个成功案例。目前，牦牛和藏羊保险在甘南州承保覆盖面已达 90%，是四省藏区里牦牛、藏羊承保量最大、承保面最高的地区。投保的牦牛从 2011 年的 47 万头增加到 2017 年的 124 万头；投保的藏系羊由 84 万只增加到 226 万只，另承保青稞 12 万亩。农险的保费由 2011 年开办初

---

① 该部分内容所涉及数据由甘肃省保监局财产险处提供。

期的7300万元，增长到2017年的1.95亿元。广大牧民亲切地将牦牛、藏系羊保险喻为“润泽草原和牧民的阳光雨露”。甘南州还将玛曲、夏河等五大畜牧业县列为特色养殖保险示范区，加快业务发展，为保险“稳藏富藏”发挥了积极作用，为少数民族地区保险助力脱贫提供了经验。

（三）经验总结

1. 政府审时度势，助推藏区农业保险发展

甘南州政府紧扣藏区畜牧业发展特点，认真贯彻落实藏区惠农、惠牧政策，引导保险公司发挥第三方保障作用，对牧区县市群众个体和养殖集体种养殖的牦牛、藏系羊、青稞进行政策性保险，取得了很好的成绩。藏区农牧业保险对于推动多种形式的适度规模经营起到了保驾护航的作用。如今，甘南州的畜牧业经营已从以户为单位逐步转变为以多种专业合作组织为主的多元化生产方式，由此带来了畜牧业整体素质的提升。回顾这些年甘南牛羊保险发展的历程，最关键的一个变化就是牧民群众因为保险有了财富的获得感。

2. 保险公司遵循原则，积极参与承保

保险机构以保费补贴为引导，从营造发展环境、扩大承保范围、抓好理赔服务、规范农险经营四个方面着手，推动了甘南政策性藏区特色农牧业保险由小到大的发展，不断健全机制，实现了承保品种、承保收入和责任范围三个方面的增加，为受灾农牧户灾后恢复重建提供了资金支持，为减轻广大农牧户经济负担起到了一定的作用，为正在进行的精准扶贫工程提供了保险保障，有效遏制了贫困户“因灾返贫”的问题，发挥了保险是社会“稳定器”和经济“助推器”的作用。中央的补贴政策，带动了农牧民脱贫致富，也带动了保险公司的大发展，是一举两得的好事。

3. 藏区人民投保意愿得到了提高

藏区特色保险，用实际行动积极帮扶受灾农牧民群众减少经济损失，帮助农牧民恢复产业发展的积极举措，获得了广大农牧民群众的认可和接受，使农牧民深刻认识到保险是花小钱、保大安，是最科学、最有效的风险规避方式。近年来，牛羊保险户均赔款高达7300元，理赔已经让牧民有了实实在在的获得感。

第五节 他山之石：宁夏盐池县“扶贫保”案例

一、“扶贫保”实施状况

盐池县位于陕甘宁蒙四省交界地带，地处毛乌素沙漠南缘，总人口 17.2 万人，其中农业人口 13.9 万人。截至 2016 年底，13.9 万的农业人口中有 3.4 万贫困人口，建档立卡户数 11228 户，共计 34046 人，其中兜底户 2371 户、5112 人。该县具有生态环境脆弱、自然灾害频发、产业发展难度大、贫困人口自身发展能力不足等特征。贫困人口收入面临较大的风险性波动。因此，已经实现脱贫的人口中，因病、因灾、因意外返贫现象十分严重。

在这一背景下，为实现脱贫攻坚“不落一人，不落一户”的目标，当地扶贫办与驻地保险机构合作，针对农户的人身、产业等风险源，在盐池县为贫困户量身打造了 12 种小额保险产品，建立了“2 + X”扶贫保险体系。即建档立卡贫困户家庭意外综合保险和大病补充医疗保险两个基本险全覆盖，同时开发价格指数保险、农业风险保险、金融信贷保险等多个险种供建档立卡贫困户选择，扩大了保险覆盖范围。同时，为防止产业过度多样化并减轻农民的保费压力，“2 + X”政策规定每户最多投保 3 项产业保险。羊肉价格指数保险、粮食作物收入保险和黄花菜种植保险等将农业保险的“保灾害”延伸到“保价格下跌和产量降低”，对建档立卡贫困农户投保的优势特色产业因价格下跌或者产量降低导致销售收入低于保险合同约定的预期收益，均由保险公司在各项责任对应的保险金额内进行赔偿，为困难群众稳定增收提供坚实保障。

盐池县政府和保险公司共同为建档立卡户让利，即针对建档立卡贫困户，实行最低保费、最优保额的普惠政策。其中，部分保险产品的投保范围仅限于建档立卡户，所有建档立卡户的保费均由政府财政补贴。保费厘定及价格测算的过程同样体现了“保本微利”原则，政府和保险公司采取“先行先试”的方式，在考虑财政资金的基础上，尽量为农民让利。以滩羊肉价格指数保险为例，在 2016 年的首次试点过程中，盐池县政府与保险公司对于价格进行了谈判与协商，最初确定的滩羊肉底线价格为 18 元/斤，后期通过政府的争取，上调为20元/斤，从而为农民提供更高的保障，政府对保险公司也对农户进行补贴。在探索过程中，通过这种方式提高了保险的覆盖深度。"扶贫保"的主要产品与优惠政策如图6-6和表6-15所示。

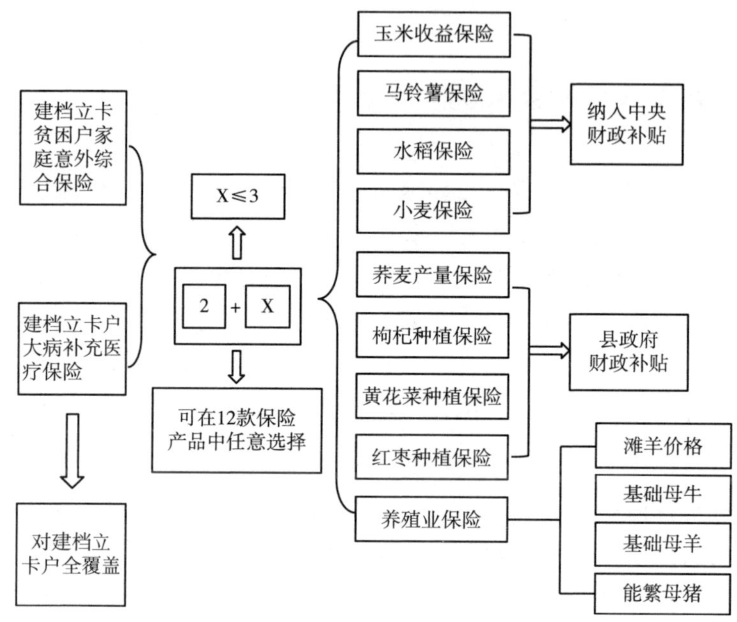

图6-6 "2+x"扶贫保产品体系

资料来源：根据笔者在盐池县财政局和金融办调研时搜集的资料整理绘制。

表6-15 "扶贫保"主要产品与优惠政策

保险产品	保费与保额		对建档立卡户的优惠
	建档立卡户	普通农户	
贫困家庭成员意外伤害保险	保费100元/户 保额99000元	保费100元/户 保额66000元	对于建档立卡户，同样保费情况下，风险保障额提高50%
贫困家庭成员大病补充医疗保险	保费45元/人	保费60元/人 不理赔既往病史	对于建档立卡户，保险公司承担既往病史造成的理赔，且费率下调
借款人（互助社社员）意外伤害保险	费率为1.8‰	费率为2.5‰～4‰不等	对建档立卡户，费率下降28%～55%
老年人意外伤害综合保险	保费90元/人 保额40800元	保费30元/人 保额13600元	建档立卡户保费由政府出资

续表

保险产品	保费与保额		对建档立卡户的优惠
	建档立卡户	普通农户	
黄花菜种植保险	保额 1000 元/亩	—	仅限于建档立卡户
玉米收益保险	保费 35.2 元 保额 880 元/亩	—	仅限于建档立卡户
滩羊价格指数保险	保费 30 元 保额 720 元/只	—	仅限于建档立卡户
基础母牛保险	保费 245 元/头 保额 7000 元/头	保费 150 元/头 保额 2500 元/头	费率由 6% 下降至 3.5%
基础母羊养殖保险	保额 600 元/只	保额 500 元/只	保额提高 100 元/只

资料来源：根据笔者在盐池县财政局和金融办调研中搜集的资料和数据整理所得。

二、实施效果

（一）保险公司运营成本降低

盐池县政府通过财政补贴、信息对接、价格监测等手段，有效降低了保险公司的运营成本。其中，信息平台的建立帮助保险公司用低廉的成本获取农户的家庭状况、投保情况等信息，从而更有针对性地开展保险业务；组合保险产品的设计降低了保险公司在投保过程中的成本；在保费收缴方面，政府为建档立卡户统一购买保险产品，解决了保险公司挨家挨户上门收缴保费的问题；在保险的理赔环节，政府通过基层相关部门，协助保险公司进行价格测算；对于赔付率较高的保险产品，政府也会对保险公司进行补贴。盐池县扶贫办积极发挥政治优势和制度优势，驻村工作队、帮扶责任人和基层组织积极帮助保险市场主体减少工作成本，引导保险公司更好地为老百姓服务。

（二）贫困农户参保意愿提升

政府补贴与保险公司让利，一定程度上缓解了保费贵的问题，提高了贫困户参与保险的积极性。对于普通农户，原则上政府承担 80% 的“扶贫保”保费，老百姓只需缴纳 20%；而建档立卡贫困户的“扶贫保”保费则全部由政府承担。针对其他政策性农业保险，尤其是扶贫小额人身保险、大病补充保险、信贷保证保险等，政府充分整合扶贫资金提高财政补贴，减少贫困户的自费比例，从而提高贫困农户参与保险的积极性。

（三）投保和理赔程序简化

为使“扶贫保”更好地推行，盐池县政府积极协助保险公司开展投保和理赔工作。农户投保后，一旦发生风险，即可逐级上报。在人身保险方面，人保财险公司与盐池县医保局联系，在医保系统内提取贫困户的医疗数据，针对数据进行核算，开通绿色通道，直接打钱到户，简化理赔手续。财产保险的案件，则由村组向上级汇报，与保险公司协同处理理赔，政府的协助使投保和理赔手续得到一定程度简化。

（四）农户风险意识增强

为使农户了解更多的保险知识，政府和保险公司经常对农户进行培训，帮助农户了解理赔流程。在运行阶段，需要农民先行签字付款购买保险，后期政府再将保费返还给农民。通过这一流程，增加了农户的参保意识。保险公司在日常生活中还经常发放宣传手册，同时推广保险产品；发生风险事故需要理赔时，保险公司通常会在村里进行现场理赔，对农户进行现场理赔培训。这一系列的措施使农户了解了更多的保险知识，其风险意识和保险意识增强。

第七章　甘肃省大病保险扶贫实践与经验

第一节　大病保险精准扶贫的背景与意义

一、大病保险扶贫的背景

2013年11月，习近平总书记在湖南湘西考察时首次作出了“实事求是、因地制宜、分类指导、精准扶贫”的重要指示；2014年，中共中央办公厅、国务院扶贫办先后出台“精准扶贫”相关方案；2014年3月，习近平总书记在两会召开期间，进一步阐述了精准扶贫理念，强调要实施精准扶贫，瞄准扶贫对象进行重点施策；2015年10月29日，中共十八大五中全会和“十三五”规划纲要就精准扶贫提出分类扶持制度；2015年11月29日，中共中央、国务院颁布《中共中央　国务院关于打赢脱贫攻坚战的决定》，将脱贫攻坚上升到治国理政的高度。

根据2013年“中国城乡困难家庭社会政策支持系统建设”的调查数据进行分析可知，贫困农民主要的致贫原因就是“过重的家庭成员疾病负担”，在服务项目中，农村医疗卫生保健服务是贫困家庭需求程度最高的服务项目，占农村贫困家庭的比重高达63.45%。从农村贫困家庭就医情况来看，“费用高、看病贵”成为贫困家庭就医的首要困难，79.62%的农村贫困家庭认为就医费用高。国务院扶贫办调查数据显示，截至2015年12月，全国的贫困农民有7000多万人，其中因病致贫的农民占到42%。根据对甘肃省75个贫困县和插花贫困县的因病致贫、因病返贫家庭情况调研数据来看，截至2016年6月30日，近9万个家庭、40万人因病致贫（其中患重大疾病的有8万多人)，近3年有8万多个家庭因病负债高达26亿多元，负债率高达90%左右。

随着经济社会的发展和疾病谱的改变，呼吸道疾病、心脑血管疾病和肿瘤等成为威胁人类健康的主要因素。这些疾病通常为慢性病或重大疾病，病程长、医疗费用消耗大，给个人和家庭造成越来越大的威胁与风险。这些威胁与风险表现为发生超出个人和家庭承受能力的大额医疗费用的可能性。目前，我国全民医保制度已基本建立，职工医保、城镇居民医保和新农合参保人数超过13亿人，参保覆盖率稳固在95%以上。城乡居民基本医保财政补助标准由2008年人均80元提高到2016年的420元。

尽管城乡居民的基本医疗保险起到了医疗保障的作用，但其主要针对的是普通病种，对重特大疾病的保障作用有限，而且受报销额度的限制，能报销的费用和居民为治病所花费用也远远不成比例。相当一部分社会弱势群体因无法承受重大疾病带来的经济压力，往往“因病致贫”或“因病返贫”。

目前，尤其是在农村贫困地区，“因病致贫返贫”已成为比较突出的社会问题，疾病导致贫穷，贫穷加剧疾病，形成疾病和贫穷的恶性循环，严重影响着农民脱贫自立和农村经济发展。围绕2020年全面建成小康社会的目标，农村反贫困进入到攻坚阶段，国家调整扶贫开发战略，由“大水漫灌”变为“精准滴灌”，“精准扶贫”把农村扶贫开发从区域扶贫，推进到县到乡镇，目前全面推进到贫困家庭。开展大病保险是我国建设覆盖全民医疗保障体系的一项重要举措，标志着我国医保体系建设从实现“病有所医”向解决“因病致贫、因病返贫”实现“精准扶贫、精准脱贫”迈出了关键一步。同时，对于维护广大人民群众的健康权益，促进医改持续深化具有重要而深远的意义。

二、大病保险扶贫的意义

（一）大病保险是实现“精准扶贫、精准脱贫”的重要举措

在大部分农村贫困地区，“因病致贫返贫”已成为顽疾，精准扶贫是新时期党和国家扶贫工作的精髓和亮点，是全面建成小康社会、实现中华民族伟大“中国梦”的重要保障。“因病致贫”在我国致贫原因中居于首位。大

病保险作为一剂破解“因病致贫、因病返贫”困局的精准扶贫良方，助力脱贫攻坚成效显著，对打赢脱贫攻坚战具有重要意义。

大病保险作为基本医保制度的拓展和延伸，逐步提高医疗费用的补偿范围和报销比例，重点解决高额医疗费用补偿问题，明显提高城乡居民医疗保障水平，减轻大病医疗费用负担，能有效避免“一人得病全家致贫”，防止“脱贫后一人得病全家返贫”。

（二）大病保险是完善脱贫攻坚工作机制的重大创新

国家“十三五”规划纲要明确提出，要充分发挥政治优势和制度优势，贯彻“精准扶贫、精准脱贫”基本方略，创新扶贫工作机制和模式，采取超常规措施，加大扶贫攻坚力度，坚决打赢脱贫攻坚战。创新是制胜的法宝，大病保险坚持“政府主导、专业承办”的基本原则，强化政府在制定政策、组织协调、监督管理等方面职责的同时，采取保险公司承办大病保险的方式，发挥市场机制作用和商业保险机构专业优势，提高大病保险运行效率、服务水平和质量。这既是贯彻落实国家医改精神的具体体现，也是扶贫攻坚工作机制的重大创新和突破。一是明确了“政府主导、专业运作”等原则，有利于合理界定政府与市场的责任，充分发挥两方面的优势，建立“管、办”相分离、相制约的运行机制。二是提出了“责任共担、持续发展”的原则，要求大病保险保障水平要与经济发展、医疗消费水平相适应，形成政府、个人和保险机构共同分担大病风险的机制。三是提出了“收支平衡、保本微利”的要求，有利于形成合理的激励和约束机制，促进大病保险制度稳定、安全、持续运行。

（三）大病保险是保险业参与脱贫攻坚的有力抓手

保险业是扶危济困的行业，直接面向最广大的贫困人口和社会弱势群体，在精准扶贫上大有可为。大病保险资金主要来自城乡居民基本医保基金，将大病保险交给商业保险承办，既体现了党和政府对保险业参与医保体系建设成绩的认可，也反映出对保险业承担更多扶贫责任的信任和期待，希望通过商业保险机构的专业运作，提高大病保险的运行效率。同时，开展大病保险也为保险业提供了难得的发展机遇。保险业在政府的支持下，承办风险保障型的城乡居民大病保险，有利于保险业进一步优化业务结构、转变发展方式，在拓宽服务领域的过程中全面提升服务能力。

三、大病保险的概念与内涵

（一）基本医疗保险

基本医疗保险是为补偿劳动者因疾病风险造成的经济损失而建立的一项社会保险制度。通过用人单位和个人缴费，建立医疗保险基金，参保人员患病就诊发生医疗费用后，由医疗保险经办机构给予一定的经济补偿，以避免或减轻劳动者因患病、治疗等所带来的经济风险。基本医疗保险是社会保险制度中最重要的险种之一，它与基本养老保险、工伤保险、失业保险、生育保险等共同构成现代社会保险制度。

我国建立了城镇职工基本医疗保险制度、新型农村合作医疗制度和城镇居民基本医疗保险制度。其中，城镇职工基本医疗保险由用人单位和职工按照国家规定共同缴纳基本医疗保险费，建立医疗保险基金，参保人员患病就诊发生医疗费用后，由医疗保险经办机构给予一定的经济补偿，以避免或减轻劳动者因患病、治疗等所带来的经济风险。新型农村合作医疗和城镇居民基本医疗保险实行个人缴费和政府补贴相结合，待遇标准按照国家规定执行。

（二）灾难性医疗支出

世界卫生组织（WHO）认为，当一个家庭强制性医疗支出超过家庭一般消费40%的时候，即定义为“灾难性医疗支出”。用我国统计数据来说就是城镇居民的人均可支配收入和农村居民的人均纯收入。换句话说，当城镇居民、农民个人负担医疗费用分别达到当地城镇居民年人均可支配收入、农民年人均纯收入时，就会发生灾难性医疗支出，就达到了我们大病所判定的标准，就应该对这些参保的城乡居民进行合理的补偿。

（三）大病的界定

大病，是现实生活中公众之间的普遍称谓，在国内学术界，大病一般被称为重特大疾病或重大疾病。对于大病的界定，国际上一般以灾难性卫生支出为界定标准，并从三个方面进行具体解释：从临床诊断和治疗判断疾病轻重程度，在某一时期从家庭卫生支出数值判断是否超出规定的临界值，家庭在医疗卫生支出上的个人支付费用是否超过其可支配收入的某个比例。对于该比例的划定，国际上将个人现金自付费用占家庭消费的40%作为灾难性卫生支出标准；或者将年度（或单次）医疗费用超过当地平均费用水平4倍或最高5%位数费用的病例称为重大疾病。从病理状态、体征和症状角度定义，国际上一般以美国国立医学图书馆编制的权威性医学主题词表（*Medical Subject Headings*，简称Me SH）中的定义为参考，将大病定义为灾难性疾病（catastrophic illness）——一种急性或长期的疾病，通常被认为威胁生命的，或伴有严重残疾的疾病，它也许能彻底治疗，但往往代价较高。

国内在实际操作中一般有按病种界定和按卫生费用支出界定两种方式。从病种界定的角度，国内首部重大疾病保险的行业规范性操作指南《重大疾病保险的疾病定义使用规范》（以下简称《使用规范》），对重大疾病保险产品中最常见的25种疾病的表述进行了统一与规范。然而，《使用规范》中的疾病种类仅是针对成年人群体而定的，尚不覆盖未成年人群体；再者，大病的影响不能仅从它对人身健康的伤害程度来鉴定，因为大病的发生必然导致高额医疗费用，会使患者面临严重的经济风险，所以国内也从卫生费用支出角度来界定大病。在开展居民疾病费用负担的实证研究时，国内研究大多借鉴WHO以及一些发达国家规定的灾难性卫生支出标准。

在我国社会保险行业中，国家发改委、财政部等六部委发布的《关于开展城乡居民大病保险工作的指导意见》中对大病定义为，当一个家庭的强制性医疗支出大于等于扣除基本生活费（食品支出）后家庭剩余收入40%的时候，这个家庭非常可能会出现家庭灾难性医疗支出，那么这个家庭就会因病致贫或者叫作返贫。换算成国内相应统计指标，各地城镇居民人均可支配收入或农民年人均纯收入，可作为家庭灾难性医疗支出的标准。所以笔者对大病的定义为，当患者患有某种疾病，因疾病所产生的医疗费用，包括门诊和住院费用，令患者家庭陷入贫困或者超过当地居民的人均可支配收入，那么我们就说这种疾病叫作“大病”。

（四）大病保险

依据性质分类，大病保险可以分为商业性质及非商业性质两类。商业性质的大病保险，一般被称为重大疾病保险，从保险学的定义，大病保险是指在被保险人罹患保险合同约定的疾病、疾病状态或手术时，由保险人向被保险人支付约定金额的商业保险行为。

本书研究的大病保险仅限于城乡居民大病保险，属于非商业性质的大病保险，是一项以提高城乡居民医疗保障水平、力争避免城乡居民发生家庭灾难性医疗卫生支出为主要目标的政策措施，在基本医疗保障（城镇居民基本医保、新农合、城乡居民医保）基础上，针对城乡参保居民发生高额医疗费用的情况，对其基本医保补偿后仍需个人负担的合规医疗费用给予进一步保障。

第二节　甘肃省大病保险政策

2012 年 8 月中央发布《关于开展城乡居民大病保险工作的指导意见》（以下简称《指导意见》）后，各地积极开展大病保险的试点工作，探索适合当地的大病保险政策。2013 年 4 月 3 日，甘肃省发展改革委等六个相关部门共同制定了符合甘肃省省情的《甘肃省开展城乡居民大病保险工作实施方案（试行）》，同年 4 月底，省里确定在庆阳、定西、金昌 3 个市开展大病保险试点工作；2014 年，甘肃省城乡居民大病保险才在全省范围内开始全面实施；2015 年 1 月 1 日，正式实施《甘肃省开展城乡居民大病保险工作实施方案》（以下简称《方案》）。2015 年省里先后印发《关于做好全省农村贫困人口精准扶贫大病保险工作的通知》《甘肃省开展城乡居民门诊慢特病大病保险工作实施方案（试行）》等文件，来有效指导大病保险的精准扶贫工作。2017 年 3 月 23 日，省政府办公厅印发了《关于调整完善城乡居民大病保险相关政策的通知》，明确在原有政策基础上提高了筹资标准，增加重大疾病患者费用再报销政策，对城乡居民个人自负合规医疗费用超过 3 万元以上（不含 3 万元）的部分，大病保险再次按比例分段报销，同时取消原门诊“慢特病”大病保险年内最高报销 5 万元的限制，上不封顶，以进一步缓解城乡居民因病致贫、返贫问题。

为进一步缓解城乡居民因大病致贫、返贫问题，助力健康甘肃建设和全省脱贫攻坚任务完成，甘肃省政府在 2018 年 5 月出台了《甘肃省城乡居民大病保险工作实施方案（2018 版）》。方案实行大病保险对城乡贫困人口执行倾斜保障政策，农村建档立卡贫困人口、城乡低保、特困供养人员大病保险报销起付线降低至 2000 元，超过起付线标准以上的部分为补偿基数。补偿基数 0～1 万元（含 1 万元）报销 72%；1 万～2 万元（含 2 万元）报销 77%；2 万～5 万元（含 5 万元）报销 82%；5 万～10 万元（含 10 万元）报销 87%；10 万元以上报销 90%。

一、甘肃省大病保险制度内容

（一）总体目标

在全省城镇居民基本医疗保险（以下简称“城镇居民医保”）和新型农村合作医疗（以下简称“新农合”）基础上建立城乡居民大病保险制度，切实解决城乡居民因病致贫、因病返贫问题。

（二）基本原则

甘肃模式大病保险的实施遵循以人为本、统筹安排、政府主导、专业运作、责任共担、持续发展等二十四字基本原则。

（三）保障内容

保障对象：大病保险制度是在基本医疗保险基础上的补充医疗保险，是对基本医疗保险制度的补充和发展，属于保障性制度，基于这个定义，目前的大病保险保障对象只是针对全省城镇居民医保、新农合所有参保（合）人员。

保障范围：受保居民对于其住院医疗费用按现行医疗保险政策常规报销后，承担的合规医疗费用超过大病医疗保险起付标准的部分，可以进行再次报销，并且在现行的城乡居民基本医疗保险、大病保险报销后，对城乡居民个人自负合规医疗费用超过3万元以上（不含3万元）的部分，大病保险再次给予报销。

保障水平：2016年甘肃省的大病保险制度中起付线定为5000元，已经是全国范围内的最低起付线，补偿基数是指以个人自负医疗费用超过起付线（5000元）的部分，具体来讲，补偿基数分为0～1万元、1万～2万元、2万～5万元、5万元以上（上不封顶）四个补偿段，每个补偿段的报销比例不一，依次分别为50%、55%、60%、65%。实行报销比例分段递增的政策，并且对城乡居民个人自负合规医疗费用超过3万元以上的部分（不含3万元），大病保险再次给予报销。报销比例依次分别为80%、90%、95%、98%，报销金额上不封顶。

2016年甘肃省将因病致贫家庭参合人员大病保险报销起付线由5000元

降至3000元，报销额度上不封顶，根据《中共甘肃省委甘肃省人民政府关于扎实推进精准扶贫工作的意见》和《省卫计委省扶贫办关于精准扶贫卫生扶贫支持计划的实施方案》要求，农村“建档立卡”贫困人口大病保险实行省级统筹，全省城乡居民按照“统一筹资标准、统一报销比例、统一实施方案”原则，享受平等大病医疗保险待遇和服务。全省参合的农村“建档立卡”贫困人口住院费用按现行基本医保政策规定报销后，个人自负部分达到起付线3000元的纳入大病保险，以个人自负超过3000元的部分为补偿基数，报销比例分段递增。引导城乡居民在基层医疗机构就医，对在市级以下医疗机构就医的，按照市、县级在规定报销比例基础上分别提高5%和10%比例进行补偿，报销额度上不封顶。并且取消门诊“慢特病”大病保险报销上限。

（四）筹资机制

筹资标准：从2017年起，城乡居民大病保险筹资标准由人均30元提高到55元，2018年提高到65元，增加的35元用于大病保险补偿和新增自负高额医疗费用的再报销，在不增加城乡居民个人筹资额的前提下，大幅提高城乡居民重大疾病患者合规医疗费用报销比例。

筹资来源：目前，大病保险除了从城镇居民医保基金和新农合基金中划转以外，还有就是从财政新增基本医保补助资金中安排，作为基本医疗保险的保障性保险，并没有进行独立发展运行，其资金没有独立进行筹资。

统筹方式：甘肃省人口密度低，城乡差异相对较小，为实现大范围统筹提供了条件，从而使甘肃成为为数不多的省级统筹的省份。

（五）参与主体

甘肃省医改办牵头负责大病保险的管理与考核工作，其主要职责是：负责大病保险服务合同的签订，负责会同相关部门拟定政策，组织协调、指导大病保险工作的管理与考核工作，研究解决大病保险工作中存在的困难和问题等，会同相关部门组织实施半年及年度考核。各市（州）、县级医改办负责组织日常考核（每季度）。

人社部门和卫生计生部门是大病保险的业务主管部门，主要职责是：及时向承办商业保险机构提供参合、参保人员信息和理赔数据信息，为大病保险“一站式”服务和信息系统规范化建设提供各项便利条件，指导承办商业保险机构开展大病保险具体业务工作及监管工作。省级财政部门负责大病保险资金的筹集和审核并及时拨付资金，确保大病保险专户正常运行；会同审计、人社、卫生计生等部门做好资金的日常监管工作，及时发现和处理资金使用中的不规范行为。民政部门负责做好救助对象的医疗救助工作，研究贫困医疗救助同大病保险的衔接工作，为“一站式”报销服务提供便利。保险监管部门做好承办大病保险商业保险机构从业资格审查，加强服务质量与日常业务监管，加强偿付能力和市场行为监管，对商业保险机构的违规行为和不正当竞争行为及时予以查处。

二、甘肃省大病保险制度特点

（一）统筹城乡待遇，实现公平

《关于开展城乡居民大病保险工作的指导意见》提出，大病保险要打破城乡二元化，建立城乡参保居民的统一管理体制以及城乡一体的医保体系，甘肃模式的大病保险的统筹方式实行省级统筹，是为数不多实行省级统筹的省份之一，甘肃省按照“统一筹资标准、统一报销比例、统一实施方案”原则，实现了在全省范围内在大病医疗保险待遇和服务上的一致性，体现了大病保险的社会公平性和服务均等化，与实施市级统筹的其他省份相比，更加体现了大病保险的公平性。

（二）“双低”政策效应突出

甘肃模式大病保险的“双低”政策是其突出亮点，甘肃省的起付线，在2015年各省市中已经成为全国最低起付线的省份，而2016年以来，起付线又降低到3000元，使其大病保险实际报销比例提高3个百分点以上。给予受保的城乡居民更高的保障程度。甘肃省的筹资标准较全国一些地区较低，这是根据甘肃省人均收入以及医疗费用而决定的，筹资标准低在一定程度上可以减轻城乡居民的大病支付负担，“双低”政策的实施，使受保的城乡居民可以更好地享受大病保险政策的优惠，真正使大病保险可以起到分散大病保险风险和对于大病保险进行管理的作用。

国家将尿毒症透析治疗、恶性肿瘤放化疗等33种慢性病、特殊疾病（简称“慢特”病）门诊医疗费用纳入大病保险补偿范围，在提高了大额医疗费用补偿程度的同时，又保障了病种医疗费用报销，使保障范围和程度进一步得到提高，大病保险的运行机制得到进一步完善。

（三）省级统筹方式

甘肃省大病险的基金由省级财政部门建立独立账户集中管理，使全省的资金统筹起来，在全省范围内为大病保险提供保障，提升了大病保险基金的共济能力，遵循了大数法则，提高了抗风险能力，保障水平得到提高。

由于大病保险政策是在全省统一实行的，各大医院在大病保险的相关政策上具有统一性，受保人可以在全省范围内各大医院按照大病保险政策进行就医，缩短了办理手续的时间，使受保的城乡居民能够更加方便地进行就医，及时得到大病保险的基金支持，同时也提高了医院的工作效率。

（四）实行全面监管

甘肃省的大病保险实施的监管权是由省级医改办在全省范围内行使，无论是省内的各个医院还是承保大病保险的保险公司，医改办都直接对其大病保险政策实施情况进行监管。首先，在全省范围内制定大病保险在各大医院的实施规则和奖惩激励制度，医疗行为得到了进一步规范。其次，商业保险机构承办大病保险的考核与奖惩机制进一步规范，加大了对商业保险机构的监管力度，保证了大病保险的公平性和效率性。

（五）政策倾斜

2013 年 9 月和 10 月，国家主席习近平相继提出了建设“丝绸之路经济带”和“21 世纪海上丝绸之路”的战略构想，即“一带一路”倡议。积极落实“一带一路”倡议，事关我国经济发展全局，是当前和今后较长时间内的重要战略任务。在“一带一路”经济带中，甘肃省作为陆上丝绸之路的桥头堡，在建设“一带一路”经济带上发挥着不可代替的作用。而作为甘肃省风险补偿、投资管理和社会治理机制重要组成部分的现代保险业的作用更加突出，其中大病保险作为社会稳定和经济发展的镇静剂，在促进甘肃省经济发展和社会稳定方面发挥着前所未有的作用，也将在“一带一路”倡议的带领下，开启新的篇章。

第三节　甘肃省大病保险保障水平

2015 年度，甘肃省大病保险的参保人数为 2213.92 万人，其中城镇居民为 304.58 万人，乡镇农民为 1909.34 万人。共筹集大病保险基金 6.64 亿元，基金使用率为 92.4%。使用状况良好、效果突出。

一、赔付人次情况

2015 年获得大病保险住院赔付人次达到 184598 人次，占参保总人数的 0.83%。其中，合规医疗费用在第一补偿段的人次有 171667 人次；合规医疗费用在第二补偿段的人次有 9779 人次；合规医疗费用在第三补偿段的人次有 2490 人次；合规医疗费用在第四补偿段的人次有 562 人次，各阶段赔付人数占总赔付人数、参保总人数的比例不一（见表 7－1）。

表 7－1　2015 年甘肃省城乡大病保险赔付人次情况

补偿段	合规医疗费用	人次（人）	占总赔付人数比例（%）	占总参保人数比例（%）
第一补偿段	0～1 万元（含 1 万元）	171667	93.05	0.78
第二补偿段	1 万～2 万元（含 2 万元）	9779	5.3	0.04
第三补偿段	2 万～5 万元（含 5 万元）	2490	1.35	0.011
第四补偿段	5 万元以上	562	0.3	0.0025

资料来源：甘肃省卫生和计划生育委员会体制改革处。

由表 7－1 可知，获得大病保险住院医疗费用补偿的人次几乎集中在 0～1 万元（含 1 万元），其他补偿段的比例仅占 6.95%，而且随着补偿段中金额的增加，赔付人次在减少。

二、赔付金额情况

2015 年大病保险住院医疗费用赔付金额达到 61367.58 万元，大病保险基金使用率为 92.4%。其中，合规医疗费用在第一补偿段的赔付金额为

36725.49 万元；合规医疗费用在第二补偿段的赔付金额为 12813.22 万元；合规医疗费用在第三补偿段的赔付金额为 7266.51 万元；合规医疗费用在第四补偿段的赔付金额为 4562.35 万元，各补偿段的赔付金额占总赔付金额的比例不一（见表 7－2）。

表 7－2　2015 年甘肃省城乡大病保险赔付金额情况

补偿段	合规医疗费用	赔付金额（万元）	占总赔付金额比例（%）
第一补偿段	0～1 万元（含 1 万元）	36725.49	59.85
第二补偿段	1 万～2 万元（含 2 万元）	12813.22	20.88
第三补偿段	2 万～5 万元（含 5 万元）	7266.51	11.84
第四补偿段	5 万元以上	4562.35	7.43

资料来源：甘肃省卫生和计划生育委员会体制改革处。

由表 7－2 可知，大病保险住院医疗费用补偿金额主要集中在 0～1 万元（含 1 万元），占到了将近 60% 的比例，而且补偿金额占比随着补偿段的金额增加呈现递减趋势。结合表 7－1、表 7－2 的数据分析可得，四个补偿段的人均赔付额分别为 0.21 万元、1.31 万元、2.92 万元、8.12 万元。

三、大病患者住院费用情况

2015 年甘肃省城乡居民的住院总费用为 438371.08 万元，基本医保补偿后全部自费费用为 219945.41 万元，其占住院总费用的比例为 50.17%，基本医疗保险使自费费用降低了 218425.67 万元。大病保险的实施，使大病保险后自费费用降为 158577.82 万元，其占住院总费用的比例为 36.17%。不同人群住院人员费用情况如表 7－3 所示。

表 7－3　2015 年甘肃省大病患者住院费用基本情况　单位：万元

不同人群	住院总费用	基本医保补偿金额	基本医保补偿后全部自费费用	大病保险支付金额	大病保险后自费费用
城镇居民	65737.62	29437.43	36300.19	8976.85	27323.33
乡镇农民	372633.46	188988.24	183645.22	52390.73	131254.49

资料来源：甘肃省卫生和计划生育委员会体制改革处。

由表 7－3 可知，不同人群的补偿金额和住院费用不同，对于城镇居民而言，基本医保补偿后全部自费费用占住院总费用的比例为55.22%，而大病保险的实施使全部自费费用所占比例降为41.56%，减少了8976.85万元的费用负担；对于乡镇农民而言，基本医保补偿后全部自费费用占住院总费用的比例为49.28%，而大病保险的实施使全部自费费用所占比例降为35.22%，减少了52390.73万元。这表明大病保险的实施，使城镇居民和乡镇农民的自费费用占比都降低了13%以上，降低了大病患者自负的医疗费用，提高了整体保障水平。

四、大病保险补偿情况

（一）甘肃省城乡大病保险补偿水平情况

根据对不同人群的医疗费用、基本医疗补偿额等七个指标，对甘肃省城乡大病保险补偿水平进行分析（详见表7-4）。由表7-4可知，总体来看，2015年甘肃省的医疗总费用为438371.08万元，总补偿额达到了279793.25万元，其中基本医疗保险补偿额为218425.67万元，基本医疗保险占医疗总费用的比例为49.83%，大病保险补偿额为61367.58万元，大病补偿后的实际补偿比为63.83%，大病补偿前后实际补偿比之差为14.00%。其中城镇居民在整体基本医疗补偿比和大病保险补偿比方面都略小于乡镇农民，乡镇农民的大病补偿前后实际补偿比之差为14.06%，而城镇居民的大病补偿前后实际补偿比之差为13.66%，表明乡镇农民在这方面的优势微弱。从而可知，甘肃省的大病保险在补充基本医疗保险方面起到重要的作用，尤其是在补偿乡镇农民的整体补偿水平方面，其作用更加明显，但由于乡镇农民的补偿人数较多，对于人均补偿水平方面，还需要进一步进行分析。

表7-4　　2015年甘肃省城乡大病保险补偿情况

不同人群	医疗费用（万元）	基本医疗补偿额（万元）	基本医保补偿比（%）	大病补偿额（万元）	大病补偿后补偿比（%）	总补偿额（万元）	大病补偿前后补偿比之差（%）
城镇居民	65737.62	29437.43	44.78	8976.85	58.44	38414.28	13.66
乡镇农民	372633.46	188988.24	50.72	52390.73	64.78	241378.97	14.06

资料来源：甘肃省卫生和计划生育委员会体制改革处。

（二）大病保险人均补偿水平情况

我们通过对甘肃省城乡大病补偿人数、大病补偿人数占参保人群的比例、人均基本医疗补偿额、人均大病补偿额、人均补偿额等指标来分析大病保险对城镇居民、乡镇农民的补偿情况（详见表7－5）。

表7－5　　2015年甘肃省大病人均补偿水平情况

不同人群	补偿人次（人次）	参保人数（人）	人员受益率（%）	人均基本医疗补偿额（万元）	人均大病补偿额（万元）	人均补偿额（万元）
城镇居民	22182	3045795	0.73	1.33	0.40	1.73
乡镇农民	162326	19093405	0.85	1.16	0.32	1.49

资料来源：甘肃省卫生和计划生育委员会体制改革处。

由表7－5可知，甘肃省城乡大病的人员受益率为0.83%（其中城镇居民的受益率为0.73%；乡镇农民的受益率为0.85%）；大病患者人均基本医疗补偿额1.18万元（其中城镇居民为1.33万元；乡镇农民为1.16万元）；大病患者人均大病补偿额为0.33万元（其中城镇居民为0.40万元，乡镇农民为0.32万元）。这表明在现行大病保险政策的实施过程中暴露出一些问题：补偿人次占参保人数的比重较低，人员受益率有待提高，乡镇农民的人均补偿额少于城镇居民。应在提高大病保险整体补偿水平的同时，突出保障乡镇农民。

五、大病患者个人负担情况

2015年甘肃省城镇居民人均住院总费用为2.96万元，乡镇农民人均住院总费用为2.3万元；城镇居民基本医保后人均自费费用为1.64万元，乡镇农民基本医保后人均自费费用为1.13万元；城镇居民大病保险后人均自费费用为1.23万元，乡镇农民大病保险后人均自费费用为0.81万元。本书将上述数据与2015年甘肃省城镇居民年人均可支配收入（23767元）和乡镇农民年人均纯收入（6936元）进行比较，通过定量数字直观反映大病患者个人负担情况（详见图7－1）。

由图7－1可知，对于人均住院总费用占比而言，乡镇农民为城镇居民的2.66倍，乡镇农民的统筹基本医保补偿后人均全部自费费用占比为城镇居民

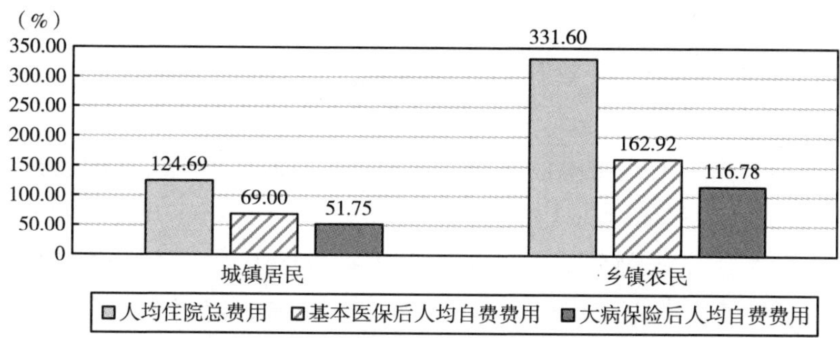

图7-1 2015年城乡居民大病保险住院费用个人负担情况

资料来源：甘肃省卫生和计划生育委员会体制改革处。

的2.36倍，乡镇农民的大病保险支付后人均自费费用占比为城镇居民的2.26倍。这表明乡镇农民人均纯收入水平比城镇居民的人均可支配收入水平低，乡镇农民在各种人均费用与年人均收入的比例上，是城镇居民的2倍多。尽管大病保险的实施减轻了大病患者的个人费用负担，并且缩小了乡镇农民与城镇居民的负担差距，但不可否认，乡镇农民在面对疾病尤其是重大疾病时，其经济负担仍然相当高，从而导致"因病致贫"和"因病返贫"的风险在乡镇农民身上更加突出。

第四节 甘肃省大病保险的扶贫效果分析

我们选取了2016年1月1日至2016年12月31日甘肃省的榆中县、会宁县、麦积区、清水县、秦安县、甘谷县、武山县、张家川县、古浪县、天祝县、庄浪县、静宁县、环县、华池县、合水县、宁县、镇原县、安定区、通渭县、陇西县、渭源县、临洮县、漳县、岷县、武都区、文县、宕昌县、康县、西和县、礼县、两当县、临夏县、康乐县、永靖县、广河县、和政县、东乡县、积石山县、合作市、临潭县、卓尼县、舟曲县、夏河县等43个国家扶贫县（区）农村地区的大病保险实施效果的相关数据，通过对大病保险的基金筹资使用情况、费用情况、补偿情况、个人负担情况进行分析，从而对大病保险的扶贫效果进行评价，通过对甘肃省大病保障效果进行研究，分析大病保险在精准扶贫方面取得的成效以及存在的问题，并为大病保险的精准扶贫提出一些政策与建议。

一、大病保险的基金筹资使用情况

2016 年甘肃省大病保险的参保人数达到 2210. 7 万人，其中乡镇农民有 1907. 47 万人。大病保险在全省范围内共筹集了 66321. 20 万元的大病保险基金，其中新农合筹集到 57224. 20 万元的大病保险基金。2016 年，甘肃省大病保险资金的使用率为 92. 2%，其中乡镇农民的基金使用率为 88. 9%，其中 43 个贫困县乡镇农民的大病保险筹资及使用情况如表 7 -6 所示。

表 7 -6　　2016 年 43 个贫困县乡镇农民大病保险资金筹集及使用情况

地区	参保人数（人）	大病保险筹资额（元）	资金使用率（%）
榆中县	357141	10714230	88. 05
古浪县	301893	9056790	96. 62
天祝县	151568	4547040	63. 32
安定区	317296	9518880	109. 12
通渭县	346453	10393590	95. 58
陇西县	386678	11600340	100. 31
渭源县	285895	8576850	79. 76
临洮县	440021	13200630	123. 52
漳县	164231	4926930	70. 85
岷县	397735	11932050	52. 50
临夏县	316850	9505500	93. 43
康乐县	236078	7082340	74. 36
永靖县	141120	4233600	75. 06
广河县	183520	5505600	82. 11
和政县	170384	5111520	80. 55
东乡县	276398	8291940	75. 80
积石山县	182626	5478780	87. 07
合作市	32537	976110	48. 95
临潭县	125628	3768840	74. 85
卓尼县	83484	2504520	37. 07
舟曲县	113523	3405690	61. 25
夏河县	65638	1969140	60. 45

续表

地区	参保人数（人）	大病保险筹资额（元）	资金使用率（%）
合水县	144899	4346970	109.40
华池县	107743	3232290	80.08
环县	294799	8843970	123.40
宁县	475505	14265150	99.41
镇原县	452780	13583400	109.05
会宁县	473477	14204310	125.04
甘谷县	536415	16092450	90.83
麦积区	434418	13032540	102.45
秦安县	562328	16869840	80.44
清水县	274945	8248350	65.72
武山县	374584	11237520	92.67
张家川	294408	8832240	106.57
宕昌县	263587	8769261	51.98
康县	167252	5017560	83.33
礼县	443370	13301100	59.51
两当县	34747	1042410	70.52
文县	186496	5594880	74.70
武都区	433778	13013340	108.24
西和县	332268	9968040	107.43
静宁县	380734	11422020	117.23
庄浪县	392657	11779710	63.95

资料来源：甘肃省卫生和计划生育委员会体制改革处。

43个贫困县乡镇农民的参保人数为1187.43万人，大病保险筹资金额为35622.9万元，占全省乡镇农民筹资总额的62.25%，而其基金使用率为85.73%，低于全省乡镇农民的平均基金率，其中最低的是卓尼县，仅为37.07%，表明有近63%的大病保险基金没有得到利用；最高的是临洮县，高达123.52%，表明基金出现近24%的亏损，大部分的贫困县是低于100%的。由此可以看出，大病保险的基金使用机制需要进行规范，尤其是在贫困地区，大病保险基金的合理运行，关乎大病保险制度的可持续发展以及确保大病保险可以进行精准扶贫。而且应完善筹资机制，确保大病保险资金的充足性。

二、大病保险的补偿情况

2016年甘肃省大病保险的补偿总额为63368.93万元，其中乡镇农民的补偿总额为52672.08万元；全省大病保险的补偿人次为185557人次，其中乡镇农民的补偿人次为161803人次；全省人均补偿额为0.34万元，其中乡镇农民的人均补偿额为0.33万元；全省大病保险平均累计补偿比为63.67%，而平均实际补偿比为13.60%；全省大病保险的参保人群的受益率为0.84%，其中乡镇农民的受益率为0.85%。43个贫困县乡镇农民大病保险的补偿情况如表7-7所示。

表7-7　2016年43个贫困县乡镇农民大病保险补偿情况

地区	补偿金额（万元）	补偿人次数（人次）	平均补偿额（万元）	累计补偿比（%）	实际补偿比（%）	受益率（%）
榆中县	943.35	2803	0.34	60.45	11.28	0.78
古浪县	875.03	2227	0.39	65.31	15.00	0.74
天祝县	287.93	873	0.33	62.83	12.31	0.58
安定区	1038.73	2988	0.35	61.69	14.24	0.94
通渭县	993.4	3413	0.29	68.92	12.42	0.99
陇西县	1163.68	3083	0.38	62.51	15.22	0.80
渭源县	684.08	2239	0.31	61.36	13.81	0.78
临洮县	1630.54	3924	0.42	61.37	14.36	0.89
漳县	349.05	1032	0.34	60.68	12.40	0.63
岷县	626.38	2007	0.31	67.08	11.43	0.50
临夏县	888.06	2790	0.32	60.20	12.35	0.88
康乐县	526.62	1492	0.35	63.08	12.43	0.63
永靖县	317.76	967	0.33	60.69	12.30	0.69
广河县	452.09	1270	0.36	58.50	12.21	0.69
和政县	411.72	1293	0.32	62.74	12.04	0.76
东乡县	628.52	1957	0.32	63.99	12.21	0.71
积石山县	477.06	1604	0.30	61.05	13.39	0.88
合作市	47.78	119	0.40	60.15	13.79	0.37
临潭县	282.09	689	0.41	64.95	14.09	0.55

续表

地区	补偿金额（万元）	补偿人次数（人次）	平均补偿额（万元）	累计补偿比（%）	实际补偿比（%）	受益率（%）
卓尼县	92. 84	255	0. 36	58. 18	10. 16	0. 31
舟曲县	208. 59	604	0. 35	67. 93	11. 99	0. 53
夏河县	119. 03	328	0. 36	58. 93	12. 05	0. 50
合水县	475. 54	1720	0. 28	63. 42	11. 75	1. 19
华池县	258. 84	928	0. 28	64. 70	11. 15	0. 86
环县	1091. 38	2635	0. 41	70. 79	13. 68	0. 89
宁县	1418. 17	5048	0. 28	66. 20	11. 57	1. 06
镇原县	1503. 21	4865	0. 31	67. 58	12. 62	0. 33
会宁县	1826. 92	5385	0. 34	67. 80	14. 36	0. 38
甘谷县	1461. 73	4268	0. 34	62. 66	13. 49	0. 80
麦积区	1335. 16	4142	0. 32	68. 42	13. 96	0. 95
秦安县	1357	4084	0. 33	70. 60	12. 70	0. 73
清水县	542. 09	2116	0. 26	63. 63	10. 73	0. 77
武山县	1041. 33	3017	0. 35	70. 01	14. 33	0. 81
张家川	941. 27	3195	0. 29	68. 66	13. 76	1. 09
宕昌县	876. 93	2726	0. 32	66. 43	15. 16	1. 03
康县	418. 12	1505	0. 28	58. 43	14. 34	0. 34
礼县	791. 51	2126	0. 37	69. 80	15. 03	0. 48
两当县	73. 51	363	0. 20	61. 77	9. 89	0. 19
文县	417. 93	1545	0. 27	66. 22	13. 23	0. 36
武都区	1408. 62	4529	0. 31	63. 40	15. 45	1. 36
西和县	1070. 87	2543	0. 42	71. 25	15. 09	0. 67
静宁县	1339. 01	3890	0. 34	62. 33	13. 48	0. 99
庄浪县	753. 32	2719	0. 28	64. 46	10. 26	1. 03

资料来源：甘肃省卫生和计划生育委员会体制改革处。

通过以上数据分析可知，43 个贫困县的补偿总额为 33446. 79 万元，占全省乡镇农民补偿总额的 63. 50%；而补偿人次为 101306 人次，占全省乡镇农民补偿人次的 62. 61%；在人均补偿额方面，最高的是西和县与临洮县，为 0. 42 万元，超过全省平均水平，最低的为两当县，为 0. 20 万元，有 20 个县的人均补偿额低于平均水平。而从累计补偿比指标来看，累计补偿比最低的是卓尼县，仅为58.43%，最高的是西和县，为71.25%；武都区的实际补偿比最高，为15.45%，受益率也是最高，为1.19%，两当县的实际补偿比，仅为9.89%，受益率也是最低，为0.19%，无论是补偿比还是受益率指标低于全省平均水平的贫困县已超半数。从补偿情况来看，总体上，贫困地区的大病保险的补偿水平较低，而且贫困地区之间的补偿水平出现差异，有的地区补偿情况不容乐观，如两当县。

三、大病费用情况

2016 年，甘肃省大病患者的住院总费用为466018.44 万元，人均住院总费用为2.51 万元。基本医保补偿后全部自费费用为232657.46 万元，基本医保补偿后人均自费费用为 1.25 万元；大病保险补偿后全部自费费用为169288.53 万元，大病保险补偿后人均自费费用为0.91 万元。43 个贫困县乡镇农民大病费用情况如表7－8 所示。

表7－8　　2016 年43 个贫困县乡镇农民大病费用情况　　单位：万元

地区	住院总费用	人均住院总费用	基本医保补偿后全部自费费用	基本医保补偿后人均自费费用	大病保险补偿后全部自费费用	大病保险补偿后人均自费费用
榆中县	8437.75	3.01	4288.67	1.53	3345.32	1.19
古浪县	5832.53	2.62	2898.39	1.30	2023.36	0.91
天祝县	2601.48	2.98	1287.20	1.47	999.27	1.14
安定区	7377.90	2.47	3876.91	1.30	2838.18	0.95
通渭县	8052.00	2.36	3502.77	1.03	2509.36	0.74
陇西县	8050.25	2.61	4243.44	1.38	3079.75	1.00
渭源县	5038.85	2.25	2642.76	1.18	1958.68	0.87
临洮县	11410.57	2.91	6046.91	1.54	4416.38	1.13
漳县	2822.67	2.74	1459.81	1.41	1110.76	1.08
岷县	5682.81	2.83	2520.30	1.26	1893.92	0.94
临夏县	7180.88	2.57	3744.98	1.34	2856.93	1.02
康乐县	4349.48	2.92	2146.26	1.44	1619.63	1.09
永靖县	2516.89	2.60	1298.99	1.34	981.24	1.01
广河县	3660.05	2.88	1965.68	1.55	1513.60	1.19

续表

地区	住院总费用	人均住院总费用	基本医保补偿后全部自费费用	基本医保补偿后人均自费费用	大病保险补偿后全部自费费用	大病保险补偿后人均自费费用
和政县	3390. 28	2. 62	1671. 32	1. 29	1259. 60	0. 97
东乡县	5249. 39	2. 68	2531. 41	1. 29	1902. 89	0. 97
积石山县	3694. 18	2. 30	1933. 65	1. 21	1456. 59	0. 91
合作市	343. 40	2. 89	184. 21	1. 55	136. 43	1. 15
临潭县	1967. 67	2. 86	966. 94	1. 40	684. 85	0. 99
卓尼县	847. 04	3. 32	440. 31	1. 73	347. 47	1. 36
舟曲县	1787. 25	2. 96	787. 48	1. 30	578. 89	0. 96
夏河县	992. 61	3. 03	527. 30	1. 61	408. 27	1. 24
合水县	4066. 33	2. 36	1965. 44	1. 14	1489. 90	0. 87
华池县	2330. 21	2. 51	1082. 43	1. 17	823. 59	0. 89
环县	8084. 72	3. 07	3467. 43	1. 32	2376. 05	0. 90
宁县	12270. 37	2. 43	5567. 00	1. 10	4148. 84	0. 82
镇原县	11741. 68	2. 41	5289. 10	1. 09	3807. 87	0. 78
会宁县	12416. 95	2. 31	5780. 64	1. 07	4004. 50	0. 74
甘谷县	10807. 72	2. 53	5493. 14	1. 29	4031. 41	0. 94
麦积区	9631. 58	2. 33	4386. 48	1. 06	3051. 31	0. 74
秦安县	10759. 39	2. 63	4529. 49	1. 11	3172. 49	0. 78
清水县	5090. 50	2. 41	2397. 86	1. 13	1855. 77	0. 88
武山县	7385. 59	2. 45	3273. 65	1. 09	2232. 32	0. 74
张家川县	6891. 29	2. 16	3108. 10	0. 97	2166. 83	0. 68
宕昌县	6050. 92	2. 22	2814. 64	1. 03	1937. 72	0. 71
康县	3189. 10	2. 12	1643. 81	1. 09	1225. 69	0. 81
礼县	5249. 09	2. 47	2373. 93	1. 12	1564. 24	0. 74
两当县	896. 25	2. 47	358. 15	0. 99	284. 64	0. 78
文县	3167. 79	2. 05	1579. 02	1. 02	1161. 08	0. 75
武都区	9846. 03	2. 17	4719. 45	1. 04	3310. 83	0. 73
西和县	5091. 48	2. 00	3111. 78	1. 22	2040. 92	0. 80
静宁县	10858. 38	2. 79	5083. 05	1. 31	3744. 03	0. 96
庄浪县	6945. 61	2. 55	3389. 62	1. 25	2636. 30	0. 97

资料来源：甘肃省卫生和计划生育委员会体制改革处。

通过以上数据分析可知，大病费用最高的是卓尼县，人均住院总费用为3.32万元，基本医保补偿后的人均自费费用为1.73万元，大病保险补偿后的人均自费费用为1.36万元；人均住院总费用最低的是西和县，为2.00万元，基本医保补偿后的人均自费费用和大病保险补偿后的人均自费费用最低的是张家川县，分别为0.97万元、0.68万元，有超过1/2的贫困县的大病费用高于全省平均水平，从大病费用指标来看，虽然大病保险的实施在一定程度上减轻了大病患者的医疗经济负担，大病保险精准扶贫略有成效，但大部分贫困地区的大病费用高于全省平均水平，补偿水平较低，大病保险精准扶贫方案应进一步完善。

四、个人负担情况

2016年甘肃省乡镇农民的年人均可支配收入是7600元，远低于全国的平均水平（12363元），而甘肃省的43个贫困县的农民可支配收入更是少之又少，几乎无力支付大病带来的高额医疗费用。本书抽取宕昌县、东乡县、张家川县、甘谷县四个贫困县，通过对乡镇农民的人均住院总费用、基本医保后人均自费费用、大病保险后人均自费费用等数据进行整理，将上述数据分别与四个贫困县的乡镇农民的年可支配收入（3250元、4152元、5109元、5699元）相对比，以图表的形式直观反映乡镇农民大病经济风险分担情况，如图7-2所示。

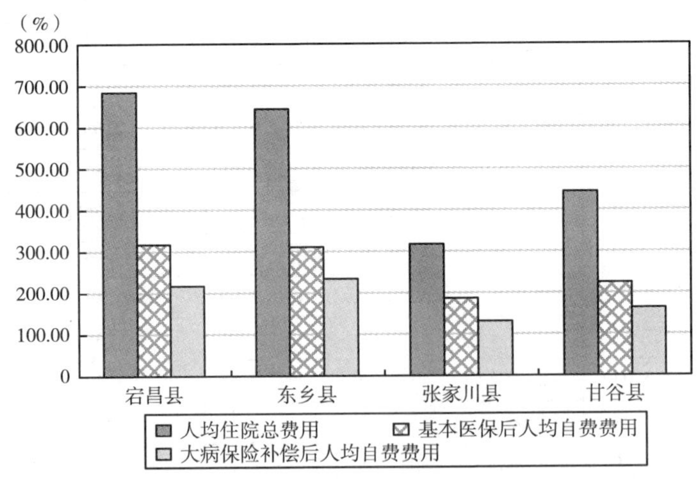

图7-2 2016年四个贫困县乡镇农民大病经济风险分担情况

资料来源：甘肃省卫生和计划生育委员会体制改革处。

由以上数据分析可知，宕昌县的人均住院总费用占比高达683.08%，人均住院总费用占比较高的还有东乡县，也高达645.47%，而最低的是张家川县，仅是宕昌县的47%；从基本医保人均自费费用占比上看，宕昌县高达317.70%，而张家川县的基本医保后人均自费费用占比是190.41%，是宕昌县的60%；在大病保险补偿后人均自费费用占比方面，最高的是东乡县，为234%，而最低的是张家川，仅为东乡县占比的57%。由此可以看出，尽管大病保险在一定程度上缓解了部分负担，但现阶段乡镇农民面对重大疾病时，高额医疗费用所带来的经济负担较重，由此引发的因病致贫和返贫的风险依然较高，尤其是一些贫困地区更加明显，造成贫困—大病—贫困的恶性循环。

五、效果评价

（一）有效缓解了基本医保保障有限的情况

由于在保障人民医疗服务需求方面，基本医疗保险只能发挥基础性作用，难以解决参保人群的灾难性医疗费用，城乡居民大病保险是在基本医疗保障的基础上，对大病患者高额医疗费用的再次补偿，解决了基本医保报销受最高限额控制的问题，有效拓展和延伸了基本医疗保障的功能，更是探索建立健全“基本医保 + 大病医疗保险 + 医疗救助”三项制度协同配合的多层次医疗保障体系的创新性举措。通过大病保险制度的建立，有效扩展了城乡居民的医疗保险范围，健全和完善了医疗保障体系，使城乡居民医疗保障大大增强。

从整体补偿水平来看，使全省针对医疗总费用（438371.08万元）的总补偿额达到了279793.25万元，其中基本医疗保险补偿额为218425.67万元，基本医疗保险报销费用占医疗总费用的比例为49.83%，大病保险补偿额为61367.58万元，大病补偿后的实际补偿比为63.83%，大病政策实施前后实际补偿比之差为14.00%。从整体住院费用情况来看，对于城镇居民而言，基本医保补偿后全部自费费用占住院总费用的比例为55.22%，大病保险的实施使全部自费费用所占比例降为41.56%，减少了8976.85万元的费用负担；对于乡镇农民而言，基本医保补偿后全部自费费用占住院总费用的比例为49.28%，而大病保险的实施使全部自费费用所占比例降为42.56%，减少了 52390.73 万元。[①]

（二）城乡居民就医负担大大减轻

我省城乡居民大病保险资金实行省级统筹，能集中有限资金，最大限度地解决大额费用患者的特殊困难，有力缓解了因病返贫、因病致贫问题，切实减轻了患者的经济负担，使这项惠民政策在老百姓中落地生根。例如，酒泉市肃州区参保患者焦某，因患鞍区混合型生殖细胞瘤，经省内外多家医疗机构治疗，住院总金额 301531.8 元，基本医保报销 40000 元，大病报销金额 152431.44 元；定西市临洮县参保患者雷某，因患有白血病住院 18 次，总住院费用合计 592123.35 元，基本医保报销 60000 元，大病保险累计报销金额 297211.76 元；甘南夏河县参保患者曲某，因患肝肾功能衰竭做肝移植和肾移植手术，住院费用 342300.74 元，基本医保报销 140000 元，大病报销金额 124245.48 元；平凉市泾川县参保患者王某患心脏停搏病，在北京大学附属医院住院治疗，住院总费用达 77.39 万元，基本医保年度累积报销 80000 元，大病保险报销 38.28 万元；庆阳市正宁县参保患者樊某，因患白血病先后多次在第四军医大学西京医院住院治疗，住院总费用 598377.49 元，基本医保年度累积报销 60000 元，大病保险报销 279545.18 元；陇南市武都区参保患者胡某，因急性重症胰腺炎住院治疗，住院总费用 386524.62 元，基本医保报销 35000 元，大病保险报销 174849.96 元。

（三）积极创新，多措并举方便群众报销

一是实施一站式服务。甘肃省医改办积极与相关部门协调沟通，在全省县级以上的各级医疗服务机构和基本医保经办机构设立合署办公服务窗口，群众只需在一个窗口，就可以一次性办理住院结算、基本医保报销、大病保险补偿、民政大病救助等多项业务。二是增设办理网点。2015 年，人保财险公司增设服务大厅 11 个，服务窗口 234 个，在医疗机构设立合署办公窗口 136 个，在基本医保经办机构设立柜台 65 个；平安养老保险公司增设服务大厅 4 个，服务窗口 141 个，极大地方便了群众办事。三是简化办理流程。承办商业保险机构利用大数据平台优势，进一步完善大病补偿结算制度，优化报销流程和报销单证，患者只需提供本人身份证明、银行卡信息，即可便捷

---

① 资料来源：甘肃省卫生和计划生育委员会体制改革处。

领取补偿金，对于小额案件，承办商业保险机构在调取参保人基本医保报销材料后，将补偿款直接转账支付给参保人员的一卡通账户或本人银行账户。四是增强主动服务意识，为保证大病保险办理的时效性，承办商业保险机构积极与相关部门沟通对接，提前收集转外就医人员相关资料，对一些地处偏远、交通不便和年龄偏大、行动不便等特殊人群，主动上门收取报销资料，或就近办理核报手续。通过以上措施，极大地提高了大病保险审核办理时效，减少了群众的等待时间，受到群众的普遍欢迎。

（四）以较低的行政成本提升了行政效率

大病保险工作以政府购买服务方式，委托商业保险公司承办，实现了“管办分开”。从全省的工作情况看，城乡居民基本医保经办机构、医疗机构都没有专门增加内设机构和人员。除办公场所外，人员、办公设备、运营成本等都由承办商业保险机构负担。省级财政按合同约定仅付承办保险机构服务成本和盈利率，基本医保基金只支出了可控的服务费用作为行政成本，却换来了专业化管理优势和市场化运行机制，真正发挥了第三方承办优势，实现了“运动员”与“裁判员”的分离。承办商业保险机构通过加强部门沟通、监控医院、交换数据、核报支付等工作环节，强化了行政部门、基本医保经办机构、医疗机构、患者之间的交流与沟通，提升了基本医保和大病保险各环节的经办效率，大大节省了行政管理成本。

第五节　他山之石：陕西省健康扶贫案例

为进一步开展医疗保险和医疗救助脱贫，保障贫困人口享有基本医疗卫生服务，努力防止因病致贫返贫，确保到2020年农村贫困人口脱贫、实现小康社会目标，陕西省于2016年出台了健康扶贫的实施方案。

一、主要做法

（一）提高贫困地区医疗保障水平

（1）新型农村合作医疗和城乡居民大病保险制度覆盖所有贫困人口。农村特困供养人员参加新型农村合作医疗，个人缴费部分由财政全额资助；农村低保对象参加新型农村合作医疗，个人缴费部分由财政给予定额补贴。

（2）新型农村合作医疗门诊统筹覆盖所有贫困县。

（3）新型农村合作医疗和城乡居民大病保险制度对农村贫困人口实行政策倾斜，不断提高报销比例。2016 年新型农村合作医疗在上年度住院费用报销比例的基础上，提高 5 个百分点，城乡居民大病保险首段起付线降低 50%。

（4）扩大农村贫困残疾人基本医疗保险报销范围。在已有运动疗法等 9 项残疾人医疗康复项目的基础上，将康复综合评定等 20 项医疗康复项目纳入基本医疗保险报销范围。

（二）实行县域内农村贫困人口先诊疗后付费的结算机制

（1）对农村贫困人口住院治疗实行先诊疗后付费。卫生计生、扶贫联合民政等部门经办机构，在县级医疗机构设立“一站式”综合服务窗口，实现基本医保、大病保险、医疗救助和社会慈善救助“一站式”信息交换和即时结算服务。

（2）推进按病种付费、按人头、按床的日付费、总额付费等多种付费方式相结合的支付方式改革，有效控制医疗费用不合理上涨。

（三）为农村贫困人口开展签约服务

以县为单位，在扶贫部门建档立卡贫困人口信息的基础上，核实核准全省农村贫困人口中“因病致贫、因病返贫”家庭数、患病人数和患病病种等。优先为农村贫困人口每人建立 1 份动态管理的电子健康档案和 1 张服务功能比较完善的健康卡，推动贫困家庭与乡村医生或乡镇卫生院医生签约服务，提供健康教育、预防接种等基本公共卫生和医疗服务，加强健康管理。

（四）实施贫困人口大病分类救治

（1）对于小儿先天性心脏病、唇腭裂、白内障等一次性能治愈的疾病，集中力量进行治疗。

（2）对于结核病、艾滋病、肝炎等需要维持治疗的，安排定点医院治疗。

（3）需要长期治疗和健康管理的疾病，确定定点医院或基层医疗卫生机构进行治疗和健康管理。

（五）建立三级医院一对一帮扶贫困县医院机制

（1）组织省内三级医院（含驻陕部队）和省际对口帮扶医院，与贫困县县级医院建立稳定持续的一对一帮扶关系，签订帮扶责任书，明确目标任务。采用“组团式”帮扶方式，向贫困县县级医院派驻一名院长或副院长和至少5名中高级医务人员驻点帮扶，帮助建立针对当地疾病谱的临床诊疗科目，重点加强近3年县外转出率排名前5～10位的临床专科能力建设，培训人员、推广适宜医疗技术、提高服务能力和管理水平。帮扶双方建立远程医疗平台，开展远程诊疗服务。紧密结合医改，三级医院推行医联体+全科医生，开展县镇一体化、村镇一体化改革，促进优质医疗资源下沉，提高资源利用率。推行分级诊疗制度，实行首诊负责制和双向转诊制度，扩大服务范围，引导患者合理就诊，减轻群众负担。

（2）落实城市医疗卫生机构医师晋升副高级职称前、县级医疗机构医师晋升中级职称前必须到基层服务1年的规定。

（六）加大疾病防控和妇幼保健工作力度

（1）全面实施基本公共卫生服务项目。落实12大类45项国家基本公共卫生服务项目，确保农村贫困人口免费享受国家基本公共卫生服务。

（2）加强疾病防控工作。落实6种重点传染病专病专防策略和地方病综合防控措施，有效控制传染病、地方病。加强原发性高血压、Ⅱ型糖尿病等慢性病和严重精神障碍患者的管理工作，提高管理干预水平。

（3）加强妇幼保健工作。将孕产妇系统保健免费基本服务项目覆盖到所有贫困县，继续实施农村孕产妇住院分娩补助、农村妇女“两癌”检查，全面实施贫困儿童营养改善项目。加强优生优育工作，全面开展贫困地区新生儿疾病筛查服务，大力推进出生缺陷综合防治，提高出生人口素质。

（七）落实贫困地区计划生育特殊家庭扶助政策

（1）全面实施“一对夫妇可生育两个孩子”政策，优化计划生育服务管理。落实计划生育失独家庭一次性补助金、计划生育失独家庭父母扶助金政策，全面落实失独家庭养老、保险、医疗、丧葬等救助政策。

（2）完善计划生育贫困家庭扶助政策，开展系列帮扶活动，在产业开发、危房改造、移民搬迁、子女教育、就业创业等方面予以优先照顾，加快脱贫步伐。

二、保障机制

（一）加强组织领导

按照省负总责、市县抓落实的工作机制，在当地党委、政府的统一领导下，将健康扶贫工作纳入当地经济社会发展和脱贫攻坚规划。各级卫生计生部门要成立一把手为组长的健康扶贫领导小组，切实发挥牵总协调作用，在扶贫部门的统筹指导下，民政、人社、教育等部门密切配合，根据各自的职责落实工作措施，形成合力，加快健康扶贫工作进程。

（二）实施考核评估

将健康扶贫工作纳入各级脱贫攻坚领导责任制，作为重要的考核内容，建立考核机制，完善考核指标体系，加强对实施情况的督促检查，定期考核评估，督促任务落实。

（三）营造良好氛围

积极宣传健康扶贫工作对于贫困人口如期脱贫、实现小康社会目标的重要意义。广泛宣传健康扶贫的政策措施，动员各类企业、基金会、慈善机构等社会力量积极参与健康扶贫，加大对先进典型的宣传推广力度，在全社会营造健康扶贫的良好氛围。

（四）加强贫困地区县、乡、村三级医疗卫生服务机构标准化建设

（1）落实《全国医疗卫生服务体系规划纲要（2015～2020年）》，按照“填平补齐”原则，实施县级医院、乡镇卫生院、村卫生室标准化建设，使每个贫困县达到“三个一”目标，即每县至少有1所二级甲等的公立医院（含中医院），每个乡镇有1所政府举办的标准化乡镇卫生院，每个行政村有1个规范化卫生室。中医医院要突出中医特色，加强专科建设，县医院、乡镇卫生院设立中医科，乡村医生能够运用中医药诊疗手段诊治常见病、多发病。加强贫困县远程医疗能力和信息化建设，提高医疗服务水平。

（2）加强贫困地区疾病预防控制、妇幼保健等专业公共卫生机构基础设施和服务能力建设。

（五）强化贫困地区医疗卫生人才培养

（1）加快医疗卫生人才培养。为贫困地区县、乡医疗卫生机构定向免费培养医学类本科生。支持贫困地区实施全科医生和专科医生特设岗位计划。制定符合基层实际的人才招聘引进办法，赋予贫困县一定的自主招聘权，落实医疗卫生机构用人自主权。继续实施农村基层人才振兴计划、为县及县以下医疗机构定向招聘万名医学类本科生计划，加快人员招聘引进步伐，解决农村基层医疗卫生专业人员短缺问题。

（2）加强继续医学教育。住院医师规范化培训、骨干医师等培训计划向贫困地区倾斜，县、镇医疗卫生机构专业人员5年内每人接受半年以上的培训，提高技术水平。到2020年实现基层医疗机构每万人口至少有2名全科医生。

（3）加强乡村医生队伍建设。分期分批轮训乡村医生，5年内每名乡村医生接受3个月以上的培训。到2020年每个村卫生室至少有1名达到中等医学专业毕业水平的乡村医生。

（4）落实乡村医生报酬待遇，提高补助标准，稳定乡村医生队伍。支持和引导符合条件的贫困地区乡村医生按规定参加城镇职工基本养老保险。

第八章　甘肃省支农融资保险扶贫实践

我国是一个传统的农业大国，农业问题关系重大，始终是关系我国现代化建设能否实现的关键问题，农业发展的好坏直接关系到现代化建设的进行，也关系到扶贫攻坚战略能否如期实现。随着农业的不断发展，农业生产过程中涌现了大量的问题，如缺乏新技术、农业基础设施建设落后、农业社会化服务不健全、农业面临的风险日益加大等。其中，农民的农业生产和涉农企业经营由于缺乏优质抵押物，经营稳定性较差，长期存在融资贵、融资难的困境，使部分农民因无法获得生产资金而不能成功脱贫，也使部分涉农企业因融资问题无法扩大经营规模、无法带动农民脱贫。

对此，党的十七届二中全会通过的《关于推进农村改革发展若干重大问题的决定》，明确提出了建立现代农村金融制度的要求；2014 年，国务院扶贫办发布了《关于创新发展扶贫小额信贷的指导意见》，提出要完善扶贫贴息贷款政策和机制，推进扶贫小额信贷工作，促进贫困人口脱贫致富；2016 年，银监会提出以扶贫小额信贷为重点推进银行业精准扶贫的方针。这说明发展农户小额信贷已成为当前乃至今后相当长一段时间内我国完善农村金融体系的重要内容，也是实现农村脱贫攻坚战略的一个重要抓手。但由于农村保险市场发展滞后，当前涉农信贷机构农户小额信贷业务发展仍相对较慢。这就需要通过保险介入，分散涉农信贷的违约风险，降低银行的预期损失，提高涉农贷款的投入。因此，农村小额信贷保险是支持保护“三农”的重要组成部分，对防范农业风险、保障农民利益、加快农民脱贫有着重要意义。

第一节　小额信贷保险的概念界定与发展状况

一、小额信贷保证保险

信贷保证保险是承保投保人（借款人）不能按贷款合同约定的期限偿还所欠贷款的风险，当借款人不能按期偿还贷款时，由保险人承担偿还责任。但是，不管是国外还是国内的文献中，小额信贷保证保险的概念界定都显得十分模糊。有的认为小额信贷保证保险是低收入农户的风险防范工具，有的认为是农村信用社等涉农金融机构转嫁风险的有效方式，有的认为是保费低的保险，还有的认为是为特定人群服务的保险。不论小额信贷保证保险（简称小额信贷保险）怎么定义，其产生的条件和背景却一样，那就是由于借款人缺乏必要的抵押财产，没有可靠的个人或机构担保，不能顺利从银行获取贷款资金。这一情形在国内中小企业、农户、个体工商户当中普遍存在，这些群体贷款难、贷款成本高的问题一直备受关注，其中不少人不得不依赖于民间借贷来缓解资金的紧张。但是，如表 8－1 所示，第一网贷公司统计显示，全国 P2P 网贷平台数量急剧增加，由 2013 年的 523 家增加到 2017 年的 7257 家，三年增加了近 13 倍；贷款的成交额也快速上升，由 2013 年的 892.53 亿元上升到 2017 年的 38952 亿元，上升了 42 倍多；平均期限虽逐步扩大，但还是以半年左右的短期借贷为主；平均利率虽有逐步下降的趋势，从 2013 年的 24.93% 下降到了 2017 年的 8.57%，但仍然大大高于同期银行的贷款利率。由此说明民间借贷不断在活跃，社会上不能从银行正规渠道获得资金的群体还很多，对资金的需求还很旺盛。

表 8－1　　网贷平台交易及利率状况

年度	成交额（亿元）	平均期限（月）	平均利率（%）	贷款余额（亿元）	平台数量（家）
2013	892.53	4.01	24.93	352.23	523
2014	3291.94	5.92	17.52	1386.72	2358
2015	11805.65	6.22	12.05	5582.2	4948

续表

年度	成交额（亿元）	平均期限（月）	平均利率（%）	贷款余额（亿元）	平台数量（家）
2016	28049.38	6.48	9.06	12052.22	6635
2017	38952.35	8.19	8.57	17214.02	7257

资料来源：第一网贷公司统计数据，http：//www.p2p001.com/。

图 8－1 是微金所对国内 16 个省份民间借贷调查后的利率状况，从 2014 年 11 月到 2016 年 12 月，民间借贷的利率虽有波动，并微弱下行，但总体上年化利率还是处于 25%～30% 的区间，这个利率状况更加能反映国内中小企业、个体工商户、农户等“弱质”群体资金使用的成本。2014 年 11 月至 2016 年 12 月期间银行一年期的利率在 4.35%～5.6% 之间波动，民间借贷的成本是正规银行贷款的 2～5 倍。这大大加重了社会弱小群体资金使用的负担，严重抑制了这些群体进行生产和创业的积极性，也成为部分农户不能脱贫或导致返贫的一个因素。所以，社会“弱质”群体开展生产和创业的资金问题不仅是发展县域经济、活跃民营经济的重要“瓶颈”，也是扶持农户开展生产活动，加快脱贫步伐的重要障碍。

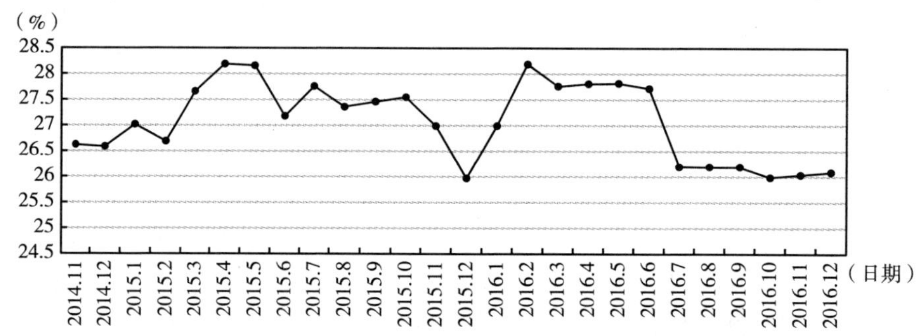

图 8－1 微金所调查统计的国内 16 个省份民间借贷利率状况

资料来源：网贷天眼，http：//weijinswo.p2peye.com。

因此，我们认为，小额信贷保证保险是银行等金融机构为符合贷款条件的对象提供贷款，保险公司对上述贷款提供风险保障，以政府财政成立的风险基金作为兜底的新型融资产品。贷款对象：涵盖中小微企业、涉农企业、农户、城乡创业者等中低收入群体。贷款用途：资金以生产性用途为主，不包括消费及其他用途。贷款期限：期限以短期为主，多数方案贷款期限为 1 年。贷款额度：额度一般较小，按照中小企业、城市创业者、农民生产者等不同的类型有不同的金额限制。贷款利率：由于具有一定的公益性，贷款利率一般在央行指导贷款利率基础上有微弱的上浮，部分地区还实施政府财政贴息以降低贷款成本，保险年费率（含保证保险和借款人意外伤害险）一般为2% ~3%。为精炼起见，后面论述中均将小额信贷保证保险简称为“小额信贷保险”。

二、小额信贷保险的特征

（一）小额信贷保险保费较低

与传统保险相比，保费低是小额信贷保险最突出的一个特征。小额信贷保险服务的对象是融资弱势群体和农村低收入农户，决定了它只能收取较低的保费。也正是因为保费低的特征，小额信贷保险才打破了认为只有“有钱人”才可以参与保险的论调。较低的保费产生了巨大的市场号召力，使当地的小额信贷保险市场得到快速发展，充分满足了低收入农户的贷款需求。

（二）小额信贷保险针对特定风险

与传统保险相比，小额信贷保险针对特殊的群体。传统保险所涉及的保险标的范围比小额信贷保险更加广泛，这意味着其保费更高。事实上，有些风险发生的概率非常低，对低收入农户来说并不是优先关注的风险。因此，小额信贷保险主要是将对象定位于那些亟须贷款且还款能力较弱的群体，尤其是农村低收入农户。农户购买小额信贷保险后，因自然灾害或人身意外伤害所造成的贷款损失就可以转嫁给保险公司。因此，农村小额信贷保险产品主要关注两大风险并形成了两种主要的形式：一是将小额信贷与农业保险相结合，为农业生产所需贷款提供保险保障，保险责任涵盖农户无法抗拒的自然灾害及意外事故等对投保农作物造成的损失；二是将小额信贷与人身保险相结合，转移农民因疾病、残疾或意外死亡导致的没有经济能力按期还贷的风险。

（三）小额信贷保险条款简单易懂

提起传统的保险，许多人都会觉得它的保险条款繁杂。小额信贷保险的目标客户群大都是是对法律概念与索赔程序闻所未闻、保险意识淡薄、受教育程度普遍较低、甚至有一些目不识丁的农户。让他们去购买一个条款比较复杂的保险产品，即使有专门的人员为他们讲解，也有可能弄不清楚。在小额信贷保险发展的过程中，小额信贷保险提供者在实践中逐步意识到了产品简单易懂的重要性。对于低收入农户来说，他们只想知道，需要花多少钱，怎么样花钱，得到什么样保障。所以现在的小额信贷保险产品大多是通俗易懂，符合低收入农户的要求。

（四）小额信贷保险流程比较简单

流程简单不仅是由小额信贷保险客户群的特征决定的，而且是开办小额信贷保险的保险机构降低成本的需要。保险公司不断简化展业、承保、收费和理赔过程，使小额信贷保险易于销售、易于管理。同时还可以提高运营效率，减少公司费用和隐形成本，从而最终使保费降低。当然简化流程并不意味着降低服务标准，低收入农户对保险产品的品质同样有很高的要求。因此，简化流程主要是着眼于对低收入农户而言内在价值较低的不必要环节，把最有价值的保障和服务呈现给低收入农户。

三、小额信贷保险发展状况

（一）国内小额信贷保险发展

小额信贷保险作为一种新生事物，它是小额保险的一种，同时也是小额金融的重要组成部分。它具有一般保险的基本特征，同时也为低收入阶层的贷款人群提供了保险保障，是一种有效的金融扶贫方式。早在 19 世纪，一些著名的大型保险公司在欧洲和北美为工人与农民提供的互助保障就是小额信贷保险的雏形。20 世纪初期，在一些发达国家出现了类似于小额信贷保险的简易人身保险。但是，随着保险公司风险管理技术的发展，为低收入人群提供的小额信贷保险的经济效益低下，在公司利润最大化的驱动下，保险公司的服务对象开始转向于更有收益的高收入人群。近些年来，社会对低收入人群的关注日益加深，针对低收入群体的小额信贷保险也受到了社会各界的广泛重视，同时借助小额信贷机构的支持，小额信贷保险得到了充分的发展。

我国的小额信贷是从 1993 年开始的，分为四个阶段。第一阶段是 1993 ~ 1996 年，源于国际捐款，将孟加拉国乡村银行式小额贷款项目引入中国；第二阶段是1996~2000年，除继续借助国际捐助资金，政府逐步介入小额信贷，以政策资金和贴息贷款开展小额信贷项目；第三阶段是2000~2005年农村信用社开始推广小额贷款；第四阶段是2005年以后，小额信贷公司开始试点，以服务“三农”为目标，向农户、个体经营者与微小企业发放贷款。

随着小额信贷在我国的发展，在中小微企业融资难的背景下，将保险机制引入中小微企业贷款有着重要意义。2008年12月国务院发布了《关于当前金融促进经济发展的若干意见》，提出了发挥保险保障和融资功能，促进经济社会稳定运行。随后，2009年宁波市在全国范围内首次试行了小额信贷保险，开创了由贷款银行、保险公司和政府共同合作的中小微企业融资模式；2011年10月，国务院出台了支持小微型企业发展的9条金融财税政策措施，包括加大对小型、微型企业的信贷支持，要求拓宽小型、微型企业融资渠道，积极发展小型、微型企业信贷保险和信用保险。2013年7月1日，国务院办公厅发布《关于金融支持经济结构调整和转型升级的指导意见》，提出“试点推广小额信贷保险”。2014年5月，北京保监局会同北京市中关村管委会、央行营管部、北京银监局、北京市金融工作局联合发布《中关村国家自主创新示范区小额贷款保证保险试点办法》，并发布《中关村国家自主创新示范区小微企业信贷风险补偿资金管理办法（试行）》，明确北京市财政出资设立专项风险补偿资金。2014年8月，国务院出台了《国务院关于加快发展现代保险服务业的若干意见》，提出积极发展农村小额信贷，并在11月国务院常务会议上提出要推广小额信贷保险试点，发挥保单对贷款的增信作用，缓解企业融资成本高问题。随后，广西、山东、重庆等省份开始试点小额信贷保险，2015年以来全国各地区普遍推动小额信贷保险业务，并将其作为扶贫攻坚战略的一个重要措施。

（二）甘肃省小额信贷保险发展状况

甘肃省地处我国西北，经济长期处于滞后状态，常住人口中农民占比居于我国前列。2017年甘肃省的GDP排在全国31个省、自治区、直辖市中的第27位，人均GDP位于全国最后，排在第31位。甘肃省作为农业大省，涉农贷款规模和所占总贷款比例都非常可观。如表8-2所示，甘肃省涉农贷款金额从2008年883亿元增长到2016年6265.8亿元，涉农贷款余额占人民币各项贷款余额的比例从2008年的32.3%稳步增长到2016年的40%。甘肃省农业的脆弱性以及农村贫困人口的规模很大，涉农贷款的规模还将进一步扩大才能更好地发挥支持“三农”、助力扶贫的功能。然而，现阶段甘肃省涉农贷款因为涉农企业和个人缺乏抵押品，融资规模扩大存在更多的困难，此时小额信贷保险的担保功能恰好可以有效地降低涉农企业和个人的融资门槛，增强涉农企业的融资能力。

表8-2　　2008~2016年甘肃人民币贷款余额与涉农贷款余额

年份	人民币各项贷款余额（亿元）	涉农贷款余额（亿元）	所占比例（%）
2008	2731.89	883.0	32.3
2009	3649.62	1187.4	32.5
2010	4433.05	1648.0	37.2
2011	5468.81	2067.6	37.8
2012	6829.42	2640.3	38.7
2013	8430.08	3331.1	39.5
2014	10681.63	4140.9	38.8
2015	13292.18	5274.5	39.7
2016	15650.47	6265.8	40.0

资料来源：根据万德数据库数据整理计算而来。

因此，为了扶持甘肃省经济发展，特别是甘肃省的农业发展，保险业积极探索农村金融合作模式，依托甘肃省农村信用社渠道优势，大力推广“安贷宝”等农村小额信贷保险业务。“安贷宝”从2008年正式启动，2009年在甘肃省广泛推广并迅猛发展。2013年9月17日，甘肃省委、省政府正式下发《关于深入实施“1236”扶贫攻坚行动的意见》，这是新阶段甘肃省扶贫开发的纲领性文件，为加快甘肃省扶贫开发步伐，同时为甘肃省小额信贷保险的发展提供了一个良好的历史契机和平台。

2014年6月，甘肃省陇西县启动畜草产业小额信贷保险试点，陇西县政府、保险公司与银行三方协力解决畜草产业养殖规模户融资难问题。在引入小额信贷保险的过程中，保险业发挥风险转移职能，为陇西县当地贷款养殖户增信。其中保证保险费率为1.5%，借款人意外伤害险费率为0.2%。银行根据投保小额信贷保险情况，为养殖户发放贷款，利率为7.8%，县财政贴息50%，贷款额度原则上限定每户30万元以内。2015年7月16日，《酒泉市人民政府办公室关于开展城乡小额贷款保证保险试点工作的实施意见》经酒泉市政府常委会通过与印发施行，城乡小额信贷保险试点工作在酒泉市正式落地。随着各个试点的成功运行，扶贫小额信贷保险开始在甘肃全境展开。截至2016年底，全省已有10多个县区正在推动落地扶贫小额信贷保险工作。

第二节 甘肃省小额信贷保险扶贫模式与效果

一、甘肃省“小额信贷+保险”模式

小额信贷保险扶贫是发挥保险的社会管理职能，同政府、金融部门相结合，向贫困地区亟需资金的居民输送资金的做法。2015年随着甘肃省委、省政府紧紧围绕与全国一道全面建成小康社会目标，进一步深化拓展联村联户为民富民行动和“1236”扶贫攻坚行动，深入实施“1+17”精准扶贫实施方案，打响了精准扶贫、精准脱贫大决战攻坚战。一系列超常规的举措和办法，极大地激发了全省各级干部攻坚克难的干劲，坚定了贫困地区群众脱贫致富奔小康的信心。在此背景下，小额信贷保险成为城乡精准扶贫的重要工具。

甘肃省以服务“三农”为基础，与保险业积极探索农村金融合作模式。依托甘肃省农村信用社渠道优势大力推广的“安贷宝”等农村小额信贷保险业务得到了快速发展。甘肃省“安贷宝”农村小额信贷保险业务自2008年正式启动，2009年得到广泛推广，发展迅猛。目前甘肃省14个市州中已有张掖、武威等9个市州开办了“安贷宝”农村小额信贷保险业务，办理网点达到541家。目前，甘肃省政府根据本省实际情况开展了“政府+银行+保险”等模式的信贷保险产品，在产业扶贫上积极进行探索，通过保险信贷的产业扶贫机制，帮助农村居民实现产业脱贫。在实际操作过程中，政府以保费补贴等形式鼓励居民购买产品，同时针对部分居民合理开发相关产品，如开发低额保险产品等。

二、“农村信贷+保险+政府”模式

因农业生产过程中主要面临的是自然风险，因此风险事故发生概率较大，农村信贷能够保证居民得到生产资料帮助，但是一旦发生重大风险事故往往会使生产者背上沉重的负债，同时也会使农村信贷资金受到损失，因此引入

"农村信贷 + 保险 + 政府"模式，此模式在保证农村居民得到生产资料的同时，不会因为风险事故陷入贫困，同时保证了信贷资金的安全。

农村小额信贷保险运营模式如图 8 –2 所示，"农村信贷 + 保险 + 政府"模式主体为农村信贷机构、商业保险机构、政府，其模式基本框架与图 8 –2 类似。当农村居民或者农村企业因生产资料缺乏或者运营资金出现问题时，向农村信贷机构申请贷款。农村信贷机构接受农村居民贷款申请时向其进行放贷，考虑到农村居民或者企业多从事农业生产活动，因此信贷资金风险较高，为保证资金安全，要求其向保险机构购买一定的保险或者通过相关优惠措施鼓励其购买相关保险，同时农村信贷机构可作为相关保险出售点，代理保险业务。保险机构根据需求积极开发相关产品，切实保证信贷安全。考虑到保险购买主体为农村居民，为不增加其经济压力，政府对其保费进行相应补贴，以此鼓励其购买产品，间接鼓励产业扶贫。

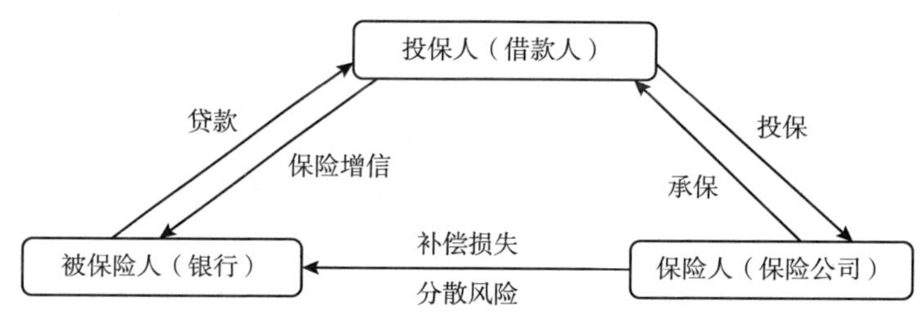

图 8 –2　小额信贷保险关系

三、"综合保险 + 涉农抵押贷款"模式

"综合保险 + 涉农抵押贷款"模式，是保障农村居民借款能力、农村信贷机构信贷资金安全的重要保障模式。涉农抵押贷款是农村居民借款的重要途径之一，主要涉及抵押物为机动车、房产等相关农村居民个人财产。在抵押贷款借贷成功后，农村居民仍可将其作为生产资料进行生产，因此在生产过程中，抵押物安全难以保证，同时涉及资产贬值损失，当风险事故发生时，往往会造成抵押物损坏，难以对贷款资金安全进行保证，造成农村居民在生产过程中借贷难的问题。"综合保险 + 涉农抵押贷款"模式的施行，既可以保证农村信贷机构的根本利益，也可以间接帮助农村居民解决借贷难问题，从根本上保证了产业扶贫路径的重要实施。

"综合保险 + 涉农抵押贷款"模式涉及主体主要包括农村居民、农村信贷机构、保险机构。农村居民因资金需求向信贷机构提出涉农抵押贷款，农村信贷机构根据其需求与抵押物综合考量进行放贷，同时为保证贷款资金安全，要求其购买抵押物保险，以此进行风险转嫁，保险机构根据农村居民购买意愿出售相关产品。当风险事故发生时，由于抵押物受到损害而不能及时还款的情况，由保险企业代替居民进行还款。

四、“涉农信贷＋信贷保险＋再保险”模式

甘肃省农村贫困居民扶贫路径中的一条重要途径就是产业扶贫，增加其收入。农村居民难以脱贫的重要原因便是因为其生产资料缺乏、资金缺乏，对于这部分居民来说涉农抵押等农村信贷产品难以满足其需求。基于此，涉农信贷便成了解决农村居民生产资料、资金缺乏的重要路径。

由于涉农信贷为信用贷款，个人征信是其重要放贷标准，因此，对于农村居民来说，申请困难、贷款金额难以满足其生产资料要求成为摆在面前的两个重要问题。对于农村居民来说，涉农信贷受到风险影响贷款基准利率较高，增加了其贷款成本。对于农村信贷机构而言，贷款资本的安全性也受到影响，当风险事故发生时，农村居民很可能因此陷入贫困，难以保证贷款如期偿还。基于以上两点，在贷款过程中，信贷保险就显得尤为重要，一方面可以保证农村居民如期还款，不会因为风险事故发生，而因贷款陷入贫困，另一方面也可以保证放贷机构资金安全性，同时农村居民通过保险产品购买可以提高贷款申请额度，保证其生产资料需求得到满足。

“涉农信贷＋信贷保险＋再保险”模式，主体分为农村居民或者农村中小企业、农村信贷机构、保险公司三部分。农村居民或农村中小型企业因资金缺乏、抵押物资缺乏等原因向农村信贷机构进行贷款，农村信贷机构根据其征信资格等原因进行放贷，同时农户根据其贷款金额向保险公司购买信用保证保险。保险企业通过在国际市场或者国内市场上寻求再保支持，以此转嫁自身风险，实现经济效益。在具体实施过程中，农村居民或农村中小型企业借贷时，购买信用保证保险一方面可对其贷款资金进行保证，以免因重大灾害发生导致还款困难，加剧损失程度；另一方面，通过对信用保证保险的购买可以增加其贷款金额，使其贷款需求可以得到最大限度的满足。通过居民购买信用保证保险，农村信贷机构可以最大限度地保障资金安全，最大限度地满足农村居民或者农村中小型企业的资金需求，助力其增产致富。对于

保险企业而言，通过对农村居民出售信用保证保险，一方面可以满足产业扶贫对于保险的要求，另一方面在帮助农村居民的同时也可以发展自身，在农村中开发保险市场，实现经济效益。

“涉农信贷 + 信贷保险 + 再保险”模式，是甘肃省保险产业扶贫的重要模式之一，该模式不仅可以满足农村居民贷款需求，也可以满足农村信贷单位的放贷需求，同时可以促进保险企业实现经济效益，形成“三赢”局面。

五、甘肃省小额信贷保险扶贫效果

随着甘肃省“安贷宝”农村小额信贷保险业务于 2008 年正式启动，2014 年中共中央办公厅、国务院办公厅下发《关于创新机制扎实推进农村扶贫开发工作的意见》，保险扶贫成为城乡扶贫的重要支柱，其中小额信贷保险更是成为精准扶贫的重要抓手。甘肃省是全国较早拥有小额信贷保险业务的省份之一，通过近十年的业务工作积累，小额信贷保险在甘肃扶贫中发挥了极其重要的作用，同时在甘肃扶贫过程中取得了巨大成果。

（一）小额贷款用户增收明显

甘肃省在政策鼓励和支持下，小额信贷不断推广，小额信贷用户增收明显，以甘肃武威市妇女担保贷款为例，截至 2015 年，甘肃省妇女小额信贷已累计扶持 26.68 万城乡妇女创业就业，带动 160 万名群众增收致富。不仅极大地解决了妇女创业就业难题，增加了妇女收入，提高了农村妇女家庭地位，更为城乡产业发展注入了强劲的资金动力。贷了款的妇女，纷纷建起了集中连片的特色种植、规模养殖基地，盘活了民间资本，吸引了更多资金、技术和项目，增强了一方建设和经济发展。

根据全国妇联在武威市的随机抽样调查，94.4% 的贷款妇女收入增加了 5000 元以上。低成本、快速度、简手续的小额担保贷款增加了妇女创业积极性，同时解决了贷款难、贷款贵等问题，这只是甘肃小额信贷保险扶贫的一个简单个例，但是极大地体现出甘肃省小额担保贷款在扶贫攻坚中的积极作用。

（二）建立了小额信贷保险扶贫生态圈

根据甘肃省脱贫攻坚领导小组办公室《关于印发 2016 年省级脱贫攻坚资金整合方案的通知》的规定和要求，参照 2015 年全年中央和省级财政专项扶贫资金规模预安排全年资金共 40.2 亿元，其中，中央财政专项扶贫资金

36.5亿元，中央“两州”专项资金0.2亿元，省财政配套扶贫资金3.5亿元。以往政府支持扶贫的手段主要是通过转移支付的方式，这种方式虽然操作简单、见效快，但是往往没有持续性，总体扶贫效果相对较差。如何有效提高扶贫资金的利用效率成为当下思考的一个重要问题，保险扶贫应运而生。

在保险扶贫的过程中，小额信贷保险的扶贫方式主要采用的是政府、银行和保险公司进行三方合作，政府提供适当的资金补助，保险公司进行风险担保，银行对小额贷款需求者进行放贷。在这个操作过程中，可以高效地增加政府扶贫资金的运用，同时调动城乡小微企业、养殖户等创业的积极性。通过小额信贷保险扶贫方式的开展，可以建立一个良性循环的扶贫生态圈，增加扶贫资金运用效率。

（三）增大扶贫资金的多倍放缩能力

甘肃政府扶贫过程中资金运用是根据各县（市、区）财政扶贫资金项目计划经脱贫攻坚领导小组审批后报市（州）脱贫攻坚领导小组审核汇总，市（州）报省脱贫攻坚领导小组办公室备案，财政部门按照财政专项扶贫资金管理的有关要求，及时拨付项目资金。在专项资金使用过程中，主要以转移支付的方式展开，扶贫结果是政府转移1单位资金，居民增加1单位资金，扶贫效果有限。在此基础上引进小额信贷保险扶贫，可以增强政府扶贫资金的扶贫效果。当银行收到贷款人申请时，银行可按政府出资额的十几甚至二十倍发放贷款，大大增加了政府扶贫资金的多倍放大功能。

第三节　陇西县畜草产业小额信贷保险

一、陇西县基本情况①

（一）辖区状况

陇西县位于甘肃省东南部，定西地区中部，渭河上游，东接通渭县，南

① 该部分内容所涉及数据来自陇西县人民政府网站所公布的资料与数据（http：//www.cnlongxi.gov.cn/）。

连武山、漳县，西邻渭源县，北靠定西市，东西宽52公里，南北长46公里，总面积2408平方公里。2016年陇西县辖10个镇、15个乡、280个村、24个居委会、1670个村民小组，总人口48.76万人，其中，非农业人口5.99万人，农业人口42.76万人，人口密度203人/平方公里，居住着汉、回等12个民族。

（二）经济状况

陇西县主要以农业为主，全县耕地面积165.22万亩（其中，水浇地13.2万亩、川旱地41万亩、坡耕地26万亩、梯田87万亩），农业人口人均占有耕地3.76亩。2016年全县共播种各类农作物174.09万亩，其中粮食作物123.43万亩，经济作物50.66万亩，中药材、马铃薯、菌菜、畜草是农村的主导产业。全县建成养殖小区214个，规模养殖户16440户，养羊大户220户，50头以上养牛大户143户，养鸡大户76户，畜禽存栏数达到562.64万头（只），出栏数达到350.89万头（只）。

（三）贫困情况

陇西县地处甘肃中东部，属国务院划定的西部六盘山贫困片区，为甘肃省58个贫困县之一。由于高山的地貌特征，陇西县交通相对落后。农村基础设施建设不完善，截至2015年，陇西县自来水入户率不到80%，行政村道路硬化通畅率为74%，同时还有较多的危房需要改造。陇西县贫困人口数量庞大，贫困率较高。2013年全县农村贫困人口达到15.54万人，贫困发生率为33.44%；2014年农村贫困人口为11.62万人，贫困发生率为26.72%；2015年贫困人口减少4.85万人，全县贫困发生率下降到了12.2%。陇西县近年来农村扶贫工作成绩显著，贫困人口大幅度减少，贫困发生率显著下降。在此过程中小额信贷的资金扶持以及保险增信保障起到了重要作用。

二、陇西畜草产业状况①

（一）陇西畜草产业规模

近年来陇西县大面积推广种植甜高粱和饲用玉米，为设施畜牧业发展提

① 该部分内容所涉及数据来自陇西县人民政府网站所公布的资料与数据（http://www.cnlongxi.gov.cn/）。

供了有力的物质保障。2016 年种植甜高粱 8 万亩，玉米 50 万亩，多年生牧草种植 20 万亩。2016 年底全县牛存栏 7 万头，羊存栏 120 万只，猪存栏 41 万头，禽存栏 290 万只，畜草产业总产值达到 24 亿元。目前，全县有国家级龙头企业 1 家，省级标准示范场 4 家，市级企业 10 家，县级龙头企业 10 家，500 只以上的养殖场 30 个，养殖小区 207 个，100 只以上规模养殖大户 220 户，50 头以上的养牛大户 143 户，50 头以上的养猪大户 75 户，1000 只以上肉鸡养殖大户 76 户，1000 吨以上肉制品加工企业 5 个，3 万吨以上饲草料配送中心 1 个。

（二）陇西畜草产业养殖规模户面临问题

第一是饲养管理方式粗放，科技化水平较低。受传统小农意识的影响和科技水平的限制，养殖农户饲养管理方式相对粗放，饲养方面普遍存在饲料使用单一或配比不合理的现象，没有按科学的饲养标准进行合理的饲料配方，只按现有资源进行勾兑。精粗比例不合理，对不同生理阶段的畜种长期使用同种饲料饲喂，对添加剂、微量元素的补充相当忽视，对尿素等非蛋白氮等饲料的利用层次模糊。

第二是良种化繁育体系不健全，改良成本过高。畜草产业的科技化水平首先体现在良种化程度的高低，陇西县虽然在良种繁育上取得了相当成就，但除肉牛繁育主要采用细管冻配以及绵羊常温人工授精技术在部分龙头企业、条件好的养殖场使用外，大部分中低规模养殖场和散养农户主要靠引进良种进行自然杂交方式改良，造成品种资源浪费，成本太高，因此，加强良种繁育体系建设工作刻不容缓。

第三是养殖户普遍存在流动资金紧张，专项贷款资金借贷困难。在小额信贷保险出现之前，陇西畜草产业养殖户主要通过的是民间小贷公司借贷和银行担保借贷。通过民间小贷公司进行借贷，资金使用成本相对较高，高额的借贷资金成本使养殖户难以扩大养殖规模。通过银行担保借贷虽然成本相对较低，但是借款流程复杂，放贷时间长，并且有很大部分的资金需求者不具有担保贷款资格。

这几个问题中，资金借贷问题是最为重要的。资金在企业经营、盈利和扩大再生产中起着举足轻重的作用。同时通过借贷资金，一方面支持养殖户生产和经营，另一方面对于陇西地区精准扶贫有着直接的促进作用。

三、陇西畜草产业小额信贷保险建立[①]

畜草产业小额信贷保险是一种以政府财政投入的基金为畜草产业养殖规模户融资资金担保，银行等金融机构为符合贷款条件的养殖户提供贷款，保险公司对上述贷款提供保证保险的新型融资产品，是经我国首创的一种小额信贷保险。

近年来，随着畜牧业现代化和全产业链的建设步伐不断加快，规模化养殖的基础建设投资较大，加上养殖户手中的资金有限，养殖场（户）普遍缺乏资金周转，为了解决这一难题，全面促进畜草产业快速发展，结合陇西县被确定为"全省农村金融创新综合实验县"的有利时机，从 2012 年开始，陇西县政府与陇西农村合作银行、保险公司商讨确定了"政银保"合作，同年 4 月县政府下发了《关于支持畜草产业加快发展的意见》，明确提出通过保证保险来解决贷款的担保问题。2013 年 6 月，陇西"政银保"合作开展的畜草产业保证保险贷款正式启动试点，县财政安排 400 万元资金用于贷款贴息和风险补偿，当年陇西农村合作银行发放畜草产业担保贷款 3154 万元。2014 年 6 月启动畜草产业小额信贷保险试点工作，由陇西县政府、保险公司与银行三方协力开展。保险业通过发挥风险转移职能，为陇西县贷款养殖户增信。保证保险费率为 1.5%，借款人意外伤害险费率为 0.2%。银行根据投保保证保险情况，为养殖户发放贷款，利率为 7.8%，县财政贴息 50%，贷款额度原则上限定每户 30 万元以内。

从风险分担机制看，政策规定施行连续 3 年的贷款支持，政府安排风险保障基金与财政贴息。县财政每年安排 200 万元，3 年总计安排 600 万元建立畜草产业贷款风险损失补偿基金。若贷款未按期偿付，先由政府贷款风险损失补偿基金垫付。到期 3 个月内未收回贷款本息，则由保险公司向贷款银行进行理赔。政府补偿基金、银行、保险公司分别按照 20%、10%、70% 的比例共同承担贷款本金违约损失，同时将未按时偿还贷款的贷款户列入人民银行征信系统。

2014 年下半年，陇西县政府在保证保险贷款试点成功的基础上，把中国邮政储蓄银行陇西支行纳入其中，进一步细化实施方案，下发了《陇西关于

---

① 该部分内容所涉及数据由中华联合财产保险股份有限公司甘肃分公司提供。

金融支持畜草产业发展的意见》，从贷款对象、贷款银行、贷款额度、贷款利息、贷款期限、贷款担保、养殖保险及贷款程序等方面做了明确规定，提出了防控违约风险，此举被《甘肃经济日报》称为“政银保”合作农业贷款体系“陇西模式”的最大特点。2014 年，陇西农村合作银行发放畜草产业保证保险贷款 6165 万元，涉及 17 个乡镇的 191 个养殖场，中国邮政储蓄银行陇西支行发放畜草产业小额贴息贷款 1971 万元，包括 8 个乡镇的 171 户适度规模养殖户。2015 年，将甘肃银行陇西支行吸纳进来，借助陇西盛都肉羊产业联合社，进一步扩大保证保险贷款发放途径和发放额度，通过逐步探索发展，陇西县已打通金融资本进入畜草产业的通道，有效解决了全县畜草产业发展资金短缺的难题。

四、陇西畜草产业小额信贷保险运营模式①

（一）政府主导，加大扶持力度

在畜草产业信贷贷款模式中，陇西县切实转变职能，提高服务意识，尊重金融市场规律，每年安排 400 万元资金预算，按贷款额 3% 在贷款银行缴存风险补偿金和用于贷款贴息，充分发挥政府的主导作用。扶持范围由原来单纯的养殖扩展到畜产品加工、贩运以及与产业链有关的行业进行全方位扶持。针对不同的生产、经营规模设定了不同的扶持额度，对于规模较小的牛羊养殖户，发放 10 万元以内贷款；对于规模养殖场或畜产品加工企业贷款额度控制在 100 万元以内；对发展经营状况较好的大中型养殖场和畜产品加工企业贷款额度控制在 200 万元以内；对获得“市级龙头企业”称号的养殖企业贷款额度控制在 300 万元以内。

（二）部门联动，做到四方会审

陇西县每年安排 1 亿元的贷款用于支持畜草产业发展，通过乡镇推荐、畜牧部门审核的联动机制，协助银行、财险做好贷款客户推荐，贷款信息收集，加强贷后跟踪等一系列的服务。发放审批贷款实施四方会审，借款人先向所在乡镇政府提出申请，经乡镇政府初审后，报县畜牧兽医局复审，复审

① 该部分内容所涉及数据由中华联合财产保险股份有限公司甘肃分公司提供。

通过的借款人，贷款银行查看贷款户的银行征信记录，将银行征信系统中没有不良信用的借款人确定为调查对象，列出贷款人调查名单的贷户，由县畜牧兽医局、贷款银行、保险公司三家单位抽调人员，组成联合工作组，对借款人进行联合调查、联合审查，审查合格后放贷。

（三）银行放贷，做到滚动扶持

养殖业见效周期一般为 3 年。针对这一实际，陇西县在贷款的发放中按照“一年打基础、两年求发展、三年见成效”的原则，实行连续 3 年贷款支持。贷款第一年到期时偿还本金的 10% 后进行转贷，第二年到期时偿还本金的 30% 后进行转贷，第三年到期后偿还贷款本息。保险采取“一年一保”，保期与贷款期限一致。三年的滚动扶持消除了贷款户的后顾之忧，在一定程度上减轻了养殖户的还款压力，对养殖户的支持可谓做到了“扶上马”再“送一程”。

（四）财险兜底，严防信贷风险

政府部门配合金融机构做好贷款管理，并由县财政按贷款总额的一定比例列出风险保证金进行贷款的风险管控，实行风险共担机制，提高产业贷款的增信水平。对发现贷款养殖户违反贷款约定转移或挪用信贷资金，造成贷款本息损失的，依法追究其法律责任。同时，还建立了失信惩戒机制，将未按时偿还贷款的人员列入人民银行征信系统，取消政府给予的贴息补助。充分利用政府设立的畜草产业贷款风险损失补偿基金，若贷款到期后贷款人未按时偿还本息，先由政府风险损失补偿基金垫付，再由人保财险公司、贷款银行及政府相关部门进行追偿，对追偿不回的贷款本息，按保险公司 70%、政府 20%、银行 10% 的比例分担损失。当贷款逾期率达到 3% 或赔付率超过 150% 时，启动叫停机制。通过信贷保险，不仅解决了群众贷款担保难的问题，而且在畜草产业保证担保贷款运行中，实施降息贴息政策，着力降低成本，使群众从中受益。按照银行降息、政府贴息和保险公司降低承保费率方式，尽可能降低农户的融资成本。即银行贷款按人民银行同期同档次基准利率上浮 20% 执行，将原农户贷款利息由 7.8% 降为 7.2%。同时，政府对贷款利息的 50% 进行贴息。保险公司的承保费率仅为 1.5%。总体算下来，借款人融资成本远低于融资性担保公司保证的贷款成本，也低于小额贷款公司的利率。商业银行的让利和财政贴息极大地降低了业主的融资成本，有力地推动了陇西畜草产业快速发展。

五、陇西县畜草产业小额信贷保险扶贫效果①

从 2014 年 6 月开始，陇西县通过推广畜草产业小额信贷保险，陇西县的畜草产业得到了稳步发展，陇西地区贫困情况也得到了大幅度改善。具体表现在以下三个方面。

一是农村居民收入大幅增加。随着畜草产业小额信贷保险的顺利实施，截至 2016 年底，陇西县畜禽饲养总量达 462.13 万头（只），畜禽出栏总量为 225.44 万头（只），肉蛋奶总产量 5.59 万吨，草牧业总产值达 26.67 亿元，养殖业、加工业、流通业、草产业产值分别达 12.45 亿元、7.23 亿元、3.46 亿元、3.53 亿元，养殖业增加值 7.7 亿元，人均牧业纯收入 2300 元。由于养殖规模的逐步增大，人均牧业纯收入的提高，全县贫困人口从 2013 年的 14.54 万人下降到 2015 年的 6.77 万人，贫困发生率由 2013 年的 33.44% 下降到了 2015 年的 12.2%。

二是贫困人口增收效果明显。2016 年陇西县通过信贷、保险、财政等手段撬动各类项目资金 928 万元用于贫困农户脱贫，新建暖棚 7.5 万平方米，引进良种肉羊 2400 只、牛 2380 头。饲草种植方面，2016 年该县贫困户种植牧草面积达到 1.56 万亩，种植牧草 10 亩以上贫困户达到 620 户。全饲草料收购价格平均达到 280 元，依托饲草料种植，贫困户户均增收 1400 元。在参与设施畜牧业建设方面，2016 年全县新建贫困村养殖场 16 家，占全县新建养殖场的 45.7%；新建贫困村草牧专业合作社 21 家，占全县新建草牧专业合作社的 75%；新培育贫困家庭规模养殖户 1065 户，占全县新培育养殖户的 70.67%。全县在 2016 年计划脱贫的 45 个贫困村中，新发展养殖专业村 11 个，新建规模养殖场 14 个，扶持专业合作社 20 个，发展规模养殖户 1040 户，通过发展草牧业带动贫困户增加收入 1200 元以上。2016 年，全县共 6 家龙头企业和 12 家农民专业合作社，采取贷款分红、投母收羔、订单购羊、订单收草、吸纳务工等多种形式，带动贫困户 685 户，户均增收 5000 元。

三是随着贷款资金流入小额信贷需求者，陇西县农村基础条件大幅改善。2016 年全县行政村道路硬化通畅率达到 74%，自来水入户率达到 80% 以上，自然村动力电覆盖率达到 85% 以上；完成农村危房改造 1.57 万户、易地搬迁

① 该部分内容所涉及数据来自陇西县人民政府网站所公布的资料与数据（http://www.cnlongxi.gov.cn/）。

3472户19048人。

六、陇西县畜草产业小额信贷保险优化发展建议

甘肃省陇西县畜草产业小额信贷保险虽然在推动陇西县畜牧业发展、提高农民收入、降低农村贫困率方面已经发挥出了良好的效果，但作为一种新的尝试，必然存在着新的问题：第一，贷款银行缺乏信贷规模。由于合作银行增量资金缺乏，受存贷比影响，支持产业的力度有限，所以在陇西县畜草产业小额信贷保险发展过程中不能完全开展出预定成果。第二，保险公司审核条件烦琐。陇西县畜草产业保证担保贷款由中国人民财产保险股份有限公司陇西支公司提供担保。30万元以上的贷款全部要上报省公司或总公司审批，审核条件繁杂、审核速度慢，担保方审批权限上挂，操作性不强。第三，相关银行贷款的审批程序繁杂。相关银行进行贷款审批的过程中时间长，影响了部分养殖户的基础设施建设、良种引进及饲草料购置，甚至导致部分养殖场、养殖户资金链断裂。第四，部分银行信贷人员和业务人员对养殖场、养殖户的实际不了解，在考核贷款的过程多是走马观花，观察不深、审核不严，不能切合实际评估其现有的固定资产及预测发展能力。第五，就陇西目前的实际而言，畜牧行业还是一个较为弱势的行业，部分银行信贷人员高高在上，服务态度生冷，在考核审批贷款中存在“吃、拿、卡、要”行为和“慵、懒、散、漫”现象。为进一步完善陇西县畜草产业小额信贷保险机制，优化这一模式，还需要进一步做好以下五项工作。

（一）进一步加强“政银保”体系建设

陇西县政府要出台考核管理办法，加强对畜牧部门、陇西合作银行、中国邮政储蓄银行、甘肃银行及财险公司（陇西支行或分公司）等成员单位的考核管理，通过陇西畜草产业保证担保贷款领导小组办公会议、协调会议等全面推动工作开展，及时解决贷款审批和发放中存在的问题，在工作推进中要着力加快贷款入户调查和审批进度，确保每年将贷款足额发放到位。

（二）积极协调金融部门，简化办事程序

结合当前陇西畜草产业跨越式发展的实际，县政府需要积极与人民银行对接，申请增加畜草产业专项信贷资金规模，加大支持力度。县政府需要和各放款银行对接，积极开发适合当前畜草产业发展的贷款新产品，建议开通专门的畜草产业贷款绿色通道，降低贷款门槛，加快贷款速度。与财险公司

衔接，建议放宽对畜草产业贷款审批条件、简化担保手续。

（三）健全动态管理机制，提升管理水平

对已发放的畜草产业保证担保贷款，各放款银行要加强贷款资金支付环节的监督管理。县政府要组织人力，定期派人深入贷款户，认真进行清理检查，对发放的贷款用途要逐笔进行检查，实地查看、调查了解贷款户资金使用，确保每笔贷款都要用在养殖业和养殖加工业上，对检查中发现问题的，要责令限期纠正解决，对存在严重问题的应认真追究业务人员和负责领导的责任。

（四）强化对保证担保贷款的服务

加强对"政银保"体系相关单位工作人员的业务培训，规范工作行为，加强工作纪律，确保在贷款的审核和发放中，职责内的马上办，职责外的请示办，不能办的讲清楚，让养殖户明白哪里有问题、哪里不合适，缺什么、补什么，做到对养殖户认真细心服务。同时，对工作存在"吃、拿、卡、要"行为和"慵、懒、散、漫"现象的人员，要加大查处力度，坚决纠正损害群众的不正之风。

（五）实行透明化的管理

在畜草产业保证担保贷款申请、审核、审批及发放过程中要建立透明化的公示机制，对每一笔发放的贷款、每一笔补贴都要在政府部门和"政银保"体系相关单位的网站、党务政务公开栏公示，做到让人人监督，让社会监督，确保公开、公正、公平。

第四节　临洮县"六位一体"扶贫案例

一、开办背景①

（一）辖区状况

临洮，古称狄道，位于甘肃省中部，定西市西部，是黄河古文化的重要

① 该部分内容所涉及数据来自临洮县人民政府网站所公布数据和资料（http：//www. lintao. gov. cn/）。

发祥地之一，素有“彩陶之乡”“文化县”之称。临洮地处陇西盆地西缘，青藏高原东边，甘肃省中部、定西市西部。东临定西市安定区，北接兰州市，南连渭源县，西与临夏回族自治州东乡、广河、康乐县接壤。地形呈狭长状，南北长103公里，东西宽78公里，地势由东南向西北倾斜，全县总面积2851平方公里。县城距省会兰州80公里。临洮县辖洮阳、八里铺、新添、辛店、太石、中铺、峡口、窑店、龙门、玉井、衙下集、南屏12个镇，红旗、上营、站滩、漫洼、连儿湾、康家集6个乡，共辖18个乡级行政区，辖有6个社区居民委员会、323个村民委员会。

（二）经济状况

2016年临洮县总人口54.79万人，其中农业人口48.98万人，有汉族、回族、东乡族等19个民族。主要以农业为主，总耕地面积108万亩，其中水浇地38万亩，人均耕地2.23亩。全县海拔1730～3670米，年平均气温7℃，年降水量317～760毫米，无霜期80～190天。临洮县产业特色鲜明，依托洮河谷地良好的气候条件和38万亩水浇地，培育形成了600万头（只）畜禽养殖、50万亩马铃薯、20万亩蔬菜、15万亩中药材和3万亩花木生产基地。2016年，全县完成生产总值64.06亿元、大口径财政收入7.43亿元、规模以上工业企业增加值6.87亿元、固定资产投资119.13亿元，社会消费品零售总额达20.32亿元，城、乡居民人均可支配收入分别达20923元和6594元。

（三）贫困情况

全县经济以传统农业为主，大部分地方自然条件严酷，农民靠天吃饭的现状没有得到根本上的改观。2013年底贫困人口数为11.21万人；2014年末，全县建档立卡贫困户2.27万户、9万人，分别占农户总数和人口数的17.58%、18.37%，分布在11个乡镇144个行政村。截至2015年末，全县建档立卡贫困户7.47万人，同比减少1.53万人，下降17%；贫困发生率达15.25%，高于全省1.35个百分点，高于全国9.55个百分点。全县扶贫、防贫、返贫工作依然相当严峻。

二、临洮县“六位一体”扶贫模式运行机制①

（一）政策背景

甘肃省为贯彻落实《国务院关于印发推进普惠金融发展规划（2016～2020年）的通知》精神，根据临洮县经济社会和金融服务实际，以提高临洮县普惠金融服务水平，发展政策性涉农保险，助推临洮县扶贫开发和经济社会加快发展为目标，打造了临洮县普惠金融试验区。同时保险监管机构加大保险业对临洮县精准扶贫工作的支持力度，认真贯彻甘肃省委、省政府《关于扎实推进精准扶贫工作的意见》和《甘肃省精准扶贫“1+17”工作方案》文件精神，通过保险公司、银行、临洮县政府、龙头企业四方“强强联手”。四方规定：保险公司提供小额信贷保险、银行提供资金支持、临洮县政府提供风险补偿基金和龙头企业推荐贷款农户并提供贷款担保。通过四方密切合作，进一步提升各自优势，有效整合各方资源，为广大农村地区贫困户、农业合作社提供更加优质、便捷的综合金融服务。由此，探索出一套“政府+银行+保险+企业+合作社+贫困户”的“六位一体”的扶贫模式。

（二）运行机制

一是“政府+联合会”支持，使养牛有政策补贴、有技术指导。县政府整合涉农资金，修建牛圈每平方米补助45元，每制作2～3吨微贮饲草补助100元。县牛产业联合会聘请专家定期开展养殖培训指导，建立微信群提供免费信息服务。二是龙头企业带动，使买牛有“超市”、卖牛有出路。当地供牛龙头企业建有现代化牛犊“超市”，养殖龙头企业与贫困村签订“帮扶协议”，将选定的牛犊分配给贫困户饲养，免费提供饲草料种子，最后由养殖企业按保底价回购（当市场价高于保底价时按市场价收购）。三是“保险+政府+联合会”保障，使养牛有保险。县畜牧中心、牛产业联合会和保险公司签订保险协议，保费由联合会全额出资，根据市场调查和近六年肉牛死亡风险评估，确定肉牛保额7000元/头，保费315元。并约定次年根据上年简单赔付率实行费率调整，当赔付率达到150%及以上时，启动民政救助资金实行救助。四是“保险+银行”融资，使养牛有资金。通过保险资金支农融资贷款或信贷保证保险增信向

---

① 该部分内容所涉及的数据由甘肃银保监局财产险处提供。

银行贷款两种方式，为养殖龙头企业提供生产资金，解决融资难题。

（三）权责划分

1. 保险公司职责

第一，按照实际贷款金额本息承保信贷保险，向投保人签发保险单或其他保险凭证。

第二，订立保险合同时，提供格式条款。对保险合同中免除保险人责任的条款，履行告知义务。

第三，保险公司联合临洮县畜牧局、龙头企业对借款人进行共同尽调，并有独立的审核权，对于没有审核通过的借款人，有权拒绝承保。

2. 临洮县畜牧局职责

第一，负责精准扶贫小额信贷工作的组织协调、宣传发动。

第二，根据自身条件审核借款人资质，并协助保险公司进行调查。

第三，建立风险补偿基金，按照约定比例进行赔款补偿。

3. 龙头企业职责

第一，根据自身的客户情况推荐借款人，并负责收集借款人的相关资料，并协助对借款人的资信情况进行调查。对于协助收集的材料，须审核并确保其真实性。

第二，贫困农户贷款的连带责任保证人。

第三，贫困农户贷款时龙头企业承担相应的代收、代缴义务。可作为贷款本息代缴纳人。自身贷款时，应及时履行还款义务。

第四，定期向保险公司、临洮县畜牧局报告相关业务合作数据，包括但不限于放贷情况、逾期情况、催收进度、结果等有关业务开展方面的相关数据和内容。

三、项目实施状况①

（一）实施对象

临洮县“六位一体”扶贫模式在实践中选择了甘肃康美现代农牧业产业

① 该部分内容所涉及的数据由甘肃银保监局财产险处提供。

集团作为带动贫困农户脱贫的重点企业。该企业坐落于临夏回族自治州康乐县，建于2007年6月，现总占地500亩，资产2.7亿元，员工300多人，是集肉牛育肥、科研推广、人工授精、胚胎移植、咨询服务、饲草料加工、屠宰分割、加工冷藏与熟食品生产和专卖店连锁经营为一体的现代畜牧产业龙头企业。该企业有甘肃康和肉牛繁育有限公司、甘肃康美集团尕豆妹食品工业有限公司、甘肃康润商贸有限公司、甘肃康乐县鸣威良种肉牛繁育场，其控股公司有康乐金牛资产担保公司和甘肃康隆公司牛羊交易市场，现已形成了全产业链生产管控体系和完善的配套服务体系。集团公司现有年出栏5000头标准肉牛的示范养殖场，年屠宰肉牛6万头、肉羊20万只的现代化屠宰线各一条，屠宰加工线冷藏库容量达2000吨。并带动周边地区千头肉牛育肥基地10个、500头以上的肉牛育肥基地40个、100头以上的肉牛养殖大户100多个，养殖大户近千户，年可出栏育肥牛5万头。形成以临夏康乐为中心辐射兰州、定西、平凉、陇南、甘南、天水等地区的甘肃中部肉牛育肥加工产业带。

为积极推动甘肃临洮县精准扶贫工作，2015年10月中华联合财产保险股份有限公司同临洮县政府、甘肃康美现代农牧产业集团有限公司协商建立康美农庄农贷项目。甘肃康美现代农牧产业集团有限公司作为牵头，推荐符合各自准入标准的贫困农户进行放款用于购买牛犊及繁育母牛，康美农贷项目的借款人来源主要包括：临洮县畜牧局推荐的临洮县境内建卡立档贫困农户、甘肃康美现代农牧产业集团有限公司推荐符合各自准入标准的贫困农户和甘肃康美现代农牧产业集团有限公司自身；保险项目由中华联合财产保险股份有限公司临洮县支公司负责；宣传和风险准备基金主要由临洮县畜牧局负责。

（二）筹资情况

资金方由重庆苏宁小额贷款公司向甘肃康美现代农牧产业集团有限公司提供1000万元，为一次性放款，贷款费率为6%，贷款期限为3年。同时临洮县政府提供125万元的风险基金，放大8倍杠杆支持1000万元贷款，逾期后直接从中扣划逾期金额的100%。临洮县政府提供的风险基金、甘肃康美现代农牧产业集团有限公司分别按照10%和90%的比例对于逾期金额（逾期本金+利息）进行风险共担。农户从中华联合财产保险股份有限公司购买小额信贷保险，保险费率为2%。农户总的贷款利率为8%，农信社1~3年贷款基准利率为6.15%，农村信用社贷款利率下限为基准利率的0.9倍，最大上浮系数为贷款基准利率的2.3倍，因此其利率空间为5.535%～14.145%，处于农村信用社贷款合理空间，利率可接受。与同期市场小贷利率年利率18%相比，具有很大的利率优势。

由图8－3我们可以看出，康美农贷项目突出亮点就是资金需求方不再是由单个农户进行融资，而是由康美农庄作为一个整体，整合优质农户并进行统一的借款资金担保，增加了农户贷款的信誉质量和集中程度，减少了保险公司的承保风险和展业费用，同时也加入了临洮县政府提供125万元的风险基金违约担保，增强了金融机构的放贷信心。

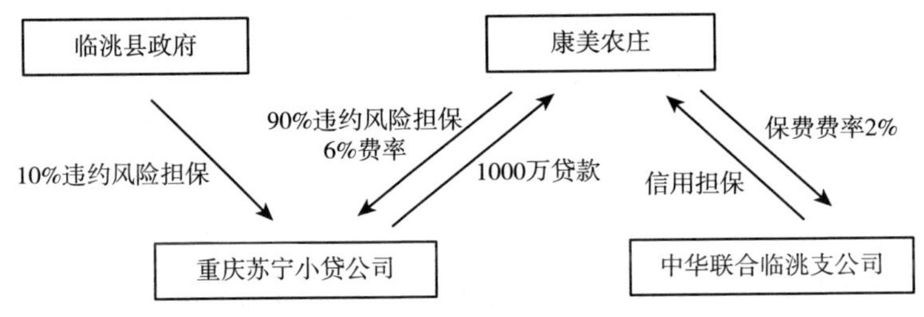

图8－3 康美农庄农贷项目运营模式

（三）实施效果

“六位一体”扶贫模式已向临洮县境内12个乡镇24个贫困村的1701户贫困户和23个富民产业合作社投放良种西门塔尔基础母牛1938头，预计到2020年全县肉牛新增10万头，存栏量达到18万头。康美农贷项目从2014年10月开展至今，成功解决了定西400户农户的脱贫工作，推动了甘肃定西精准扶贫工作。截至2016年末，中华联合财产保险股份有限公司临洮县支公司通过康美农庄农贷项目获得的保费规模超过30万元，康美农贷项目拓宽了中华联合财产保险股份有限公司临洮县支公司的保险市场，同时又与当地农户建立了良好的互动，为未来公司的发展奠定了基础。

四、实施中存在的问题

康美农庄项目在运营过程中取得了不错的成绩，但是该项目作为定西首批小额信贷保险业务，在开展中也显露出很多不足、其中最主要的表现在贷款农户诚信度参差不齐、保险公司理赔比例高、风险预警机制不完善三个方面。

（一）贷款农户诚信度参差不齐

康美农庄农贷项目的贷款农户包括临洮县畜牧局推荐的临洮县境内建卡立档贫困农户、甘肃康美现代农牧产业集团有限公司推荐符合各自准入标准的贫困农户、甘肃康美现代农牧产业集团有限公司自身。可见贷款农户的主要来源还是通过上层推荐制度，由于缺乏对农户的了解，导致借款农户的还款能力和信用资质参差不齐。

（二）保险公司理赔比例高

中华联合财产保险股份有限公司临洮县支公司小额信贷保险有 30 多万元的保费规模，但是保险公司赔款支出 20 万元，还有 35 万元未决赔款。高额的赔付率限制了信贷保险的发展，同时极大地挫伤了保险公司开展此类保险的积极性，如何处理好投保和理赔之间的关系，是未来中华联合财产保险股份有限公司需要积极思考的问题和探索的问题。

（三）风险预警机制不完善

政府、金融机构和保险公司相互合作处于初创期，通过政府、金融机构和保险公司的合作虽然可以解决农户贷款没有抵押物的问题，但是正是由于农户没有抵押物，各个机构对于风险预警机制的建设就尤为重要。中华联合财产保险股份有限公司临洮县支公司在开展信贷保险项目时候虽然加入了许多的风险管控措施，但是在保单运行过程中，依然存在对农户还款积极性程度预期过高、催还款项难度大等问题。

五、优化发展建议

（一）建立定西农村资金互助社

农村资金互助社是经银行业监督管理机构批准，由公民自愿入股组成的社区性银行业金融业务。定西市可以借鉴宁夏回族自治区小额信贷保险和农村资金互助社相结合的先进经验，以贫困地区扶贫资金互助社为平台，为农村互助社社员提供小额保险保障。贷款农户由平台推荐，这样运营的优点是可以让急需贷款的农户得到资金，同时可以极大地降低信用风险。因为农村资金互助社成员都为本村或者邻村居民，相互之间了解程度深，互助社可以较准确地审核每位社员的资金需求程度和个人信用程度。通过建立农村资金互助社可以进一步推进农村精准扶贫，加大保险在农村扶贫工作中的作用。

（二）设立小额信贷保险宣讲团队

在农村小额信贷保险的运营中，许多农户对小额信贷保险不了解或者曲解。很大一部分人不知道有小额信贷保险的存在，又有一部分农户知道小额贷款存在并且得到了贷款，但是他们曲解了贷款资金的意义，将贷款资金当作扶贫补助资金花掉，这样极大地增加了保险公司的违约赔款支出。建立一支小额信贷保险的宣讲团队可以有效地促进“信贷保险”走进农村，同时面对面为农户解答疑难，拓宽保险知识在农村的覆盖面，可以有效促进“信贷保险”在农村的发展，增加保险公司保费规模，减少保险公司的违约赔付。

（三）建立政府风险资金池

政府风险资金池是指由政府出资设立的风险补偿基金池，是为了分散风险和合理控制风险而采用的金融创新模式。比如杭州政府为扶持创业大学生已出台了很多扶持政策。其中“风险池”的启动，就为拓宽大学生创业企业资金、渠道，帮助创业企业解决资金难这一“瓶颈”问题，提供了新的扶持。定西临洮县农村小额信贷保险产品的发展离不开政府的推动和支持，建立政府风险池不但可以拓宽融资渠道，还可以解决定西临洮县农村小额信贷保险担保的巨灾风险问题，帮助农村小额信贷保险产品长期、健康、稳定地经营。

第五节　甘肃省小额信贷保险案例：酒泉小微信贷保险

一、酒泉城乡小额信贷保险基本情况

2014 年 11 月 19 日召开的国务院常务会议提出，要推广小额信贷保险试点，发挥保单对贷款的增信作用，增强保险在扶贫中的支柱作用，缓解小微企业和农户等融资成本高的问题。

酒泉市积极筹划相关工作，加强金融扶贫的力度和深度。通过借鉴浙江宁波市及甘肃省陇西县小额信贷保险业务开展的经验做法，经过两年多"银、政、保"三方商榷、探讨、沟通和协商，2015 年 7 月 16 日，酒泉市人民政府办公室发布了《关于开展城乡小额贷款保证保险试点工作的实施意见》经酒泉市政府常委会通过与印发施行，城乡小额信贷保险试点工作在酒泉市正式落地。规定小额信贷保险的支持对象为小微企业、种养大户和城乡创业者及个体工商户。其中，小微企业贷款金额不超过 300 万元，农村种养殖大户贷款金额不超过 50 万元，城乡创业者贷款金额不超过 10 万元。

自 2015 年 7 月政策落地后，"政、银、保"三方积极响应并采取行动，酒泉市政府实施意见及实施方案印发后，财政部门筹措资金，积极推动；中国人民财产保险股份有限公司酒泉分公司经甘肃省分公司考察同意，同意开办此项业务，相关部门及人员准备就绪，并以农业产业化作为一项整体项目进行推动；浦发银行酒泉分行和中国农业银行酒泉分行等金融机构与中国人民财产保险股份有限公司酒泉分公司及酒泉市政府三方业务合作协议已签订完毕，具体事项商议妥当，在财政风险补偿基金到位后即可放贷。

二、酒泉城乡小额信贷保险业务操作流程及内容

小微企业、种养大户和城乡创业者及个体工商户等急需保险增信的目标人群可向全市开办城乡小额信贷保险业务的银行、保险等金融机构及小贷公司进行小额贷款申请，其中规定小微企业贷款金额不超过 300 万元，农村种养殖大户贷款金额不超过 50 万元，城乡创业者贷款金额不超过 10 万元。贷款期限一般在一年以内，最长不超过三年，主要用于借款人的生产经营，不得用于消费与投资，契合了政府发展实体经济的政策意图。

贷款机构收到贷款申请后，银行可按政府出资额的 20 倍发放贷款，贷款利率最高上浮不得超过银行贷款基准利率的 20%。同时保险公司向贷款者收取小额信贷保险保费，但保险年费率合计不超过本金的 1.8% ~2.0%。综合借款人在借款机构的费用和保险公司的保费，借用一年期贷款融资成本总额不超过 7.82%。

当借款人贷款逾期，贷款机构进行贷款追索，当逾期超过 90 天以上未还款，贷款机构可向保险机构提出索赔，保险机构在收到银行索赔要求后 10 个工作日内向银行进行理赔。当小额信贷保险赔付率达到 150%，相关金融机

构将暂停新增业务；对应贷款逾期率达到10%时，业务停办。

三、酒泉城乡小额信贷保险与酒泉小额担保贷款对比分析

（一）酒泉小额担保贷款定义及操作流程

小额担保贷款是以解决符合一定条件的待就业人员从事创业经营时自筹资金不足的一项贷款业务，包括自谋职业、自主创业或合伙经营和组织起来创业的开办经费和流动资金。酒泉小额担保贷款流程包括：借款人本人申请、社区推荐、公务员承诺反担保、贷款担保机构和金融机构联合实地考察、劳动保障部门审核和金融机构完成核贷程序办理贷款手续等六部分。与此同时，贷款人需要准备《小额担保贷款申请书》《小额担保贷款申请审核表》、借款人身份证、户口簿原件及复印件、《就业失业登记证》原件及复印件、《创业培训证》原件及复印件、工商营业执照和税务登记证的原件及复印件等。

（二）酒泉城乡小额信贷保险与酒泉小额担保贷款对比的优势

1. 业务主体广泛

酒泉市银行业、保险业、金融机构及小贷公司都能申报通过小额信贷保险业务支持信贷需求。支持对象为小微企业、种养殖大户和城乡创业者及个体工商户，涵盖了酒泉市急需保险增信的大部分目标人群。小额担保贷款人不针对种养农民，同时没有贷款机构和担保机构，可选择面相对较窄。

2. 业务流程快捷

银行可按政府出资额的20倍发放贷款。借款人贷款逾期超过90天以上，银行追索未果的，银行可向保险机构提出索赔，保险机构在收到银行索赔要求后10个工作日内向银行进行理赔。大型保险公司的资金实力和方便高效的理赔网络将对业务发展形成积极的促进作用。小额担保贷款流程复杂，放贷时间长。

3. 贷款难度低

贷款申请人大多是下岗失业人员、刚出校门的大学毕业生以及失地的农村劳动力，绝大部分没有财产提供担保。而要找一个工作较稳定且工资收入较高的人为其担保，也不是一件容易的事，许多人往往因为找不到担保人而

对小额担保贷款政策望而却步。而小额信贷保险，只需要贷款者缴纳一定保费之后，贷款机构就可以不需要抵押物品进行放贷。

4. 贷款额度较高

小额信贷保险可以支持的贷款额度规定小微企业贷款金额不超过 300 万元，农村种养殖大户贷款金额不超过 50 万元，城乡创业者贷款金额不超过 10 万元；小额担保贷款现行政策规定，从事个体经营的自主创业人员贷款额度不超过 5 万元，妇女不超过 8 万元。但目前从事创业的成本较高，租个小店铺动辄就是几万元，甚至更多，加上流动资金需求，创业人员资金压力较大。

四、酒泉市城乡小额信贷保险优化发展建议

（一）酒泉市城乡小额信贷保险凸显的问题

酒泉市的城乡小额信贷保险，在政府、保险公司和金融机构的三方统筹协作之下成功运营，成功解决了酒泉地区小微企业和养殖户等对小额资金借贷的需求，小额信贷保险同酒泉地区已经运行的小额担保贷款和众多小额贷款公司，共同构建起了酒泉小额贷款多层次覆盖。但在发展当中凸显出三个方面的问题：一是信贷保险存在特殊技术障碍。由于目前酒泉市信用体系还不健全，保险公司对各行各业企业信用的评价预测存在较多技术层面的困难。为判断企业整体经营情况及贷款逾期风险状况，保险公司业务人员一般要对贷款企业的财务数据、业务流水、管理制度等方面内容进行全面审核，但目前各保险公司这方面的专业性人才还比较匮乏，难以支撑此险种较大规模的业务开展。二是保险覆盖面小，无法满足大多数种植散户的实际需求。酒泉市场上信贷保险业务主要针对的是小微企业、种养大户和城乡创业者及个体工商户等，针对散户开展信贷保险业务的保险公司少，而且业务面向的客户群体比较有限。三是酒泉城乡小额信贷保险居民接受程度低。由于该政策出台实行刚两年多，很大一部分小额贷款需求者不知道小额信贷保险措施的存在，其贷款依然走传统的小额贷款流程，多采取小额担保贷款方式获取融资。

（二）酒泉市城乡小额信贷保险优化发展的建议

第一，加强信贷保险专业人才队伍建设，为业务发展提供坚实的人力保

障。保险部门应建立完善专业人才选拔制度、培养制度、激励制度等，努力营造有利于人才大量涌现、脱颖而出的良好氛围。同时借鉴学习酒泉小额担保贷款的人才培养流程，打造符合“银行、政府、保险公司”三位一体的人才培养机制。

第二，建立完善企业信用制度，优化信贷保险发展环境。由地方政府金融办协调，当地人民银行牵头，政府相关部门、各金融机构参与，积极开展小微企业、种养殖大户和城乡创业者及个体工商户的信用评价工作，尽快建立完善企业信用评价制度，建立符合城乡小额贷款需求者实际的信用档案，帮助保险公司减轻风险审核压力，降低保险发展成本，促进保险公司集中精力做好后续服务，提高风险管理水平。

第三，宣传小额信贷保险业务政策，提高小微企业保险消费意识。建议政府督促保险公司深入城乡小微企业和养殖园区，必要时还可以参加政府相关部门面对小微企业、种养大户和城乡创业者及个体工商户等组织的展销活动，以此了解企业和个人的实际需求，并对企业开展信贷保险方面知识的培训，也可以通过电视、报纸、网络等多种媒体介绍小微企业特色保险产品，同时保险公司要向全社会普及保险知识，大力向合作银行和潜在客户宣传保证保险的功能，推进信贷保险知识的普及与教育，提高小额贷款潜在需求者通过保险方式进行融资的主动性和积极性。

第四，防范道德风险。在预防道德风险过程中，一是要详细制定相关制度，精准界定合作银行职责，细化权利和义务，防范风险转移。二是拓展金融司法“绿色”渠道。建立法院与金融机构联席会议制度，形成协作合力，安排专职人员负责金融案件执行，综合利用行政、纪律、法律手段合力打击。三是惩戒老赖。实行限制行业准入、取消优惠政策、冻结账户、列入黑名单、在媒体曝光等手段。

第六节　他山之石：湖南省贫困县园区工业企业信贷保险案例

2017 年湖南省委办公厅、省政府办公厅颁布了《关于支持贫困地区发展产业扩大就业的若干政策》，坚持财政资金引导，金融机构市场化运作，风险共担、风险防控，支持工业企业参与精准扶贫，在 51 个贫困县开展园区工业企业信贷保险，缓解贫困地区工业企业“融资难、融资贵、融资慢”问题，推动贫困地区提升自我发展能力、做大做强县域经济，帮助贫困人口就近就业、长期就业，实现脱贫致富。

一、基本原则

（1）政府支持，市场运作。充分发挥市场在资源配置中的决定性作用，按照市场规则推进园区工业企业信贷保险，带动金融资本参与扶贫攻坚。同时，更好发挥政府作用，优化金融生态环境，提供良好的信用环境和制度保障。

（2）产业带动，利益共享。引导金融机构支持园区工业企业发展，降低企业融资成本，建立园区工业企业与建档立卡贫困农户的帮扶机制，促进贫困农民增收脱贫。

（3）省级统筹，县级实施。科学划分各级政府权责关系，分工负责、协调推进，由省财政厅、省扶贫办、中国人民银行长沙中心支行负责园区工业企业信贷保险工作的统筹指导，县级政府负责工作的具体实施。

（4）防范风险，稳妥推进。金融机构开展信贷保险业务要严格遵守国家法律法规和金融监管要求，强化风险管控，依法合规经营，及时防范和化解金融业务风险。政府相关部门不得强制干预金融机构正常经营活动。要完善风险防控体系，避免出现区域性系统性风险。

二、运作机制

（一）参与主体

（1）省内 51 个贫困县。

（2）贷款申请人。经县级扶贫部门认定，带动建档立卡贫困对象的园区工业企业可作为贷款申请人。申请人应吸纳当地劳动力且建档立卡贫困户劳动力占比到达 15% 以上，签订劳动合同且实际在岗 12 个月以上，并依法缴纳社会保险。带动贫困人口数由扶贫部门认定，签订劳动合同和缴纳社会保险情况由人社部门认定。只有这两个部门同时进行了认定才能拥有贷款资格。

（3）银行。合作银行应符合以下条件：在地区有依法设立的分支机构或独立法人银行机构；有满足园区工业企业信贷保险需求的信贷产品；有完备的信贷风险管理体系和较高的风险管理能力；能提供简便快捷的信贷服务。

（4）保险公司。合作保险公司应符合以下条件：在地区有依法设立的分支机构；有满足园区工业企业信贷保险的保险产品；有较强的信贷保险业务管理能力和专业队伍；能为用户提供便捷高效的保险服务。

（5）资格申请。符合上述条件的银行和保险公司可遵循自愿原则向省财政厅、省扶贫办提出申请，经批准后参与。

（二）贷款用途

贷款必须用于本企业生产经营，不得用于转贷、委托贷款、国家产业政策禁止和限制的贷款，不得用于住房按揭贷款、房地产公司贷款、房地产中介贷款、政府融资平台公司贷款和非生产经营性固定资产投资项目贷款，不得参与民间借贷和投资资本市场。

（三）贷款期限

贷款期限一般不超过 1 年，最长不超过 3 年。

（四）贷款额度

每家企业贷款总额不超过 1000 万元，具体贷款额度由银行及保险公司根据企业实际资金需求、经营管理状况、还款能力等因素综合确定。

（五）融资成本

融资成本由银行贷款利息和保证保险保费两部分组成。银行向园区工业企业发放贷款，利率执行人民银行同期基准贷款利率，上浮最高不超过 10%；保险费率以保险公司在保险监管机关备案或核准的费率为基础，最高不超过贷款本息的 2%。如遇市场情况发生重大变化或中国人民银行、中国银保监会等金融管理部门另有规定的，另行调整或从其规定。

（六）风险分担

银行和保险公司共同承担贷后管理责任，保险公司与贷款银行原则上按 7:3 比例承担风险责任，具体比例由保险公司与贷款银行协商确定。

三、风险管控

（1）建立风险共管机制。银行和保险公司对借款人申请受理、资信调查、分析决策、贷后跟踪、逾期催收、损失追偿等实行全过程风险管理；地区政府园区管理部门、扶贫办、财政、人民银行县级分支机构等相关单位配合金融机构做好贷前调查，督促金融机构做好贷后管理，建立政府、银行、保险公司三方风险共管机制。

（2）建立欠款追偿机制。贷款损失风险发生后，当地政府园区管理部门、扶贫办、财政、人民银行县级分支机构等相关部门应支持保险公司和银行采取措施向借款人进行追偿。建立失信联合惩戒机制，对恶意逃债的借款人，交由公安等司法机关依法严厉打击，将失信信息纳入人民银行征信系统，取消享受财政补贴资格，定期通报曝光。

（3）建立业务暂停机制。在一个自然年度内，当合作保险公司在一个县所承保的信贷保险赔付率（赔付额/保费收入）达到100%或对应贷款不良率达到2.5%，金融机构可以暂停在该地区办理新业务，严重的由省财政厅、省扶贫办、人民银行长沙中心支行取消该县资格。不良率计算应包括信贷保险赔付部分。

四、政策支持

（一）设立风险补偿专项资金

省财政厅设立园区工业企业信贷保险风险补偿资金，为业务开展提供风险保障。具体如下：

（1）资金规模。按照与贷款金额1∶50的比例进行配置，初始规模总额不低于1000万元，以大额存单的形式存入合作银行。专项资金具体使用按照省财政厅制定的资金管理办法执行。

（2）补偿机制。当信贷保险赔付率超出相应阈值时，由风险补偿专项资金根据赔付率超出的区间范围对保险公司和银行进行补偿。具体为：在一个自然年度内，对保险公司在单个县所承保的满期赔付率超过70%的超赔部分，由风险补偿专项资金按50%的比例给予补偿；对满期赔付率超过100%

后的超赔部分，由风险补偿专项资金按80%的比例给予补偿；对满期赔付率超过120%后的超赔部分，由风险补偿专项资金进行全额补偿。省财政将补偿资金按照3:7的比例对银行和保险公司进行并行补偿。省级风险补偿专项资金规模按照与贷款金额1:50的比例确定，补偿金额累计不超过风险补偿专项资金总额。

满期赔付率＝(承保年度生效保单项下的已决赔款＋承保年度生效保单项下的未决赔款)÷承保年度保单的满期保费×100%

（二）完善贷款贴息和保费补贴政策

对申请信贷保险的园区工业企业的贷款利息和保险费用最高给予80%的补贴，其中，省、县财政对基准贷款利率的利息和保费部分各承担50%。合作经办金融机构按照国家财务会计制度和信贷保险政策计算应贴息金额，按季度向县级财政部门申请贴息资金。

（三）给予金融发展专项资金支持

省财政根据《湖南省金融发展专项资金管理办法》，对符合条件的银行发放的园区工业企业贷款损失（本金部分），按单个企业贷款坏账损失不超过50%的比例优先给予风险补偿，最高补偿100万元。对保险公司在园区工业企业通过信贷保险融资过程中承担的保险责任，按不超过保险公司开展信贷保险业务产生保费收入的8%优先给予风险补偿。已通过上述风险补偿专项资金补偿的损失不重复享受金融发展专项资金支持。

（四）鼓励金融产品和服务创新

鼓励各市县建立园区企业贷款风险代偿保证金和融资发展基金，鼓励银行和保险公司围绕园区企业开发信用类贷款产品，支持市县搭建金融、税务、工商、司法、水电煤气公用事业部门等参与的信用信息共享平台。省财政根据各市县信息平台建设情况给予不超过50万元的补贴，每年根据各市县新增承保贷款规模及风险控制情况，对有关部门和金融机构创新团队给予奖励。

第九章　甘肃省特殊群体保险扶贫实践

精准扶贫就是要“找准穷人”和“抓住穷根”，甘肃省从2015年6月开始，10万多名干部上山下乡，进村入户，走访了全省101万余户家庭，实地摸清417万贫困人口的区域分布、基本情况、致贫原因、健康状况、教育程度、脱贫需求和帮扶措施等“家底”。通过调研总结梳理出因学、因病、因婚、因残、因灾“五因”，缺技术、缺资金、缺劳力、缺土地、缺水“五缺”，以及“一落后”（交通条件落后）、“一不足”（自身发展动力不足）12类致贫原因，为推进精准扶贫提供了依据。从农村致贫因素来看，农村老弱病残身体状况是一个很重要的原因。贫困人口大多集中在农村老年人身上，由于老年人口不断增长及老年人身体素质的下降和生理的自然老化，一旦患病就会给整个家庭带来沉重的经济负担，难以保障老人的基本生活，亟需社会保障制度的资助，然而，现阶段薄弱的农村社会保障制度很难保障老人的生活。另外，残疾人肢体功能的缺失直接导致劳动技能的缺乏，进而失去创造物质财富的能力。李亚婕（2013）在河北省的调研也表明，农村老年人身体状况不好的比例达35.1%，农村贫困人口中因丧失劳动力致贫的比例为14.8%、因病致贫的比例为27.8%①；张晗（2017）在山东的调研表明，农村致贫因素当中，因病残致贫比例为58.15%、因年龄过大致贫比例为7.08%②；王博（2017）对甘肃省14个贫困村庄开展的调研显示，在所调查区域农户中得有慢性疾病的农村家庭占比高达68.4%，得有重大疾病的家庭占比为11.7%，包含残疾智障家庭成员的家庭占比为4.6%③。因此，甘肃省

① 李亚婕，毕玉辉．贫困农村致贫原因及脱贫对策研究：以河北省贫困农村为例［J］．湖北农业科技，2013（10）：2465-2467.

② 张晗，吴国清．精准扶贫背景下农村贫困人口致贫原因分析：以山东省威海市桥头镇为例［J］．区域经济，2017（26）：37-40.

③ 王博．农村现期贫困原因与反贫困对策研究：基于甘肃14个贫困村的调查数据［J］．财经理论研究，2015（5）：33-42.

在推进连片扶贫的同时，还要针对不同的特殊群体开展精准扶贫。

第一节　甘肃省特殊群体保险扶贫对象的分析

一、甘肃省居民整体生活情况

如表9-1所示，按收入五等份分农村居民家庭基本情况显示，2017年甘肃省农村居民家庭中，低收入、中低收入和中等收入家庭人均收入仍然不足以支付人均支出，其中家庭收支差额分别为4079.6元、1372.8元、364.8元；2017年中高收入家庭人均收入虽然能够满足人均日常支出，但是余额仍然处于较低水平，收支余额为1117.4元；高收入家庭人均收入达19993元，人均支出12767.6元，余额为7225.4元。因而，从整体上看，甘肃省农村居民大部分家庭很难形成一定的储蓄；对于劳动力不足或者是丧失劳动力的老、病、残家庭更是难以维持生计。所以，这部分群体的收入状况很难应对可能发生的突发风险。

表9-1　　按收入五等份分农村居民家庭基本情况（2017年）　　单位：元

指标	全省平均	低收入户	中低收入户	中等收入户	中高收入户	高收入
人均收入	8076.1	2025.1	4807.2	7034.7	10314.7	19993.0
人均支出	8029.7	6104.7	6180.0	7399.5	9197.3	12767.6

注：人均支出仅为消费支出，不包括生产方面的支出。

资料来源：《2018年甘肃调查年鉴》。

通过甘肃省居民收入、支出的对比，可见甘肃省大部分农村家庭处于收不抵支的状态。与此相比，全国高校学费水平不断上涨，到2017年根据资料全国公立高校学费平均水平在5000元左右，民办独立本科的学费则高达15000元左右。除了学费，大学生日常生活还有一些其他的开销，如需要支付住宿费用、教材费用，还有平时生活中吃饭、购物等生活费开销，这几类费用按最低水平来算都将大大超过10000元。总体上，按最低水平考虑，一位大学生的学费和其他费用合计在15000~25000元。这对于一个农村家庭来说无疑是一个巨大的开销，光是这些费用就会使这个家庭在经济上越发拮据。这样的教育花销和一个普通农民年收入呈现出巨大的矛盾，这种发展状态是不健康的，而这对于贫困家庭来说是更加不容易的。

二、甘肃省特殊群体保险扶贫对象分析

（一）整体状况

在城市居民最低生活保障体系日益完善的今天，越来越多挣扎在“贫困线”与“温饱线”上的人们开始慢慢摆脱过去“衣不蔽体、食不果腹”的窘境，体会到被政策“阳光”普照的滋味。有越来越多生活困难的人和家庭可以申请低保，得到国家和政府给予的财政补助以解决基本的生活问题。2015年，甘肃省将城市低保平均保障标准提高至380元，月人均补助水平达到328元；农村低保标准提高至2434元，月人均补助水平达到145元；农村五保供养省级补助标准提高至3514元。2017年5月，全省再次提高低保标准：城市低保，全省标准提高10%，由380元提高到418元，月人均补助水平提高10%，由328元提高到361元；农村低保，提高标准并实现与扶贫脱贫线“两线合一”，农村低保一、二类对象月补助水平分别提高3.6%、6.3%，由275元、234元提高到285元、249元；农村五保供养，省级补助标准提高15%（其中，集中供养省级补助标准由3514元提高到5000元，分散供养省级补助标准由3514元提高到3925元），市州、县市区补助资金每人每年不低于600元。

这对提高城乡困难群众基本生活水平提供了一定的支撑。然而，甘肃省的经济发展和外部环境决定了省内收入水平低下、收入获取脆弱的群体还比较庞大，而且绝大部分分布在农村地区。近年来甘肃省农村低保户和五保户的人口占全省农村人口的比例一直维持在20%以上，这个群体成为扶贫工作的重点对象。而在这个群体当中还有三类特殊人群更是精准扶贫的重中之重。甘肃省农村救助人口数量及占比如表9－2所示。

（二）残疾人群体状况

根据全国第二次残疾人抽样调查统计报告显示，2006年中国各类残疾人

表 9－2　　　　　　　　甘肃省农村救助人口数量情况及占比

年度	农村低保人口（万人）	农村集中供养五保人口（万人）	农村分散供养五保人口（万人）	农村救助人口合计（万人）	农村总人口（万人）	农村救助人口占比（%）
2012	344	1.1	11.2	356.3	1579	22.6
2013	343.3	1.1	11.3	355.7	1546	23
2014	339	1.3	11	351.3	1511	23.2
2015	336.9	0.9	11.1	348.9	1477	23.6
2016	324.7	0.9	10.8	336.4	1444	23.3
2017	299.3	0.8	10.3	310.4	1408	22.1
2018	233.6	0.8	9.3	243.7	1379	17.7

数据来源：国家统计局网站，经整理计算所得。

口总数为 8296 万人，占全国人口总数的 6.34%[①]；同期甘肃省总共有残疾人口达 187.1 万人，占全省总人口的 7.20%，高于全国平均水平，如表 9－3 所示。2006 年甘肃省残疾人口总量比 1987 年第一次残疾人抽样调查统计时增加了 81.5 万人，上升 2.1 个百分点。甘肃省残疾人群体数量庞大，残疾人地区分布也很不均衡，如表 9－4 所示，甘肃省现残率因地区不同表现出了很大的差异性，以陇南为最高，依次顺序是：陇东、陇中、河西走廊、城市区、甘南。陇南地区的现残率高达 7.7%，比全国水平高出 2.8 个百分点，其他地区除河西走廊、城市区低于全国水平外，全部高出全国水平。全省残疾人数在市、镇、乡村之间的分布差异也非常明显，如表 9－5 所示，城市现残率最低为 4.2%，镇居中为 4.3%，乡村最高为 5.3%，呈正三角形分布；从城乡公布的比重上看，城镇占 17.8%，乡村占 82.2%。这种差异和城乡之间的社会、经济、文化、教育、卫生等的差异有着密切的联系，呈负相关关系，同时也告诉我们对残疾人的扶贫工作重点是在农村。

残疾人群体因为身体状况的原因，在劳动能力上与正常人相比大打折扣。从表 9－6 可以看出，15 岁及以上的残疾人中，有劳动能力和有部分劳动能力的人占残疾人总数的 70.23%，完全失去劳动能力的占近 30%，综合残疾、精神残疾、视力残疾丧失劳动能力的比例偏高，分别为 53.77%、43.9% 和 40.1%。这从另一个方面说明甘肃省残疾人在生活、就业等方面将面临巨

① 汤夺先，张甜甜，王增武．农村残疾人发展困境论析［J］．残疾人研究，2012（3）：12－16.

表 9－3　　第二次全国残疾人抽样调查结果

省（区、市）	残疾人数（万人）	占比（%）	省（区、市）	残疾人数（万人）	占比（%）
北京	99.9	6.5	湖北	379.4	6.6
天津	57	5.5	湖南	408	6.4
河北	495.9	7.2	广东	539.9	5.9
山西	202.9	6	广西	337.5	7.2
内蒙古	152.5	6.4	海南	49.4	6
辽宁	224.2	5.3	重庆	169.4	6.1
吉林	190.9	7	四川	622.3	7.6
黑龙江	218.9	5.7	贵州	239.2	6.4
上海	94.2	5.3	云南	288.3	6.5
江苏	479.3	6.4	西藏	19.4	7
浙江	311.8	6.4	陕西	249	6.7
安徽	358.6	5.9	甘肃	187.1	7.2
福建	221.1	6.3	青海	30	5.5
江西	276.1	6.4	宁夏	40.8	6.8
山东	569.5	6.2	新疆	106.9	5.3
河南	676.3	7.2			

资料来源：第二次全国残疾人抽样调查办公室．第二次全国残疾人抽样调查资料［M］．北京：中国统计出版社，2007.

表 9－4　　甘肃省残疾人口的地区分布

区域	调查总人数		残疾人总人数		现残率（%）
	人数	比重（%）	人数	比重（%）	
全国	1579316	100	77345	100	4.9
全省	52420	100	2674	100	5.1
陇中	16181	30.87	740	27.67	4.6
陇东	9279	17.7	474	17.73	5.1
甘南	2206	4.21	89	3.33	4.0
陇南	8867	16.91	683	25.54	7.7
河西走廊	8215	15.67	366	13.69	4.5
城市区	7627	14.64	322	12.04	4.2

资料来源：第二次全国残疾人抽样调查办公室．第二次全国残疾人抽样调查资料［M］．北京：中国统计出版社，2007.

表 9－5　　甘肃省城乡残疾状况比较

类别	调查总人数	残疾人数	现残率（%）	比重（%）
总计	52420	2674	5.1	100
市	7672	322	4.2	12.04
镇	3621	154	4.3	5.76
乡村	41127	2198	5.3	82.2

资料来源：第二次全国残疾人抽样调查办公室. 第二次全国残疾人抽样调查资料［M］. 北京：中国统计出版社，2007.

大的苦难。身体的残疾也影响到了接受教育的能力，和一般人相比残疾人的文化水平普遍偏低，大多数人是文盲半文盲。从表 9－7 中可以看到残疾人不仅有文化的比例低于一般人，在文化程度层次的构成上与一般人相比差距也是很大的。大学文化程度的一般人占比是残疾人占比的 2.45 倍，高中文化程度的一般人占比是残疾人占比的 3.58 倍，初中文化程度一般人占比是残疾人占比的 3.32 倍，小学文化程度是 1.72 倍，相反，文盲半文盲残疾人是健全人的 1.74 倍。

表 9－6　　甘肃省 15 岁及以上各类残疾人劳动能力情况

疾病类别	15 岁及以上残疾人数	有劳动能力（%）	部分劳动能力（%）	丧失劳动能力（%）
视力残疾	419	26.01	33.89	40.1
听说残疾	715	55.94	21.26	22.8
智力残疾	359	37.33	49.86	12.81
肢体残疾	382	15.45	55.24	29.31
精神残疾	82	23.17	32.93	43.9
综合残疾	240	4.17	42.08	53.77

资料来源：第二次全国残疾人抽样调查办公室. 第二次全国残疾人抽样调查资料［M］. 北京：中国统计出版社，2007.

表 9－7　　6 岁及以上残疾人与一般人文化程度比较

文化程度	调查人数	甘肃省状况（%）	一般人状况（%）	残疾人状况（%）
大学	219	0.47	0.49	0.2
高中	3573	7.7	8.02	2.24
初中	7899	17.03	17.71	5.34

续表

文化程度	调查人数	甘肃省状况（%）	一般人状况（%）	残疾人状况（%）
小学	14082	30.36	31.07	18.06
文盲半文盲	20615	44.44	42.71	74.16

资料来源：第二次全国残疾人抽样调查办公室．第二次全国残疾人抽样调查资料［M］．北京：中国统计出版社，2007.

残疾人身体的缺陷以及由此导致的受教育能力的低下，直接导致即便其具有一定的劳动能力，但所能从事的工作岗位也受到很大的制约。如表9－8所示，残疾人从事专业技术、行政机关、企事业单位等工作岗位的比例远低于一般人，绝大部分只能从事农业方面的低层次劳动。就业岗位的这种重大约束也大大限制了残疾人提升收入水平的能力，使其长期处于社会的低收入层次。因而，如何提高残疾人的收入水平，并降低其返贫的概率是目前全国和甘肃省扶贫工作需要考虑的一个重要方面。

表9－8　　一般人与残疾人职业分布比较

职业类别	一般人群（%）	残疾人（%）
专业技术人员	3.76	1.25
行政机关、企事业单位	1.11	0.31
办事人员	1.38	0.52
商业工作人员	1.92	0.73
服务性工作人员	1.61	1.04
农林牧副渔业劳动者	80.99	92.58
生产、运输工人	9.02	3.34
其他	0.2	0.2

资料来源：第二次全国残疾人抽样调查办公室．第二次全国残疾人抽样调查资料［M］．北京：中国统计出版社，2007.

由此可见，甘肃省残疾人群体仍然面临社会地位低、家庭收入低、文化层次低、保障标准低和康复难、上学难、就业难、出行难、增收难等“四低五难”的困境。省政府对此采取了一系列的政策措施，成立了省政府残疾人工作委员会，出台了《残疾人就业办法》《残疾人优惠政策暂行规定》《残疾人就业保障金征收管理使用办法》等政策指导。并于2015年在西部地区率先实施重度残疾人护理补贴和特困残疾人生活补贴制度，补贴标准在西部11省最高。以2015年为例，甘肃为12万重度残疾人发放护理补贴、为10万特困残疾人发放生活补贴。其中，甘肃省政府将重度残疾人护理补贴纳入为民办实事计划，统一制定下发了实施方案，补贴对象为一级智力、精神、视力、肢体残疾人，二级智力、精神残疾人，以及部分一、二级多重残疾人，补贴人数为 12 万人，补贴标准城乡统一每人每月 100 元，即全年每人 1200 元。2015 年以来甘肃省连续三年实施残疾人教育就业扶贫“百千万”工程，投入保障金 1.5 亿元，使 5 万人受益。

（三）老年人口群体状况

国际上通常的衡量标准是当一个国家或地区 60 岁及以上老年人口超过人口总数的 10%，或 65 岁及以上老年人口超过人口总数的 7%，将意味着这个国家或地区的人口进入老龄化阶段。2000 年底，我国 65 岁以上人口占比达到了 7.1%，标志着我国已经进入了人口老龄化的阶段。2017 年末，中国大陆总人口为 139008 万人，从年龄构成看，0～15 周岁的年龄人口为 24719 万人，占总人口比重为 17.8%；16～59 周岁的劳动年龄人口为 90199 万人，占总人口的比重为 64.9%；60 周岁及以上人口 24090 万人，占总人口的 17.3%（其中 65 周岁及以上人口数量为 15831 万人，占总人口的 11.4%），国内老龄化情况愈加严重。①

2005 年甘肃省 65 岁及以上人口占比达到 7.23%，比全国晚 5 年进入人口老龄化，之后老龄化程度不断提高。2017 年末，甘肃省常住人口 2625.71 万人，全省 0～14 岁人口 458.45 万人，占常住人口的比重为 17.46%；15～64 岁人口 1880.53 万人，占常住人口的比重为 71.62%；65 岁及以上人口 286.73 万人，占常住人口的比重为 10.9%（见表 9－9）。② 甘肃省人口老龄化程度较全国略有滞后，老龄化程度也比全国水平略低，但是老龄化的趋势已经不可逆转。

表 9－9　　甘肃省人口年龄结构的抽样调查状况

项目	2011 年	2012 年	2013 年	2014 年	2015 年	2016 年	2017 年
抽样人口（人）	21908	21507	21311	21381	404863	21960	21720
0～14 岁人口（人）	3697	3560	3603	3500	69226	3725	3811

① 资料来源：根据相关年度《中国人口和就业统计年鉴》整理计算所得。

② 资料来源：国家统计局网站（http：//www.stats.gov.cn/）。

续表

项目	2011 年	2012 年	2013 年	2014 年	2015 年	2016 年	2017 年
15～64 岁人口（人）	16260	15960	15813	15970	297726	16049	15666
65 岁及以上人口（人）	1951	1987	1895	1910	37912	2186	2243
65 岁及以上人口占比（%）	8.9	9.2	8.9	8.9	9.4	10.0	10.9
总抚养比（%）	34.7	34.8	34.8	33.9	36	36.8	38.7
少年儿童抚养比（%）	22.7	22.3	22.8	21.9	23.3	23.2	24.3
老年人口抚养比（%）	12	12.5	12	12	12.7	13.6	14.3

资料来源：国家统计局网站数据整理计算所得。

甘肃省成为典型的未富先老型的省份。而且，甘肃省地域狭长，各个地区的风土人情、经济发展水平、人口流动情况、生育观念等差距很大，导致各个地区在老龄化过程中表现出速度和程度上的区域不平衡。调查统计数据显示，2017 年甘肃省各地市老年系数差异明显，全省 14 个市、州，65 岁及以上老年人口比重最高的兰州市达 14.56%，最低的甘南藏族自治州也达 8.55%，两地相差 6 个百分点；65 岁及以上老年人口数量最多的兰州市达 47.4 万人，最少的嘉峪关市仅有 2.61 万人；老年人口抚养比最高的兰州市为 17.41%，最低的甘南自治州为 12.59%（见表 9－10）。因而，省内各市州在人口老龄化上表现出了较大的差异性。

表 9－10　　2017 年甘肃省各地区人口老龄化状况

地区	嘉峪关	金昌	白银	天水	武威	张掖	平凉
总人口（万人）	20.62	45.52	181.64	370.96	189.84	130.84	234.04
老年人口（人）	26100	50700	213900	344300	184500	117600	232000
老年人口占比（%）	12.66	11.14	11.78	9.28	9.72	8.99	9.91
老年人口抚养比（%）	14.15	14.41	17.26	14.82	13.63	12.78	15.3
地区	酒泉	庆阳	定西	陇南	临夏	甘南	兰州
总人口（万人）	101.77	269.88	303.15	287.42	220.00	74.23	325.55
老年人口（人）	113500	236700	315000	292500	203000	63500	474000
老年人口占比（%）	11.15	8.77	10.39	10.18	9.23	8.55	14.56
老年人口抚养比（%）	13.47	14.82	15.63	15.79	15.04	12.59	17.41

注：表中老年人口指年龄为 65 岁及以上人口。

资料来源：根据《甘肃发展年鉴 2018》数据整理计算而得。

西方发达国家在经济发展到高水平阶段出现的人口老龄化，是在人们生育观念和生育意愿发生根本改变而使生育率自然下降、社会经济发展形成较为健全的保障体系和社会福利事业的情况下产生的，老龄化进程与社会经济发展水平基本上是同步的，是“先富后老”。日本65岁及以上老年人口达到7.1%时人均国民生产总值为4981美元，而甘肃省2017年老龄人口达到10.9%时人均GDP只有4210美元左右。甘肃省的老龄化是在经济发展落后、经济基础薄弱、社会保障滞后、社会承受力很弱的情况下出现的，即“未富先老”。

目前甘肃省和全国大部分地区一样，人口老龄化与经济发展的不协调对社会保障体系提出了挑战，不管是城市还是乡村，完整的社会养老保障体系都尚未建立，稳定的社会保障资金筹措机制尚未形成，专业的工作人员还很缺乏。此外，生活服务及医疗、公共设施等也不能满足庞大老年人口数量的需要。因此，不管是城镇还是农村，老年人口问题常与贫困人口问题纠缠在一起，使问题更难解决。“贫困生命周期理论”指出，每个人在不同时期的贫困风险不同，呈现出W字母的曲线变动，其中幼年时期、结婚时期、老年时期是发生贫困概率最高的三个时期①。尤其是在农村，绝大多数老年农民没有离退休工资，他们丧失了耕种能力之后，几乎没有任何的经济来源，只能依靠家庭养老。

2000年第五次全国人口普查结果显示：从总体情况来看，60岁及以上老年群体的主要生活来源仍然由家庭供养（43.8%）、劳动收入（33%）和离退休金养老金（19.6%）组成，以这三种形式为主要生活来源的老年人占全部老年人的96.4%。2010年第六次全国人口普查结果显示：从总体情况来看，60岁及以上老年群体的主要生活来源仍然由家庭供养（40.7%）、劳动收入（29.1%）和离退休金养老金（24.1%）组成，以这三种形式为主要生活来源的老年人占全部老年人的93.9%。从城乡结构上看，2010年在城镇，全国以劳动收入、离退休金养老金、家庭供养和最低生活保障为主要生活来源的老年人的比例依次占老年人口总体的12.9%、50.1%、31.4%和3.1%；农村各主要生活来源相应的比例为41.2%、4.6%、47.7%和4.5%。城乡老年人主要生活来源的构成存在非常明显的差异。在城镇，是由劳动收入、离退休金养老金和家庭供养形成的三根支柱，而在农村则主要依靠劳动收入和

---

① Rowntree B. S. Poverty：A Study of Town Life ［M］. Bristol：Policy Press，1901：132－134.

家庭供养两大生活来源。①

而且，如表9－11显示，无论是两周每千人就诊次数，还是每人每年平均就诊次数都是老年人大于总人群，说明老年人对卫生服务利用高于总人群。无论是住院天数或者住院次数均是老年人高于总人群，说明老年人比一般人群需要更好的卫生服务利用。这意味着老年人需要更大的健康医疗支出和更多的陪护。但由于计划生育的政策，家庭规模越来越小，独生子女将要承担过重的赡养义务，“4－2－1”型家庭结构使得一对夫妇要供养4位老人，不论是家庭收入，还是时间精力，都难以满足老年人的养老需求。

表9－11　城乡老年人医疗状况比较

指标	农村	城镇	总人群
两周每千人就诊次数	96	96.96	34.28
每人年均就诊次数	7.95	8.11	2.49
每人年均住院天数	1.55	1.54	1.33
一年每百人住院次数	12.86	19.88	4.11
一年每百人住院天数	154.8	154.3	132.61

资料来源：耿小娟，杜东鹏，董佳洁．甘肃城乡老年人身体健康和医疗状况分析［J］．科技与产业，2010（2）：130－133．

甘肃省农村经济发展极为落后，农村老年人口不仅最低生活、及时的医疗难以保障，绝大多数由于村中青壮年劳动力外出打工，还要承担抚养孙子、孙女以及繁重的农业劳动等重担。且在农村，80岁及以上高龄老人的养老情况尤其严峻，老年人口补贴标准仍不能满足高龄老人的需要。另外，残疾老年人、鳏寡老年人、少数民族老年人等问题，在农村都极为严重。贫困地区的老年人口问题将是扶贫攻坚的又一难题。

（四）“失独家庭”状况

“失独家庭”指独生子女死亡，其父母不再生育、不能再生育和不愿意收养子女的家庭，独生子女意外亡故后引发家里老人养老送终问题难以解决等社会现象。“失独家庭”是中国自实施计划生育政策以来逐渐形成并日益凸显的一个重要的社会现象，许多生于20世纪50～60年代的人群，赶上80

① 国家统计局．2000年第五次全国人口普查主要数据公报（第一号）．2001．

年代独生子女政策严格执行的年代，人到中年却遭遇独子夭折，又因政策、身体等原因无法生育二胎。周伟等（2013）的预测表明，截至2010年，全国农村独生子女数为7949万人，城镇独生子女数为9927万人，合计为1.79亿人；农村“失独家庭”为158.57万户，城镇为82.69万户，合计为241.26万户①。全国第六次人口普查数据和卫生部发布的《2010中国卫生统计年鉴》显示，2010年中国有独生子女2.18亿人，每年的独生子女死亡人数至少有7.6万人，由此每年将增加7.6万个“失独家庭”。人口学专家易富贤则根据人口普查数据推断：中国现有的2.18亿独生子女，会有1009万人在或将在25岁之前离世，这意味着不久之后的中国，将会有1000万家庭成为“失独家庭”。②

针对独生子女家庭，国家陆续出台了相关的扶助政策：2004年国家人口和计划生育委员会、财政部下发了《农村部分计划生育家庭奖励扶助制度试点方案（试行)》，规定农村只有一个子女或两个女孩的计划生育家庭，夫妇年满60周岁以后，由中央或地方财政安排专项资金给予年均不低于600元的奖励扶助金。2007年开始，国家人口和计生委、财政部在全国开展独生子女伤残死亡家庭扶助制度试点工作，在这一扶助制度下，独生子女死亡后未再生育或合法收养子女的夫妻，由政府给予每人每月不低于100元的扶助金。2012年起，扶助金标准提高到每人每月135元以上。2013年12月18日，国家卫计委、民政部、财政部、人力资源和社会保障部、住房和城乡建设部五部委联合下发了《关于进一步做好计划生育特殊困难家庭扶助工作的通知》，从加大经济扶助力度、做好养老保障工作、提高医疗保障水平、开展社会关怀活动、切实加强组织领导五方面对“失独家庭”给予扶助。文件首次明确，自2014年起，将独生子女伤残、死亡家庭的特别扶助金标准分别提高到城镇每人每月270元、340元，农村每人每月150元、170元，并建立动态增长机制。

甘肃省委、省政府一直以来都高度重视“失独家庭”问题，紧跟中央的政策布局，2014年将计划生育特别扶助金由伤残和死亡家庭夫妻每人每月110元和135元，提高到农村每人每月150元和170元、城镇每人每月270元和340元，并从养老、医疗、生活扶助和精神慰藉等多方面制定落实有关计

① 周伟，米红．中国失独家庭规模估计及扶助标准探讨［J］．中国人口科学，2013（5）：2-9.

② 易富贤．大国空巢：反思中国计划生育政策［M］．北京：中国发展出版社，2013.

生特殊困难家庭的 17 项扶助关怀政策。2015 年，甘肃省卫生计生委、财政厅制定印发了《2015 年提高计划生育特殊困难家庭扶助标准实施方案》，将计划生育特别扶助金提高到独生子女伤残家庭夫妻每人每月 300 元和死亡家庭夫妻每人每月 500 元。并规定计划生育家庭在失去独生子女时，给予一次性 2 万元的补助，其中生活补助费和精神慰藉费各 1 万元。2016 年，甘肃省卫生计生委和财政厅规定，自愿终身只生育或收养一个子女的独生子女家庭，失去独生子女后未再生育或收养的夫妇可享每人每天 100 元的护理补助，全年累计补助天数不超过 30 天（含 30 天），并规定根据城乡居民平均消费水平、物价变动及财政可承受能力等因素建立动态调整机制，有效缓解独生子女死亡家庭夫妇住院无人护理、因病致贫等问题。截至 2016 年底，累计为 13 万户双女家庭发放 4.3 亿元奖励金；为 4345 户独生子女死亡家庭发放 7651 万元的生活补助和精神慰藉金。

然而，从“失独家庭”的现状来看，政府虽然在持续推进对这个群体的关注，但却一直停留在只对具体的经济政策做一些细枝末节的修改，始终难以彻底解决失独群体目前面临的多重生活问题。首先，针对“失独家庭”物质上的救助，国家立法和各项奖励扶助制度限制条件较多，而且奖励数额和标准都较为微小，解决不了根本性问题；而社会上给予的救助却都是自发的、不成体系的，也同样是杯水车薪。其次，家庭对儿女的养育投资高。据调查，在我国 0～16 岁孩子的抚养总成本达 25 万元；到子女上高等院校，则高达 48 万元。[①] 独生子女发生意外事故或者生病住院，即使最后医治无效，父母也会尽全力为他们治疗，高额的医疗费用往往耗去家庭所有的积蓄，甚至还会留下高额外债。再次，独生子女如果发生意外去世，失独父母如果没有超过法律规定的年龄，是无法从肇事者方获得大额赔偿的，而只能获得稍多的精神抚慰金。如果独生子女是死于工伤，即使生前有参加工伤保险，但是失独父母享有工伤保险待遇（包括丧葬补助金、供养亲属抚恤金和一次性工亡补助金）的仍然只是少数。最后，失独老人是一个发病率较高的群体，生病费用支出很高，但由于其经济收入难以保障，又缺乏子女的照顾，较大影响了他们的晚年生活。因此，“失独家庭”也是目前精准扶贫的一个重要群体。

---

① 吕联生．我国失独家庭养老困境及其出路研究：以制度安排为视角［J］．福建行政学院学报，2013（6）：12－18．

第二节　保险介入特殊群体扶贫的必要性与可行性

低保是国家民政救助体系中最基本的一种。顾名思义，低保就是“最低保障”，通俗地说就是低保可以保障人民吃饭穿衣，不会饿死冷死。这些低保补贴虽然可以解决基本的生存问题，但是每个家庭一定也会经历生、老、病、残、死这些客观风险。这些风险的存在，必然会影响农村经济的发展，也会给有限的农村经济资源造成压力，进而影响农业生产的发展。尤其是这些群体脆弱性很强，贫困现象非常顽固，且在脱贫之后非常容易返贫。因而，对这一群体的扶贫必须运用科学有效的程序实施精确识别、精确帮扶和精确管理。而救济保险在这方面可以发挥独特的作用，李克强总理指出：“实施健康扶贫工程，要加大对大病保险的支持力度。”① 时任国务院副总理汪洋指出：“保险服务扶贫开发有其独特优势，要研究如何借助保险来减少因病因灾返贫，注重用保险来守住来之不易的脱贫成果。”② 保险业可以通过发挥和强化自身特点，缓解精准扶贫中出现的问题，达到支持国家扶贫政策和完善自身职能要求的双重目标。

一、保险介入特殊群体扶贫的必要性

（一）保险能够有效防止返贫

导致贫困、制约脱贫的原因有很多，宏观上包括地理位置、气候条件、资源禀赋等。具体到不同家庭、不同个体等微观层面，贫困的原因更为复杂多样。因为生一场大病、遭遇自然灾害、子女外出求学、商品市场行情出现重大变化致贫或返贫，这几类情况较为突出。还有些家庭是因为缺乏劳动力、生产资金，抑或是没有掌握一门养家糊口的技术，导致发展能力和发展条件严重不足。据统计，2000～2016年，我国农村返贫率通常在20%以上，有些年份甚至达到60%以上，具体原因包括重病、自然灾害、意外事故、子女就

---

① 李克强总理在2016年6月8日国务院常务会议上的讲话。

② 汪洋副总理在2016年6月17日国务院召开的金融精准扶贫电视电话会议上的讲话。

学等。实现真正脱贫，必须打破“扶贫—脱贫—返贫—再扶贫”的怪圈，建立一个能够持续产生作用的长效机制。对于因为自然灾害、重大疾病、子女就学、身体残疾等原因致贫的人群，以及劳动能力丧失的贫困人群，需要完善基本公共服务，健全社会保障制度，以此促进稳定脱贫。保险是专门的风险管理工具，是防范化解风险的有效机制，也是一种准公共服务产品，能够向因灾、因病、因意外事故遭受损失的被保险人提供经济补偿，在支持扶贫方面具有独特的效果。

要打赢脱贫攻坚战，必须准备充足的“弹药”，其中金融和保险的“弹药”必不可少。党中央、国务院高度重视金融扶贫工作，把它作为政策“组合拳”与“重头戏”来安排部署，保险与生俱来具有扶危济困的天然属性，保险扶贫作为金融扶贫的重要组成部分，在脱贫攻坚中发挥着不可替代的独特作用。

（二）通过财政全额保费补贴使精准扶贫更有效

我国居民的保险意识虽然在不断提升，尤其是 80、90 后，保险意识更强，但仍有部分家庭尤其是较贫困家庭没有配置保险的意识，家庭风险管理的定位不准确、规划不科学，当意外、疾病发生时，家庭的风险就会暴露出来，便会使家庭陷入困境。

会有人不解：政府想帮助这些特殊家庭，直接发救济金不就好了，为什么非要买商业保险呢？那是因为救济只能改善一时，并不能从根本上解决问题。要想改善一个家庭的经济状况，先改变它的保险观念。直接给他们发几百、几千块钱只可以解决当下的一些基本问题，但救济金并不能改变贫穷的现状，而当疾病来临时，一份保险却能拯救一个家庭。

（三）通过保险介入提高扶贫资金效率

保险可发挥其处理信息不对称问题的专业技能，帮助甄别精准扶贫工作中可能产生的因提供虚假信息、基层工作人员工作失误等导致不符合标准的扶贫对象的问题，同时也可缓解故意造成“扶贫项目失败”以再次提出申请的情况。比如将精准扶贫和特定的保险产品相连接，通过保险的风险管理方式和专业理赔方式有效规避精准扶贫工作中出现的风险因素。保险介入还可以解决扶贫项目在审核和监督上的政府资源不足问题。精准扶贫是一个系统性工程，对贫困户审核与项目本身的合理评估都需要非常专业的知识和技能。

若让具有资金融通和管理能力的保险企业介入，对项目的开发、设计和审核进行专业性评估，可有效节省政府资源。

二、甘肃省特殊群体保险扶贫的财政可负担性

甘肃省2018年全年一般公共预算收入870.8亿元，同口径增长8.3%。其中，税收收入610.4亿元，增长13.6%；非税收入260.4亿元，下降2.3%。从主体税种看，国内增值税293.9亿元，增长12.6%；企业所得税74.6亿元，增长10.9%；个人所得税30.5亿元，增长11.7%。一般公共预算支出3773.8亿元，增长14.2%。其中，民生支出2983.6亿元，增长14.4%。扶贫支出318.6亿元，增长102.5%。① 据财政部门下达的通知，2018年中央财政困难群众救助补助预算指标为9286407万元，其中分配给甘肃省困难群众救助补助是490582万元，主要用于低保、特困人员救助供养、临时救助、孤儿基本生活保障及流浪乞讨人员救助补助支出；2018年农村危房改造补助甘肃分配52563万元，主要用于低保户、农村分散供养特困人员、贫困残疾人家庭和建档立卡贫困户的危房改造支出；2018年中央财政医疗救助补助甘肃分配53123万元，主要用于帮助符合条件的困难群众缴纳参保（合）费用，并对其难以负担的基本医疗自负费用给予补助；2018年残疾人事业发展补助甘肃分配6475万元，用于残疾人康复、农村贫困残疾人实用技术培训等方面支出。②

为低保户投保，“两保一孤”保险的参保对象是政府建档立卡的农村低保户、五保户和孤儿等贫困人群。地方政府通过“两保一孤”保险，只需每人投入60~100元即让贫困人员享受到最高3.2万~5万元高额风险保障，达到了以小资金撬动大保障的“四两拨千斤”效应。根据数据显示，甘肃省此项扶贫对象的人数约为430万人次左右，为每人投保60~100元，财政支出约为43000万元，而中央为甘肃省的相关补贴为490582万元，所以也完全具有了财政可负担性。

省、市、县三级财政共同承担保费的财政补贴方式，有效放大了财政扶贫资金使用效应，使财政扶贫资金使用方向更加精确、使用过程更加精细、

---

① 资料来源：《2018年甘肃省国民经济和社会发展统计公报》。

② 资料来源：财政部网站。

使用效果更加精准，拓展了财政扶贫资金运用的新领域，为政府推进精准扶贫、精准脱贫提供了又一路径。政府的财政预算支出完全可覆盖投保数额，更加确定了此扶贫方式的可行性。

第三节　秦安县“两保一孤”保险精准扶贫案例*

一、“两保一孤”保险的实施背景

五保户、低保户、农村孤儿，被称作“两保一孤”，这些失去自我发展能力的人群，是全省贫困人口中困难程度最大、扶持难度最大的特困人群。“小病拖，中病扛，遇到大病见阎王”。这并非一句玩笑话，背后是“两保一孤”人群看病难的真实写照。与其他人群相比，“两保一孤”群众收入更少，抗风险能力更差，一旦患上大病，就连入院看病的第一笔钱都凑不齐。

天水市秦安县是甘肃省集中连片特困县之一，截至 2015 年底还有 13.4 万人尚未脱贫，其中农村一类低保户有 1.14 万人，二类低保户 1.89 万人，农村五保户 3138 人，城乡孤儿 488 人，“两保一孤”人群共有 3.4 万余人。2014 年秦安县政府在对辖区内农村地区社会保障状况进行深入调研后发现，尽管现行的社会保障种类能够基本满足农村居民看病难的问题，但实际运作中存在盲点，即现行的各类保险保障都是事后补偿性质，无法解决入院治疗“最后一公里”的问题。特别是“两保一孤”人群，一旦发生意外或重特大疾病，前期住宿、餐饮甚至住院押金等支出会严重打破他们生活原有的平衡，这些人可能会因无力及时诊疗而延误病情。据县政府调查统计发现，2014 年，秦安县 38 种常见病、多发病、重大疾病患者中，赴县外就医的有 3636 人，人均治疗费用 1.66 万元，经过新农合报销、大病保险理赔或民政医疗救助后，人均自付费用为 6220 元。而同年秦安县贫困人口人均收入仅 2450 元。

县政府调查也发现，近几年间秦安县在新农合报销后又获得 5000 元以上民政救助的低保户，每年有 439 人。而民政部门在提供民政救助时，一般按照新农合报销后剩余医疗费的 10% ~20% 进行救助。照此推算，这些人在新

---

* 本案例所涉及数据来自甘肃银保监局财产险处。

农合报销后，自付部分还有5万余元。即使获得民政救助，还有4.5万余元需要病人自己消化。贫困群众罹患重病或发生意外伤害事故，大都缺钱难以及时救治，即使住院治疗在新农合报销部分费用后，个人承担的自负医疗费用对他们来说依旧是沉重的负担，如何对这些困难群众提供托底式医疗保障是推进精准扶贫的一项重要课题。

从2015年开始，秦安县针对农村贫困人口中一、二类低保户和五保户、农村孤儿等特困群体患重特大疾病无钱支付治病所需的食宿、住院押金和基本医疗保险个人自付费用的问题，创新金融助推精准扶贫模式，探索采取政府购买、市场运作方式，通过财政出资、提出赔偿标准，向商业保险公司为特困群众购买大病保险和意外伤害保险，创新推出了“两保一孤”（低保户、五保户、孤儿）意外伤害及重大疾病保险，为农村特困群体提供了兜底式医疗保障。由政府和保险公司共同出资为属于这一特殊群体的3.43万人投保343万元，撬动金融机构参与精准扶贫攻坚，为精准扶贫有效开展发挥了金融支撑作用。

二、“两保一孤”保险的实施办法

“两保一孤”保险项目的特点是：人群为农村一、二类低保、五保户和孤儿，保险费用由政府全额支付，政府代表农户向保险公司团体投保。该项目创新了保险理赔金支付方式，由事后理赔变为提前支付，投保人只要被确诊为30种突发性重大疾病之一，在住院看病之前，即可从保险公司获得2万元理赔金，解决无钱住院看病的问题。这种提前赔偿的做法，打通了特困群体在患重病后难以享受基本医疗保障的“最后一公里”问题。理赔的资金由患者自由支配用于检查、治疗、食宿等费用，对患者来说既是前期的救急也是后期的兜底。

（一）政府主导，通力合作，确保对象精准

秦安县“两保一孤”特困人口包括一类低保11465人、二类低保18935人、五保3455人、孤儿472人，占农业总人口的5.99%。县委、县政府率先在王尹乡试点工作的基础上，迅速在全县范围内推广实施，对全县农村一、二类低保户、五保户家庭人员及农村孤儿等“两保一孤”特困人群全部纳入投保对象，保险覆盖人身意外身故、意外事故治疗和30种常发重大疾病，保

险期限为一年，让全县所有农村“两保一孤”特困群体普遍受益。

按照分工协作、引导性原则，确定由中国人寿秦安支公司承保，县扶贫办向中国人寿秦安支公司以团体险的方式统一投保。县扶贫办、民政局负责提供参保对象名单，并对保险公司的承保数据进行确认，督促及时做好理赔工作；县卫生局负责督促医疗机构及时出具农村“两保一孤”特困团体住院治疗的相关资料，确保理赔工作迅速开展；中国人寿秦安支公司负责承办保险业务，向被保险人提供优质、高效的承保和理赔服务；甘肃省金融办负责保险项目整体工作，协调各部门统筹推广；民政部门依据信息系统提供投保清单，精准识别扶贫对象；财政部门筹集资金缴纳保费；卫生部门提供历史经验数据，保障方案设计科学；扶贫部门跟踪评估成效，提出改进建议；甘肃保监局指导中国人寿甘肃省分公司认真分析当地农户的致贫原因和脱贫需求，量身定制保险产品与服务（见表9－12）。通过不同单位分工合作，全程监控项目运行，全心服务扶贫对象，达到“真扶贫、扶真贫”的目的。

表9－12　“两保一孤”各部门分工协作简表

参与主体	职责
金融办	协调部门统筹推广
民政部门	精确识别扶贫对象
财政部门	筹集资金缴纳保费
卫生部门	保障方案设计科学
扶贫部门	跟踪评估提出建议
保监局	指导保险公司订制产品

（二）发挥优势，设计科学，确保措施精准

“两保一孤”保险主要包括：针对因重疾致贫返贫高发的实际情况，充分发挥重大疾病保险的定额赔付、先行给付优势，“两保一孤”人员在县级以上医院一经确诊30种重大疾病，即可获得保险公司2万元现金赔款；针对甘肃山多沟深、意外高发的实际，充分发挥意外伤害保险的风险补偿优势，提供10000元意外身故（含伤残）保障；针对乡村干部群众保险知识匮乏的实际，充分发挥定期寿险的身故给付优势，特别设计2000元的疾病身故保障。

由保险公司对接扶贫、民政等相关部门，对“两保一孤”特困人群以自

付医疗费用的 2 ~3 倍为标准确定保额，确保得到及时有效的保障。一是在特困人群患有重大疾病时，经初步住院确诊、专科医生定论，履行简易手续后，由保险公司按约定、按标准给付保险金，以补充后续治疗费用。二是利用商业重大疾病保险提前给付的特点，解决特困人群无钱进入医疗保险门槛的问题。特困人群在县级以上医院被确诊为 30 种突发性重大疾病的，由保险公司依据诊断书一次性给付重疾保险金 20000 元，用于住院押金、诊疗、外出就医等费用。三是除规定病种外特别约定的其他等同或接近规定病种的治疗费用也一律承担，确保所有产生灾难性医疗费用的特困人群都能获得应有保障。四是意外保险构成对基本医疗保险的补充。特困人群因意外身故的，给付 10000 元身故金；因意外形成残疾的，按照伤残程度比例给付残疾金；因意外伤害引起治疗费用（含门诊治疗）的，报销新农合报完剩余可报销费用的 90%，最高 2000 元为限。五是政府和商业保险公司共建“两保一孤”保障网。“两保一孤”重大疾病保险年度保险费用每人 150 元，其中，由县扶贫办在财政专项扶贫资金中人均安排 100 元，中国人寿秦安县支公司承担 50 元，确保了“两保一孤”重大疾病保险项目资金落实。

（三）保本微利，风险调节，确保运行精准

“两保一孤”保险项目按照保本微利、风险共担原则，合理控制商业保险机构的经办成本，构建科学的风险调节机制。将年度赔付警戒线定为保费总额的 80%。若年度赔付率低于警戒线，由保险公司在下一年度采取降低保费、扩大病种、提高保额等多种方式，确保结余资金用足。如年度赔付率超过 80%，则由政府提高下一年度保费筹资标准，弥补保险公司上一年度亏损，确保项目持续运行。目前甘肃保监局已指导保险公司根据秦安县试点情况，启动了风险调节，将财政出资保费标准由试点时的 100 元/人下调至 60 元/人。

（四）多措并举，重点保障，确保服务精准

中国人寿保险股份有限公司甘肃省分公司联合地方政府加大宣传推广力度，提升群众对“两保一孤”保险的认知度，先后深入 23 个乡镇召开业务启动会，走进 65 个村委会和 200 余户村民家中进行现场宣讲，发放资料 3 万余份，做到干部知晓、村民明白，同时加大投入，专门制定方案，为每个乡镇配备 1 ~2 名兼职服务人员，努力实现第一时间受理理赔申请，第一时间探望患病群众，第一时间送达保费赔款，提供便捷高效的理赔服务。

三、实施的效果与启示

（一）形成了可操作、可复制的保险扶贫模式

“两保一孤”保险采用团体投保，手续简便，成本低廉；保险责任以重大疾病为主，定额赔付，简明易懂，农民听得清，干部讲得明，政府买得起。该保险项目已成为地方政府的重大民生工程和民心工程，也是甘肃保险业参与和支持全省脱贫攻坚的一项重大创新。“两保一孤”保险的扶贫模式创造了精准扶贫新经验，丰富了扶贫工作内容，并持续在甘肃省其他地方发酵。其中，天水、定西率先在全市范围内整体推进，临夏回族自治州积石山县、兰州市皋兰县、酒泉市瓜州县实现全覆盖。2016 年 6 月 21 日，天水市政府与中国人寿保险股份有限公司甘肃省分公司就精准扶贫“三户一孤”人员大病救助保险全覆盖项目举行签约仪式，这是天水市在全面推广秦安县保险扶贫试点做法的基础上，将全市精准扶贫建档立卡贫困户纳入参保人员范围，同时增加保险病种，为全市 78.51 万名“三户一孤”人员，全部办理重大疾病提前给付保险、疾病身故保险、意外伤害身故保险、意外伤害残疾保险四类大病救助保险，实现了贫困人群大病救助保险全覆盖。截至 2017 年底“两保一孤”“三户一孤”保险已覆盖全省 8 个市（州）37 个县（区）的 163.37 万名贫困群众，提供风险保障超过 585 亿元，有 3396 人次享受到了 5123.32 万元的保险补偿，人均赔付金额 1.5 万元。覆盖全省 35 个深度贫困县中的 19 个，覆盖面 54%。

（二）探索了政府为贫困人群提供托底式医疗保障新方式

甘肃保险业在“两保一孤”保险中借鉴引入重大疾病保险定额给付、先行赔付的做法，精确补位现有医疗保障制度缺口，实现了与新农合基本医保、城乡居民大病保险、民政医疗救助政策的有效对接，助力政府为贫困人群提供托底式医疗保障。如秦安县王尹乡胡坪村 65 岁农民胡某于 2015 年 10 月突发白血病，在筹钱治病为难之际，村干部为其联系了保险公司，胡某及时拿到 2 万元现金，有了政府给办的保险，老百姓看病不再那么犯愁。秦安县兴国镇贤门村的二类低保户、69 岁的老人刘某突发脑梗被送到县中医院，当时 71 岁的老伴何某身上只有 400 多元钱，后来找村干部借了 3500 元住院押金

才住了院。刘某属二类低保户，突发脑梗属“两保一孤”保险病种，在提交了住院证明、户口本、低保证和镇、村的相关证明材料后没几天，就获得由保险公司理赔的2万元的保险金。这2万元不仅救了急，还为后续的康复治疗提供了资金。和刘某一样，受惠于“两保一孤”保险的还有王尹镇川村的包某。2016年包某因患子宫肿瘤住院、手术、化疗，前后花费8万多元，这8万多元中新农合、大病保险和民政救助共帮她分担了5.47万元，；此外，县上“两保一孤”又给她理赔2万元，使她的实际自付降到5000多元。

（三）拓展了政府财政扶贫资金发挥作用的新途径

地方政府通过“两保一孤”保险，只需每人投入60元即让贫困人员享受到最高3.2万元高额风险保障；“三户一孤”保险费每人每年40元，即可享受3.2万元的风险保障，达到了以小资金撬动大保障的“四两拨千斤”效应。“两保一孤”和“三户一孤”保险省、市、县三级财政共同承担保费的财政补贴方式，有效放大了财政扶贫资金使用效应，使财政扶贫资金使用方向更加精确、使用过程更加精细、使用效果更加精准，拓展了财政扶贫资金运用的新领域，为政府推进精准扶贫、精准脱贫提供了又一路径。“两保一孤”“三户一孤”大病保险模式不仅撬动了保险行业参与精准扶贫攻坚，更有效提高了特困人群的抗风险能力，降低了因病致贫、因病返贫的概率。

第四节　兰州市“失独家庭”保险开办案例*

一、“失独家庭”保险的实施背景

2017年，兰州市有“失独家庭”近1538户，涉及人口2454人；2018年，有“失独家庭”1722户，涉及人口2691人；2019年，有“失独家庭”1875户，涉及人口2884人（见表9-13）。调研显示，失独者中年龄在49岁以上的占到了90%以上，其中60岁以上的占到了50%以上，这表明失独者年龄都偏大，而且相当一部分已经年老体衰，劳动能力不足或者失去了劳动

* 本节相关数据均来源于兰州市卫生健康委员会。

能力。失独者经济状况普遍较差，受调查者中仅有 5.26% 的人收入能满足日常的生活需求，基本满足的占 38.42%，生活稍有困难的占 36.84%，生活艰难难以度日的占 19.47%。失独者健康状况比较差，身体健朗和健康的仅占 6.32%，一般的占 62.63%，很差的占 31.05%。因此，“失独家庭”虽然群体较小，但其面临的困难却很大，急需政府部门的积极介入。

表 9－13　　兰州市“失独家庭”摸底统计

年份	总户数	总人数	40 岁以下人数	41～48 岁人数	49～59 岁人数	60～79 岁人数	80 岁以上人数
2017	1538	2454	29	233	990	1174	28
2018	1722	2691	15	206	1041	1386	43
2019	1875	2884	12	169	1082	1571	50

基于此，按照《兰州市人民政府关于加快发展现代保险服务业的实施意见》和《兰州市人民政府办公厅关于印发兰州市保险业三年发展规划（2016～2018 年）的通知》文件要求，充分发挥保险风险管理功能，增强计划生育“失独家庭”应对意外伤害的能力，进一步发挥保险机制对“失独家庭”的保障作用，让计划生育“失独家庭”享受改革发展成果，兰州市创新推出了“失独家庭”保险，并下发了《计划生育“失独家庭”综合保险实施方案》（以下简称《实施方案》）。

二、“失独家庭”保险的运行状况

（一）2017～2018 年度

2017 年 6 月，按照《实施方案》要求，经过公开招标，市计划生育协会与中国人寿保险股份有限公司兰州市分公司签订了《兰州市计划生育“失独”家庭综合保险项目合作协议》，由财政出资购买服务的方式，按照每人 535 元的标准，共为 2454 名“失独家庭”成员支付 131.289 万元保险费用。2017～2018 年度保障项目及缴费标准如表 9－14 所示。

2017～2018 年度累计赔付案件 368 件，理赔金额 181.35 万元，赔付率 138.13%，共为 291 位“失独家庭”成员给付医疗费保障金，如表 9－15 所示。

表 9－14　　2017～2018 年度保障项目及缴费标准

保险项目	保障内容	赔付方式	保险金额（元/人/年）	优惠实收保险费（元）
意外伤害保险	因意外伤害身故、伤残	因意外伤害身故的，按保险金额赔付；因意外伤害伤残的，按《伤残评定标准》的规定给付	50000.00	50.00
住院护工津贴保险	被保险人因意外伤害或疾病住院期间，对陪护人员的津贴补助	按实际住院天数减去两天后每日住院津贴 200 元；累计住院最高给付 180 天	36000.00	200.00
重大疾病保险	在合同生效 30 日后，初次罹患并经二级（含二级）以上医疗机构确诊的重大疾病（市民政局公布的 52 种常见重特大疾病）	初次罹患确诊后一次性全额给付保险金额 4 万元	40000.00	135.00
疾病住院补充医疗保险	符合社保要求疾病住院相关医疗费	疾病住院医保剩余部分扣除丙类自费部分按 95% 给付	3000.00	100.00
附加意外伤害保险	因意外伤害事故造成的医疗费用（门诊、住院）	每次治疗费用绝对免赔额 0 元，费用 100% 给付	10000.00	50.00
合计	—	—	139000.00	535.00

表 9－15　　2017～2018 年度兰州市"失独家庭"案件赔款统计　　单位：元

年月	案件数	团补 A	意外医疗	日额津贴	大病给付	死亡给付	赔款金额
2017.7	1	1963.72	0.00	400.00	0.00	0.00	2363.72
2017.8	29	55409.63	418.60	43200.00	80000.00	0.00	179028.23
2017.9	39	64971.55	0.00	75400.00	0.00	0.00	140371.55
2017.10	20	46159.08	270.00	37400.00	0.00	0.00	83829.08
2017.11	35	51626.68	1763.90	62400.00	40000.00	0.00	155790.58
2017.12	66	108278.25	1914.43	132000.00	40000.00	0.00	282192.68
2018.1	29	40964.60	360.00	58800.00	0.00	0.00	100124.60
2018.2	19	23669.83	0.00	51200.00	0.00	0.00	74869.83
2018.3	29	42361.29	0.00	53600.00	80000.00	0.00	175961.29
2018.4	33	45773.62	0.00	72200.00	0.00	0.00	117973.62
2018.5	68	112110.05	25703.32	163200.00	200000.00	0.00	501013.37
合计	368	593288.30	30430.25	749800.00	440000.00	0.00	1813518.55

（二）2018～2019 年度

2018 年，为使项目更加趋于合理，兰州市金融办、市计生协会组织专家评审会进行项目评审，对“失独家庭”综合保险保障方案做了进一步优化和完善，按照《实施方案》特别规定（实行动态管理，一个保险年度结束后，如简单赔付率在 70% 以下，双方应积极协商降低保险费；如简单赔付率在 85% 以上，双方应分析原因，优化保险责任适度提高下一保险年度保险费），微调两项保险责任和提高保费。一是 2018 年度保险责任将因重大疾病住院护工日津贴保持 200 元，由原来的按照实际住院天数减去 2 天改为减去实际住院 3 天；2018 年度保险责任将一般性疾病住院护工日津贴调整至 100 元，由原来的按照实际住院天数减去 2 天改为减去实际住院 3 天。二是将疾病住院补充医疗的给付比例由 95% 调整到 80%。三是人均保险费由原来的 535 元微调至人均保险费 545 元，人均年增加保险费 10 元。2018 年按每人 545 元标准，共为 2691 名“失独家庭”成员支付 146.66 万元保险费用。2018～2019 年度保障项目及缴费标准如表 9－16 所示。

表 9－16　2018～2019 年度保障项目及缴费标准

保险项目	保障内容	赔付方式	保险金额（元/人/年）	优惠实收保险费（元）
意外伤害保险	因意外伤害身故、伤残	因意外伤害身故的，按保险金额赔付；因意外伤害伤残的，按《伤残评定标准》的规定给付	50000.00	50.00
附加住院护工津贴保险	被保险人因意外伤害或疾病住院期间，对陪护人员的津贴补助	因初次罹患重大疾病住院按实际住院天数减去 3 天，每日住院津贴 200 元，累计住院最高给付 180 天； 因患一般性疾病住院按实际住院天数减去 3 天，每日住院津贴 100 元，累计住院最高给付 180 天	36000.00	210.00

续表

保险项目	保障内容	赔付方式	保险金额（元/人/年）	优惠实收保险费（元）
附加重大疾病保险	在合同生效30日后，初次罹患并经二级（含二级）以上医疗机构确诊的重大疾病（市民政局公布的52种常见重特大疾病）	初次罹患确诊后一次性全额给付保险金额4万元	40000.00	135.00
疾病住院补充医疗保险	符合社保要求疾病住院相关医疗费	疾病住院医保剩余部分扣除丙类自费部分按80%给付	3000.00	100.00
附加意外伤害保险	因意外伤害事故造成的医疗费用（门诊、住院）	每次治疗费用（扣除自费药）绝对免赔额0元，费用100%给付	10000.00	50.00
合计	—	—	139000.00	545.00

截至2019年3月31日，已赔付案件476件，理赔金额187.98万元，赔付率128.17%，同比增长37%，共为364位“失独家庭”成员给付医疗费保障金（见表9－17）。预计年度赔付率将达153%。

表9－17　　2018～2019年度兰州市“失独家庭”案件赔款统计　　单位：元

年月	案件数	团补A	意外医疗	日额津贴	大病给付	死亡给付	赔款金额
2018.6	48	65789.42	19379.21	97600.00	120000.00	0.00	302768.63
2018.7	42	51385.75	801.44	62300.00	80000.00	0.00	194487.19
2018.8	54	84697.60	284.96	72600.00	0.00	0.00	157582.56
2018.9	52	55530.23	2305.73	53500.00	80000.00	0.00	191335.96
2018.10	57	78725.91	11102.00	59500.00	0.00	0.00	149327.91
2018.11	57	76381.93	640.16	51500.00	120000.00	0.00	248522.09
2018.12	67	84801.09	0.00	62000.00	240000.00	0.00	386801.09
2019.1	41	40401.21	140.00	35600.00	0.00	0.00	76141.21
2019.2	23	36203.83	1407.74	14100.00	40000.00	0.00	91711.57
2019.3	35	42056.68	408.50	38700.00	0.00	0.00	81165.18
小计	476	615973.65	36469.74	547400.00	680000.00	0.00	1879843.39
2019.4（预估）	47	61597.37	3646.97	54740.00	68000.00	0.00	187984.34
2019.5（预估）	47	61597.37	3646.97	54740.00	68000.00	0.00	187984.34
合计	570	739168.38	43763.69	656880.00	816000.00	0.00	2255812.07

三、"失独家庭"保险的推动措施

（一）政府主导，市场运作

兰州市"失独家庭"综合保险项目坚持政府主导与市场运作相结合，由财政全额出资购买服务的方式公开招标，按照每年的保费标准，为所有已掌握的"失独家庭"成员缴纳保险费用。旨在为"失独家庭"提供必要保障，在初次罹患52种重特大疾病的可获得4万元赔付，因意外伤害身故的赔付5万元，符合社保要求的住院相关医疗费医保报销剩余部分扣除丙类自费按95%赔付，住院期间对陪护人员的津贴补助每天200元（不超过180天），因意外伤害事故造成的医疗费用（门诊、住院）每次治疗费用100%给付。此项惠民政策的出台有效提高了"失独家庭"抵御风险的能力，通过商业保险的理赔形式，建立"失独家庭"医疗费用前置帮扶机制。

（二）高度重视，加强沟通合作

兰州市"失独家庭"保险项目是兰州市政府惠及民生的政策项目，作为承保方的中国人寿兰州分公司高度重视这项民生保障项目的推进及维护工作。为能更好地给"失独家庭"提供优质的服务，成立了"失独家庭"保险项目领导小组、项目技术支持小组及项目现场服务小组。专业理赔技术服务人员组成项目服务团队，由领导小组负责协调和监督此项工作落实和执行情况。建立兰州市计划生育协会与中国人寿保险股份有限公司兰州市分公司的交流互通机制，每月发送理赔案件明细表，定期召开汇报会就工作进展以及特殊案件处理等问题进行沟通解决。

（三）强化宣传，营造氛围

为进一步推进计生"失独家庭"保险项目工作，不断扩大群众知晓率和社会影响，兰州市计生协通过举办培训班、入户发放宣传单等形式进行宣传，让更多的人来主动了解"失独家庭"保险项目，助力政府惠民保险政策的推广。兰州市计生协与中国人寿保险兰州分公司联合制作了4000册宣传服务手册，用于宣传和指导受保障人群了解此项惠民保险政策。由兰州市计生协组织，中国人寿兰州市分公司承办，开办了计划生育"失独家庭"综合保险项目培训班，为期一周，各县区计生协工作人员及乡镇（街道）村（社区）计生专干近900人参加培训，主要讲解“失独家庭”保险项目的保障内容以及理赔相关事宜，将专业的服务细化并延展至每一个乡镇及社区网点。

（四）高效服务，快速理赔

保险公司为符合条件的家庭成员提供优质、高效的服务，特推出基础服务、增值服务、额外服务三个专项服务内容，基础服务包括快速赔付、专人服务、住院看望等服务，同时还成立了保险服务中心。为能够向全市“失独家庭”提供优质的保险经纪服务，服务公司组建成立兰州市“失独家庭”综合保险客户服务中心，通过设立完善的服务保障体系，从技术规范、现场服务、监督管理等各个方面确立了服务流程、保证服务质量，为全市“失独家庭”及卫计委等部门提供宣传、报案咨询电话、信息网络、理赔处理等服务。

四、“失独家庭”保险的实施效果

第一，探索医疗救助保障新方式。政府出资为“失独家庭”购买商业保险，能够充分发挥财政资金的金融杠杆效应，在不需要增加政府太多投入的前提下，就形成一种“基本帮扶保障 + 商业保险保障”的双重保障机制，此举既能放大财政资金的使用效益，又能为“失独家庭”送去人文关怀和精神慰藉。保险项目涵盖了养老、医疗、人身意外等方面，把“失独家庭”所面临的各种风险都纳入了保险范围。对于“失独家庭”来说，无疑是雪中送炭，商业保险的运作模式也提高了资金的运作效率。兰州市“失独家庭”保险项目紧扣群众看病就医，着眼民生保障，倡导和维护社会和谐稳定，化解社会矛盾，降低政府救助压力，开创了“政府救助、保险保障”的医疗救助新模式，基本实现了政府管理、百姓需求和保险保障的有效结合，创新了社会共治模式。

第二，实现了财政小投入保障大民生。自2017年6月2日保单生效日起截至2019年5月底，政府共出资277.95万元全额缴纳保费，期间发生赔案938件，保险公司共支付赔款407万元，简单赔付率达146.4%，受益人数700余人。依照现有承保方案，全市“失独家庭”看病就医问题基本得到保障，拓展了财政救助资金运用的新领域，实现了政府减压和百姓受益的双重效益。尤其是陪护津贴赔付 643600 元，占整个赔付的 44.1%，有效解决了“失独家庭”就医期间无子女照看的困境。

第三，提升了群众满意度和获得感。兰州市“失独家庭”保险帮助患病群众解决燃眉之急，为推进经济社会稳定运行提供了有力保障。该项目具有普惠性，保费由财政预算全额承担，群众不用掏一分钱，患病后即可得到及时有效的理赔救助，切实解决群众最直接、最现实的利益问题，让群众获得感更强。在保险项目运行过程中，兰州市计生协及中国人寿保险股份有限公司兰州市分公司领导定期对工作开展情况进行督促指导，为方便客户办理咨询，受理开辟理赔“绿色通道”，简化理赔流程，在“三县五区”分别安排理赔网点，公布各区理赔负责人联系方式。设置服务咨询专员 24 小时接听咨询电话，通过 QQ、微信等多种形式及时解答客户疑问。通过一系列贴心的举措，使“失独家庭”综合保险项目也受到了群众的认可和肯定，让“失独老人”切实体会到党和政府的关怀，社会反响良好。

第五节　他山之石：贵州毕节市农村特殊人群医疗救助精准扶贫

2015 年贵州毕节市实施了《提高农村特殊人群医疗救助保障水平促进精准扶贫工作方案（试行）》，积极探索以城乡居民医疗保障政策为基础，整合大病保险、计生医疗扶助、民政医疗救助等方面的政策，对农村重点困难对象实行特殊医疗保障和补助，着力提升医疗救助保障水平，有力促进精准扶贫，切实遏制和减少了因病致贫、因病返贫现象的发生。

一、救助保障的对象范围

由扶贫部门、民政部门、卫计委三部门认定以下 11 类救助对象：（1）精准扶贫建档立卡贫困人口中的大病患者；（2）特困供养人员；（3）最低生活保障家庭成员；（4）享受抚恤补助的优抚对象；（5）计划生育独生子女户、二女绝育户（简称计生“两户”）家庭成员；（6）20 世纪 60 年度初精减退职老职工；（7）艾滋病人和艾滋病机会性感染者；（8）家庭经济困难的精神病患者、肇事肇祸的精神病患者；（9）低收入家庭中的重病患者、重度残疾人以及80岁以上参保老年人；（10）因医疗自付费用过高导致家庭无力承担的患者；（11）县级以上人民政府规定的其他特殊困难人群。

二、救助保障的政策内容

（一）救助保障资金筹集

按照“性质不变、渠道不变、整合使用、各记其功”的原则，统筹卫生计生、民政、扶贫等部门的城乡居民医保资金、大病保险资金、民政医疗救助资金、计生医疗扶助资金和扶贫资金，发动社会捐助，实施省、市、县三级财政兜底，科学制定医疗救助保障标准，建立完善“一站式”即时结报机制，对农村贫困人口实行特殊医疗救助保障，切实提高保障水平，深入推进精准扶贫、精准脱贫。

（二）城乡居民医保参保资助

（1）对特困供养人员、20世纪60年代初精减退职老职工、家庭经济困难的肇事肇祸的严重精神障碍患者参保，个人应缴费用由民政部门给予全额资助。

（2）计生“两户”夫妇及其未满18周岁的子女参保，个人应缴费用由卫生计生部门给予全额资助。

（3）对最低生活保障家庭成员个人应缴参保费用，按人均不低于30元标准资助，所需资金由民政部门给予资助。

（4）低收入家庭中的重病患者、重度残疾人以及老年人个人应缴参保费用，按人均不低于10元标准资助，所需资金由民政部门给予资助。

（三）城乡居民医保救助保障

对特殊人群门诊补偿，对普通门诊统筹补偿报销封顶线不得低于400元/人/年。特殊病种大额门诊补偿、起付线及报销比例为：

（1）特困供养人员、农村计生“两户”家庭成员、80岁以上低保老人在县（区）内定点医疗机构住院政策范围内100%报销救助。县（区）外定点医疗机构提高10个百分点报销补偿。

（2）20世纪60年度初精减退职老职工、艾滋病人和艾滋病机会性感染者、家庭经济困难的精神病患者、肇事肇祸的精神病患者、享受抚恤补助的优抚对象、最低生活保障家庭成员、低收入家庭中的重病患者、重度残疾人、因医疗自付费用过高导致家庭无力承担的患者、县级以上人民政府规定的其他特殊困难人群，起付线以上政策范围内费用报销比例由各县（区）视现有基金结余情况、筹资情况、医疗费用上涨情况和在长远打算的基础上自行设定，一般较普通人群相比，提升比例应不低于3%。正在执行的标准高于本方案规定的，按原标准执行。

（3）重大疾病补偿。儿童两病（先心病、急性白血病）、妇女两癌（乳腺癌、宫颈癌）等24种重大疾病保障工作实际补偿比例应达到病种限定费用的80%。

（四）大病医疗保险救助

参保目标人群在基本医疗保障报销后，个人负担合规费用超过大病赔付起付线的部分，按大病医疗保险规定的报销比例进行赔付。对上述特殊人群的大病医疗保险补偿，在原有标准基础上提高1个百分点。大病医疗保险不予报销范围按照城乡居民医保不予报销范围执行。

（五）计生医疗扶助

农村计生“两户”夫妇及其未满18周岁的子女，减免医疗费用个人负担部分的50%，由卫生计生部门的计生利益导向专项资金支付。

（六）民政医疗救助政策

（1）精准扶贫建档立卡贫困人口中的重大疾病患者、特困供养人员、最低生活保障对象中80岁以上老年人，经基本医疗保险、大病保险、计生医疗扶助、民政医疗救助等保障后，政策范围内医疗费用保障水平达到100%。

（2）精准扶贫建档立卡贫困人口中的大病患者（除基本医疗保险规定的重大疾病患者），最低生活保障对象，20世纪60年代初精减退职老职工，艾滋病人和艾滋病机会性感染者，家庭经济困难的精神障碍患者、肇事肇祸的精神病障碍患者，享受抚恤补助的优抚对象，政策范围内医疗费用经基本医疗保险、大病保险报销后，剩下部分在年救助封顶线内按不低于70%的比例由民政医疗救助金给予救助。

（3）低收入家庭中的重病患者、重度残疾人及老年人，因医疗自付费用过高导致家庭无力承担的患者，县级以上人民政府规定的其他特殊困难人群，政策范围内医疗费用经基本医疗保险、大病保险报销后，剩下部分经申请认定，在年救助金封顶线内按不低于50%的比例由民政医疗救助金给予救助。

(4) 精准扶贫建档立卡贫困人口中的大病患者等11类救助保障对象，经基本医疗保险、大病保险、计生医疗扶助、民政医疗救助等救助保障后，力争使符合条件的目标人群政策范围内医疗费用保障平均水平达到90%以上。

三、医疗救助结算程序改造

各县（区）统筹保障范围、统筹保障政策、统一经办服务、统一信息管理，建立卫生计生、财政、人力资源社会保障、民政、扶贫、定点医疗机构等单位协调统一的高效运行机制，尽快打通基本医保、大病保险和医疗救助的经办服务渠道，实现三重保障政策“一站式”即时结报，最大限度缩短报销补助时间，切实减轻群众垫付医疗费用的负担。具有双重或多重特殊属性的医疗救助保障对象，按就高原则享受医疗救助保障政策，不得重复享受特殊政策报销。

四、实施的职责分工

(1) 卫生计生、民政、人力资源社会保障、扶贫部门要按照相关要求办理证件发放等手续，严格审核医疗救助保障对象资格，及时提供有关资料，方便快捷落实各项保障待遇。

(2) 卫生计生、民政、财政、人力资源社会保障、扶贫、中国人寿毕节分公司等单位要加强资金监管，严控资金风险，定期分析资金使用情况，共同研究解决资金使用过程中出现的问题，确保资金安全运行。

(3) 财政部门要会同卫生计生、民政、人力资源社会保障、扶贫等部门，及时将有关资金列入财政预算，统筹安排资金，确保各项经费落实到位。

(4) 卫生计生部门要全面落实基本医疗保障服务，并与中国人寿毕节分公司、民政部门共同分别做好大病保险报销和医疗救助，督促医疗机构规范医疗服务行为、提高医疗服务质量。

第十章　甘肃省保险资金服务地方经济的实践与经验

保险资金运用是保险市场联系资本市场和货币市场的重要环节，也是保险业发挥资金融通功能，支持地方经济建设的重要途径。改革的不断推进使保险资金运用的空间逐步打开。在当前国际国内宏观经济环境发生巨大变化的背景下，要充分利用政策空间，加大保险资金运用机制创新力度，积极发挥保险资金支持地方经济发展的作用，努力实现双赢。

美国摩根士丹利的著名投资银行专家曾经说过："投资是保险业的核心业务，没有投资就没有保险业。保险行业的主要存在目标是风险的转移，保费是风险转移的价格，但由于市场竞争，使这个价格往往不够支付转移的成本。所以，没有保险投资，整个保险行业的经营是不能维持下去的。"随着金融市场的发展，保险资金越来越多地参与资本市场，并已成为市场中举足轻重的机构投资者之一。寿险业作为整个保险业的主要组成部分，其资金具有规模大、期限长、稳定性强的特点，较产险资金而言投资属性更好。如何更好地进行寿险资金运用，已成为我国寿险业在全球竞争环境中谋求生存和发展的关键所在。

第一节　甘肃省财政状况分析

甘肃省是一个地处内陆、多民族聚集、自然环境较差的省份，各方面的约束使其在改革开放后经济增长乏力、居民收入水平很低。如表 10－1 所示，2017 年甘肃省全年生产总值 7459.9 亿元，在全国内陆省份中排名第 27 名，仅高于海南、宁夏、青海和西藏四个省份；但是从人均 GDP 看，甘肃省 2017 年为 28496.5 元，为全国倒数第一，仅为最高的北京市的 22.1%；从居民人均可支配收入看，甘肃省2017年为16011元，仅高于西藏自治区，为全国倒数第二，是最高的上海市的27%。可以说甘肃省是我国经济发展最落后的地区之一。

表10－1　2017年各省份人均GDP与居民人均可支配收入对比　单位：元

省（区、市）	人均GDP	省区市	人均GDP	省区市	人均可支配收入	省（区、市）	人均可支配收入
北京	128994.1	海南	48430	上海	58988	河北	21484
上海	126634.2	河南	46674	北京	57230	吉林	21368.3
天津	118943.6	河北	45387	浙江	42046	黑龙江	21205.8
江苏	107150	新疆	44941	天津	37022	陕西	20635
浙江	92057.01	四川	44651.32	江苏	35024	四川	20580
福建	82677	青海	44047	广东	33003.3	宁夏	20561.7
广东	80932	江西	43424.37	福建	30048	山西	20420
山东	72807.14	安徽	43401.36	辽宁	27835	河南	20170
内蒙古	63764	山西	42060	山东	26929.9	新疆	19975
重庆	63442	黑龙江	41916	内蒙古	26212	广西	19905.8
湖北	60199	西藏	39267	重庆	24153	青海	19001
陕西	57266.31	广西	38102	湖北	23757	云南	18348.3
吉林	54838	贵州	37956.06	湖南	23103	贵州	16704
辽宁	53526.65	云南	34221	海南	22553	甘肃	16011
宁夏	50765	甘肃	28496.5	江西	22031.4	西藏	15457
湖南	49558	—	—	安徽	21863	—	—

资料来源：根据《中国统计年鉴》整理所得。

经济的落后必然带来财政的紧张，如表10－2所示，甘肃省财政收入总额虽然长期处于增长状态，但收支矛盾突出，赤字问题长期存在，财政自给率2004年仅为29.2%，此后每年不断下降，2017年已经低至24.7%。从财政收入的角度看，甘肃省财源结构单一，财政可持续发展的后劲不足，财政经济总体实力不强，财政收入总量不足，造成财政支出增量有限，虽然增长速度比以前有所加快，但是由于基数水平不高，增量难以有大的突破。从财政支出角度看效果较差，一是因为能够推动生产力进步的科技、教育和企业挖潜改造没有得到大力度的扶持，而用于社会保障和扶贫的资金并不能够产出公共产品，所以这部分财政支出属于直接消耗而并没有带来经济增长；二是从全省经济建设支出看，由于投资体制、投资结构不尽合理，造成投资支出效益不够理想；三是从公共支出看，甘肃的公共支出增长很快，但大部分用于人头经费支出，真正用于事业发展的很少，效益也很低；四是预算编制不完善、预算约束软化，支出监督流于形式，缺乏应有的力度，对支出中存在的问题缺乏相应的处罚措施，影响了财政监督应有的权威性和有效性，从而影响到财政资金发挥应有的效益，有限的财力不能及时转化为经济和社会效益。

表 10－2　　甘肃省 2004～2017 年财政收支情况

年份	财政收入（万元）	公共财政预算收入（万元）	公共财政预算支出（万元）	财政缺口（万元）	财政自给率（%）
2004	2158581	1041600	3569366	2527766	29. 2
2005	2545665	1235026	4293479	3058453	28. 8
2006	2949750	1412152	5285946	3873794	26. 7
2007	3918687	1909107	6753372	4844265	28. 3
2008	4709361	2649650	9684336	7034686	27. 4
2009	6039849	2865898	12462817	9596919	23. 0
2010	7452511	3535833	14685810	11149977	24. 1
2011	9336165	4501188	17912432	13411244	25. 1
2012	10798983	5203993	20595638	15391645	25. 3
2013	11448265	6072717	23096230	17023513	26. 3
2014	12342376	6726698	25414935	18688237	26. 5
2015	11000520	7438600	29583120	22144520	25. 1
2016	11961000	7868000	31500300	23632300	25. 0
2017	12287000	8156000	33073000	24917000	24. 7

注：财政自给率为公共财政预算收入/公共财政预算支出。

资料来源：根据历年《中国统计年鉴》相关数据整理计算所得。

尤其是 1994 年实施分税制改革后，地方政府产生了巨大的财政缺口，尤其是对于经济落后的地区，这种缺口总额更大，占财政收入的比重更高。2017 年甘肃省大口径财政收入为 1228. 7 亿元，其中公共财政预算收入为 815. 6 亿元，而当年的财政支出为 3307. 3 亿元，大口径财政收入仅为财政支出的 39%、公共财政预算收入仅为支出的 24. 7%，财政缺口高达 2491. 7 亿元。甘肃省财政收支自给率在全国范围内处于低水平，如表 10－3 所示，我们选取东、中、西部典型省份近五年来的财政数据与甘肃省财政状况比较显示：东部地区的江苏省财政自给率在80%以上，财政缺口负担不重；中部地区的湖北省财政自给率在50%左右，一半左右的财政支出需要中央财政和其他渠道进行弥补；西部地区的陕西省财政自给率在40%～50%，虽然与东部省份差距较大，但与中部地区差距不大，有较大的财政缺口压力；而甘肃省财政自给率在25%左右，与东部地区相去甚远，与中部地区也有很大的差距，财政缺口巨大，主要依赖于中央财政的转移支付。

表10-3　　东、中、西部典型省份地方财政自给情况比较

年度	江苏			湖北		
	预算收入（亿元）	预算支出（亿元）	自给率（%）	预算收入（亿元）	预算支出（亿元）	自给率（%）
2012	5860.7	7027.7	83.4	1823.1	3759.8	48.5
2013	6568.5	7798.5	84.2	2191.2	4371.7	50.1
2014	7233.1	8472.5	85.4	2566.9	4934.2	52
2015	8028.6	9687.6	82.9	3005.5	6132.8	49
2016	8121.2	9982	81.4	3102.1	6423	48.3
2017	8171.5	10622.2	77	3248.4	6832	47.5
2018	8630.2	11657.4	74.0	3307.1	7258.3	45.6
年度	陕西			甘肃		
	预算收入（亿元）	预算支出（亿元）	自给率（%）	预算收入（亿元）	预算支出（亿元）	自给率（%）
2012	1600.7	3323.8	48.2	520.4	2059.6	25.3
2013	1748.3	3665.1	47.7	607.3	2309.6	26.3
2014	1890.4	3962.5	47.7	672.7	2541.5	26.5
2015	2060	4375.5	47.1	743.9	2958.3	25.1
2016	1834	4389.4	41.8	787	3150	25
2017	2006.4	4833.1	41.5	815.6	3307.3	24.7
2018	2243.1	5302.4	42.3	871.1	3772.2	23.1

资料来源：根据《中国统计年鉴》整理计算所得。

经济发展、财政实力、居民收入三者之间互相促进，从经济理论讲，一个国家或地区经济的发展主要由投资、消费双轮驱动。然而，甘肃省地方财政的匮乏连基本的公共服务和民生支出都不能满足，更无力支持基础建设和实体经济的资金需求；居民收入水平的低下，无法拉动省内消费水平的提升。

最终使甘肃省经济增长缓慢，经济发展水平逐年下降，至今成为全国垫底。三者之间的恶性循环亟需外部资金的输血，以改变这种不利的状况。

第二节　保险资金的累积及投资现状

一、保险资金的累积

改革开放后40年来是我国保险业快速发展、资本快速积累的时期。首先，保险业的保费收入和资产量激增。1980年是国内保险业恢复经营之后的第一年，当年保费收入仅为4.6亿元，保险业总资产仅为2.1亿元，保险密度为0.47元/人，保险深度为0.1%；2018年，原保险保费收入达38016.62亿元，保险业总资产达183308.92亿元，保险密度为2724元/人，保险深度为4.22%。可以说改革开放为保险行业带来了千载难逢的发展机遇，使之成为国内发展最快的行业之一。尤其是近十年内，不论是银行业还是保险业的总资产增长速度都非常快，远高于GDP的增长速度。但是保险业总资产的增长速度又高于银行业，如表10－4所示，2007年保险业总资产占银行业的比重为5.5%，2018年这一比例已经达到了6.83%，虽然与美国等发达国家银行、保险总资产并驾齐驱的市场机构还有很大的差距，但随着金融混业经营、联合监管的趋势越来越明朗，保险投资渠道的不断放宽，保险业总资产的增长速度还会加快，保险业资产在整个金融行业中的比重还会大幅度提升。而且与证券业相比，二者不仅总资产规模占银行业的比例相差很大，而且保险业资产规模稳定，证券业资产规模波动起伏非常巨大。

表10－4　2007～2018年银行业、保险业、证券业三大金融行业资产状况

年度	保险业（亿元）	占银行业比重（%）	证券业（亿元）	占银行业比重（%）	银行业（亿元）
2007	28912.8	5.50	17337	3.30	525982.5
2008	33418.8	5.21	12000	1.87	641501.7
2009	40634.8	5.02	20300	2.51	809818.0
2010	50481.6	5.25	19700	2.05	961608.6

续表

年度	保险业（亿元）	占银行业比重（%）	证券业（亿元）	占银行业比重（%）	银行业（亿元）
2011	59828.9	5.26	15700	1.38	1137867.1
2012	73545.7	5.50	17200	1.29	1336862.8
2013	82887.0	5.44	20800	1.36	1524751.6
2014	101591.5	5.90	40900	2.38	1722029.9
2015	123597.8	6.21	64200	3.22	1991556.5
2016	153764.7	6.67	57900	2.51	2303755.7
2017	167500.0	6.82	61400	2.5	2457784.0
2018	183300.0	6.83	69500	2.59	2682400.0

资料来源：银行业、保险业总资产数据来自历年《中国统计年鉴》，证券业总资产数据来自中国证券行业协会网站公布的历年证券公司经营状况报告。

我国保险业市场总资产及资金运用余额快速增长的主要原因源于四个方面：一是国民经济快速发展带动保险行业快速发展；二是政策支持力度较大，从新“国十条”的出台到2016年“十三五”规划，都已经将保险在经济发展中的地位提升至重要位置；三是市场逐步对外开放，不仅有大量的外资保险公司涌入，国内很多上市公司也将资金注入保险市场，加速行业资产的快速积累；四是保险市场中主体数量和类别的增加以及寿险公司不断通过增资扩股提高注册资本，也加剧了资金集聚的速度。保险业总资产的快速增长使保险业将为国家经济和社会发展提供大量的资金支持，服务实体经济、助推经济发展的能力不断增强。

二、保险资金运用政策的放松

由于保险公司经营的特殊性和投资的风险性，对保险资金投资的监管一直是世界各国保险监管的重要内容。自1995年《中华人民共和国保险法》（以下简称《保险法》）颁布以来，保险资金投资的监管经历了从收紧到规范、放松的过程。1995年《保险法》规定，保险资金的运用范围仅限于银行存款和国债，基本割断了保险投资与资本市场的联系，也使保险业服务实体经济的能力受到了捆绑。1999年中国保监会允许保险资金通过投资证券基金间接进入股市后，我国对保险资金运用的限制有了松绑的趋势。2004年，中国保监会发布了《保险机构投资者股票投资管理暂行办法》，进一步降低了保险资金入市的门槛，允许保险资金直接进入股市。2009 年《保险法》修订以及《关于增加保险机构债券投资品种的通知》的出台，增加了固定资产投资、地方政府债券投资、境内市场发行的中期票据投资、大型国有企业在中国香港市场发行的债券和可转换债券等无担保债券作为保险资金投资新品种，大幅放宽了保险资金的投资渠道。2012 年，中国保监会连续出台了一系列文件，允许保险资金投资商业银行理财产品、银行业金融机构信贷资产支持证券、信托公司集合信托计划、证券公司专项资产管理计划等金融产品，打通了保险业与证券、基金、银行和信托行业在产品、渠道、托管等方面的业务通道。

2014 年，保险业新“国十条”发布，提出要充分发挥拓展保险服务功能，充分发挥保险资金长期投资的独特优势，促进保险市场与货币市场、资本市场协调发展，鼓励保险资金投资创业投资基金、设立基金管理公司、发起资产证券化产品。同年中国保监会发布了《保险公司股权投资管理办法》，进一步放宽了保险资金的投资渠道，允许保险资金投资优先股、创业板的股票，保险资金投资监管政策又一步松绑。投资监管政策从收紧到规范放松，是我国保险业逐步与国际接轨的体现。在政策允许的条件下，保险资金有了更多的投资渠道选择，也可以有力地支持地方基础建设和实体经济发展。

三、保险资金投资结构的优化

保险业经过近四十年的发展，随着保险投资渠道的不断放宽，保险资金支持经济建设的能力也日渐增强，如图 10－1 所示，21 世纪以来保险业每年的投资总额占总资产的比重基本上在 90% 左右，2000～2018 年累计投资资金高达 105.7 万亿元。

在投资渠道方面，2001 年保险业资金运用总额为 3700 亿元，其中，银行存款为 1939 亿元，占比 52.41%；债券投资为 1051 亿元，占比 28.41%；证券、基金、股票投资为 204 亿元，占比 5.51%；其他投资为 507 亿元，占比 13.7%。2018 年保险业资金运用总额为 164088.38 亿元，其中，银行存款为 24363.50 亿元，占比 14.85%；债券为 56382.97 亿元，占比 34.36%；股票、证券、基金投资为 19219.87 亿元，占比 11.71%；其他投资为 64122.04 亿元，占比 39.08%（见表 10－5）。

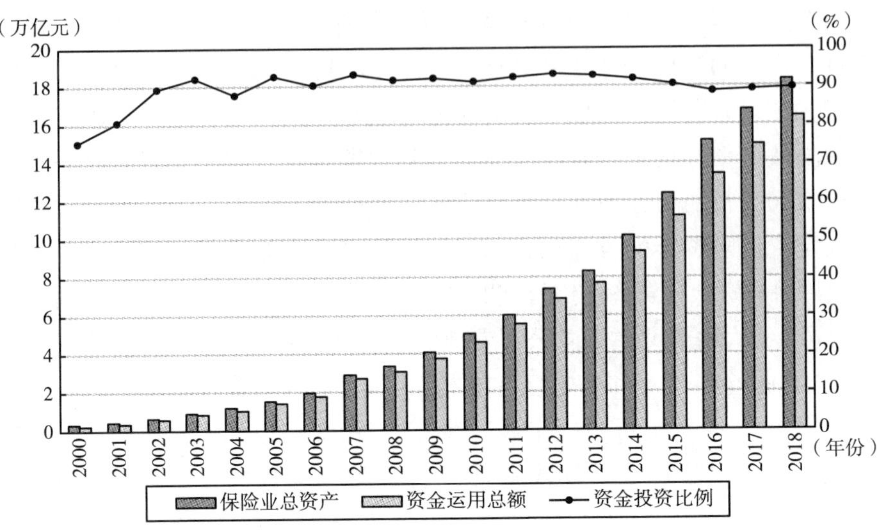

图 10－1　2000～2018 年我国保险业总资产及投资状况

资料来源：根据历年《中国保险年鉴》及保监会网站公布数据整理计算所得。

表 10－5　　　　2000～2018 年国内不同渠道保险资金运用余额

年度	银行存款（亿元）	占比（%）	债券（亿元）	占比（%）	证券基金股票（亿元）	占比（%）	其他投资（亿元）	占比（%）
2000	1240	49.4	—	—	—	—	—	—
2001	1940	52.41	1050	28.41	200	5.51	510	13.7
2002	3020	52.07	1670	28.76	310	5.4	800	13.78
2003	4770	56.8	2710	32.2	490	5.8	440	5.2
2004	4780	46	3740	36	620	6	1250	12
2005	5240	37.13	7370	52.3	1270	9	220	1.59
2006	5990	33.67	9460	53.14	1840	10.35	510	2.84
2007	6590	24.39	11880	43.98	7320	27.12	1220	4.5
2008	8110	26.5	17720	57.9	4070	13.3	700	2.3
2009	10510	28.11	19060	50.96	6950	18.59	880	2.34
2010	13890	30.2	22950	49.9	7730	16.8	1430	3.1
2011	17740	31.97	26140	47.09	6720	12.11	4900	8.83
2012	23430	34.21	30540	44.59	8080	11.79	6450	9.41
2013	22640	29.45	33380	43.42	7870	10.23	12990	16.9

续表

年度	银行存款（亿元）	占比（%）	债券（亿元）	占比（%）	证券基金股票（亿元）	占比（%）	其他投资（亿元）	占比（%）
2014	25310	27.12	35600	38.15	10330	11.06	22080	23.67
2015	24350	21.78	38450	34.39	16970	15.18	32030	28.65
2016	24840	18.55	43050	32.15	17790	13.28	48230	36.02
2017	19270	12.92	51610	34.59	18350	12.3	59970	40.19
2018	24360	14.85	56380	34.36	19220	11.71	64120	39.08

数据来源：根据历年《中国保险年鉴》整理计算所得。

分析2000～2018年保险资金运用情况，主要呈现以下特点：投资组合多元化，风险分散。资产投资组合中风险较低、收益率稳定的银行存款占比不断下降，从2001年52.41%降至2018年的14.85%。但随着资本金融市场的不断完善，资本市场的产品日益丰富，债券投资、基金及股票的投资将逐渐受到关注。随着投资渠道被扩展，可投资的资产品种不断丰富，保险公司现可将资金运用到基础设施投资、不动产投资、境外投资及商业银行股权中去，使投资组合多样化。

第三节　保险资金助推甘肃地方经济发展案例

一、间接投资基础设施

2006年，中国保监会颁布了《保险资金间接投资基础设施项目试点管理办法》，开辟了保险资金运用的新渠道。2007年，保监会又颁布了《保险资金间接投资基础设施债权投资计划管理指引（试行）》，2009年颁布了《基础设施债权投资计划产品设立指引》，在这两个文件实践的基础上，2012年保监会正式出台了《基础设施债权投资计划管理暂行规定》。出于风险管控的考虑，保监会对保险资金投资的范围、额度和方式都作了严格的规定。目前，具体投资计划设立，仍须由中国保监会一事一批。从政策导向和业务实践看，保险资金间接投资基础设施项目重点主要集中在能源、资源和交通三大领域。重点项目是由政府主导、商业运作、受经济周期影响小的项目，尤其是由政府主导、财政先支后收、政府在税收政策上给予转移支付的，或者由人大纳入预算进行还本付息、风险可控的项目。2016 年 4 月，中国保监会正式出台了《保险资金间接投资基础设施项目管理办法》，对加强保险资金间接投资基础设施项目的管理，防范和控制管理运营风险，确保保险资金安全，维护保险人、被保险人和各方当事人的合法权益，促进保险业稳定健康发展提供了全方位的法律保障。而且，该办法取消了保险资金投资基础设施项目的诸多行政条款，进一步放宽了投资领域。2017 年，中国保监会印发《关于债权投资计划投资重大工程有关事项的通知》，在风险可控的前提下，支持保险资金投资对宏观经济和区域经济具有重要带动作用的重大工程。

二、购买企业债券

2005 年，中国保监会颁布了《保险机构投资者债券投资管理暂行办法》，对保险机构投资企业债券作出相关规定，规定保险机构只能投资有担保或者经国内信用评级机构评级为 AA 以上的企业债券。2009 年又新增了境内市场发行的中期票据等非金融企业债务融资工具，大型国有企业在香港市场发行的债券、可转换债券等无担保债券。保险公司为了规避资产负债敞口、降低利率敏感性，必须相应配置一定投资期限较长的债券品种，而国内长期债供给较少，企业债券期限较长（多为 7 年以上），符合保险公司的投资需求。因此，保险机构成为企业债券市场上的最大投资者。与银行贷款相比，企业债券资金成本相对较低、期限较长，有利于项目的长期建设和企业的资金安排。2008 年初发行程序改革后，程序简化为直接核准发行一个环节，极大地提高了企业债券的发行效率。因此，向保险机构发行企业债券是从紧的货币政策下筹集建设资金的一条很好的途径。2007 年末，中国银监会下发了《关于有效防范企业债券担保风险的意见》，要求各商业银行一律停止对以项目债为主的企业债券进行担保，对其他用途的企业债券原则上不再出具银行担保。2012 年，中国保监会印发了《保险资金投资债券暂行办法》，从资质条件、债券种类、投资规范、风险控制、监督管理等方面做出了详细的规范。

三、保险资金投资甘肃省经济建设的标志性成果

目前，保险资金投资基建的方式仍以股权、债权等间接投资为主，其中，

险资间接股权投资项目有人保资产—国开金融重点城镇化项目股权投资计划、太平—北京城建基础设施股权投资计划等，而险资间接债权投资项目更是数不胜数，如，阳光—邯宝钢铁基础设施债权投资计划、太平洋—甘肃省交通厅债权投资计划等。

甘肃保险监管机构按照省委省政府的决策部署，把引入保险资金支持甘肃经济建设作为一项重点工作，多措并举，主动作为，取得了良好的效果。2014～2016 年三年期间，保险资金累计投资甘肃省建设项目 55 个，落地资金 301.51 亿元。一是共有 5 家保险公司与丝路沿线的兰州市、张掖市、嘉峪关、白银市、酒泉市、平凉市、天水市、陇南市、庆阳市、甘南州等 10 个市（州）政府签订了战略合作协议，为“一带一路”建设提供资金支持。二是支持甘肃重大项目建设。保险业为甘肃省重大工程提供了规模大、期限长、供给稳、成本低的“源头活水”，累计投资甘肃重大建设项目 15 个，金额达到 204.21 亿元。在融资难、融资贵的大背景下，保险资金的助力，为甘肃省的重点基础设施建设提供了有力的资金支持。三是助力实体经济小微企业。近年来，保险资金以多种方式服务实体经济发展，在甘肃省主要以债权投资计划为主，兼顾股权投资、不动产投资、项目资产支持计划、融资租赁等方式。投资方向以实体经济为主，非实体经济仅有 24.14 亿元，占比 8.69%。投向 27 家中小企业资金 49.26 亿元，占比 17.74%。①

随着“险资入甘”初见成效，保险监管机构和地方政府加大了引入保险资金的工作。2017 年 6 月“甘肃保监局旗舰店”正式入驻中国保险资产管理信息交互系统和微信服务平台。这标志着甘肃融资项目正式进入全国性保险资金对接平台，为“险资入甘”开辟了新通道。并且首批发布甘肃省 22 个融资项目，涵盖交通、市政工程、旅游、文化、教育以及水利等多个行业和领域，拟融资金额近 300 亿元。2017 年和 2018 年连续两年“险资入甘”金额突破百亿元，有力地支持了甘肃省重大项目建设。

（一）股权投资形式

1. 平安保险投资兰州威立雅水务集团项目

2007 年 8 月，由原兰州供水（集团）有限责任公司与法国威立雅水务（黄河）投资有限公司合资组建，成立兰州威立雅水务（集团）有限责任公司。投

① 资料来源：甘肃省保监局。

资方为兰州市国资委（占 55% 股权）和威立雅水务（黄河）投资有限公司（占 45% 股权），合作期限 30 年。其中，威立雅水务（黄河）投资有限公司是由平安信托与法国威立雅水务集团先在香港注册成立了威立雅水务（黄河）投资有限公司（以下简称威立雅黄河投资），平安信托的投资额为 6.8 亿元。

2. 平安保险投资甘肃酒钢集团项目

甘肃酒钢集团西部重工股份有限公司（以下简称西部重工）是酒钢集团控股的国有公司，重点发展成套装备、新能源装备、风电塔架及重型钢结构、冶金轧辊、起重机及特种设备、粉末冶金六大板块的产业。以大型冶金设备、备件和风力发电设备制造为主，扶持表面强化、皮带机、聚氨酯胶辊、防腐清洗、吊装运输等控股子公司，目前已形成大型冶金成套设备研发、制造、安装等产学研一体化，是集钢、铁及有色金属铸造、锻造、铆焊、机械加工、金属热处理、新能源装备制造等专业于一体的综合性制造企业。2011 年 4 月 6 日，平安集团与酒钢集团在兰州签署“酒钢集团—中国平安投资协议”，协议内容是酒钢集团和中国平安集团分别向西部重工股份有限公司投资 2 亿元和 3 亿元，用于其增资扩股，扩大经营。

3. 平安保险投资甘肃基础建设项目

临合高速是甘肃省“十二五”重点公路建设项目之一，是国家在甘南藏族自治州投资兴建的首条高速公路。临合高速公路是甘肃高速公路网兰州至郎木寺高速公路（S2）的重要组成路段，是省会兰州通往临夏、甘南、四川阿坝等少数民族自治州的重要通道，同时也是交通运输部规划的西部大通道兰州至磨憨口岸的重要组成路段。路线全长 98.975 公里，总投资 88.9 亿元，标志着甘肃省 14 个市州全部通了高速公路，是甘肃省高速公路建设史上的又一个里程碑。平安资产与甘肃省路桥建设集团合作，参与投资临合高速公路项目，投资额达到 10 亿元。

临洮至渭源高速公路是国家高速公路网（G75）兰州至海口国家高速公路的重要组成路段，是甘肃省高速公路网规划的组成部分，也是甘肃中部连接兰州、定西、陇西、渭源、临洮环状高速路网的唯一缺口路段。起点位于临洮县曹家沟，接已建成通车的兰州至临洮高速公路，经玉井镇、会川镇、渭源县，止于路园镇，接天定高速公路陇西至渭源连接线和在建的渭源至武都高速公路，路线总体走向由西北向东南，路线全长 62.667 公里，总投资 47.727 亿元，人保资本投资管理有限公司向甘肃省公路航空旅游投资集团投资建设临渭高速公路项目，投资金额达 19 亿元。

除此之外，平安信托与甘肃省公路航空旅游投资集团合作，参与投资十堰至天水高速公路项目，投资额达到 15 亿元；平安集团通过股权投资方式向甘肃敬业农业股份有限公司投资 1 亿元；安邦财险股东联通租赁集团下属企业中乒集团向西固区精品汽车园区投资 10.58 亿元；平安租赁向华亭煤业投资了 3.5 亿元；平安租赁就张掖巨龙建材融资项目投资了 1.2 亿元；平安租赁与玉门市城市建设投资公司合作，参与投资玉门青羊沟水电站，投资额为 1.15 亿元；中华联合向福文大厦办公楼投资了 1.3 亿元；平安租赁向学校建设投资了 0.994 亿元。

（二）债券投资方式

1. 平安保险投资嘉峪关城投债项目

甘肃嘉峪关工业园区于 2002 年 6 月经省经贸委批准设立，同年完成机构组建，2003 年开工建设，2006 年 5 月经国家发改委第 37 号公告核准为省级工业园区。东临河西重镇酒泉市，距省会兰州 776 公里；西连石油城玉门市；南倚终年积雪的祁连山与肃南裕固族自治县接壤，与青海相距 300 余公里；北枕色如铸铜的黑山，与酒泉金塔县、酒泉卫星发射基地和内蒙古额济纳旗相连接；中部为酒泉绿洲西缘。已探明矿产 5 种，铁、重晶石、石灰岩、白云岩、造型黏土储量可观，居甘肃省前 3 位；镜铁山矿铁矿石总储量为 4.83 亿吨，现已形成 500 万吨的生产能力；西沟石灰石矿储量为 2.06 亿吨，为露天开采，年产量 80 万吨；大草滩造型黏土矿总储量为 9800 万吨，邻近地域还有储量可观的芒硝矿以及铬、锰、萤石、冰川石等矿藏。嘉峪关市城市建设投资公司就甘肃嘉峪关产业园区建设项目发行城投债，平安债券认购 10 亿元。

2. 平安保险投资兰州南绕城高速公路城投债项目

兰州南绕城高速既是连云港至霍尔果斯高速公路在兰州市区的过境段，又是青岛至兰州国家高速公路终点——兰州市的城市环线。兰州南绕城高速东起榆中县定远镇，途经和平镇、西果园、梁家湾，终点至黄羊头，接兰海高速公路，建设里程 58.249 公里，路线总体走向由东向西，它将与现有柳忠、兰海高速公路连接起来。建设兰州南绕城高速不但可以将过境车辆引向城市外围通过，而且还将打通兰州城区外围交通，与柳忠高速公路、兰海高速公路形成兰州高速外环线，从而缓解市区交通压力。同时，对提高兰州市区交通的快捷集散功能，发挥中心城市辐射作用具有重大意义，为兰州城市未来发展奠定了良好的路网格局。甘肃省交通建设投资管理有限公司成功引进27.98亿元保险债券资金用于兰州南绕城高速公路建设。

3. 其他保险投资甘肃省债券项目

2014年，太平人寿甘肃分公司促成太平资产管理有限公司发起设立太平—华能核桃峪项目债权投资计划，投资计划注册规模为30亿元，募集基金主要用于庆阳核桃峪矿井及选煤厂建设。核桃峪井田东西长约15.429公里，南北宽12.399公里，面积191.30平方公里，煤炭资源量2116.09万吨。矿井设计可采储量为1176.4万吨，设计生产能力8.0万吨/年，服务年限110年。矿井建井工期48.4个月，建设总投资107亿元，将建设成年产2000万吨的大型煤炭基地，是甘肃省煤炭开发史上规模最大、投资最大的规划，对甘肃未来的能源发展格局和经济社会发展必将产生巨大的拉动作用。

太平洋资产管理公司与兰州水源地项目公司共同制定了太平洋—兰州市第二水源地债权投资计划，投资额为16亿元。2014年，兰州局部地区自来水苯超标事件以及自来水异味事件，引发了市民对饮用水的空前关注与担忧，也坚定了省市各级领导建设兰州备用水源地的决心。同年5月，兰州市水源地建设工程正式拉开序幕，兰州市新水源地工程位于兰州市和临夏州之间，以刘家峡库区上游优质水源作为引水水源，采用有压隧洞的形式向兰州市主城区和东城区和平、定远、夏官营三镇提供工业与生活水源，同时兼顾兰州新区供水。工程包括取水口、输水隧洞主洞、分水井、芦家坪输水支线、彭家坪输水支线及其调流调压站、芦家坪水厂和彭家坪水厂等。

除此之外，平安资产管理公司和华泰资产管理有限公司共同实施甘肃省公航旅基础设施债权投资计划，其中平安资产管理公司的投资额为20亿元。中国人寿保险（集团）与甘肃省公路航空旅游投资集团共同制定了中国人寿—甘公投武渭债权投资计划，投资额达到3亿元。

第四节　他山之石：河北省阜平县保险产业投资扶贫*

2016年8月，中国保监会批准设立“中国保险业产业扶贫投资基金”

* 张伟楠. 中国保险业产业扶贫投资基金首个扶贫项目见成效、有特色［N］. 中国保险报，2017-8-21.

（以下简称基金），由中保投资有限责任公司（以下简称中保投资）担任基金管理人。基金首个项目于 2016 年 12 月落地革命老区、贫困地区——河北省阜平县老乡菇公司，支持当地食用菌标准化种植项目（以下简称项目），通过产业投资带动贫困人口脱贫增收。经过半年多的建设运营，目前项目已建成标准化食用菌大棚 666 栋，分布于阜平县色领口等 13 个园区，靠近易地扶贫搬迁项目聚居点和贫困村，方便贫困人口就近就业，带动精准脱贫初见成效。

据阜平县统计测算，项目通过大棚租赁、务工等形式，目前共覆盖建档立卡贫困人口 14361 户，有 557 户农民参与香菇种植，整个老乡菇种植产业链惠及 1674 个贫困人口在当地就业（详见表 10 - 6）。农户通过租用高标准棚室并获得龙头企业技术指导，如能够保证香菇 2 年 3 个周期（一个周期 8 个月）不间断生产，菇农每年的净收益可达 9 万元；务工方面，每个大棚在一个周期中有 5 个月收菇期，需要雇佣劳动力 1 ~ 2 名，按每人每天 70 元测算，每个务工人员每月可领取 2100 元，每年可增加工资收入约 14000 元。

表 10 - 6　　带动农户明细表

镇	村	贫困户（户）	租棚（户）	就业（人）
阜平镇	色岭口村	3515	101	303
北果园乡	北果园、崔家庄村	2271	128	384
城南庄镇	宋家沟、桐子沟、麻棚村	1860	113	339
王林口镇	寺口村	1856	63	189
平阳镇	白家峪村	1946	27	84
大台乡	大连地村	1115	21	63
史家寨乡	史家寨村	1054	41	123
砂窝乡	大柳树村	744	63	189
合计		14361	557	1674

总结起来，扶贫基金投资时正是项目建设的关键时期，资金到位后，老乡菇公司在第一时间支付了前期的工程款，保证了项目的顺利建设。中保投资在项目投资设计之初，就切实按照中央“精准扶贫、精准脱贫”的要求，着力通过产业发展带动就业来提升当地“造血”功能，探索通过“投保联动”模式发挥保险行业合力，提高贫困地区抵御风险的能力。主要体现在以下两点：

（1）资金投入遵循“精准扶贫、精准脱贫”原则，“输血”的同时更加注重增强“造血”功能。一是投资区域选择精准。在国家确定的连片特困地区中，阜平县既有香菇种植的传统又有产业发展规划，且作为金融扶贫示范县具有一定的保险基础。二是投资标的确定精准。基金投资着力抓住关键产业和产业发展的关键环节，以资本金形式直接向阜平县老乡菇公司增资5000万元，解决企业资本金缺乏的问题、增强其融资能力；同时指定资金专项用于高标准大棚建设，既是香菇产业发展的核心资产，也是对接贫困农户的关键环节。三是脱贫目标设定精准。大棚建好以后通过租赁、入股、务工等形式精准对接农户，满足不同层次农户生产需求，创造就业岗位，增强其自身的“造血”功能。

（2）将食用菌产业的自然和市场风险等纳入农业保险范围，分散了投资风险。本着“金融扶贫，保险先行”的扶贫理念，为最大限度地防范和降低食用菌产业因灾造成的损失，保护扶贫成果，中保投资在与项目方签订的投资合同中明确约定，“所有食用菌棚室、出菇菌袋等要全部参加保险，确保覆盖产业经营风险和灾害风险”。

按照“政府支持、群众自愿”的原则，阜平县政府与保险公司合作，制定了菌棒自然灾害和成本损失险，每棒投保0.28元，其中，县政府补贴60%，菇农承担40%。在生产周期结束后，如单个菌棒产值不足4元，人保财险每个菌棒理赔至3.8元，保证菇农收益。同时，老乡菇公司也为所有棚室投保，棚室每亩保费1000元，政府补贴80%，老乡菇公司承担20%。截至目前共投保棚室714亩，总保费714000元。

从保险公司提供的出险理赔情况看，截至2017年6月底，共计出险7次，理赔7笔，赔付金额42308元。由于保险赔付款及时支付，保证了农户对受损部分进行修缮，不影响香菇的生产，避免了更大的损失。实践证明，通过引入保险机制，有效管控了食用菌的生产经营风险，减少了企业和菇农因自然灾害与经营不善造成的经济损失，扶贫基金“投保联动”模式能够发挥扶贫有成果、成果有保障的作用。

第五节　攻坚克难推动“险资入甘”的政策建议

为深入贯彻党的十八届六中全会和中央经济工作会议精神，特别是习近平总书记关于金融工作的重要指示精神，落实党中央、国务院关于做好金融业风险防范工作的有关部署，2017 年中国保监会陆续出台了《中国保监会关于进一步加强保险监管维护保险业稳定健康发展的通知》《中国保监会关于进一步加强保险业风险防控工作的通知》《中国保监会关于强化保险监管打击违法违规行为整治市场乱象的通知》《中国保监会关于保险业支持实体经济发展的指导意见》《中国保监会关于弥补监管短板构建严密有效保险监管体系的通知》等系列文件（简称“1 +4”系列文件），明确了当前和今后一个时期强监管、治乱象、补短板、防风险、服务实体经济的任务和要求。

“1 +4”系列文件出台后，甘肃保监局积极推动“险资入甘”，支持甘肃省重大基础项目建设。然而大量的保险资金均投入到国家重点工程以及其保险公司总部所在省的重点项目，甘肃省利用保险资金仍存在很大的困难。

一、“险资入甘”的困境分析

（一）保险资金的性质决定其不能进行直接投资

保险业资金的投资方式与银行业相比有着一定的差异，地方政府和企业对保险资金的使用渠道、融资规则未能有效掌握。一是银行可以通过在地方设立分支机构吸收储蓄，并通过分支机构在地方发放贷款的方法参与地方经济建设，而保险公司在地方的分支机构只能收取保费、兑现赔款，资金运用由各保险公司总部统一运作，甘肃省本地唯一一家于 2017 年获批营业的黄河财产保险公司，由于还没有形成规模，可运用的资金非常有限；其他在甘肃营业的保险分支机构总部均在外省，致使甘肃省每年数百亿元的资金通过保险行业外流。二是银行可以通过多种形式发放贷款参与地方经济建设，保险资金不能以贷款的形式实现投资增值，只能通过银行存款、买卖债券、股票、证券投资基金、投资不动产、基础设施项目投资等渠道实现保险资金的投资。此外，近年来银保监会对保险公司在商业地产、基础设施、养老社区、保障房建设以及未上市企业股权投资政策还未完全放开。

（二）地方政府对保险资金的运用规则还未掌握

地方政府和企业多年来已经习惯于与商业银行的合作，并且充分了解商业银行融资的基本规则，往往在遇到资金需要时主要考虑通过银行的成熟渠道解决资金问题。首先，当地保险公司分支机构与社会交往的主要工作是“收保费、办理赔”，各级领导和社会公众无法了解保险公司的融资功能和规则，无法将一些重大项目的融资需求与保险资金联系起来；其次，甘肃省各级政府的金融办长期以银行为工作重点，从地方政府的角度缺乏研究和拓展引进保险资金在甘肃投资的渠道；最后，保险公司在地方的主要任务是保险市场拓展和内务管理以及发挥社会保障功能，缺乏投资专业人才，也无职权去研究引进保险资金投入地方建设的可行性和可操作性。

二、加快推进“险资入甘”的政策建议

《保险法》和《保险资金投资不动产暂行办法》的政策松绑，意味着保险资金运用渠道更多地放开，目前保险资金正加快流入商业地产、基础设施、保障房建设、养老社区及未上市股权等投资领域，这对受资金来源“瓶颈”制约的甘肃省经济和社会建设来说是一个重要契机。同时一些实力雄厚的大型保险央企如人保、国寿、太平洋等保险集团，它们不受总部所在区域的限制，正在不断寻求保险资金在全国范围的投资渠道。因此，甘肃省政府要抢抓机遇，主动对接这些大型央企，争取更多的资金投向甘肃省的项目。

（一）政府主导，发挥多方协调作用

首先，甘肃省各级政府需要增加编制、补充人才，强化省、市两级金融办的建设，充分发挥金融办在地方经济发展中的重要作用，尤其是在整合地方资本资源、对外融资以及扶持省内企业资本运作的方面发挥政府的引导作用；其次，省政府应当发挥保险行业协会的作用，充分利用行业协会与中国保监会、省保监局的直接渠道谋求政策支持，发挥保险业高管人员与全国各大保险公司总部的人脉优势，广泛建立吸引保险资金投资的融资渠道。

（二）建章立制，提高险资投资积极性

保险公司作为金融企业是以实现盈利为目的的。保险资金的投资收益是保险公司获利的重要来源。同时，由于保险资金来源高度市场化，投资运营却是高度计划性，资金来源大部分来源于保费收入，必须确保资金的安全性，因此保险资金运作的方法受到保监会的严格监管。省政府应当针对保险资金投资的特点和限制条件，制定相关配套政策措施，营造宽松的投资环境，建

立股权投资、项目投资、土地置换、成立保障房建设投资股份公司等灵活的投资方式，防范保险资金投资风险，符合投资监管规定，取得合理收益，提高保险企业参与地方投资的积极性。

（三）有的放矢，搭建险资投资平台

早在2011年中国太平洋保险就率先推出40亿元的“太平洋—上海公共租赁房项目债权投资计划”；随后，中国平安与上海城投控股推出“平安—城投控股保障房项目债权投资计划”，募资不超过30亿元，用于支持上海保障性住房建设；接着，由太平洋资产牵头，集合了国寿、人保、华泰、泰康等6家保险资产管理公司，参与北京保障房建设的“蓝德计划”也已实现。为此，建议甘肃省政府组织相关力量，加快策划编制甘肃省保障房债权投资计划，并与大型保险公司总部沟通，争取以此为突破口吸引保险资金参与甘肃省公共服务项目建设。也可以考虑组建甘肃省保障房投资建设股份公司等投资平台，吸引保险资金以参股、控股等形式进行股权投资。

（四）合理引导，尝试运用资源换投资的模式

2017年底各家保险公司在甘肃省收取保费的总量已经达366.4亿元，保费资源是现有保险公司必争之资源，其中不少保费资源掌控在政府手中。政府可以根据保险公司对地方投资的力度，将保费资源用于支持为地方经济建设做出贡献的保险公司，以此举促使保险公司更多地关注对当地经济建设的贡献度；同时，政府可以利用自身的资源，与在甘肃省有理财产品发行业务的保险公司合作，利用保险公司的理财产品合法化在甘肃省区域范围内向社会募集民间闲置资金，并与保险公司达成“资金取之于甘，用之于甘”的合作模式。此举可募集的资金量十分可观，且长期合作还可以达到建立低成本、低风险、长效的融资平台之效果，可有效地解决政府融资难的问题。

综上所述，保险业是地方经济和社会事业发展中的一支重要力量，保险业既是社会保障体系中的稳压器，又是地方经济发展中的重要金融平台。甘肃省政府应当高度重视保险业在当地总体的健康发展，提高保险公司公众服务意识，有效地鼓励和支持注重参与地方经济建设的保险公司的发展，从而实现政府与保险业合作双赢的局面。

第十一章　保险业助力甘肃省扶贫攻坚的政策建议

第一节　甘肃省农业保险扶贫的问题与政策建议

一、政策性农业保险发展中存在的问题

（一）政府层面

通过调研发现，站在不同的角度，在政策性农业保险的发展中面临不同的困境。从政府层面讲，其一是配套补贴资金的筹集非常困难。甘肃省几乎所有的县都是农业县，财政收入比较困难，部分县的财政收入还不能满足财政供养人员的工资发放。政策性农业保险保费补贴中，中央和省级财政承担了其中大部分，县级财政即便配套15%～20%的比例负担也比较重。这使中央和省级财政补贴的险种覆盖率普遍较低，如果要做到这些险种的全覆盖，县级财政承担的保费补贴也会达到目前金额的3～5倍。因此，地方政府尤其是县级政府在推广政策性农业保险方面存在一定的担忧，积极性不太高。

其二是地方政府对农业保险的认知较简单。从已经开办的政策性农业保险的赔付状况看，各个农产品的赔付率差异较大，部分产品如能繁母猪保险、苹果保险等赔付较高，简单赔付率达到或者超过了100%；也有部分产品如冬小麦、马铃薯、玉米等赔付率较低，简单赔付率在55%左右。但总体上来看，政策性农业保险的简单赔付率在70%左右，除去保险公司15%～20%的

经营费用率和上缴的税收支出，保险公司还有部分盈余。这使部分地方政府认为资金的投入和产出不匹配，而忽视了农业保险在稳定产量、平抑价格、助力扶贫等方面的溢出效应，对农业保险产生了一定的误解。

其三是政府与保险公司之间协作有困难。政策性农业保险的开办秉承"政府引导、协同推进"的原则，尤其是在我国农业小农生产的经营模式下，农业保险的承保、理赔等环节非常需要基层政府的大力支持，否则保险公司运营的成本将非常之高。而承保和理赔的时间上大多与基层政府开展各项工作的时间相重合，导致基层政府没有更多的时间和精力投放到农业保险上面。甚至，部分基层政府将农业保险事务看作加重其负担的额外工作。因此，基层政府对农业保险有一种抵触心理。

其四是省级主管部门计划与市县农业发展需求相差较大。目前的政策性农业保险坚持"保大宗"的导向，采取的是省级财政按照各县主要农作物状况做计划，再向保险公司进行招标，保险公司通过基层政府进行承保，各级财政根据各承保农产品的规模进行补贴资金的划拨。这种运作机制很大地限制了县级政府运用农业保险的灵活性，使部分县域具有地方优势、经济效益高的农产品不能或者大部分不能获得保险保障。因此，中央和省级财政的补贴品种与地方重点扶持的特色农产品存在一定的不一致，不能有力地支持地方发展特色农业和高效农业的规划目标。

（二）保险公司层面

第一，农户的分散经营带来了投保的时效性问题。每个农户种植和经营的农产品比较繁多，地理分布也比较分散。即便是采取按村集体投保的方式，保险公司要完成承保合同签订也需要一个时间段。这样，还未投保就发生风险的事件时有发生，很容易造成农户、政府和保险公司之间的纠纷。

第二，受灾后结果差异化带来了"定损难"的问题。各市县之间由于地理、地貌等存在很大的差异，使各个区域之间的风险特征差异很大。即便是同一个区域在遭遇相同风险后，各个农户的农产品损失程度也存在一定的差异。目前，受灾后保险公司虽然会同地方农技部门和地方政府部门共同定损，但是限于上述差异性以及抽样调查的局限性，使定损结果与农户的真实损失之间仍然存在差异。由此，造成了农户对保险公司的不信任和误解。

第三，“投一保十”的风险无法根除。如前面分析到，目前正在运行的农业保险产品，没有一个能够做到全覆盖，这就意味着保险公司将以不足额的保费承担全额的风险。如果不能做到全覆盖，那么作为农户和地方政府将可能进一步降低承保的面积或数量，使农业保险陷入倒退的境地，也极大地挫伤保险公司的积极性，回到十年前农业保险寸步难行的状况。

第四，农户平均主义思想难以转变。长期受平均主义思想和依赖政府心理的影响，使农户认为灾害后的保险赔偿是一种政府救济。所以，不论自身受灾程度的轻重，都会关注别人获得补偿的额度，一旦其他受灾较重农户获得的补偿高，便认为对自己不公平。由此，使部分地区保险公司在灾后不得不以相同的标准进行赔偿，扭曲了损失多少补偿多少的保险经营原则，并由此使农户对保险的认知更加扭曲。

（三）农户层面

第一，投保作物不能全覆盖。部分农产品在近年的运作过程当中已经获得了农户的广泛认可，尤其是具有特色性、高价值的农产品保险更受欢迎。但限于地方财政的能力，目前农户只能部分投保，意味着灾害发生后农户只能按照投保的面积和数量获得补偿，剩余的损失自己承担。尤其是经济价值越高的农产品保险覆盖率较低，损失发生后农户自己承担的损失很大。

第二，部分经济价值高的地方特色产品不能获得承保。调研中农户和地方政府普遍反映一些具有地方特色、经济价值较高、具有全国品牌性的农产品未列入中央和省级财政补贴范围，保险公司若要以纯粹的商业手段开办这些险种，农户经济负担很大，所以到目前为止，这些产品还没有实施保险。农户迫切希望这一类能够带来较高收入的产品获得保险保障。

第三，保险金额不足，难以实现预期赔付。政策性农业保险在保险金额的设置上遵循保成本的原则，目前中央和省级财政补贴的农业保险产品的保额是在多年前确定的，按照当时的物化成本确定，如玉米为 500 元/亩、马铃薯为 700 元/亩、苹果丰产园为 2000 元/亩。但此后没有根据成本价格进行过适当的调整，使农户感觉到成本的投入和保险的补偿有较大的差距，尤其是经济价值较大的农牧产品更加突出。2016 年甘肃省农业保险产品保险金额设置状况如表 11 –1 所示。

表 11－1　　2016 年甘肃省农业保险产品保险金额设置状况　　单位：元

险种	保额	险种	保额	险种	保额
藏系羊	300	低保额马铃薯	500	苹果保险	2000
牦牛	2000	高保额马铃薯	700	樱桃保险	2000
能繁母猪	1000	青稞	250	散户当归	2000
奶牛	5000	棉花	500	企业当归	2800
鸡	—	公益林	500	散户黄芪	2200
育肥猪	300～600	商品林	600	企业黄芪	3000
肉牛	3000	农房保险	20000	散户党参	3000
肉羊	不超市场价 7 成	农房地震险	（地震责任）20000	企业党参	3800
马	20000	冬笋	1900	葡萄种植	2000
油菜	500	茶叶	1500/2000	洋葱种植	3000
冬小麦	250	李广杏	200	枸杞种植	2000
大田玉米	500	烤烟保险	1000	娃娃菜	2000
高产玉米	1000	设施蔬菜	8700～32500		

二、优化农业保险扶贫的建议

按照财政部印发《中央财政农业保险保险费补贴管理办法》的要求，我国将继续逐步构建市场化农业生产风险分散机制，更好服务“三农”，需要坚持“中央保大宗、保成本，地方保特色、保产量”的基本要求，以建立多层次农业保险体系，满足多样化农业保险需求。

保险机构积极创新农业保险产品、拓展“三农”保险广度和深度，提升保险服务品质，推进农业保险扩面、增品、提标，开发满足当地农业生产经营主体需求的保险产品，使保险产品和保险服务更加贴近农村市场和农业风险保障需要。通过各方努力，将更多的农户纳入进来，做到应保尽保，不断扩大保险覆盖面，提高保险保障水平，使农民“丰年有收入，灾年有保险”。让农业保险和国家惠民政策真正走入千家万户，为甘肃省农业生产和农民生活保驾护航；让“保险”真正发挥对农业生产、农业扶贫和灾后补偿的“放大器”和“稳定器”作用；让“保险”真正成为阻止贫困的坚强防线。

（一）逐步推行“扩面、增品、提标”，完善农业保险险种体系

农户对经济作物如部分农作物、中药材、畜牧业等的保险需求很大，有较高的保险意识，应大力支持。对于各地区自创品种、经济价值较高的品种、投保群体经济实力相对较好的农业保险品种，可以逐步地适当提高农户所交保费比例，既减轻政府财政负担，又有利于农业保险市场化改革趋势。大力支持地方保险品种试点、扩大地方险种面、加强推广示范，考虑到地方险种的经济价值，各级政府可以减少补贴比例，考虑建立大灾救助、农业再保险等制度安排予以支持。建议增设支持地方特色农业开发的险种，例如武威的皇冠梨，张掖、白银的蔬菜大棚以及靖远的枸杞等品种。

（二）有序推进险种条款、费率、理赔规则等内容的优化

农业保险条款优化方面可以从保额、保险责任、赔款计算等方面进一步改进，提高保额，逐步向中等产值靠近。不同的农业险种有不同的特点，不同的地区同一险种也有不同的特点，因此设计保险产品时，建议区别对待，不能以一个标准执行。科学规范地方险种的理赔规范、计算方法、程序等。同时，加大对理赔标准、规范、计算方法与程序的宣传公示力度。提高农户对保险理赔的认知度和认同度。

（三）改进对农业保险资金的筹集与使用，优化保费补贴机制

进一步优化政策性农业保险保费的分摊比例，针对贫困县财政资金十分紧张的特殊情况，一方面，建议适当减轻甚至减免县级财政配套补贴资金要求，或是在下达指标中给予一定的弹性空间可以由县级政府根据农业产业发展情况有一定的灵活安排权利；另一方面，建议对一些配套资金考虑用“省级政府对省级保险公司”的办法保证配套资金的落实。另外，对于农业保险资金筹集问题，建议可以将粮食直补资金转化为保费，提高央补相关品种的保额；同时还可以从扶贫款中提出一部分专门用于贫困户的农业保险投入。支持地方政府和保险公司适度开发设计扶贫相关险种，以及其他类如价格保险（畜牧）、产值保险（种植）。在自创品种方面建议争取中央补贴资金，对现有品种建议提高央补比例，减轻地方政府财政压力。对预算资金能否考虑结算制，给地方政府更多资金在不同险种之间的调配权限。

（四）政策性与商业性协同发展农业保险

农业保险的损失在一定范围内具有普遍性，超过这个范围的损失具备商业保险的可保性，建议在设置保费和保额的过程中可以分成这两层来计算，最后加总到一起。农业保险的特殊性决定必须有政府补贴资金，所以一定范围内的普遍性损失，保费以政府补贴资金占大头，农户所交保险费占小头，这是政府补贴资金该发挥作用的地方；而超过一定范围的损失，其所需的保险费由农户自己承担。这样通过保费在不同损失程度发挥的作用进行保费和保险金额的设计，可以有依据地提高保费以及保障程度，更科学地设计农业保险产品。目前农业保险覆盖面不够，扩大覆盖面的同时，财政补贴资金也需同比例扩大，但财政资金有限，而通过分层来计算保险费、扩大覆盖面的同时，财政补贴资金只需按第一层次的保费补贴比例来扩大，可以有效减少财政资金的压力，同时不会因扩大覆盖面而减少单位标的的财政补贴从而降低保障水平。

（五）加强宣传，科学引导政府和农民有效利用农业保险

农业保险确实能发挥一定的风险保障作用，特别是在大灾之年、大规模种植/养殖户等条件下尤为显著，因此应继续推动农业保险发展和改革，加强与明确农户市场意识、保险对生产保障意识、合同意识等思想引导目标。目前农业保险的基本政策宣传比较到位，参加农业保险的意识有所提高，但农户对农业保险满意度不高、投保积极性不高的原因除了保障水平不高，还有很重要的一个原因是定损、核赔程序不透明，农户不清楚赔付标准，对是否能达到预期的赔付心里存在疑虑。因此，建议在农户投保的时候，应给农户准确详细地讲解保险责任范围、定损理赔的计算依据，同时将这些信息以宣传册或彩页的方式发放给农户。

（六）理顺政府与保险公司的关系，提升农业保险服务水平

改进基层政府理念，加强对乡村干部保险专业知识培训。加强政府与保险公司的公平合作，坚持客观公正地履行合同，减少主观影响与客观影响，特别应杜绝政府与保险公司达成所谓适度的年度赔付比例这种侵害保险运行规律的做法，让保险回归到“无灾不赔、大灾大赔”的客观运行规律中来。同时支持保险公司全面推行“精细化、差异化、规范化、特色化”经营模

式，鼓励和支持承办农业保险的保险公司加快乡镇、村级服务体系建设，积极开拓农村保险市场，加大人力、财务、理赔资源向“三农保险”的倾斜和支持力度，落实差异化资源配置政策，推进“三农保险”产品创新，引进和开发适合农村营销的保险产品，强化再保险技术支持，推动保险险种创新，合理分散经营风险，提高“三农保险”经营稳定性，解决基层发展顾虑。建立严格的理赔质量体系管理和理赔定价传导承保定价的风险管控机制，提高外部风险管理资源的整合度，并逐步建立起以风险评估为核心的承保定价队伍、以风险管控为核心的业务管理队伍和以数据运用为核心的专业分析队伍，为经营管理模式转型提供智力支持，探索发展涵盖多种保障的综合保险模式，积极为农民生产生活提供更加全面的风险保障。

（七）提高信息化、专业化建设水平，支持农业保险工作提升质量

无论是保险公司还是基层政府，为农业保险服务配套的工作人员与农业保险繁杂的工作相比都远远不够，不足以完成大量的到户工作，在实施过程中，因实勘工作量大，存在无法准确核保核赔问题，出现了片区均等化现象，这也致使财政补贴的保费资金无法有效发挥作用。建议大力建立完善农户信息平台，增加信息平台工作人员配置，准确掌握农户间非协议土地流转情况，有效实现“谁种地，谁投保”的准确性。采取措施提高农业保险的专业化队伍水平，对农业保险勘测、定损、评估的专家组成员进行统一专业的培训，统一标准、统一口径，加强其专业性，提高公平、公正化的农业保险服务水平。

（八）挖掘农业保险潜力，助力“精准扶贫”

农业保险可以作为实施和落实“精准扶贫”工作的重要手段之一，在当前政策性农业保险保成本、保产量的基础上，应鼓励和支持保险机构针对贫困地区开发保价格、保收入的农产品价格保险和特色农险产品，因地制宜，提供贫有所助的保险，使保险产品和保险服务更加贴近贫困地区实际和农民风险保障需求。通过保险扶贫的准确性，为精准扶贫搭建起一道人工屏障，让保险真正成为阻止贫困的坚强防线，为贫困户生产经营兜底，为贫困地区农业生产力的提高提供保障。建议将农业保险“精准扶贫”列入考核项目，把农业保险作为基层政府“三农”工作的重要内容，重视、关心、支持农业保险工作，把“三农”保险列入民生工程，助力甘肃省精准扶贫攻坚

战。具体实施中可以创新农业保险参保缴费方式，对贫困农户应自缴的保费可以通过扶贫专项资金来予以支持与帮助。还可以探索“农业保险 + 农业信贷”的信贷扶贫新模式，将两者的优势结合起来，推动贫困人口走上致富路。

第二节 甘肃省大病保险扶贫存在的问题与政策建议

一、甘肃省大病保险运行中存在的问题

（一）报销比例较低、补偿基数还需进一步细化

根据甘肃省的大病保险政策规定，大病保险的四个补偿段的报销比例分别为50%、55%、60%、65%；并且通过结合对不同补偿段的赔付人次和赔付金额的分析，可知四个补偿段的人均赔付额分别为0.21万元、1.31万元、2.92万元、8.12万元。从四个补偿段的报销比例和人均赔付额来看，现行大病保险政策中，医疗费用的报销比例低、补偿基数的制定缺乏精细化等问题突出，大病保险政策实施效果欠佳。

（二）基本医保补偿标准尚未统一

目前，甘肃省的“城居保”与“新农合”在管理机构与统筹方式等方面存在差异，“城居保”的管理机构为各市人社部门，新农合的管理机构为各县的卫生计生部门；“城居保”的统筹方式是市级统筹，新农合的统筹方式以县级统筹为主。人社部门与卫生计生部门的基本医疗保险目录存在差异，而且各地的人社部门与卫生计生部门实施的基本医疗保险政策不尽相同，导致大病保险进行二次报销时存在不公平现象。

（三）乡镇农民的保障水平有待提高

首先，通过相关数据分析可知，乡镇农民人均获得的基本医疗补偿金额与城镇居民相差0.17万元；城镇居民人均获得的大病保险补偿金额比乡镇农民高出0.08万元。总之，与城镇居民相比，乡镇农民人均获得的医疗补偿金

额低。其次，就人均住院总费用占年人均收入比例而言，乡镇农民为城镇居民的2.66倍；在基本医保补偿后人均全部自费费用占年人均收入比例方面，乡镇农民的占比是城镇居民的2.36倍；而在大病保险支付后人均自费费用占年人均收入的比例方面，乡镇农民的占比为城镇居民的2.26倍。通过以上两个方面分析可得，由于乡镇农民与城镇居民相比，属于低收入的弱势群体，其面临的医疗费用负担较重，大病保障水平较低。第一，无论是基本医保，还是大病保险，乡镇农民的人均保障程度都低于城镇居民，即乡镇农民的保障水平较低；第二，由于乡镇农民与城镇居民在年人均收入方面上差距甚大，即面对相同医疗费用而言，乡镇农民个人经济负担比城镇居民个人经济负担要大很多。

（四）筹资渠道单一

提升大病保险的筹资能力、增加大病保险基金是提高大病保险保障水平的前提，甘肃省的大病保险基金主要是来自城镇居民医保基金和新农合基金中按照相关规定划转出的基金，但随着人口老龄化、经济放缓、财政收入减少，单一渠道引入的基金难以支持大病保险的持续开展，这个问题并不是在甘肃省大病保险实施过程中特有的问题，大多数省市在筹资机制上都存在着问题。

（五）政策理解、执行存在偏差

因个别统筹地区（金昌、张掖、酒泉、兰州等市）对大病保险政策及基本医保与大病保险的关系认识和理解存在偏差，调低了基本医保报销政策和标准，致使大病保险报销人次和额度增加。人保财险公司对新农合重大疾病大病保险报销政策理解不透，扩大了报销范围，导致大病保险报销额增幅较大。以上原因致使大病保险基金存在入不敷出的风险。

二、完善甘肃省大病保险扶贫的政策与建议

（一）精准识别扶贫对象

医保精准扶贫的主要对象应该是因病致贫、因病返贫的群体，但在具体扶贫中应该突出重点地区、重点人群、重点病种，准确确定医保扶贫的对象。

根据健康与贫困之间的关联，可以把医保扶贫的重点对象确定为以下三类。

1. 因贫致病人群

有调查研究表明，贫困农村地区的居民健康状况比一般农村还要差，且经济状况、收入水平越差的人群，其健康状况越差。值得关注的是，贫困老年化在我国农村日渐凸显，2015 年享受农村最低生活保障的老年人口在 2000 万人以上。农村老年人因贫困而引发的营养不良现象明显存在，相关调研表明 2010 年城市 60 岁以上老年人群低体重营养不良发生率为 3.3%，而农村为 6.4%。农村各年龄段老年人营养不良发生率为：60～64 岁，4.5%；65～69 岁，5.6%；70～74 岁，7.7%；75 岁以上为 9.2%。① 营养不良导致老年人发生多种疾病。全国卫生服务调查结果显示，1998～2008 年，我国农村地区老年人慢性病发病率呈上升趋势，从 1998 年的 35% 上升到 2003 年的 37.6%，而到 2008 年则猛增到 49.2%。② 因贫致病的农村人口特别是老年人群，应当成为精准扶贫的主要对象。

2. 边缘贫困人群

收入比贫困标准或低保救助标准稍高但生活仍然困难的人群。从收入水平来看，这类人群虽然没有达到社会救助的标准，但他们抵御风险的能力较弱，对于个人卫生支出的变化尤为敏感，一旦遭受疾病的打击，极易陷入因病致贫、因病返贫的恶性循环中，是医保精准扶贫中需要监测的人群。

3. 灾难性卫生支出人群

无论是家庭经济状况本来就很困难的人群，还是中等收入家庭，重特大疾病带来的灾难性支出都会加剧其贫困程度。世界卫生组织利用第四次全国卫生服务调查数据分析指出，中国发生灾难性卫生支出的比率是 13%，约 1.73 亿中国人因重特大疾病陷入困境，致贫的比例为 7.5%。因而这类人群也是医保精准扶贫的主要对象之一。

在医保精准扶贫对象的确定中还需要依据不同地域的健康问题，如地方性疾病，不同年龄段的健康风险如老年人或儿童，不同人群的健康需求如残疾人等具体情况，制定确切的扶贫措施。与此同时，对贫困人群的界定需要结合其家庭背景（人口、劳动力、收入、支出等）、疾病状况、医疗费用等

---

① 王卓群，张梅等．中国老年人群体重营养不良发生率及 20 年变化趋势［J］．疾病监测，2014（6）：477－480．

② 资料来源：2009 年 2 月卫生部发布的《第四次国家卫生服务调查主要结果》。

因素，在基本生活支出、非食品支出、贫困线和家庭收入确定的基础上，按病因、病种、病情进行细化分类，摸清因病致贫、因病返贫人员底数，精确到户、到人，建立综合性、科学性的识别标准。

（二）努力实现应保尽保

让贫困人口和因病致贫人员加入大病保险制度是防止和化解其因病致贫风险的基本保障和首要环节。截至2018年底，我国城乡居民基本医疗保险参保人数一直稳定在13亿人以上、参保覆盖率达95%以上，已基本实现全民参保。但是，由于城乡居民医保分割，重复参保、中断参保、漏保的现象一直存在。因此，仍有必要全面实施全民参保计划，确保城乡居民应保尽保。这既涉及机会公平问题，也直接关系大病保险扶贫的精准问题。应通过城乡居民医保制度和管理体制的整合，消除重复参保、中断参保和漏保的现象，同时对农村困难群体要加大扶持力度，“建档立卡”贫困人口参加城乡居民大病保险个人缴费部分由财政通过城乡医疗救助给予补贴。通过政府补助，确保他们享受基本医疗保险的机会和权利公平。虽说目前已经实现的95%的覆盖率已经不低了，但如果还没有覆盖进来的5%左右的人口是贫困农民和因病致贫人口，那就是重大缺陷，就是没有实现应保尽保。所以，农村贫困人口和因病致贫人员应该成为大病保险应保尽保的重点对象。

（三）坚守“保基本”不动摇

“保基本”是社会保险法规定的包括基本医疗保险在内的社会保险的基本方针，不论经济发展到何种水平，“保基本”的方针都要坚守。以城乡居民基本医疗保险为例，政策范围内的报销比例已经达到70%～80%，实际报销比例也达到60%左右。这表明，“保基本”保得住、保得好，就能保障城乡参保群众的基本医疗需求，就能化解其大部分灾难性疾病风险，群众就有了安全预期和获得感。特别是在各种补充保险因发展缓慢而作用甚微的情况下，坚守基本医疗保险“保基本”的方针尤其重要。为此，《国务院关于印发“十三五”脱贫攻坚规划的通知》（以下称64号文件）指出，城乡居民基本医疗保险新增筹资主要用于提高城乡居民基本医疗保障水平。“保基本”的方针之所以要一以贯之地坚守而不能动摇，是因为“保基本”的方针是基本医保制度的生命线，如果让基本医保制度承担“保基本”之外的应由补充保险承担的保障责任，就会削弱基本医保制度，使其失去可持续性，受害的将是广大参保群众。

（四）发挥多层次的整体保障功能

化解重、特大疾病风险不能仅靠大病保险，而要发挥以商业保险为主的多个补充层次的作用。表面上看，目前我国多层次的保障体系应有尽有，但补充层次功能过弱，基本医保承担了过重的甚至分外的责任。基本医保在起付线一降再降、封顶线大幅提高甚至取消的情况下，又承担着为大病保险供款的责任——超越了“保基本”的范围。而商业健康保险所支付的费用在医疗卫生总费用中占比过低，仅为1.3%~1.6%，而德国、加拿大、法国平均达到10%以上，美国高达37%。[①] 且基本医保与商业健康保险之间缺乏分工，既影响医疗保险制度的完善，也影响商业健康保险开拓自己的市场，迄今没有形成整体性保障功能。之所以强调开展医疗保险和医疗救助脱贫，是因为这两层保障有比较稳定的筹资机制，并且多年来发挥了有效的保障作用，靠得住，用得上，其现实意义和长远意义都很强。同时也提示我们，要大力发展以商业健康保险为主的多层次补充保险，尽快做大做强多层次保障体系的整体功能。

（五）着力加强监管，维护大病保险良好的市场秩序

1. 加强准入监管

进一步明确承办大病保险的准入条件，严格按照相关标准，从严把关，避免一哄而上。坚持成熟一个通过一个、成熟一批通过一批的原则，对审核通过的保险公司，及时公布名单及相关信息。就大病保险而言，还需要商业保险机构对自身的专业化水平和风险管理能力有清醒的认识和客观的评估。

2. 加强市场行为监管

在分类监管信息的基础上，从财务、资金运用、合规、偿付能力等方面入手，选择需要重点检查的机构，提高检查效率，从而增强现场检查的针对性。适时开展综合性检查，在对承办大病保险业务的保险公司的业务财务状况跟踪分析的基础上，选择风险状况比较突出的公司作为综合检查的备选公司。对扰乱大病保险市场秩序的违法违规行为，采取有力措施，坚决打击。

---

① 胡大洋，汪圳．全民医保制度建设实现新突破的思考［J］．中国医疗保险，2017（2）：5－8.

同时，依法严肃查处损害保险消费者利益的违法违规行为，切实保护大病保险消费者的合法权益。

3. 加强资金监管

保险公司需要建立大病保险保费收入上划机制，遵循“收支两条线”原则，严格按照账户类型及用途划拨和使用资金，严防侵占、挪用及违规支付等行为。保险机构设立独立的大病保险保费账户及赔款账户，并按照收付费管理相关监管规定的要求，积极推动大病保险业务非现金给付，切实保障大病保险资金安全。另外，建立大病保险业务的内部监督检查机制，定期对财务、业务系统中大病保险的数据进行检验，确保财务、业务数据的真实性、一致性，真实准确地反映大病保险经营成果和损益情况。

4. 核算大病保险业务管理成本

保险公司需要按照相关监管规定核算大病保险业务管理成本，严格区分在大病保险经营过程中产生的专属费用和按规定分摊公司经营成本的共同费用，合理认定费用归属对象，据实归集和分摊，不得挤占其他业务的成本，也不得把其他业务的成本分摊至大病保险业务。另外，保险公司需要及时向保险监管部门报告大病保险开展情况，主动接受基本医保主管部门、财政和卫生行政部门的监督，接受审计部门的审计。

（六）完善大病保险筹资机制，提高补偿水平

面对筹资机制不完善的问题，开源节流是关键。一是根据经济发展速度及医疗水平的发展适当提高个人缴费金额；二是在增加受保居民所缴纳保费的同时，各级政府应增加对大病保险的资金支持；三是将社会上公益基金引入大病保险基金中，增加筹资来源；四是将大病保险基金通过保险公司发行大病保险证券，利用市场机制来分散风险。

应及时对大病人员的补偿情况进行实地调研，根据调研情况将补偿段进一步细化，优化现行的补偿基数，并且在保证保持当前经济增长、大病保险基金有效稳定运行的前提下，结合实地调研情况，提高各个补偿段的报销比例，使大病保险政策充分发挥其惠民作用。

（七）制定全省统一的基本医保补偿标准，着重保障乡镇农民

在保证政策的连续性和可持续发展的基础上，本着最大限度减轻大病患

者经济负担原则，甘肃省医改办拟尽快出台相关实施细则，进一步明确保障范围、报销标准、报销比例、报销流程等，确保各地统一标准、规范运行，并且各统筹地区应全面熟悉掌握国务院办公厅《关于全面实施城乡居民大病保险的意见》和省政府办公厅《实施方案》文件精神，稳定基本医保报销政策，实现与大病保险有序衔接，使大病保险可持续平稳运行，惠及更多的困难群众。现行大病保险政策应将乡镇农民作为大病保险的保障重点，在政策实施上侧重保障乡镇农民，这样才能缓解乡镇农民的高额医疗费用造成的个人经济负担，着重保障乡镇农民。

第三节　完善保险支农融资扶贫的政策建议

甘肃省小额信贷保险业务经过多年的不断发展，当前已经初步形成具有一定规模的小额信贷保险业务体系。但是针对甘肃省庞大的小额信贷保险需求群体而言，目前的小额信贷保险不论是从规模、产品结构还是从供给主体、推广范围上都远远不能满足低收入者的需要。从小额信贷保险的国际经验和我国的发展状况来看，甘肃省小额信贷保险在发挥支农惠农功能、促进农民脱贫致富方面还需要进一步完善。

一、甘肃省小额信贷保险发展存在的问题

（一）险种数量少，保障范围狭窄

农村小额信贷风险主要是信用风险。包括借款人因经营不善或者发生自然灾害致使经营收益无法达到预期甚至亏损、借款人因遭受意外事故或者突发疾病等而无力归还贷款，以及借款人因诚信或者道德问题而故意不归还贷款等情况。此种风险可以通过信用保险和保证保险两类保险提供保障。但从保险公司目前提供的相应险种类型来看，数量较少，远不能满足现实需求。一是现有险种大多为保证保险性质的保险，由信贷机构投保的信用保险较少，信贷机构无法通过信用保险进行信贷风险的转移。二是现有的农村小额信贷保险不仅数量少，保障范围也较为狭窄。借款人意外伤害保险保障的是借款人的意外伤害风险，仅仅实现的是“小额信贷+意外伤害”的业务模式，对

于借款人的疾病风险、经营风险和自然风险等并没有提供保障。农村小额信贷保险与借款人意外伤害保险类似，仅对借贷者因全残或死亡而不能还贷的风险提供保障，对其他信贷风险未提供保障。信贷组合保险也仅限于农业设施保险，并且依靠意外伤害保险的承保盈利来弥补单一农业保险的亏损，对于其他种植业和养殖业所面临的自然风险并没有提供保障。由于信用体系不健全，农村小额信贷保险面临高风险、低收益、供给不足的问题，业务规模难以满足市场需求。因此，从总体来看，我国农村小额信贷保险只为贷款中的信用风险提供了部分保障，对于解决“融资难”的作用有限。

（二）费率差异化小，功能发挥不充分

农村小额信贷保险各险种的保险费率无差异，没有充分体现借款人的风险水平，其贷款保证的本质特征并不显著。保险金额与贷款金额相同，虽有保险金额的限定控制了保险公司的整体风险，但是忽略了借款人自有资金的作用，限制了借款人选择部分投保的权利。借款人通过支付保险费获得了被保证权，有助于其取得贷款。然而，当借款人无法按期归还贷款时，尽管保险人可以代替其偿还贷款余额，但是由于保险人也获得了相应的追偿权，被保险人的还贷压力并没有彻底减轻。也就是说，信贷保险只是起到一个为借款人增信的作用，并没有从根本上提供保险保障。在农村小额信贷保险险种的开发设计和经营中，保险公司更多地考虑自身的利益，强调经营中的风险控制，追求企业的经营效益，忽视市场对价原则及互利双赢的原则，借款人成本收益的配比不合理，保险赔付率与保险承担风险不对称。

（三）银保之间权责不对称，保险机构责任重

农村小额信贷市场的道德风险行为主要是借款人未按照合同约定的途径使用贷款或使用贷款不负责任，隐瞒收益并逃避偿债义务。农村小额信贷保险承保的是借款人的还款信用，需要保险人严格审查投保人的资信状况。但实践中这一环节往往由信贷机构完成。由于信贷机构属于农村小额信贷保险合同的关系人，借款人购买该保险会提高贷款的安全性，可能导致放松对借款人信贷状况的审查，使原本不具备贷款资格的借款人获得贷款，从而提高了保险公司的理赔概率。另外，由于信贷机构对借款人的监督和管理的积极性与主动性有所下降，在与保险公司配合时可能出现推诿责任等情况，易诱发借款人的道德风险。加之保险合同中追偿权的威慑力和约束力弱于贷款合

同，因此，理性的借款人会选择放弃还款，从而增加保险公司的风险。

（四）借贷双方权责失衡，风险与收益不对等

信贷机构向借款人提供小额信用贷款时，有的是指定保险公司和投保险种，强制借款人购买保险；有的表面上是自愿购买，但实际上仍将其作为获得贷款的条件。为了保证贷款安全，信贷机构在与借款人签订借款合同时，还要求借款人将信贷机构列为第一受益人，使其享有保险金的优先受偿权。这种行为存在以下问题：一是违背了《保险法》关于不得强制投保人订立保险合同的规定，损害了借款人自愿投保的权利。二是损害了投保人自由选择保险公司和险种的权利。三是信贷机构作为农村小额信贷保险的代理人，为保障其自身权益，在向贷款人推销保险时，不可避免地产生同样立于强势地位的信贷机构和保险公司联合损害弱势的借款人的情况。四是受益人一般是人身保险合同中的专有概念，财产保险合同中只有投保人、保险人和被保险人，没有受益人。而且，受益权是一种期待权，受益人行使保险金请求权，必须是在被保险人死亡之后。如果被保险人生存，受益人不存在受益问题，保险金的请求权仍由被保险人享有。此外，在保险合同有效期，投保人或被保险人有权根据自己的意愿随时变更受益人，受益人具有不稳定性。因此，信贷机构这种作为受益人受偿保险金的做法，不仅有失公平，还会让借款人对其产生抵触情绪，甚至还会危及信贷机构自身的信誉。而且，在同一险种中，一方既是受益人又是代理人的做法，也不符合保险的基本原理。五是借款人因申请贷款而投保农村小额信贷保险时，信贷机构不仅获得利息收入，还收取农村小额信贷保险代理手续费，又降低了贷款风险。而借款人除了支付贷款利息，还支付保费，经济负担较重，与信贷机构之间的风险与收益不对等。

二、完善保险支农融资机制的政策建议

（一）发挥政府作用

小额保险具有半商业化和半公益性特征，相对于其他商业保险而言，小额保险的风险特征与成本结构比较独特。从风险特征上看，小额保险业务理赔简单，容易出现“逆选择”和道德风险，而且对于农业保险来说，巨灾风

险很大，在保险风险管控上，有较大难度。从成本结构上看，小额保险业务高度分散，展业费用投入较高。整体而言，费用成本和赔付成本都不易得到有效控制。如果没有政策支持，小额保险对商业保险公司吸引力不大，对农村代理机构和营销员来说，小额保险单笔业务手续费很少，代理积极性也不高。因此，政府功能的介入对小额保险的有序、规范、健康发展发挥了十分重要的作用。一方面，在制度环境的构建上，政府应积极探索小额保险的范围、性质、经营主体资格、保险人权利义务、会计核算制度、财政补贴等方面的内容，通过法规体系的构建为小额保险创造良好的外部环境。另一方面，政府还可以通过政策优惠鼓励农村小额保险的推广发展，运用税收杠杆引导商业保险公司和有关保险销售渠道重视、推进小额保险，比如减免小额保险的营业税和所得税，对开展小额保险的农村保险代理机构和营销员进行营业税和所得税减免等。例如菲律宾政府通过税收优惠，减免了特定小额保险项目上的营业税，而且降低了农村保险营销人员的税负，很好地促进了小额保险网络的拓展。印度政府向印度人寿保险公司投入 10 亿卢比补贴寿险公司的超额赔付额，扶持经营小额保险业务的保险公司。

因此，通过政府的支持，低收入群体可以获得适度的保障以防止现有生活水平的恶化；政府可以通过小额保险补充和完善现有社会保障体系，提高公共管理效能；保险公司则可以通过这项业务培养潜在客户，扩大市场影响，同时可能带来一定利润。由此可以实现低收入群体、政府及其他非营利机构、保险公司三方共赢的目标，取得良好成效。

（二）拓展营销渠道

小额保险单笔业务保费收入少，而涉及的客户众多且分散，目前主要依赖保险公司自身的营销渠道开展小额保险，很容易大幅提高其经营的成本，会造成保险公司在热情高涨之后迅速冷却，不利于小额保险的持续发展。因此，必须建立一个多样化、多层次的销售网络体系，才能让更多的低收入群体获益，充分发挥其社会保障作用。在甘肃省可以从四个方面建立小额保险的营销体系：一是高度重视发挥农村基层金融机构的渠道，加强银保合作。在印度及一些发展中国家，小额保险的较快发展同小额信贷机构的普遍发展及旺盛需求密不可分。一方面，小额信贷的发展在为低收入家庭提供贷款的同时可实现盈利，拥有众多低收入客户群，也为小额保险的发展提供了交易与运营的便利和潜在的客户群。另一方面，小额保险产品的开发与实施，有助于降低低收入群体因疾病、死亡而导致的还贷风险，促进小额信贷的健康发展。因而，小额保险与小额信贷机构的合作模式，可以实现小额保险产品在客户需求、定价、营销等方面较大的便利，实现农民收入保障、小额信贷、小额保险三方共赢的格局。二是通过与邮局、乡村“五站一所”等农村基层社会组织的不同形式合作，也是推进小额保险业务发展的重要合作平台与销售服务网络体系。三是保险公司应加大同农村消费品商的合作力度，如保险公司可与种子公司、烟草公司、化肥销售点、农机销售点等加强合作。四是保险公司还可以利用流动宣传车深入农村地区，配备影像宣传工具进行直观、贴近农民的上门营销。

（三）加强产品开发与创新

小额保险产品的开发和创新要关注两个关键：一个是需求群体；另一个是需求群体的要保范围。从需求群体看，甘肃省的省情决定了对小额保险的需求存在着两大特殊性。一方面，小额保险需求的差异性很大。甘肃省区域面积较大，地区之间存在着多方面的差异。首先，由于甘肃省跨度很大，东、西、南、北各个地域的气候差异大，可能遭受各种灾害的发生频率和损失程度存在着很大的差异，这就为设计出能吸引广泛小额保险投保人兴趣的产品造成了较大难度，如果不能吸引到足够多的投保人，则小额保险产品就失去了可操作性。其次，就是同一风险在不同的地区也会造成差异很大的危害。最后，由于各个地区的经济发展不平衡，家庭的收入也大不相同，单位区域内的保险价值也不尽相同。因此，我们应当采取分类指导的办法发展小额保险，加强小额保险产品创新，开发针对性强、适应性高的农村小额保险产品，避免“一刀切”模式。另一方面，小额保险是一项专门针对低收入群体的业务，这决定了该产品需求对价格的弹性很高，客户对价格相当敏感。一个较小的价格变动会导致相当多的客户决定购买或者放弃小额保险。因此，保险公司在产品设计上应根据当地收入层次的划分情况，以风险保障型产品为主，开发适应低收入人群需求的小额保险产品。

从针对“三农”需求群体的要保范围看，可划分为四大类进行小额保险的产品开发。一是小额农业和财产保险，主要是为农民提供农业生产安全保障，涵盖了包括种植业、养殖业、农房、农民家庭财产、农机等多个领域。二是小额寿险，针对我国城乡社会保障水平差距较大的现实，为农民专门开发的一种只在县域地区销售的生死两全保险，其缴费起点低、投保手续简便、保障相对较高。三是小额意外和小额健康保险，主要是为农民因疾病和生育而造成的经济损失提供保险，大致可包括三种形式：保险公司受政府委托承办新型农村合作医疗保险；外出务工农民的小额保险，为外出务工农民提供旅途安全、意外伤害、重大疾病、伤残等小额保险服务；农村计划生育保险，针对农村计划生育家庭提供的包括养老、意外、母婴健康、独生子女保险等一揽子保险服务。四是小额信贷保险，该险种是以农村信用社等农村金融机构发放小额贷款为切入点，转移农民因疾病、残疾或意外死亡导致的没有经济能力如期还贷的风险。

（四）降低经营成本

从国际经验看，小额保险并非亏损业务，关键看能否找到有效降低成本的办法。保险公司为了降低经营过程中的各项费用成本，实现小额保险的盈利目标，应做好四个方面的工作：一是产品简化，尽量只含保障功能，减少储蓄、投资功能，降低核保要求，减少除外责任，这样能降低保费并使产品简单透明。甚至连保单的印制都要精简，传统保单每份的印制成本动辄十几元，这是小额保险不可能支撑的，因此，要在简化保险条款、简化保险流程的同时，还要简化保单的印制。二是降低渠道成本，以团险的方式或者将小额保险与民间组织的服务自动链接（比如小额信贷保险），以降低管理成本，减少营销费用和避免佣金支出，还有利于提高低收入者的保险意识。三是保费集合支付，保费来自民间组织收入、成员账户、成员会费，或是组织服务费，由民间组织代表所有成员向保险公司集合支付保费，以降低归集成本。四是理赔程序简化，保险公司与民间组织建立信任和透明的合作关系，整合与民间组织的流程，尽可能使民间组织承担相应的保单管理工作，简化索赔程序，加快赔付速度。这样能有效降低成本，增强低收入者对保险计划、保险公司和民间组织的信心。

第四节　发展地方法人保险机构，服务地方经济发展

一、地方法人保险机构设立与地方经济发展

（一）地方法人保险机构设立状况

2014 年 8 月，国务院发布《关于加快发展现代保险服务业的若干意见》

（简称保险业新“国十条”），明确表态支持区域性保险公司建立。此后，在中国保监会的支持指导下，由地方政府主导、地方大型国企牵头、其他类型资本参与设立的地方法人保险公司成为新一轮保险业扩容潮的领衔者。截至2017年底全国共有225家保险公司，梳理其法人的注册地址发现，包括中资集团、寿险、产险、保险资管、合资、外资分公司等各类保险公司以及再保险公司，其中，北京、上海、广东是注册地最为密集的地区，分别有75家、54家、35家保险法人，共计164家（见表11－2）。而注册在广东省的保险法人中，集中聚集在深圳的有26家，也就是说，注册在“北上深”的达155家，占比接近七成。

表11－2　截至2017年底各省份注册保险公司情况

省份	公司数量	公司名称	省份	公司数量	公司名称
北京	75	—	安徽	1	国元农险
上海	54	—	甘肃	1	黄河财险
广东	35	—	广西	1	北部湾财险
江苏	6	东吴人寿、乐爱金财险、利安人寿、友邦江苏、国联人寿、资金财险	贵州	1	华贵人寿
天津	6	光大永明、华安财险、恒安标准人寿、渤海人寿、渤海财险、爱和谊	海南	1	阳光人寿
辽宁	5	中荷人寿、华汇人寿、日本财险、百年人寿、百年保险资管	河南	1	中原农险
山东	5	中路财险、华海财险、和泰人寿、德华安顾、泰山财险	黑龙江	1	阳光农险
浙江	5	东海航运、中韩人寿、信泰人寿、浙商财险、太平科技	湖南	1	吉祥人寿
重庆	4	利宝保险、安诚保险、恒大人寿、阳光信保	江西	1	恒邦财险
福建	3	君龙人寿、富邦财险、海峡金桥	宁夏	1	建信财险
湖北	3	合众人寿、泰康在线、长江财险	山西	1	中煤财险
吉林	3	安华农险、都邦财险、鑫安保险	陕西	1	永安财险
四川	3	中航安盟、和谐健康、锦泰财险	西藏	1	珠峰财险
河北	2	燕赵财险、人保养老	云南	1	诚泰财险
新疆	2	中石油专属保险、前海财险			

资料来源：根据中国保监会相关资料整理所得。

2017 年 12 月 29 日，中国保监会批准黄河财险公司设立开业，黄河财险公司以工程保险为特色，是保监会批准的第一家设立双总部的保险公司，在北京和兰州同时设立总部，是第一家开业即可经营农业保险和信用保证保险的保险公司，第一家开业即可在两个省（市）开展保险业务的非少数民族地区保险公司。黄河财险的设立开业，填补了甘肃省地方法人保险公司的空白，结束了甘肃省地方法人保险公司空白的历史，构建了甘肃省银行、证券、保险完善的金融体系。

（二）地方法人保险机构与地方经济发展

地方法人保险公司与地方关系密切，包括与地方政府和地方经济的关系。具体表现在以下四点。

（1）地方法人保险公司的成立得到了地方政府的大力支持。地方法人保险公司的股东以当地国企为主，地方国企与地方政府关系密切，实际上地方政府掌握了地方性保险公司的绝对控股权，这使地方法人保险公司具有鲜明的地方政府背景；此外，地方法人保险公司的成立和经营过程中得到了当地政府的大力支持。

（2）地方政府需要地方法人保险公司这一重要的金融资源，打造地方金融服务体系。伴随着“土地财政”在地方政府财政收入中的风光不再，为寻找新的经济增长点，增加地方政府税收，促进本地区的经济发展和社会稳定，各地政府需要控制一定的金融资源。首先，保险作为金融行业，其资金融通和社会管理功能可更好地服务当地经济发展和政府管理；其次，目前我国有许多保险公司等待保监会审批经营牌照，对保险经营牌照追逐热度不减，地方政府当然希望通过成立保险公司来打造和完善当地金融系统；最后，财产保险亏损时间相对较短，竞争相对不是太激烈，又可在当地基础设施建设中发挥重要作用。

（3）减少了本地资金的流出，增加地方经济活力。地方法人保险公司的保险业务和投资业务，增加了当地资金循环，对地方政府税收和经济发展有积极影响。区域性保险公司使得从本地吸纳的保险资金重新投入当地的经济发展中，避免总部在外地的保险公司从当地吸纳资金。

（4）解决当地就业压力。地方法人保险公司的成立，需要大量的保险专业人才，公司对保险营销员的大量需求也在很大程度上缓解了当地的就业压力。有利于维护当地社会的稳定，加强政府社会管理功能，避免了政府政绩和舆论的压力。另外，地方法人保险公司还可以积极参与地方多层次社会保障体系建设，完善社会保障制度，例如，在城镇居民基本医疗保险、大病统筹医疗保险、新型农村合作医疗、农村小额意外保险、失地农民综合保险、弱势群体和高危行业从业人员等特殊群体的社会保障建设方面大有作为。

二、地方法人保险机构发展的问题

（一）从市场结构角度：市场份额低，产品同质化

我国财险市场集中度高，地方性保险企业市场份额低。与大型全国性的财产保险公司相比，综合竞争力有较大差距。我国财产保险公司市场集中度高，少数几家大型财险公司占据整个市场份额的1/2以上。地方法人财产保险公司在与当地已有的大型全国性财险公司竞争的过程中，大公司的公司规模、品牌知名度、承保理赔服务水平、公司治理水平占据明显优势。地方性保险企业由于成立时间不长，经营区域又主要以总部所在省份或周边为主，知名度有限，受到来自大公司的竞争挤压；再加上公司承保理赔服务水平与大公司相比有一定差距，公司在治理水平上也需要不断提升，这些都使地方法人财产保险公司的市场份额远远低于当地既有的大型财产保险公司。具体表现在，各家地方性保险企业成立以来虽然保费收入不断增长，但是保费收入占当地市场的份额非常低，受到大公司的竞争挤压明显。

产品同质化，市场定位不明确。我国各地的地域特色鲜明，再加上地方法人财产保险公司有地方政府和地方大股东的支持，理应在经营业务上体现差异性，但事实并非如此。从目前的大部分地方法人财产保险公司的业务结构来看，保费收入占比最高的是车险，然后企财险、责任险也有较大比重，公司经营业务雷同性明显。造成这一现象的主要原因是地方法人财产保险公司成立时间不长，缺乏保险产品的创新能力，在经营产品上完全模仿大公司的保险产品，在保险市场上提供同样的产品和服务，但是由于公司知名度和服务水平达不到大公司的水平，因此，产品同质化造成地方法人财产保险公司市场定位不明确，在竞争异常激烈的财险市场中显得没有特色，正常情况下无法和大公司竞争，容易引发保险价格战，造成保险市场的恶性竞争。此外，受互联网保险的冲击，地方法人财产保险公司需要注重转型改革。

（二）从盈利能力角度：承保利润亏损，过度依赖保险投资

保险公司的经营特点，使得其只有在成立一定年份的时候才开始盈利。我国地方法人财产保险公司大多数成立时间不长，保费收入未达到一定规模，业务的不断拓展，分支机构的增设，都会在一定程度上增加公司的成本支出；再加上大部分地方性保险企业没有形成规模经济，经营成本要高于大公司，这些最终都会导致公司的盈利能力下降，承保利润亏损。地方法人财产保险公司成立的前几年，净利润全面亏损，随着公司经营的积淀，部分公司开始实现盈利，但是公司的承保利润依旧亏损，保险公司盈利状况的改善过度依赖投资收益，而不注重控制承保利润的亏损。

（三）从公司治理角度：公司治理水平有待提高

地方性保险企业的股权结构以地方国企为主，这种股权结构本身并没有太多诟病，这是这类公司的特殊性和经营优势，在公司成立初期能够帮助公司在当地抢占市场份额和稳定发展，但是随着公司经营区域的不断扩大，寻求区域化经营和全国性经营的时候，这种股权结构的弊端就显现出来了。因此，适度引入民营资本和境外战略机构投资者，实现公司股权投资主体的多元化和分散化是公司长期发展的方向。公司的股东大部分是地方国企，国有股东使得股东大会未有效发挥作用，行使权力的意识不强，行政色彩浓厚，控股股东通过利益输送的形式损害中小股东和保单持有人利益的问题需要着重考虑。地方国企股东未充分发挥监督作用，重视行政干预而不是业务经营，影响公司的长远发展。

（四）从保险监管和产业政策角度：行政干预和监管限制

地方法人财产保险公司从成立之前的筹备到成立之后的运营发展，都离不开地方政府的支持，这是由地方法人财产保险公司的特殊性质决定的。虽然，地方性保险企业实行股份制，公司在经营决策上拥有独立性，但是地方政府的行政干预依然存在，政府对公司业务的过度关照、公司的相关人事安排和保险资金运作，都离不开地方政府的影子。这种过度的政企职责不分，使地方法人财产保险公司的经营缺乏自主性，在社会主义市场经济体制下显得竞争力不足。保监会对于地方法人财产保险公司的成立批文中，大部分都做出了明确规定，新公司成立两年之内只能在总部所在省份开展保险业务，

两年后再根据公司的发展情况到外省开展保险业务。这虽然避免了地方性保险企业的盲目扩张，但是一定程度上违背了保险经营的大数法则，在很大范围内进行风险分散。在公司股权结构上，保监会明确指出，保险公司第一大股东持股比例不得超过20%，这对地方法人财产保险公司治理会产生一定的影响。

三、甘肃省地方法人保险机构发展的政策建议

（一）明确市场定位，走特色化经营模式

我国财险市场集中度高，竞争异常激烈，地方保险企业由于成立时间不长，公司规模不大，再加上当地的财险市场已有的格局长时期内很难发生较大改变，要想在市场上立足，必须明确公司的发展定位，利用自身优势，走特色经营之路。在公司发展初期，坚持立足本省为主，不断加强当地保险市场的开拓，建立健全保险服务网点，加强保险人才培养和保险产品创新。经过一段时间的经营积淀，逐步辐射周边省份，成为区域性甚至全国性保险公司。

在公司产品结构上，如果与当地的大型财产保险公司相比不具有差异性的话，势必难和大公司抗衡。因此，公司要挖掘地方政府的政策性保险需求，以及地方国企的重大工程项目的投保需求，利用自身优势，在经营产品上与大公司有所区别。在大的财险领域如车险等传统财险产品上地方法人财产保险公司无法与大公司竞争，但可以在一个细分的保险市场中占据较大市场份额，在细分领域中形成自己的经验和经营优势，更加专注于自身优势，集中人力、物力和财力，在一个或几个产品上拥有明显优势，发挥规模效应，拥有自身的核心竞争力。

（二）正确处理与地方的关系，保持独立经营

地方法人财产保险公司在发展初期，要依靠地方政府背景，做好政策性业务，如农业保险业务；充分发挥地方国企的股东优势，充分挖掘股东公司的财产保险业务，如工程险和车险等业务。在公司向外省扩张的过程中，要逐步完善公司的股权结构，引进金融控股集团作为公司的大股东，适度引进民企和境外战略机构投资者。保险公司在成立初期，业务快速扩张，需要消耗巨大资金，因此公司股东的持续出资能力非常重要，有了公司大股东的支

持，地方法人财产保险公司可以获得较多的发展资金保证，公司在扩张时期开展业务会得到较多帮助，民营股东的引入可以使公司的经营发展充满活力，境外战略机构投资者的引进也会使公司学习到很多国外先进的保险管理经验，完善公司治理结构。以江苏紫金财险为例，江苏紫金财险的股权集中度和股权性质最低，但是股东数量非常多，为 41 家，股东实力雄厚。成立三年后，从第四年开始实现连续 3 年盈利目标。由此可看出，股权集中度对保险公司治理的影响，地方法人财产保险公司必须不断优化公司股权结构，完善公司治理，才能不断地提高企业绩效。

公司治理应正确处理公司与大股东的关系，避免地方政府的过度干预。地方法人财产保险公司的大股东一方面对公司的发展带来便利，另一方面公司发展受控于地方大股东的现象也会在一定程度上损害公司利益，地方性保险企业通过收取保费，积聚大量社会资金，为公司带来大量现金流，必须防止公司大股东通过关联交易，不正当挪用公司的保险资金，对公司的长远发展和保单持有人的利益造成损害。地方政府在地方法人财产保险公司的筹建、成立和发展过程中，给予了较多的支持和帮助，但是公司作为股份有限公司，必须保持经营的独立性，少受地方政府的行政干预，这样才能使公司真正参与到市场经济竞争中去，不断提高公司治理水平和经营效率。

（三）审慎推进跨区域经营，稳步拓展省外业务

对于新成立的地方法人财产保险公司，根据保险公司的股权管理办法，引导其优化股权结构，完善公司治理。从目前的大部分地方法人财产保险公司来看，第一大股东的持股比例大多不超过 20%，这种监管要求，有利于避免大股东的过多持股，干预公司经营，损害公司和其他股东利益。避免了一家独大，优化了公司股权结构，有利于公司经营的稳定性。对于地方性保险企业而言，公司规模小，成立时间不长，抗风险能力弱，为避免系统风险的发生，在其成立的前几年里，要对公司的经营区域和经营产品范围进行一定的监管。从目前成立的大部分地方法人财产保险公司来看，公司在成立的前两年里，以立足本省经营为主。根据公司经营状况、抗风险能力和业绩情况，逐步到外省开展保险业务。

（四）加强人才队伍建设，建立科学的薪酬体系

从宏观层面来看，优秀人才匮乏已经成为保险业做大做强的“瓶颈”。

从微观层面来分析，优秀人才不足已经成为制约保险公司进一步发展的重要因素，新公司对此感触更深。新公司成立后，为让公司快速运作起来，把业务开展起来，必然要重视引进同业优秀经营管理、专业技术和销售人才。但是，从长远来说，更重要的是立足于企业内部自主培养，完善培训体系，加大各类和各层级培训投入，建立有竞争力的薪酬体系，建立充满活力的奖惩机制，建立认同公司文化、愿同公司共发展的人才队伍，抓好二级、三级机构一把手的人才梯队建设，确保公司跨区域、可持续发展。

附录一　中国保监会、国务院扶贫办关于做好保险业助推脱贫攻坚工作的意见

保监发〔2016〕44 号

为贯彻落实《中共中央 国务院关于打赢脱贫攻坚战的决定》（中发〔2015〕34 号）和中央扶贫开发工作会议精神，指导各级保险监管部门、扶贫部门和保险机构按照人民银行、保监会、扶贫办等 7 部门《关于金融助推脱贫攻坚的实施意见》（银发〔2016〕84 号）的总体部署，充分发挥保险行业体制机制优势，履行扶贫开发社会责任，全面加强和提升保险业助推脱贫攻坚能力，助力“十三五”扶贫开发工作目标如期实现，现提出如下意见。

一、总体要求

（一）指导思想。

全面贯彻习近平总书记系列讲话精神，牢固树立和贯彻落实创新、协调、绿色、开放和共享的发展理念，深入学习领会党中央、国务院精准扶贫、精准脱贫基本方略的深刻内涵，增强打赢脱贫攻坚战的使命感紧迫感，以满足贫困地区日益增长的多元化保险需求为出发点，以脱贫攻坚重点人群和重点任务为核心，精准对接建档立卡贫困人口的保险需求，精准创设完善保险扶贫政策，精准完善支持措施，创新保险扶贫体制机制，举全行业之力，持续加大投入，为实现到 2020 年打赢脱贫攻坚战、全面建成小康社会提供有力的保险支撑。

（二）总体目标。

到 2020 年，基本建立与国家脱贫攻坚战相适应的保险服务体制机制，形成商业性、政策性、合作性等各类机构协调配合、共同参与的保险服务格局。努力实现贫困地区保险服务到村到户到人，对贫困人口“愿保尽保”，贫困地区保险深度、保险密度接近全国平均水平，贫困人口生产生活得到现代保险全方位保障。

（三）基本原则。

定向原则。定向发挥保险经济补偿功能，努力扩大保险覆盖面和渗透度，通过保险市场化机制放大补贴资金使用效益，为贫困户提供普惠的基本风险保障。定向发挥保险信用增信功能，通过农业保险保单质押和扶贫小额信贷保证保险等方式，低成本盘活农户资产。定向发挥保险资金融通功能，加大对贫困地区的投放，增强造血功能，推动贫困地区农业转型升级。

精准原则。把集中连片特困地区，老、少、边、穷地区，国家级和省级扶贫开发重点县，特别是建档立卡贫困村和贫困户作为保险支持重点，创设保险扶贫政策，搭建扶贫信息与保险业信息共享平台，开发针对性的扶贫保险产品，提供多层次的保险服务，确保对象精准、措施精准、服务精准、成效精准。

特惠原则。在普惠政策基础上，通过提高保障水平、降低保险费率、优化理赔条件和实施差异化监管等方式，突出对建档立卡贫困户的特惠政策和特惠措施，为建档立卡贫困人口提供优质便捷的保险服务，增强贫困人口抗风险能力，构筑贫困地区产业发展风险防范屏障。

创新原则。构建政府引导、政策支持、市场运作、协同推进的工作机制，综合运用财政补贴、扶贫资金、社会捐赠等多种方式，拓展贫困农户保费来源渠道，激发贫困农户保险意识与发展动力。针对贫困地区与贫困农户不同致贫原因和脱贫需求，加强保险产品与服务创新，分类开发、量身定制保险产品与服务。创新保险资金支农融资方式，积极参与贫困地区生产生活建设。

二、精准对接脱贫攻坚多元化的保险需求

（四）精准对接农业保险服务需求。保险机构要认真研究致贫原因和脱贫需求，积极开发扶贫农业保险产品，满足贫困农户多样化、多层次的保险需求。要加大投入，不断扩大贫困地区农业保险覆盖面，提高农业保险保障水平。要立足贫困地区资源优势和产业特色，因地制宜开展特色优势农产品保险，积极开发推广目标价格保险、天气指数保险、设施农业保险。要面向能带动贫困人口发展生产的新型农业经营主体，开发多档次、高保障农业保险产品和组合型农业保险产品，探索开展覆盖农业产业链的保险业务，协助新型农业经营主体获得信贷支持。切实做好贫困地区农业保险服务，灾后赔付要从快从简、应赔快赔。对已确定的灾害，可在查勘定损结束前按预估损失的一定比例预付部分赔款，帮助贫困农户尽早恢复生产。中国农业保险再保险共同体要加大对贫困地区农业保险业务的再保险支持力度，支持直保公司扩大保险覆盖面和提高保障水平。

（五）精准对接健康保险服务需求。保险机构要发挥专业优势，不断改进大病保险服务水平，提高保障程度，缓解“因病致贫、因病返贫”现象。按照国家有关要求，研究探索大病保险向贫困人口予以倾斜。加强基本医保、大病保险、商业健康保险、医疗救助、疾病应急救助和社会慈善等衔接，提高贫困人口医疗费用实际报销比例。鼓励保险机构开发面向贫困人口的商业健康保险产品，参与医疗救助经办服务。

（六）精准对接民生保险服务需求。保险机构要针对建档立卡贫困人口，积极开发推广贫困户主要劳动力意外伤害、疾病和医疗等扶贫小额人身保险产品。重点开发针对留守儿童、留守妇女、留守老人、失独老人、残疾人等人群的保险产品，对农村外出务工人员开辟异地理赔绿色通道，为农村居民安居生活提供保障。进一步扩大农房保险覆盖面，不断提升保障水平。积极开展农村治安保险和自然灾害公众责任保险试点。探索保险服务扶贫人员队伍新模式，为各地政府、企事业单位驻村干部和扶贫挂职干部，高校毕业生“三支一扶”（支教、支农、支医和扶贫）提供保险保障。支持贫困地区开展巨灾保险试点。

（七）精准对接产业脱贫保险服务需求。积极发展扶贫小额信贷保证保险，为贫困户融资提供增信支持，增强贫困人口获取信贷资金发展生产的能力。探索推广“保险+银行+政府”的多方信贷风险分担补偿机制。支持有条件的地方设立政府风险补偿基金，对扶贫信贷保证保险给予保费补贴和风险补偿。鼓励通过农业保险保单质押、土地承包经营权抵押信贷保险、农房财产权抵押信贷保险等方式，拓宽保险增信路径，引导信贷资源投入。探索开展贫困农户土地流转收益保证保险，确保贫困农户土地流转收益。结合农村电商、乡村旅游、休闲农业等农业新业态，开发物流、仓储、农产品质量保证、互联网+等保险产品。创新保险资金运用方式，探索开展“农业保险+扶贫小额信贷保证保险+保险资金支农融资”业务试点，协助参保的贫困人口更便利地获得免担保、免抵押、优惠利率的小额资金。

（八）精准对接教育脱贫保险服务需求。积极开展针对贫困家庭大中学生的助学信贷保险，解决经济困难家庭学生就学困难问题。推动保险参与转移就业扶贫，优先吸纳贫困人口作为农业保险协保员。要对接集中连片特困地区的职业院校和技工学校，面向贫困家庭子女开展保险职业教育、销售技能培训和定向招聘，实现靠技能脱贫。

三、充分发挥保险机构助推脱贫攻坚主体作用

（九）完善多层次保险服务组织体系。保险机构要强化主体责任，将资源向贫困地区和贫困人群倾斜。要加大贫困地区分支机构网点建设，持续推进乡、村两级保险服务网点建设，努力实现网点乡镇全覆盖和服务行政村全覆盖。

（十）对贫困地区分支机构实行差异化考核。各保险机构总公司应根据贫困地区实际情况，科学设定绩效考核指标，对贫困地区分支机构实行差异化考核，引导贫困地区基层机构积极发展扶贫保险业务。对贫困地区分支机构因重大自然灾害或农产品价格剧烈波动导致的经营亏损，不得纳入绩效考核指标。

（十一）加强贫困地区保险技术支持及人才培养。各保险机构要大力推动贫困地区员工属地化，积极吸纳贫困地区大学生就业，加快培育贫困地区保险人才。要努力改善贫困地区分支机构职工福利，为贫困地区培养留得下、稳得住的专业人才。鼓励各保险机构总公司每年选派业务能力较强、政治立场坚定的员工到贫困地区分支机构工作，并在查勘理赔技术、设备等方面给予支持。

（十二）鼓励保险资金向贫困地区基础设施和民生工程倾斜。保险机构要充分发挥保险资金长期投资的独特优势，按照风险可控、商业可持续原则，以债权、股权、资产支持计划等多种形式，积极参与贫困地区基础设施、重点产业和民生工程建设，积极支持可带动农户脱贫、吸引贫困农户就业的新型农业经营主体融资需求。支持保险机构参与各级政府建立的扶贫产业基金，鼓励保险机构加大对贫困地区发行地方政府债券置换存量债务的支持力度。

四、完善精准扶贫保险支持保障措施

（十三）鼓励通过多种方式购买保险服务。要充分认识保险服务脱贫攻坚的重要作用，把运用保险工具作为促进经济发展、转变政府职能、完善社会治理、保障改善民生的重要抓手。鼓励各地结合实际，积极探索运用保险风险管理功能及保险机构网络、专业技术等优势，通过市场化机制，以委托保险机构经办或直接购买保险产品和服务等方式，探索保险参与扶贫开发的新模式、新途径，降低公共服务运行成本。要加大组织推动力度，引导农村贫困人口参保续保。鼓励各类慈善机构和公益性社会组织为贫困人群捐赠保险。

（十四）加强保险与扶贫政策的协调配合。各地扶贫办应将保险纳入扶贫规划及政策体系，在政策指导、资金安排、工作协调、数据共享等方面支持保险机构开展工作。鼓励各地结合实际，对建档立卡贫困人口参加农业保险、扶贫小额信贷保证保险、扶贫小额人身保险、商业补充医疗保险和涉农保险给予保费补贴，提高扶贫资金使用效率。建立健全贫困地区风险分担和补偿机制，专项用于对建档立卡贫困户信贷保险及带动贫困人口就业的各类扶贫经济组织信贷保险风险补偿。

（十五）实施差异化监管。支持在贫困地区开展相互制保险试点。支持现有保险机构到革命老区、民族地区、边疆地区和连片特困地区下延机构和开办扶贫保险业务，对上述机构优先予以审批。严格控制贫困地区现有保险机构网点撤并。对投向贫困地区项目的保险资金运用产品，优先予以审批或备案。鼓励保险机构开发涵盖贫困农户生产生活全方位风险的“特惠保”等一揽子保险产品，并优先予以审批或备案。对保险公司开发的针对建档立卡贫困人口的农业保险、涉农保险产品和针对可带动农户脱贫、吸纳贫困农户就业的新型农业经营主体的保险产品，费率可在向监管部门报备费率的基础上下调20%。

（十六）健全保险行业参与机制。设立中国保险业产业扶贫投资基金，采取市场化运作方式，专项用于贫困地区资源开发、产业园区建设、新型城镇化发展等。设立中国保险业扶贫公益基金，实施保险业扶贫志愿者行动计划。鼓励保险机构下移扶贫重心，加大捐赠力度，自愿包村包户，对贫困农户生产生活教育实现风险防范全覆盖。

（十七）加强保险消费者教育。强化贫困地区保险消费者教育和权益保护，保障贫困地区保险消费者合法权益。根据贫困地区保险消费者需求特点，综合运用多种媒体、保险机构网点以及村镇、社区等公共宣传栏，有针对性地开展保险扶贫服务政策宣传，增进贫困地区和贫困人口对精准扶贫保险服务政策的了解，提高其保险意识和运用保险工具分散风险的能力。统筹安排针对扶贫干部的保险知识培训，由保监会提供相应的培训项目及师资等智力支持，不断提高各级干部运用保险的能力和水平。鼓励保险机构向贫困地区基层干部和贫困农户提供农业技术、风险管理以及现代保险知识培训，提高运用保险发展经济的意识和能力。

五、完善脱贫攻坚保险服务工作机制

（十八）强化组织统筹。各保监局、保险机构和保险业社团组织要把扶贫开发工作作为重大政治任务，采取切实措施，确保各项工作有序开展。各保监局要成立由主要负责人任组长的工作领导小组，统筹协调辖内保险机构，做好保险服务脱贫攻坚工作。各保监局和省级扶贫部门要建立工作联动机制，可根据本意见制定具体实施办法，加强政策互动、工作联动和信息共享，推动相关配套政策落实。

（十九）完善精准统计制度。建立脱贫攻坚保险服务专项统计监测制度，实现保险信息与建档立卡信息对接，及时动态跟踪监测各地、各保险机构工作进展，为政策评估提供数据支撑。各保监局和各保险机构要按照保监会和国务院扶贫办要求，及时、准确报送相关数据资料。

（二十）严格考核督查。建立脱贫攻坚保险服务专项评估制度，保监会、国务院扶贫办定期对各地、各保险机构脱贫攻坚保险服务工作进展及成效进行考评，通报考评结果，并将考评结果作为市场准入、高管资格和差异化监管的重要依据。

（二十一）加强总结宣传。及时梳理、总结精准扶贫保险服务工作中的典型经验、成功案例和工作成效，加强宣传推介和经验交流，营造有利脱贫攻坚保险服务工作的良好氛围。

附录二　中国保监会关于保险业支持深度贫困地区脱贫攻坚的意见

保监发〔2018〕33 号

为全面贯彻落实党的十九大精神和中共中央办公厅、国务院办公厅《关于支持深度贫困地区脱贫攻坚的实施意见》（厅字〔2017〕41 号）有关要求，充分发挥保险功能作用，以更大力度精准支持深度贫困地区脱贫攻坚，现提出以下意见。

一、总体思路

以习近平新时代中国特色社会主义思想为指导，深入贯彻党的十九大关于坚决打赢脱贫攻坚战的部署，遵循“定向、精准、特惠、创新”的原则，聚焦西藏、四省藏区、南疆四地州和四川凉山州、云南怒江州、甘肃临夏州（简称“三区三州”）及其他深度贫困县，进一步解放思想，加大政策倾斜力度，用更加集中的支持、更加有效的举措、更加扎实的工作，切实提高深度贫困地区保险服务水平，全力攻克深度贫困堡垒，确保深度贫困地区和贫困群众同全国人民一道进入全面小康社会。

二、具体措施

（一）健全深度贫困地区保险服务网络。支持保险机构在深度贫困地区设立分支机构，适当降低审批标准，努力提高基层保险服务网点覆盖面。到 2020 年前，实现西藏自治区保险分支机构地市级全覆盖，“三区三州”其他深度贫困地区保险分支机构县级全覆盖。

深度贫困地区脱贫前，现有保险分支机构不得撤销，保险机构中心支公司高管人员的任职学历要求放宽至大学专科，县级支公司、营业部高管人员任职资格由审批改为备案管理。

（二）降低深度贫困地区保险费率。深度贫困地区财政补贴型农业保险的保险费率在已降费 20% 的基础上，再降低 10% ~30% 。建档立卡贫困户意外伤害保险和商业型农业保险的执行费率可在备案费率的基础上降低 10% ~30% 。

（三）加大健康保险保障力度。按照收支平衡的原则，配合地方政府对深度贫困地区建档立卡贫困户大病保险给予倾斜支持，适当降低起付线、放宽封顶线，提升报销比例，提高大病保险保障程度。支持保险机构在深度贫困地区开发健康保险产品，适当扩大保障范围，将民族医药和当地特有医疗方法纳入保障。

（四）丰富深度贫困地区保险产品体系。加快发展多种形式的农业保险，支持保险机构针对深度贫困地区需求开发费率低廉、保障充分的一揽子保险产品或组合式保险产品，鼓励各公司参与农业保险，努力满足深度贫困地区多方位、差异化的保险需求。针对该类保险产品，实行优先备案审批。

（五）加大保险资金支持力度。支持保险机构发挥保险资金长期投资的独特优势，按照风险可控、商业可持续原则，以债权、股权、资产支持计划等多种形式，积极参与深度贫困地区产业扶贫项目建设。对于投向深度贫困地区的投资项目和产品，在政策上给予适度倾斜，在产品注册、备案、审核等环节给予优先支持。

（六）加大定向帮扶力度。鼓励保险机构和保险业社会组织，以结对帮扶形式，对深度贫困地区县、乡、村进行定向帮扶。

三、完善工作机制和保障体系

（一）提高思想认识。各保监局、各保险机构要深刻认识深度贫困地区如期完成脱贫攻坚任务的艰巨性、重要性、紧迫性，牢固树立“四个意识”，切实把思想和行动统一到中央的重大决策部署上来，把推进深度贫困地区脱贫攻坚作为重大政治任务扛在肩上。

（二）加强组织领导。深度贫困地区所在保监局和省级保险机构要成立主要负责同志任组长的工作组，层层压实责任，做到“人员到位、责任到位、工作到位、效果到位”，确保保险支持政策落地见效。

（三）强化督导考核。各单位工作中的好做法、好经验，要及时梳理总结，并向保险业助推脱贫攻坚工作领导小组办公室（以下简称领导小组办公室）报告。领导小组办公室将加强组织协调和工作指导，并根据中央对深度贫困地区扶贫效果的监督和评估要求，适时开展保险扶贫检查督导和效果评价。对工作推进不力的保监局和保险机构，采取通报批评、约谈问责等措施，并将评价结果抄送相关组织人事部门。

本意见自印发之日起施行，相关措施同时适用于深度贫困地区经扶贫主管部门认定的创业致富带头人发展的产业项目。各保监局可根据意见精神，结合辖区内实际，制定出台特色监管政策，并报领导小组办公室。

附录三　甘肃省 2018 ~ 2020 年农业保险助推脱贫攻坚实施方案

甘政办发〔2018〕126 号

一、总体思路

按照省政府关于农业保险"成本垫底、收益托底、六大产业全覆盖"和"三年兜底、五年平衡，区分特点、精设品种，普惠与特惠兼顾，贫困户一户不落"的总体要求，围绕牛、羊、菜、果、薯、药等特色产业发展，以保障贫困户收入稳定为目标，大力开展农业保险"增品扩面提标降费"工作，为坚决打赢脱贫攻坚战提供保障。

（一）坚持聚焦贫困地区和贫困户。农业保险坚持向贫困地区和贫困户倾斜，重点对全省现存贫困户、重新返贫贫困户和新识别贫困户全覆盖，力争实现"一户一保"。

（二）坚持因地制宜精准设计险种。紧紧围绕特色产业发展开设险种，自然灾害风险大的产业保成本，兜底自然灾害造成的损失；市场风险大的产业保收入，兜底市场价格波动造成的损失。

（三）坚持普惠和特惠相结合。对所有保险品种普遍提高保额和降低费率，对贫困户在保费分摊上予以优惠。在承保面上，对非贫困户选择重点产业进行承保，对贫困户争取将所有种养产业全部纳入保险范围。

（四）坚持"三年兜底、五年平衡"。保险经办机构要进一步提高政治站位，认真履行服务全省脱贫攻坚的社会责任，以 5 年为经营周期，坚持让利于农户，保本微利，以丰补歉，五年总体平衡。

（五）坚持政府引导、市场运作、自主自愿、协同推进。各级农牧、财政、发改（物价）、林业、商务、扶贫、金融、统计、气象、调查、保监等部门要密切配合，积极引导农户自主自愿选择参加保险，推进农业保险工作稳步开展。各保险经办机构要提高承保和理赔服务工作质量，确保"五公开、三到户”（惠农政策公开、承保情况公开、理赔结果公开、服务标准公开、监管要求公开和承保到户、定损到户、理赔到户）工作要求落到实处。

二、目标任务

紧紧围绕牛、羊、菜、果、薯、药等特色产业发展，聚焦保障贫困户种养产业收入稳定，构建“中央补贴品种、省级补贴品种、市县补贴品种”相互补充的风险保障体系，分年推进农业保险“增品扩面提标降费”工作，助推全省贫困户到2020年顺利如期脱贫。

（一）2018年目标任务。鉴于2018年中央补贴预算已经确定，开办的玉米、冬小麦、棉花、马铃薯、青稞、能繁母猪、奶牛、牦牛、藏系羊、森林等10个中央补贴品种不再扩面。省级新增财力主要用于新增开办肉牛、肉羊、高原夏菜、设施蔬菜、育肥猪、鸡等6个省级补贴品种，同时支持各地开办“一县一（多）品”特色品种，省级财政以“以奖代补”的方式给予补助。

（二）2019年目标任务。普遍执行提标降费后的新标准，争取开办育肥猪、油料作物、春小麦3个中央补贴品种。在推进中央和省级补贴品种扩面工作的基础上，继续支持各地开办“一县一（多）品”特色品种，省级财政以“以奖代补”的方式给予补助。

（三）2020年目标任务。进一步推进中央和省级补贴品种的扩面工作，继续支持各地开办“一县一（多）品”特色品种，省级财政以“以奖代补”的方式给予补助。

2018～2020年各年开办的所有品种优先覆盖截至当年全省尚未脱贫、重新返贫和新识别的全部贫困户，在此基础上再向非贫困户和农业生产经营组织扩展。

三、保险方案

以保障特色产业发展和贫困户种养产业收入稳定为目标，积极开发成本保险、收入保险和价格保险产品，引导多元主体参与，构建“多层次、多方式”的产业发展和贫困户收入稳定保障体系。本方案中所涉及的保险产品经过保监部门审批或备案后正式实施。

（一）保险品种和费率。2018年继续开办10个中央补贴品种的成本保险和中药材收入保险、苹果收入（保险+期货）2个省级补贴品种，增设开办肉牛成本、肉羊成本、高原夏菜目标价格（含种植成本）、设施蔬菜收入

（含棚体损失）、育肥猪目标价格（含养殖成本）、鸡收入等6个省级补贴品种。同时大幅度提标降费，马铃薯、玉米、青稞、棉花、冬小麦5个中央补贴种植业品种单位保额从平均400元上调为520元，保险费率从平均5.6%降为3.6%；苹果单位保额从2000元上调为4000元，保险费率从6%降为4.5%；奶牛单位保额从5000元上调为8000~10000元，保险费率从6%降为5%；藏系羊单位保额从300元上调为400元，保险费率6%。

（二）种养产业综合保险。设计开发甘肃省种养产业综合保险，对投保人的种养产业提供一揽子风险保障。

1. 产品名称。甘肃省种养产业综合保险。

2. 保险对象。在保障贫困户的基础上，将非贫困户和农业生产经营组织也纳入保障范围。

3. 保险标的。2018年中央和省级补贴品种共18个，一是现已开办的玉米、马铃薯等10个中央补贴品种及苹果、中药材2个省级补贴品种；二是增设开办的肉牛、肉羊、高原夏菜、设施蔬菜、育肥猪、鸡等6个省级补贴品种。市县开办的“一县一（多）品”特色品种一并纳入。2019年、2020年保险标的根据实际开办品种确定。

4. 单位保额。每一个品种按照物化成本、完全成本或者平均产值的约定比例设定保额。

5. 保险责任。因自然灾害、意外事故、动物疫病、植物病虫害、市场价格波动等因素造成贫困户种养产业损失的风险，全部予以保障。

6. 保费分摊。为体现贫困户特惠原则，减轻贫困户保费自缴压力，从2019年起，将省级补贴品种的保费分摊比例统一设置为：省级财政补贴40%、市县财政补贴50%、贫困户自缴10%；农业龙头企业、农民合作社以及非贫困户等投保主体按照省级财政补贴40%、市县财政补贴40%、自缴20%的比例分摊保费。中央补贴品种按照既有规定分摊保费（育肥猪未正式纳入中央补贴品种前，视同省级补贴品种）。苹果和中药材两个省级补贴品种，2018年按照今年4月省财政已下达计划分摊保费，从2019年起适用新规定。

（三）“一县一（多）品”特色品种“以奖代补”政策。鼓励各地结合自身产业特点，积极开办花椒、核桃、枸杞、百合、油橄榄、桃等特色保险品种。按照“先行报备，年底奖补”的原则，凡是在省农牧厅、省财政厅备案的“一县一（多）品”特色品种，省级财政将根据实际开办情况给予一次性奖励补助。"一县一（多）品"特色品种一并纳入甘肃省种养产业综合保险。

（四）特色农险支持农村"三变"改革。鼓励各地与保险经办机构围绕农村"三变"改革需要，设计开发土地流转履约保证保险、股金分红履约保证保险等特色保险产品，建立健全农户参与"三变"改革的风险防范机制，促进农村"三变"改革工作快速、有序、高效开展。

（五）农业生产经营主体带动贫困户参保脱贫。鼓励有实力的农业龙头企业、农民合作社等农业生产经营主体与贫困户建立利益联结机制，带动当地贫困户参保农业保险，贫困户自缴保费可由农业生产经营主体承担。

四、组织实施

（一）申报流程。县级政府是农业保险实施工作的责任主体。省农牧厅、省财政厅、省林业厅提前下发申报农业保险计划通知。县级政府组织其农牧、财政、林业、扶贫部门逐级申报保险计划。省农牧厅、省财政厅、省林业厅综合考虑保费补贴预算、各地产业发展和脱贫攻坚任务情况分解下达保险计划和资金。市县政府组织其农牧、财政、林业、扶贫等相关部门会同保险经办机构具体落实保险工作任务。

（二）承办机构。全省执行统一保额和费率，县级政府在选择保险经办机构时，主要以保险经办机构的承保和理赔服务能力为考虑条件，原则上同一县（区）内的贫困户种养产业保险由一家保险经办机构承保。已经承保中央补贴品种的保险经办机构，不得拒绝承保同一县（区）内贫困户的保险业务。县级政府可根据各保险经办机构年度农业保险承保和理赔工作情况，考虑调整次年度保险经办机构的承保区域和份额。

（三）保险服务。各保险经办机构要切实增强社会责任感，提高政治站位，严禁擅自变更保额和费率，要从服务"三农"、助推脱贫攻坚工作的大局出发，积极向农民宣传农业保险政策和相关知识，依法依规开展农业保险防灾防损、查勘定损、承保理赔等工作，提供优质、高效的保险服务。同时，加强基层保险服务体系建设，建立保险工作台账管理和公示公开制度，确保"五公开、三到户"的工作要求落到实处。每月 5 日前定期向当地政府及其农牧、财政、林业、扶贫等部门通报理赔情况。

五、保障措施

（一）加强组织领导。省级层面建立农业保险工作联席会议制度。省农牧厅牵头，省委农工办、省财政厅、省发展改革委、省林业厅、省商务厅、省扶贫办、省政府金融办、省统计局、省气象局、国家统计局甘肃调查总队、甘肃保监局等部门为成员单位，分工协作，密切配合，不定期召开联席会议研究农业保险工作中存在的问题，提出解决意见和建议。省农牧厅负责牵头组织实施农业保险工作，发挥行业管理优势，协助保险经办机构承保到户、查勘定损和赔付兑现，配合提供农产品价格信息等工作。省财政厅负责省级农业保险保费补贴资金的筹集、拨付、结算等工作，并加强对保险保费补贴资金的监管。省发展改革委负责牵头建立农产品价格采集和发布机制，会同农牧、统计调查、商务等有关部门权威发布农产品价格信息。省林业厅负责做好森林保险及干果类扶贫产业保险业务的组织实施工作，充分发挥行业管理优势，协助保险经办机构开展森林及干果类扶贫产业保险承保到户、查勘定损和赔付兑现等工作。省商务厅负责配合提供农产品价格信息。省扶贫办负责提供建档立卡贫困户相关信息，会同省委农工办组织驻村工作队和帮扶干部帮助农户购买农业保险，办理相关手续。省政府金融办负责动态跟踪检查当地农业保险工作的推进情况，对实施过程中出现的问题和困难，及时组织研究，提出相应的对策建议并加以协调解决。省统计局负责提供全省种养产业基础数据，配合提供农产品价格信息，协助省农牧厅、省林业厅、甘肃保监局等有关部门核实承保数据的真实性。省气象局负责及时向社会发布天气信息，提醒农业生产经营者及时做好气象灾害防范工作；协助保险经办机构探索开发气象指数类保险产品，免费为受灾贫困户提供气象灾害证明及相关服务。国家统计局甘肃调查队系统负责配合提供农产品价格信息。甘肃保监局负责指导监督保险经办机构开展农业保险业务，依法查处农业保险违法违规经营行为，切实维护被保险人的合法权益及农业保险市场秩序。

（二）加大资金筹措力度。坚持财政、帮扶单位及社会力量共同参与筹集保费。在各级财政筹集本级保费补贴资金的同时，鼓励和引导各帮扶单位、农业龙头企业等农业生产经营组织帮助筹集保费。按照保监会和国务院扶贫办关于做好保险业助推脱贫攻坚工作的有关意见，鼓励使用扶贫资金对贫困户参加农业保险给予保费补助。通过多元化的保费筹集方式，有效降低各级财政和农户保费的筹集压力，为农业保险工作顺利推进提供资金保障。

（三）强化基层责任落实。各地要参照省上建立农业保险工作联席会议制度，加强对农业保险工作的组织领导，强化相关职能部门的协调配合，推动农业保险工作有序开展。市州政府要制定本地区工作推进方案，督促指导所辖县市区做好农业保险实施工作。县市区政府要承担农业保险实施主体责任，根据省市农业保险方案制定本地区工作实施细则，落实好农业保险经办机构选择、贫困户情况摸底、保费资金筹集等工作，动员发挥乡村干部和驻村工作队，实现贫困户农业保险“一户一保”。

（四）强化监督考核。各级农牧、财政、林业、扶贫、金融、保监等部门要加强对农业保险保费补贴资金使用情况的绩效考核工作，按照县级自评、市州考评、省级抽查的方式进行，考核结果在全省公开通报，与下一年度农业保险工作计划、保费补贴资金和承保机构经营业绩相挂钩，奖优罚劣。根据各地农业保险工作组织开展情况，调整保险计划和保费补贴资金。根据各保险经办机构承保和理赔服务质量，调整承保地域和份额。

（五）安排工作经费。保险经办机构要按照省上规范农业保险工作费用有关规定提取和列支农业保险工作经费。省、市、县、乡各级政府根据工作实际需要可适当安排工作经费，用于宣传推广农业保险。

（六）加大宣传力度。各级农牧、财政、林业、扶贫、金融、保监等部门和保险经办机构要充分利用网络、广播、电视、报纸以及新媒体等手段，向广大农户宣传普及农业保险知识和政策，提高其对农业保险的知晓度，增强风险防范意识和参保意识，引导其积极投保农业保险。

附录四　甘肃省扶贫资金入股分红和土地流转履约保证保险实施方案

甘农发〔2019〕14号

为了防范和化解扶贫资金入股龙头企业、农民专业合作社不能如期履行分红义务和土地流转收益不能按期兑付造成贫困户收入损失，根据《中华人民共和国保险法》和扶贫攻坚的有关政策规定，结合我省实际，制定本实施方案。

一、总体要求

按照省政府"全面推开'三变'改革，健全贫困户利益联结和分享机制，尽可能多地增加他们的分红比例"的总体要求，围绕防范和化解扶贫资金入股龙头企业、农民专业合作社不能如约履行分红义务和土地流转收益不能按期兑付造成贫困户收入损失，科学开展扶贫资金入股分红履约保证保险和土地流转履约保证保险工作，为打赢全省脱贫攻坚战提供风险保障。

二、基本原则

（一）坚持聚焦贫困地区和贫困户原则。坚持精准扶贫精准脱贫基本方略，助推农村"三变"改革，坚持普惠和特惠相结合，对贫困地区和贫困户提供重点保险保障，建立贫困户入股分红和土地流转收益保障机制，助力贫困人口如期脱贫。

（二）坚持依法依规防范和化解风险原则。严格遵守《中华人民共和国公司法》《中华人民共和国农民专业合作社法》和有关金融监管要求，强化风险控制措施，建立高效务实的催收追偿机制，做到依法合规防范和化解风险。

（三）坚持政府引导、市场运作、风险共担、协同推进原则。坚持政府对扶贫资金入股分红和土地流转履约保证保险工作的政策引导。保险机构市场化运作，提高承保和理赔服务质量。政府建立风险补偿基金，与保险机构共担风险损失。农业农村、财政、扶贫、金融、银保监等部门依据各自职责，协同推进保险工作。

三、保险方案

（一）扶贫资金入股分红履约保证保险

1. 保险责任。保障股金吸纳方（“带贫”龙头企业、农民专业合作社为投保人）履行入股合同约定向股金入股方（贫困农户为被保险人，也是受益人）分红的行为。即：在保险期内，当股金吸纳方未按期履行与股金入股人签订的《产业扶贫项目到户资金入股分红合同》约定的分红义务，给贫困农户造成直接经济损失时，保险公司按照约定承担赔偿责任。

2. 保险期限、保险金额及费率。保险期限：1 年。保险金额：分红金额。保险费率按照银行保险监管部门审批备案的保险产品费率执行。

3. 保费筹集。为体现脱贫攻坚政策导向，减轻投保人保费自缴压力，按照省级财政补贴保费 20%、市县财政补贴保费 30%、龙头企业和合作社自缴保费 50% 的比例分摊保费。鼓励市、县人民政府通过以奖代补方式，多渠道、多方式筹集保费。

4. 承保条件。投保人信用良好，作为投保人的企业、合作社或个人无不良信用记录和无违法犯罪行为。签订有效合同，投保的入股双方必须在政府主管部门的监督下依法签订规范的产业扶贫项目到户资金入股合同。

5. 保险理赔。赔款等待期为 90 天。在赔款等待期内，投保人未按时兑现股金分红的，县级农业农村、扶贫部门要会同乡镇人民政府和保险机构对入股股金的使用情况进行专项核查，对投保人的经营能力进行专项评估。评估结果分为“观察并督促分红期”和“无能力继续经营分红”两种。认定为“观察并督促分红期”的，保险机构不予赔付；督促分红期限内仍未履行分红责任的，视为投保人“无能力继续经营分红”。认定为“无能力继续经营分红”的，在赔款等待期结束后，保险机构对上期的分红进行赔付，保险责任终止。

（二）土地流转履约保证保险

1. 保险责任。保障土地经营权流入方（“带贫”龙头企业和农民专业合作社为投保人）履行土地流转合同约定向流出方（贫困农户为被保险人，也是受益人）支付租金的行为。即：在保险期间内，土地经营权流入人未按照与土地经营权流出人所签订的《土地经营权流转合同》履行支付租金的义务，对于农户因此产生的直接经济损失，保险公司按照约定承担赔偿责任。

2. 保险期限、保险金额及费率。保险期限：1 年。保险金额：土地经营权流转年租金。保险费率按照银行保险监管部门审批备案的保险产品费率执行。

3. 承保条件。投保人信用良好，作为投保人的企业、合作社或个人无不良信用记录和无违法犯罪行为。签订有效合同，投保双方必须在相关农村土地交易中心依法签订规范的农村土地承包经营权合同，并提供真实完整的流出贫困农户清单、上一期租金支付凭证或贫困农户租金发放清单。

4. 保费筹集。按照省级财政补贴保费 20%、市县财政补贴保费 30%、龙头企业和合作社自缴保费 50% 的比例分摊保费。鼓励市、县人民政府通过以奖代补方式，多渠道、多方式筹集保费。

5. 保险理赔。赔款等待期为 90 天。在赔款等待期内，保险机构对投保人进行专项评估，认定投保人无能力支付租金的，保险机构向县、乡（镇）农业农村主管部门报备，同时提示乡镇人民政府、土地发包方对所流转土地进行收回并协助再流转，并开展督促投保人支付租金、收集理赔材料相关工作。在赔款等待期后，保险机构赔付被保险人当年租金，保险责任终止。

（三）风险防范

1. 政府建立风险补偿基金。各县级政府筹资设立两个保险风险补偿基金，保险公司按照基金额的 20 倍放大风险保障总额。制定严格的基金监控制度。为扶贫资金入股分红履约和土地流转履约保证保险提供一定风险保障，支持业务顺利开展。

2. 扶贫资金入股分红履约保证保险。县级政府组织监督“带贫”龙头企业、农民专业合作社的入股股金流向，确保入股股金真实投入到农业产业发展；监控“带贫”龙头企业、农民专业合作社的经营情况，保证年度经营情况及财务数据真实完整，分红履约正常，保障贫困户收益。一个自然年度内，保险机构在一个县域的整体赔付金额 ÷ 签单保费 = 赔付率。当年度赔付率低于 85% 时，保险机构次年应适当降低保险费率，或者通过其他方式将低于部分保费转作为政府风险补偿基金。当年度赔付率在 150%（含 150%，下同）以内，保险机构独家承担赔付责任。当年度赔付率达到 150% 时，保险机构暂停开展此项业务，由县级政府组织对该项业务进行专项调查，当整改完善合作模式和流程后，再重开业务。当保险机构年度赔付率超过 150% 时，对 150% ~200% 的部分，政府风险补偿基金和保险公司按照 5∶5 的比例承担赔付责任；对200%～300%的部分，政府风险补偿基金和保险公司按照9∶1的比例承担赔付责任；对超过300%的部分，由县级政府制定风险化解方案妥善予以处理。

3. 土地流转履约保证保险。当年度赔付率低于85%时，保险机构次年应适当降低保险费率，或者通过其他方式将低于部分保费转作为政府风险补偿基金。当年度赔付率在200%（含200%，下同）以内时，保险机构独家承担赔付责任。当年度赔付率超过200%时，暂停赔付，在县级政府的统一领导下，组建催收小组。当保险机构年度赔付率超过200%时，对200%～250%的部分，政府风险补偿基金和保险公司按照6∶4的比例承担赔付责任；对超过250%的部分，由县级政府制定风险化解方案妥善予以处理。

4. 在全省农业保险框架内开展工作。凡投保扶贫资金入股分红和土地流转履约保证保险的，投保人必须全部参保农业产业保险，保证所承保的土地、种养业保险全覆盖。当所承保的农业产业发生灾害时，保险公司以赔款为托底，为投保人提供风险保障。龙头企业、农民专业合作社的农险赔款，优先保障入股分红和土地流转收益。

（四）承办机构

全省执行统一保险费率，县级政府在选择保险经办机构时，主要以承保和理赔服务能力为考虑条件。同一县（区）内的保险鼓励由1家保险经办机构承保，可以优先安排县域内承办农险的保险机构承接两个保证保险。根据各保险经办机构年度承保和理赔情况，建立动态调整机制。

四、保障措施

（一）加强省级层面的组织领导

本实施方案作为《甘肃省2018～2020年农业保险助推脱贫攻坚实施方案》的重要补充，具体工作纳入全省农业保险工作联席会议统一管理。

省农业农村厅负责做好入股分红和土地流转履约保证保险的牵头组织实施工作，充分发挥行业管理优势，积极协助保险经办机构开展保险承保和理赔。

省财政厅负责保费补贴资金的筹集、拨付、结算工作，加强对保费补贴资金的监管，对违反补贴申报程序、弄虚作假以及违规使用保费补贴资金等情况，追究责任，严肃处理。

省扶贫办负责提供贫困人口建档立卡相关数据，促进保险政策精准落实。

省金融监管局配合农业农村等相关部门动态跟踪检查当地保险工作的推

进情况，对实施过程中出现的问题和困难，及时组织研究，提出相应的对策建议并协调解决。

甘肃银保监局负责依法查处保险违法违规经营行为，维护被保险人的合法权益及保险市场秩序。

（二）靠实县级政府推动落实责任

县级政府是入股分红和土地流转履约保证保险的推动落实责任主体。一是靠实县级政府的组织落实责任。要加强保险工作的领导，制定工作实施细则，做好保险经办机构选择、保费补贴资金和风险补偿基金筹集等工作，动员发挥乡村干部和驻村帮扶工作队和农村农金室力量，引导“带贫”方自愿参加入股分红和土地流转履约保证保险，全力推动保险工作有序开展。二是靠实县级政府的风险防范责任。入股分红和土地流转履约保证保险的最大风险是道德风险，道德风险必须依靠政府管控和引导才能有效防范。县级政府要建立健全入股分红和土地流转履约风险防范机制，组建由法院、检察、公安、乡镇、保险公司共同参与的催收追偿工作小组，对追偿回来的金额，按照此笔业务的赔偿责任相应抵销赔款；对追偿不回的，通过公开曝光恶意逃债的个人与企业信息、限制享受政府补贴政策和依法追究法律责任等手段，形成强有力的追偿惩戒机制。

（三）强化监督考核

各级农业农村、财政、扶贫、金融、保监等部门要加强对入股分红和土地流转履约保证保险的绩效考核工作，按照县级自评，市州考评，省级抽查的方式进行，考核结果在全省公开通报，与下一年度保费补贴预算和选择承保机构相挂钩。